经济学学术前沿书系

青海省"一优两高"战略评价研究

孙发平　杨军　魏珍　刘畅
王礼宁　杜青华　任妍妍◎著

经济日报出版社
北京

图书在版编目（CIP）数据

青海省"一优两高"战略评价研究/孙发平等著
.――北京：经济日报出版社，2023.12
ISBN 978－7－5196－1392－1

Ⅰ.①青… Ⅱ.①孙… Ⅲ.①区域经济发展－经济发展战略－研究－青海 Ⅳ.①F127.444

中国国家版本馆 CIP 数据核字（2023）第 256273 号

青海省"一优两高"战略评价研究
QINGHAISHENG "YIYOULIANGGAO" ZHANLÜE PINGJIA YANJIU

孙发平　杨　军　魏　珍　刘　畅　王礼宁　杜青华　任妍妍　著

出　　版：	经济日报出版社
地　　址：	北京市西城区白纸坊东街 2 号院 6 号楼 710（邮编 100054）
经　　销：	全国新华书店
印　　刷：	北京建宏印刷有限公司
开　　本：	710mm×1000mm　1/16
印　　张：	28.25
字　　数：	415 千字
版　　次：	2023 年 12 月第 1 版
印　　次：	2023 年 12 月第 1 次印刷
定　　价：	98.00 元

本社网址：www.edpbook.com.cn，微信公众号：经济日报出版社
未经许可，不得以任何方式复制或抄袭本书的部分或全部内容，**版权所有，侵权必究。**
本社法律顾问：北京天驰君泰律师事务所，张杰律师　举报信箱：zhangjie@tiantailaw.com
举报电话：010－63567684
本书如有印装质量问题，请与本社总编室联系，联系电话：010－63567684

前　言

"一优两高"战略的理论贡献与时代价值

2018年7月，青海省委十三届四次全会通过的《关于坚持生态保护优先推动高质量发展创造高品质生活的若干意见》（以下简称"一优两高"战略），作出了坚持生态保护优先、推动高质量发展、创造高品质生活的战略部署。这是青海全面贯彻习近平新时代中国特色社会主义思想，科学把握发展趋势、发挥绿色生态优势、推进现代化建设作出的重大战略抉择，对全面建设富裕文明和谐美丽新青海具有深远且重大的指导作用。

一、"一优两高"战略是青海全面践行习近平新时代中国特色社会主义思想，在新时代深入贯彻落实党中央对青海工作重大要求的生动实践

习近平新时代中国特色社会主义思想，全面系统回答了新时代坚持和发展什么样的中国特色社会主义、怎样坚持和发展中国特色社会主义的重大时代课题。2017年召开的中央经济工作会议，首次提出习近平新时代中国特色社会主义经济思想，明确指出，推动高质量发展是当前和今后一个时期确定发展思路、制定经济政策、实施宏观调控的根本要求。在2018年全国两会期间，习近平总书记参加重庆代表团审议时，提出要努力推动高质量发展、创造高品质生活，加快建设现代化经济体系，不断满足人民日益增长的美好生活需要。2018年5月党中央召开全国生态环境保护大会，正式确定习近平生

态文明思想，系统阐释人与自然、保护与发展、环境与民生等关系，成为习近平新时代中国特色社会主义思想的重要组成部分。

习近平总书记高度关注青海的改革与发展，为青海的现代化建设倾注了大量心血。2016年和2021年，习近平总书记两次来青海视察工作，为青海发展领航指路，提出的"四个扎扎实实"的重大要求，提出的"三个最大"的省情定位，提出的把青藏高原打造成为生态文明高地的目标要求，提出的保护青海生态环境是"国之大者"的历史使命，提出的青海在全国大局中"三个更加重要"的战略地位，提出的将建设产业"四地"作为推动青海高质量发展的主攻方向和行动路径，为青海的发展确立了新坐标、新使命、新要求，提供了科学指导。"一优两高"战略的提出，是青海省委深入学习贯彻习近平新时代中国特色社会主义思想，认真领会贯彻习近平总书记视察青海时的重要指示精神和提出的重大要求，在科学把握我国经济社会发展的总体方略的前提下，立足青海实际形成的全新发展战略。通过推进"一优两高"战略，全面贯彻落实新发展理念，把生态保护优先作为首要前提，把高质量发展作为基本路径，把高品质生活作为根本目标。

二、"一优两高"战略是准确把握青海改革发展所处的历史方位和阶段性特征，与时俱进深化省情认识的重大创新性理论成果

正确认识省情、把握省情，既是走出一条符合青海实际、建设现代化新青海的前提条件，也是青海制定发展战略、确定路线方针政策的重要立足点和根本依据，这就要求青海在发展中不断深化对省情的认识，进而为各项事业科学决策提供理论与实践支撑。改革开放初期，对青海省情的认识可以概括为"面积大省、人口小省、资源富省、经济穷省"，基于这样的认知，20世纪80年代中后期，在青海省第七次党代会上，青海省委确立了"改革开放、治穷致富、开发资源、振兴青海"的发展战略。之后在西部大开发中，为了彰显青海省情特点，2002年，在青海省第九次党代会上，青海省委提出了"扎扎实实打基础、突出重点抓生态、调整结构创特色、依靠科技增效益、改革开放促发展"的发展战略。随着改革开放的不断推进，2009年，在青海

省十一届六次全会上,青海省委以闯出一条欠发达地区实践科学发展观的成功之路为目标,作出了跨越发展、绿色发展、和谐发展、统筹发展"四个发展"的战略部署。2012年,在青海省十二次党代会上,青海省委不断深化省情认识,紧紧围绕青海生态、稳定和资源等方面在全国具有的重要战略地位,明确提出了建设"国家循环经济发展先行区、生态文明先行区和民族团结进步先进区"的"三区"战略。2017年,在青海省十三次党代会上,面对经济发展新常态的大背景,青海省委重新审视发展环境,按照习近平总书记视察青海时提出的"四个扎扎实实"重大要求,提出了"四个转变"的新思路。2018年7月,在青海省委十三届四次全会上,青海省委根据中国特色社会主义进入新时代和社会主要矛盾转化为人民日益增长的美好生活需要和不平衡不充分的发展之间的矛盾的新形势,不断更新发展理念、不断深化认识青海发展规律,指出当前和今后一个相当长时期,青海经济社会发展仍处于社会主义初级阶段的较低层次,不平衡不充分的矛盾更加突出。在新时代新起点上建设富裕文明和谐美丽新青海,必须与时俱进深化对省情的认识和把握,把握我国社会主要矛盾变化在青海的具体体现,认为青海最大的机遇是政策、最大的价值是生态、最厚的底蕴是资源、最强的动力是改革、最佳的路径是开放、最宝贵的财富是精神。认为地处高原是青海的区位短板、发展不足是青海的现实之困、区域差异是青海的协调难题、转型缓慢是青海的发展瓶颈、人才短缺是青海的最大制约、社会治理是青海的压力所在。所以,"一优两高"战略的提出,是青海省委深刻总结改革开放四十年来青海发展经验的基础上,对青海省情所作的更系统、更客观、更深刻的理论概括,是马克思主义唯物辩证法在省情认识上的充分运用,是在全面客观看待青海发展面临的机遇和优势、基础和潜力,辩证对待青海面临的挑战和劣势、短板和差距的前提下,做出的具有全局性、根本性、战略性和可操作性的重大决策部署。可以说,"一优两高"战略,与历届青海省委提出的"四个发展""三区建设""四个转变"的发展战略一脉相承,是青海自觉从全国大局思考问题,突出彰显青海比较优势,与时俱进深化认识省情特点和青海发展规律的又一重大创新性理论成果。

三、"一优两高"战略以增进人民福祉为最终目的,顺应各族人民对美好生活的新期盼,体现了以人民为中心的发展思想

国家富强、民族振兴和人民幸福是中国梦的基本内涵。2012年以来,青海各族人民的生活水平不断提高,但与高质量高品质的要求相比,还有不小差距。所以,在当前和今后一段时期,加快推进高质量发展、加快提升高品质生活,始终是青海实现第二个百年梦面临的最紧迫任务。

习近平总书记指出,人民对美好生活的向往就是我们的奋斗目标。共产党是为人民谋幸福的,人民群众什么方面感觉不幸福、不快乐、不满意,我们就在哪方面下功夫,千方百计为群众排忧解难。增进民生福祉是我们发展经济的根本目的,让人民过上好日子是我们一切工作的出发点和落脚点。当前,青海正处在加快发展的关键时期,各族人民提高物质文化生活水平和质量的期盼尤为迫切。实施"一优两高"战略,自觉践行以人民为中心的发展思想,突出了青海在绿色环保、维护国家生态安全中的地位和作用,突出了推动高质量发展这一时代主题,突出了带领全省各族人民创造更加美好的高品质生活这一历史责任。一方面,"一优两高"战略着眼于满足人民日益增长的美好生活需要,坚持在高质量发展中保障和改善民生,以物质财富积累为人的全面发展、全体人民共同富裕创造条件。另一方面,"一优两高"战略在基本解决"有没有"的矛盾后,将重点放在加快解决"好不好"矛盾的步伐上,着重解决各族群众最为关心的切身利益问题,千方百计推进共同富裕步伐,实现发展成果惠及每一个普通群众,不断提高各族人民的生活水平和生活质量,让各族人民过上有保障、有质量、有尊严的好日子,使发展成果更多更公平惠及全省各族人民,真正做到发展为了人民,发展依靠人民,发展成果由人民共享,让人民群众有更多的获得感、幸福感、安全感。所以,"一优两高"战略呼应了人民对日益增长的美好生活需要的共同心声,体现了青海省委贯彻落实以人民为中心的发展思想和扎扎实实保障和改善民生的责任担当和不懈追求。

四、"一优两高"战略是奋力谱写全面建设社会主义现代化国家青海篇章的行动纲领

2021年6月，习近平总书记在青海视察工作时，要求青海在推进青藏高原生态保护和高质量发展上不断取得新成就，奋力谱写全面建设社会主义现代化国家的青海篇章。这是对青海未来现代化建设提出的总目标、总纲领和总要求，进一步明确了青海发展的目标导向，指明了奋进的宏伟蓝图。2022年5月召开的青海省第十四次党代会，立足青海在党和国家全局中的战略地位，深刻认识青海发展的特殊性和规律性，全面分析青海未来面临的挑战、自身发展的优势和时代赋予的机遇，系统谋划了青海未来发展的"六个现代化新青海"宏伟蓝图。即加快建设绿色发展的现代化新青海、加快建设生态友好的现代化新青海、加快建设创新开放的现代化新青海、加快建设文明和谐的现代化新青海、加快建设人民幸福的现代化新青海、加快建设政治清明的现代化新青海。"六个现代化新青海"的奋斗目标，寄托着习近平总书记对青海的殷切期望，彰显着青海省委不负众望的历史责任，承载着青海各族人民的热切期盼，必将有力鼓舞全省各族人民的信心和干劲，全面开辟现代化新青海建设的新篇章。

在现代化新青海建设中，只有不断深入实施好"一优两高"战略，才能把习近平总书记对青海工作的重大要求落实到青海改革发展建设的具体实践中，才能把各族人民群众对美好生活的向往变为现实，也才能以实实在在的成效为全国的现代化建设作出青海贡献，以优异的成绩向习近平总书记和党中央递交一份合格的答卷，谱写好全面建设社会主义现代化国家的青海篇章。

目　　录

第一章　导论 ... 1

第一节　"一优两高"战略研究综述 ... 1
第二节　国内外关于经济社会发展指标体系构建的研究综述 ... 3
第三节　构建指标体系需要考虑的重大问题 ... 6

第二章　青海省"一优两高"战略评价指标体系构建 ... 9

第一节　指标体系构建原则 ... 9
第二节　指标体系基本架构与说明 ... 11
第三节　计算方法与评估程序 ... 31

第三章　青海省实施"一优两高"战略评价研究 ... 45

第一节　青海省"一优两高"战略实施情况的总体评价 ... 45
第二节　青海省生态保护优先指标评价与分析 ... 46
第三节　青海省高质量发展指标评价与分析 ... 64
第四节　青海省高品质生活指标评价与分析 ... 85
第五节　青海省持续深入推进"一优两高"战略的对策建议 ... 106

第四章　西宁市实施"一优两高"战略评价研究 ... 125

第一节　西宁市"一优两高"战略实施情况的总体评价 ... 125
第二节　西宁市生态保护优先指标评价与分析 ... 126

第三节　西宁市高质量发展指标评价与分析 …………………… 133
第四节　西宁市高品质生活指标评价与分析 …………………… 142
第五节　西宁市持续深入推进"一优两高"战略的对策建议 …… 152

第五章　海东市实施"一优两高"战略评价研究 …………………… 165

第一节　海东市"一优两高"战略实施情况的总体评价 ………… 165
第二节　海东市生态保护优先指标评价与分析 ………………… 166
第三节　海东市高质量发展指标评价与分析 …………………… 172
第四节　海东市高品质生活指标评价与分析 …………………… 182
第五节　海东市持续深入推进"一优两高"战略的对策建议 …… 195

第六章　海西州实施"一优两高"战略评价研究 …………………… 205

第一节　海西州"一优两高"战略实施情况的总体评价 ………… 205
第二节　海西州生态保护优先指标评价与分析 ………………… 206
第三节　海西州高质量发展指标评价及分析 …………………… 214
第四节　海西州高品质生活指标评价及分析 …………………… 223
第五节　海西州持续深入推进"一优两高"战略的对策建议 …… 229

第七章　海南州实施"一优两高"战略评价研究 …………………… 239

第一节　海南州"一优两高"战略实施情况的总体评价 ………… 239
第二节　海南州生态保护优先指标评价及分析 ………………… 240
第三节　海南州高质量发展指标评价及分析 …………………… 250
第四节　海南州高品质生活指标评价及分析 …………………… 258
第五节　海南州持续深入推进"一优两高"战略的对策建议 …… 265

第八章　海北州实施"一优两高"战略评价研究 …………………… 273

第一节　海北州"一优两高"战略实施情况的总体评价 ………… 273
第二节　海北州生态保护优先指数评价及分析 ………………… 275

第三节　海北州高质量发展评价及分析 …………………………… 283
　　第四节　海北州高品质生活指数评价及分析 ………………………… 290
　　第五节　海北州持续深入推进"一优两高"战略的对策建议 ……… 299

第九章　黄南州实施"一优两高"战略评价研究 …………………… 313
　　第一节　黄南州"一优两高"战略实施情况的总体评价 …………… 313
　　第二节　黄南州生态保护优先指标评价与分析 ……………………… 315
　　第三节　黄南州高质量发展指标评价及分析 ………………………… 322
　　第四节　黄南州高品质生活指标评价及分析 ………………………… 332
　　第五节　黄南州持续深入推进"一优两高"战略的对策建议 ……… 343

第十章　玉树州实施"一优两高"战略评价研究 …………………… 355
　　第一节　玉树州"一优两高"战略实施情况的总体评价 …………… 355
　　第二节　玉树州生态保护优先指标评价与分析 ……………………… 357
　　第三节　玉树州高质量发展指标评价与分析 ………………………… 364
　　第四节　玉树州高品质生活指标评价与分析 ………………………… 372
　　第五节　玉树州持续深入推进"一优两高"战略的对策建议 ……… 383

第十一章　果洛州实施"一优两高"战略评价研究 ………………… 391
　　第一节　果洛州"一优两高"战略实施情况的总体评价 …………… 391
　　第二节　果洛州生态保护优先指标评价与分析 ……………………… 393
　　第三节　果洛州高质量发展指标评价与分析 ………………………… 402
　　第四节　果洛州高品质生活指标评价与分析 ………………………… 411
　　第五节　果洛州持续深入推进"一优两高"战略的对策建议 ……… 421

参考文献 …………………………………………………………………… 429

后记 ………………………………………………………………………… 436

第一章 导 论

"一优两高"战略作为青海深入践行习近平新时代中国特色社会主义思想的实践纲领，青海省内外理论界将视野和侧重点聚焦于"一优两高"战略，积极展开了一系列的学术研究。短短几年已初步取得了一些高质量的研究成果，不仅包括对"一优两高"战略的历史与现实意义、理论与实践价值的研究，还涉及对发展战略指标体系、评价等方面的成果，不仅对青海全省推进"一优两高"战略具有重要理论参考意义，也为本研究提供了良好的理论思路与创新灵感。

第一节 "一优两高"战略研究综述

理论界对于"一优两高"战略研究的领域主要涉及重大意义、与生态保护、经济发展之间的关系以及战略评价方面的研究，大致可分为以下几个方面。

一、"一优两高"战略的内涵、理论价值、现实意义和逻辑架构方面的研究

孙发平的《"一优两高"战略的理论贡献与实践价值》（2018年）、《十三届四次全会的三个重大创新》（2018年）、《"一优两高"：改革开放四十年来青海发展理论的最新创新性成果》（2019年）等文章，对青海"一优两高"战略部署的时代背景、重大意义、理论贡献及实践价值进行了深度分析和阐述。张利涛的《青海"一优两高"发展战略的逻辑理路》（2019年）一文，提出"一优两高"战略是一个有机统一体，三者之间相辅相成，认为生态保

护优先是推动高质量发展的重要动力，是创造高品质生活的基础和前提；推动高质量发展是实现生态保护和高品质生活的保障；创造高品质生活是生态保护优先和推动高质量发展的出发点和落脚点。薛生海、娄仲俊的《深化"四个转变"思想，实现"一优两高"战略》（2019年）一文，全面梳理"四个转变"的思想内涵及其内在的逻辑关系，认为只有深入"四个转变"的思想，才能找准"四个转变"的实现路径，才能实现"一优两高"的战略目标。崔治忠的《"一优两高"开辟了对青海省情认识的新境界》（2019年）一文，认为"一优两高"战略深化了青海省委对青海经济社会发展突出问题的认识、对青海发展优势和劣势的认识、对青海精神的认识，开辟了认识青海省情的新境界。赵红艳、张壮的《关于"一优两高"战略内涵的几点哲学思考》（2020年）一文，认为"一优两高"战略蕴含了丰富的"统一观""优先观""阶段观""转化观"等辩证扬弃思想，揭示了生态保护与生产生活既是矛盾统一，是对立转化的辩证统一关系，对于认识青海当前和今后一个时期的发展意义十分重大，影响将十分深远。张壮、赵红艳的《"一优两高"战略推动青海实现新发展》（2021年）一文，认为"一优两高"战略具有丰富的内涵和重大的实践价值，呈现出系统的思维方式，辩证的基本原则，涉及生态、经济、政治、文化、社会等各个层面，是青海省重要的理论成果，彰显了释放生态新动能，顺应各族群众新期待的责任与担当，具有重要的现实意义。赵晓红的《以系统观念助力青海"一优两高"品质提升》（2022年）一文，认为在新的起点上深化对青海"一优两高"战略的规律性认识，就要将系统观念作为基础方法论，深刻把握"一优两高"战略的新的时代意蕴，系统推进生态、生产和生活"三生融合"发展，系统优化"自然—人—社会"的和谐关系，系统提升"一优两高"的发展品质，为现代化新青海建设持续注入发展动力。

二、"一优两高"战略与生态文明建设、新旧产能转换、乡村振兴、循环经济等关联性领域的研究

张艳《"一优两高"战略视域下青海生态文明建设路径研究》（2018年）一文，提出加强生态文明建设的具体路径主要是弘扬生态意识、生态建设与

经济建设的紧密结合、保障好生态移民的后续生产生活以及不断建设和完善高效的生态保障体系。蔡萍、刘璐的《以产业结构优化推动青海新旧动能转换——基于"一优两高"战略视角》（2018年）一文，对青海产业结构优化与新旧动能有序转换的机理进行了深入研究和分析，提出发展新动能最重要的是要培育与现代化体系相协调的产业要素并加以利用、转换来实现，"一优两高"战略实施新旧动能转换需要用攻克核心技术推动创新资源的集聚和高效利用，用优化制度供给推动各项政策落地，选择与生态环境保护相向而行的产业推动产业布局的高质量。罗永红、万晓东的《乡村振兴：补齐"一优两高"关键短板的海西实践》（2018年）一文，从重塑新乡关系、巩固和完善农村基本经营制度、深化农业供给侧结构性改革、坚持人与自然和谐共生、传承发展提升农耕文明、创新乡村治理体系、打好精准脱贫攻坚战七个方面深入研究和分析了海西州通过乡村振兴补齐"一优两高"关键短板的实践探索和经验。吴英杞的《"一优两高"战略下青海省建设国家清洁能源示范省路径研究》（2022年）一文，提出"一优两高"战略下培养、吸引技术人才是建设清洁能源示范省的基础，重视培育清洁能源产业，促进产业升级，发展和支持清洁能源取暖项目等是青海省建设国家清洁能源示范省的有效路径。

第二节　国内外关于经济社会发展指标体系构建的研究综述

随着"一优两高"战略的持续推进，"一优两高"战略评价指标体系研究的迫切性和重要性日益显现，其研究已成为"一优两高"战略研究范畴内的新热点。现有成果从不同的理论视角和技术层面探讨了评价指标体系的构建原则、基本架构、指标选择以及评价方法等内容。对主要研究成果进行系统的梳理分析有利于明晰研究方向与重点，为青海"一优两高"战略评价研究提供重要参考。

国际上有关发展的评价指标很多，与"一优两高"战略的内涵和要求有较强关联性的评价考核体系主要包括可持续发展指标和社会发展指标两大类。

一、可持续发展指标

自 1992 年联合国召开环境与发展大会以来，全球范围内的一系列国际组织、政府和学术团体对于如何测度当前的可持续发展，以及如何建立具有较强说服力的可持续发展指标体系的研究不断深化，以便于为各国政府明确在可持续发展中需要优先考虑的重大问题，并给社会大众提供一种了解可持续发展进程的有效研究工具。

（一）英国提出的可持续发展战略

1996 年，英国率先确立了可持续发展的国家战略。该战略的侧重点主要集中在三个方面，即国际和社会角度的综合目标、环境极限以及人民福利。英国提出的可持续发展战略指标体系共有 68 个指标，其中的 20 个主体指标重点体现在温室气体排放、资源循环利用、河流质量、居民健康、事业家庭、社会公平等关键领域，其余 48 个指标是相应的进展监测指标。

（二）联合国可持续发展委员会提出的可持续发展指标体系

1996 年，在联合国政策协调与可持续发展委员会的牵头下，联合国内部多部门在共同研究的基础上，提出了包括经济、社会、环境、制度在内的"四大系统"概念模型，并提出了可持续发展核心指标体系，以用于帮助世界各国制定各自的可持续发展策略。其中：社会指标包括人口、平等、健康、住房、教育、安全等；环境指标包括土壤、大气、海洋、河流、生物多样性等；经济指标包括产业结构、能耗等；制度指标包括制度框架、制度能力等。

（三）环境问题科学委员会的可持续发展指标体系

环境问题科学委员会提出的可持续发展指标体系认为环境指标必须和人类的重要活动密切联系，并提出了人类活动与环境相互作用的 25 个评价指标的模型。即环境为人类社会活动提供如食物、矿物、木材、空气等重要资源，人类消耗着环境提供的上述资源和生物系统，例如利用土壤资源生产粮食产品，这些产品在使用后将被抛弃并产生或多或少的污染和废物，最终返回到自然环境中，环境在这一系列的活动中起着"纳污处"的功能。

（四）世界银行可持续发展指标体系

1995年发布的世界银行的可持续发展指标体系涉及可持续发展的方方面面。该指标体系以三维的主体方式综合判断各国的实际财富以及可持续能力的动态变化情况。其中，自然资本主要包括土地、水、森林以及地下的石油、煤等矿物资源的价值；生产资产主要包括工厂、机器、基础设施（水、电、路）等的价值；人力资源主要包括教育、营养、健康、医疗等反映的价值；社会资本主要包括家庭、人员组织、社会机构生产的价值。

二、社会发展指标

社会发展指标旨在描述和反映社会发展的状况，当前已成为比较和分析社会进步与否，以及社会进步程度的重要测度，主要用于监测和预报社会发展过程中的各种敏感和热点、重点问题，是衡量社会发展的重要方法。美国卫生组织提出的 ASHA 指标值，主要用于反映发展中国家满足基本需求的现实情况；美国海外开发署用平均寿命、婴儿死亡率和识字率三个指标衡量一个国家的社会发展水平和生活质量；日本采用的"国民纯福利"指标主要包括家务劳动、消费、劳务、闲暇、环境污染等九个方面的指标。

（一）以人的生命周期为主线的指标体系

该指标体系将人们从出生到上学、就业、组织家庭、生儿育女和负担老幼，直至死亡，以及生活中需要的住房、消费、娱乐、福利、健康和安全等整个生命序列中的主要活动联系起来，通过对人们生命周期主要阶段的具体状况，进行生动刻画并分析和评价整个社会的发展水平与变化趋势。

（二）以人的生存—享受—发展为主线的指标体系

该指标体系按照马斯洛关于人的五个需求层次来选取相关指标，并对人的社会发展的全过程进行综合反映和评价。该分析体系认为社会是一个摸得着、看得见的客观存在物，也是一个以人为主，并包含自然环境要素和社会文化要素在内的复杂系统。该指标体系逻辑线索清晰，是一种比较贴近现实的指标体系。

三、"一优两高"战略指标体系构建、战略效应评价方面的研究

孙发平等的《青海省"一优两高"战略指标体系构建与评价研究》(2020年)一文,构建了科学评价"一优两高"战略的指标体系,选取基于层次分析法的直线型模糊隶属度函数法,对2016—2018年"一优两高"战略实施进程进行评价,提出了加强环境保护,科学处理环保与发展关系;深化供给侧结构性改革,高质量布局现代化产业体系,补齐教育短板,创造"幼有善育,学有优教"的就业条件等对策建议。杨皓然的《"一优两高"战略引领下青海固定资产投资转型发展研究》(2021年)一文,以2015—2019年为评价期,围绕"一优两高"战略主旨构建解析指标体系,运用投入产出法计算固定资产投资的"一优两高"战略效应系数,得出青海第一、第二、第三产业固定资产投资的"一优两高"战略效应呈现失衡状态的结论,在此基础上提出固定资产投资转型的发展建议。

综上所述,"一优两高"战略实施以来,学术界的视野和角度多聚焦在一些宏观问题和定性分析方面,且研究的侧重点多放在全省范围,在指标体系构建、测算指数,评价成效等方面的定量分析成果仍比较少,特别是立足省内各市州区域,评价"一优两高"战略实施成效的研究成果尚属空白。

第三节 构建指标体系需要考虑的重大问题

在国内外发展评价指标体系的研究与实践中,既有指标体系成果,各有特点,各有优长,同时也都具有一定程度的局限性和不足,因此在构建评价指标体系时应当对其中可能影响评价结论的因素给予必要的重视。

一、注重指标选择与"一优两高"战略内涵的内在逻辑

对于青海"一优两高"战略指标体系的选择,需要首先注意体现青海作为欠发达地区的现实情况,否则所建立的指标体系将不可能得到所希望的评价效果。即一级指标层应首先反映青海"一优两高"战略的主要内容,二级

指标层应与一级所反映内容在逻辑外延上相统一，三级具体指标项的选取应与上级指标属性一致。由此，尽可能避免指标体系框架存在逻辑缺陷。

二、注重指标体系构建模型的学科对应性

通过分析联合国可持续发展委员会和国家统计局公布的两种可持续发展指标体系，可以看出虽然概念模型应用于环境指标时，可以很好地反映出各指标的因果关系，但应用于经济和社会类的指标则显得没有多少实际意义。以联合国统计局提出的可持续发展指标体系为例。该体系主要分为贫困、人口动态与可持续性、教育培训、人群健康四个主题，在相应的表达指标中，贫困主题中仅有绝对贫困线下人口数量这一存量指标，在教育培训主题中仅有一个相应指标，这些指标被安排在一起，缺少统一的评价标准。由此说明，为了合理选取并减少指标数目，应注意指标体系构建模型的学科适应范围，就"一优两高"战略所涉及的经济、社会、政治、生态、文化等领域的内涵要求，其指标选择应在相应的应用模型指导下进行，这样可以构造出一个指标数目较少且指向明确的指标体系，以便更好地为政府决策服务。

三、注重指标体系在评价时的区域差异适应性

建立"一优两高"战略评价指标体系的主要目的在于评价，其所面对的是具体的发展区域。对于青海而言，不仅应对全省"一优两高"战略的实施进展作出评价，而且要能够反映和评价省域内次一级区域"一优两高"战略的实施状态，这就要求体系的建立在系统性上具有可调适性，即指标体系不仅要注重衡量时间过程的动态变化，还要注重衡量地理空间的不均衡性。美国的艾伯特·阿德里安斯在为环境科学委员会设计可持续发展指标体系时，涉及了这类问题。他将包括气候变化、富营养化、臭氧层消耗、有毒废物的扩散、酸雨化、需处置固体废物6项指标其下一层次的数据计算得出，之后根据这6项指标的当前值和今后可持续发展政策所希望达到的目标值之间的差距给予各自的权重，又对这6个指标进行了合并。这种处理方法，能够反映出不同地区的发展差异，从一定程度上满足了体系的适应性要求。

四、注重指标体系构建与社会发展实践的关联性

从社会发展综合指标评价体系的层面考察，自20世纪60年代中期以来，美国、日本等国家先后推出了各自的社会发展综合指标评价体系。如联合国"以人的生命周期为主线"的社会和人口统计体系；奥西波夫提出的以测定个人或集团在需求、利益关系和其有决定意义的因素之间的联系为目的社会指标评价体系；阿德曼和莫里斯提出的制度和结构评价指标体系；中国国家统计局的社会统计指标体系等。这些指标体系虽然侧重点和划分标准不尽相同，但总体来看，都是以人口、家庭这个社会细胞为核心，关联到经济社会各方面，以期对全社会发展状况作出评价。但略感遗憾的是，这种体系的指标结构均过于庞大，难以进行直观的评价和推广。因此，相关学者根据多目标决策的归一化原理，设计了综合评价指标，可以通过一定的运算手段，以得到一个直观的评价。综合评价指标主要包括以经济增长为核心目标的国内生产总值，以生活质量为核心目标的测评指标，以人的全面发展为核心目标的综合测评指标，如社会进步指标（ISP）和人类发展指标（HDI）。上述指标的建立无不以相应的实践发展作为背景支撑。

五、注重评价方法和程序的科学规范性

一般来说，评价指标体系的设计必须注重以下几个方面：一是要体现正确的政绩观，需要重点把握好经济社会发展和环境保护指标、显性绩效与隐性绩效、当前发展与长远发展之间的平衡性。二是要体现政府的职能转变，需要重点把握好政府通过制定经济运行规则和加强监管，为各类企业创造良好的外部发展环境以及政府在应对各种社会风险、化解社会矛盾、提供公共产品和服务等方面。三是要体现因地制宜的要求。由此，"一优两高"战略评价指标体系在设置上既要反映经济的增长，又要反映经济、社会、人的全面发展。经济性指标要在计算经济增长的指标时，考虑到经济生产对资源环境的消耗利用。程序性指标需要通过测定政府为公众提供服务的有效性和时间性，明确政府在提供公共服务产品时的工作数量和履行责任的程度。

第二章 青海省"一优两高"战略评价指标体系构建

按照"一优两高"战略的内涵要求来考察和评估青海的发展成绩与存在的矛盾与问题是全省社科理论研究面临的重大课题。本研究从"一优两高"战略的要求出发，量化诠释其内涵及实质，进而对全省与各市州"一优两高"发展情况与水平进行定量的系统考察和分析，是青海整体发展战略的基本要求，是推动生态保护优先、高质量发展和高品质生活建设水平不断提升的支撑性、基础性工作，有助于深化青海省情实际相关研究理论，丰富研究成果，以期为全省与各市州党委政府适时调整发展政策提供参考。

第一节 指标体系构建原则

在指标体系的构建过程中，本研究参照国内外最新研究成果，在组织专家进行科学论证，积极吸取专家意见、建议的基础上，运用政策文本分析法，通过对政策文本的定量分析以及对政策内容的定性分析，基于动态与静态指标相结合、定性与定量相结合的方法，融合层次分析法与模糊分析法以及政府效能评价相关理论，构建了青海省及各市州"一优两高"战略评价指标体系。

为确保评价方式与评价结果客观科学，必须保证评价指标体系的科学、合理、有效。因此，建立的指标体系应主要遵循科学性、整体性、前瞻性、代表性、可行性以及公认性等主要原则。

一、科学性原则

指标体系总体结构设计是否合理，直接关系到统计检测和评价的数据质量，指标的选取必须以公认的科学理论为依据，要具有合理性；要努力做到科学性、规律性和创新性的有机统一，使指标体系体现对经济社会发展规律的正确把握，体现对当前发展和长远发展的统筹考虑；要能反映"一优两高"战略的内涵要求，全面涵盖青海"一优两高"战略发展情况，科学揭示发展的内在特点和规律；要综合发挥指标体系引导发展和监测、考核、评价的作用，在树立正确的政绩观、把握工作方向、调整工作重点等方面发挥导向、推动作用。

二、整体性原则

要从系统整体出发，全面、完整地反映青海省"一优两高"战略发展的各个方面，体系中各个指标之间，从多方面反映"一优两高"战略进展情况及内涵，各个指标要兼顾相互独立性和内在逻辑性。指标体系在总体架构上既要反映青海全省整体性"一优两高"战略实施进程与变化状态，又要反映省内不同地区发展的特点，形成整体"一优两高"战略实施与各州、地、市区域性评价的有机协调。

三、前瞻性原则

发挥指标体系的导向作用，围绕新形势下全面深化改革的新要求，紧紧围绕"一优两高"目标的实现，坚持问题导向，找准薄弱环节，明确工作方向、步骤、程序和目标，使评价研究具有针对性和实效性，更加符合客观实际。

四、代表性原则

在指标选择中，应关注同类相关指标中有代表性的指标，不同类别和地区中选择鉴别力较强的指标。所谓指标的鉴别力是指指标用来区分不同地区不同方面发展水平高低的能力。在测评时，鉴别力的大小具体表现为指标值的差异大小。

五、可行性原则

可行性包括可计量性和可操作性。可计量性是指指标所包括的内涵可以进行定量描述，通过指标体系对发展状况做定量分析。可操作性是指在选择指标时既要考虑到指标体系完整、科学，又要从实际出发，尽可能选择现行统计报表中可以取得资料的指标，便于资料、数据等信息的收集、整理和计算。

六、公认性原则

"一优两高"战略评价指标体系的建立要充分考虑人民群众的切身感受，因此，要把群众认可、满意作为一个重要的衡量标准，做到量化考评和定性考评相结合。

第二节 指标体系基本架构与说明

构建青海省"一优两高"战略评价指标体系是一项系统工程，既要努力推动高质量发展这个首要任务，也要突出青海省"一优两高"战略部署的深刻意义。建立评价指标体系要遵循评价的基本原则，把握青海经济社会发展特点，确保指标体系的科学性与可操作性，力求评价结果对青海省"一优两高"战略实施提出具有针对性的智库建议。

青海省各市州"一优两高"发展水平指标体系是结合各地区不同的主体功能发展定位，在对青海省"一优两高"发展整体评价指标体系进行部分调整的基础上，建立分类管理的评价考核体系：西宁市、海东市重点评价考核经济增长、财政收支、城乡居民收入、城镇建设、污染治理、节能减排、科技创新等方面指标；海西州、海南州重点评价考核经济增长、财政收支、城乡居民收入、城镇建设、资源综合循环利用、节能减排、科技创新等方面指标；海北州、黄南州重点评价考核生态建设、环境保护、农牧业综合生产能力、城乡居民收入、公共服务等方面指标；玉树州、果洛州重点评价考核生态建设、环境保护、城乡居民收入、公共服务等方面的指标。

一、青海省"一优两高"战略指标体系

"一优两高"战略实施以来，全省上下认真贯彻习近平总书记对青海工作重大要求和重要指示精神，坚持新发展理念，坚持生态保护优先，青海生态环境更加优美，生态价值不断实现；新兴动能发展壮大，发展质量不断提升，转型发展取得突破性进展，综合经济实力稳步提升；城乡区域协调发展，民生福祉持续增强，在与全国同步全面建成小康社会的基础上，现代化新青海建设正在大力推进。为此，青海省"一优两高"战略实施评价指标体系在生态保护优先、高质量发展、高品质生活3个一级指标下，设置14个方面共计48项指标（详见表2-1）。

表2-1 青海省"一优两高"战略评价指标体系

一级指标（A）	二级指标（B）	序号	三级指标（C）	单位
生态保护优先	生态保护与治理	1	全省生态环境状况指数	%
		2	草原综合植被覆盖度	%
		3	森林覆盖率	%
		4	累计水土流失治理面积	%
	环境质量	5	全省地表水水质优良率	%
		6	主要城市空气质量优良天数比例	%
	能源利用效率	7	单位生产总值能源消耗	吨标煤/万元
		8	化石能源占能源消费总量的比重	吨/人
		9	一般工业固体废物综合利用率	%
		10	清洁能源发电量占比	%
高质量发展	经济运行稳定性	11	人均GDP	万元
		12	居民消费价格指数	%
		13	第三产业增加值占GDP比重	%
	经济运行效率	14	全员劳动生产率	万元/人
		15	非公有制经济占GDP比重	%
		16	单位面积土地产出GDP	万元/亩

续表

一级指标（A）	二级指标（B）	序号	三级指标（C）	单位
高质量发展	创新能力	17	R&D 经费投入强度	%
		18	每万人口发明专利拥有量	%
		19	就业人员受过高等教育的比重	%
		20	规模以上工业增加值中战略性新兴产业增加值占比	%
		21	科技进步贡献率	%
	对外开放	22	进出口总额占 GDP 比重	%
		23	进出口总额增速	%
		24	外商直接投资增长率（实际）	%
高品质生活	收入水平	25	城镇居民人均可支配收入	元
		26	农村居民人均可支配收入	元
		27	城乡居民人均可支配收入之比	%
	消费水平	28	居民人均消费性支出	元
		29	恩格尔系数	%
		30	居民家庭交通通信消费支出	元
		31	居民家庭教育文化娱乐消费支出	元
	居住状况	32	常住人口城镇化率	%
		33	城镇居民人均住房建筑面积	平方米
		34	农村居民人均住房建筑面积	平方米
		35	建成区绿化覆盖率	%
		36	生活垃圾无害化处理率	%
	社会保障水平	37	养老保险参保率	%
		38	农村居民最低生活保障金提升幅度	%
		39	每万名老人拥有养老机构数	个
	医疗卫生水平	40	人均预期寿命	岁
		41	每万人拥有执业（助理）医师数	人
		42	每万人拥有床位数	张/千人
		43	婴儿死亡率	‰
	教育就业	44	劳动年龄人口平均受教育年限	年
		45	城镇登记失业率	%
		46	新增就业人数	万人
	社会治理	47	每万人口公安机关立案刑事案件数	件
		48	每万人拥有律师数	人/万人

（一）生态保护优先指标

在生态保护优先一级指标下，共设置生态保护与治理、环境质量、能源利用效率3项二级指标。三级指标共10项，分别为全省生态环境状况指数、草原综合植被覆盖度、森林覆盖率、林草综合覆盖率、全省地表水水质优良率、主要城市空气质量优良天数比例、单位生产总值能源消耗、主要污染物人均排放量、一般工业固体废物综合利用率、清洁能源发电量占比。

（二）高质量发展指标

在高质量发展一级指标下，共设置经济运行稳定性、经济运行效率、创新能力、对外开放4项二级指标。三级指标共14项，分别为人均GDP、居民消费价格指数、第三产业增加值占GDP比重、全员劳动生产率、非公有制经济占GDP比重、单位面积土地产出GDP、R&D经费投入强度、每万名劳动力中R&D人员占比、就业人员受过高等教育的比重、规模以上工业增加值中战略性新兴产业增加值占比、科技进步贡献率、进出口总额占GDP比重、进出口总额增速、外商直接投资增长率（实际）。

（三）高品质生活指标

在高品质生活一级指标下，共设置收入水平指标、消费水平指标、居住状况指标、社会保障水平指标、医疗卫生水平指标、教育就业指标、社会治理指标7项二级指标。三级指标共23项，分别为城镇居民人均可支配收入、农村居民人均可支配收入、城乡居民人均可支配收入之比、居民人均消费性支出、恩格尔系数、居民家庭交通通信消费支出、居民家庭教育文化娱乐消费支出、常住人口城镇化率、城镇居民人均住房建筑面积、农村居民人均住房建筑面积、建成区绿化覆盖率、生活垃圾无公害处理率、养老保险参保率、农村居民最低生活保障金提升幅度、每千名老人拥有养老机构数、人均预期寿命、每千人拥有执业（助理）医师数、每千人拥有床位数、婴儿死亡率、劳动年龄人口平均受教育年限、城镇登记失业率、新增就业人数、每万人口公安机关立案刑事案件数、每万人拥有律师数。

二、西宁市"一优两高"战略评价指标体系

"一优两高"战略实施以来，西宁市坚持以更高政治站位、更大担当作为聚力，建设现代美丽幸福大西宁。巩固生态安全根基，全面推进平安西宁建设，社会大局和谐稳定；坚定不移推进产业转型升级，打造一流营商环境，用力稳主体促消费，促进全市经济发展质量不断提高；社会事业加快发展，社会保障水平不断提升，城乡群众福祉进一步增进，以实干实绩实效将"一优两高"美好蓝图变成生动现实。为此，西宁市"一优两高"战略实施评价指标体系在生态保护优先、高质量发展、高品质生活3个一级指标下，设置14个方面共计51项指标，详见表2-2。

表2-2 西宁市"一优两高"战略实施评价指标体系

一级指标（A）	二级指标（B）	序号	三级指标（C）	单位
生态保护优先	生态保护与治理	1	重点生态工程年度投资完成数	个
		2	草原综合植被覆盖度	%
		3	森林覆盖率	%
		4	城市（县城）建成区绿化覆盖率	%
	环境质量	5	饮用水水源达到或优于Ⅲ类比例	%
		6	空气质量优良天数比例	%
		7	细颗粒物（PM2.5）浓度下降比例	%
	能源利用效率	8	万元GDP能源消耗降低率	%
		9	主要污染物人均排放量	吨/人
		10	单位GDP二氧化碳排放量下降率	%
		11	清洁能源发电量占比	%
高质量发展	经济运行稳定性	12	人均GDP	万元
		13	居民消费价格指数	%
		14	一般性工业投资增长率	%
		15	规模以上工业增加值增长率	%
		16	第三产业增加值占GDP比重	%
		17	文化及相关产业增加值占GDP比重	%
	经济运行效率	18	全员劳动生产率	万元/人
		19	非公有制经济占GDP比重	%
		20	单位面积土地产出GDP	万元/亩

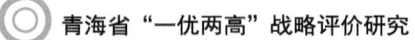

续表

一级指标（A）	二级指标（B）	序号	三级指标（C）	单位
高质量发展	创新能力	21	R&D 经费投入强度	%
		22	每万名劳动力中 R&D 人员占比	%
		23	就业人员受过高等教育的比重	%
		24	规模以上工业增加值中战略性新兴产业增加值占比	%
		25	每万人有效发明专利拥有量增长率	%
	对外开放	26	进出口总额占 GDP 比重	%
		27	进出口总额增速	%
		28	招商引资内外资到位资金额增长率	%
高品质生活	收入水平	29	城镇居民人均可支配收入	元
		30	农村居民人均可支配收入	元
		31	城乡居民人均可支配收入之比	%
	消费水平	32	全体居民人均生活消费支出	元
		33	恩格尔系数	%
		34	社会消费品零售总额增长率	%
		35	居民文教娱乐服务支出占家庭消费支出的比重	%
	居住状况	36	常住人口城镇化率	%
		37	城镇居民人均住房建筑面积	平方米
		38	高原美丽乡村建设任务完成数	个
		39	生活垃圾无公害处理率	%
	社会保障水平	40	养老保险参保率	%
		41	农村居民最低生活保障金提升幅度	%
		42	每千名老人拥有养老机构数	个
	医疗卫生水平	43	人均预期寿命	岁
		44	每千人拥有执业（助理）医师数	人
		45	每千人拥有床位数	张/千人
		46	婴儿死亡率	‰
	教育就业	47	劳动年龄人口平均受教育年限	年
		48	城镇登记失业率	%
		49	新增就业人数	万人
	社会治理	50	每万人口公安机关立案刑事案件数	件
		51	每万人拥有律师数	人/万人

(一) 生态保护优先指标

在生态保护优先一级指标下，共设置生态保护与治理、环境质量、能源利用效率 3 项二级指标。三级指标共 11 项，分别为重点生态工程年度投资完成数、草原综合植被覆盖度、森林覆盖率、城市（县城）建成区绿化覆盖率、饮用水水源达到或优于Ⅲ类比例、空气质量优良天数比例、细颗粒物（PM2.5）浓度下降比例、万元 GDP 能源消耗降低率、主要污染物人均排放量、单位 GDP 二氧化碳排放量下降率、清洁能源发电量占比。

(二) 高质量发展指标

在高质量发展一级指标下，共设置经济运行稳定性、经济运行效率、创新能力、对外开放 4 项二级指标。三级指标共 17 项，分别为人均 GDP、居民价格消费指数、一般性工业投资增长率、规模以上工业增加值增长率、第三产业增加值占 GDP 比重、文化及相关产业增加值占 GDP 比重、全员劳动生产率、非公有制经济占 GDP 比重、单位面积土地产出 GDP、R&D 经费投入强度、每万劳动力中 R&D 人员占比、就业人员受过高等教育的比重、规模以上工业增加值中战略性新兴产业增加值占比、每万人有效发明专利拥有量增长率、进出口总额占 GDP 比重、进出口总额增速、招商引资内外资到位资金额增长率。

(三) 高品质生活指标

在高品质生活一级指标下，共设置收入水平指标、消费水平指标、居住状况指标、社会保障水平指标、医疗卫生水平指标、教育就业指标、社会治理指标 7 项二级指标。三级指标共 23 项，分别为城镇居民人均可支配收入、农村居民人均可支配收入、城乡居民人均可支配收入之比、居民人均消费性支出、恩格尔系数、社会消费品零售总额增长率、居民文教娱乐服务支出占家庭消费支出的比重、常住人口城镇化率、城镇居民人均住房建筑面积、高原美丽乡村建设任务完成数、生活垃圾无公害处理率、养老保险参保率、农村居民最低生活保障金提升幅度、每千名老人拥有养老机构数、人均预期寿命、每千人拥有执业（助理）医师数、每千人拥有床位数、婴儿死亡率、劳动年龄人口平均受教育年限、城镇登记失业率、新增就业人数、每万人口公安机关立案刑事案件数、每万人拥有律师数。

三、海东市"一优两高"战略评价指标体系

"一优两高"战略实施以来，海东市牢固树立人与自然和谐共生的理念，以系统方法推进生态保护与治理，生态文明建设迈入新阶段；聚焦"五个新海东"建设目标任务，对标对表黄河流域生态保护和高质量发展、兰西城市群建设、"四地"建设等重大战略部署，全力深化改革开放，深入推进乡村全面振兴，高质量发展成效日益显现；坚持践行为民思想，全面落实好各项惠民政策，千方百计增加群众收入，解决群众的"急难愁盼"问题，社会事业短板加快补齐，人民群众获得感、幸福感和安全感不断增强。为此，海东市"一优两高"战略实施评价指标体系在生态保护优先、高质量发展、高品质生活3个一级指标下，设置8个方面共计27项指标，见表2-3。

表2-3 海东市"一优两高"战略实施评价指标体系

一级指标（A）	二级指标（B）	序号	三级指标（C）	单位
生态保护优先	生态保护与治理	1	重点生态工程年度投资完成数	个
		2	草原综合植被覆盖度	%
		3	森林覆盖率	%
		4	城市（县城）建成区绿化覆盖率	%
	环境质量	5	饮用水水源达到或优于Ⅲ类比例	%
		6	空气质量优良天数比例	%
		7	细颗粒物（PM2.5）浓度下降比例	%
	能源利用效率	8	单位GDP能源消耗降低率	%
		9	规模以上工业单位增加值能耗下降率	吨/人
高质量发展	经济运行稳定性	10	人均GDP	万元
		11	平安区居民消费价格水平上涨	%
		12	乐都区居民消费价格水平上涨	%
		13	一般性工业投资增长率	%
		14	规模以上工业增加值增长率	%
	经济运行质量	15	第三产业增加值占GDP比重	万元/人
		16	民间投资增长率	%
		17	省级科技成果数	万元/亩
	开放发展	18	进出口总额增速	%

续表

一级指标（A）	二级指标（B）	序号	三级指标（C）	单位
高品质生活	收入消费水平	19	全体居民人均可支配收入增长	元
		20	城乡常住居民人均可支配收入之比	%
		21	全体居民人均生活消费支出增长	%
	居住就业安全	22	常住人口城镇化率	人
		23	养老服务床位数	张/千人
		24	每千人拥有床位数	‰
		25	城镇登记失业率	%
		26	新增就业人数	万人
		27	全年各类生产安全事故死亡人数	万人

（一）生态保护优先指标

在生态保护优先一级指标下，共设置生态保护与治理、环境质量、能源利用效率3项二级指标。三级指标共9项，分别为重点生态工程年度投资完成数、草原综合植被覆盖度、森林覆盖率、城市（县城）建成区绿化覆盖率、饮用水水源达到或优于Ⅲ类比例、空气质量优良天数比例、细颗粒物（PM2.5）浓度下降比例、万元GDP能源消耗降低率、规模以上工业单位增加值能耗下降率。

（二）高质量发展指标

在高质量发展一级指标下，共设置经济运行稳定性、经济运行质量、开放发展3项二级指标。三级指标共9项，分别为人均GDP、平安区居民消费价格水平上涨、乐都区居民消费价格水平上涨、一般性工业投资增长率、规模以上工业增加值增长率、第三产业增加值占GDP比重、民间投资增长率、省级科技成果数、进出口总额增速。

（三）高品质生活指标

在高品质生活一级指标下，共设置收入消费水平、居住就业安全两项二级指标。三级指标共9项，分别为全体居民人均可支配收入增长、城乡常住居民人均可支配收入之比、全体居民人均生活消费支出增长、常住人口城镇化率、养老服务床位数、每千人拥有床位数、城镇登记失业率、新增就业人数、全年各类生产安全事故死亡人数。

四、海西州"一优两高"战略评价指标体系

"一优两高"战略实施以来，海西州扎实推动经济社会高质量发展，持续保障和改善民生，坚决维护社会大局稳定，经历了从未有过的考验，取得了来之不易的成绩。围绕产业"四地"建设目标，海西州立足产业基础发展优势，通过提升生产规模、创新能力、技术服务等措施，盐湖产业发展取得新突破，绿色有机农畜产品输出成效显著，清洁能源发展提升效能明显，目前已进入经济加速发展、产业加速转型、基本公共服务能力加快提升的关键阶段。为此，海西州"一优两高"战略实施评价指标体系在生态保护优先、高质量发展、高品质生活3个一级指标下，设置13个方面共计39项指标，见表2-4。

表2-4 海西州"一优两高"战略实施评价指标体系

一级指标（A）	二级指标（B）	序号	三级指标（C）	单位
生态保护优先	生态保护与治理	1	重点生态工程年度投资完成额	亿
		2	草原综合植被覆盖度	%
		3	森林覆盖率	%
		4	沙化土地治理面积	万亩
	环境质量	5	饮用水水源达到或优于Ⅲ类比例	%
		6	空气质量优良天数比例	%
		7	细颗粒物（PM2.5）浓度下降比例	%
	能源利用效率	8	万元GDP能耗降低率	%
		9	主要污染物人均排放量	吨/人
		10	单位GDP二氧化碳排放量下降率	%
		11	清洁能源发电量占比	%
高质量发展	经济运行稳定性	12	人均GDP	万元
		13	居民消费价格指数	%
		14	一般性工业投资增长率	%
		15	规模以上工业增加值增长率	%
		16	第三产业增加值占GDP比重	%
	经济运行效率	17	地方公共财政预算收入增长率	%
		18	非公有制经济占GDP比重	%
		19	单位面积土地产出GDP	万元/亩

续表

一级指标（A）	二级指标（B）	序号	三级指标（C）	单位
高质量发展	创新能力	20	R&D 经费投入强度	%
		21	规模以上工业增加值中战略性新兴产业增加值占比	%
	对外开放	22	进出口总额占 GDP 比重	%
		23	进出口总额增速	%
		24	招商引资内外资到位资金额增长率	%
高品质生活（A3）	收入水平	25	城镇居民人均可支配收入	元
		26	农村居民人均可支配收入	元
	消费水平	27	居民人均消费性支出	元
		28	恩格尔系数	%
		29	社会消费品零售总额增长率	%
	居住状况	30	常住人口城镇化率	%
	社会保障水平	31	养老保险参保率	%
		32	农村居民最低生活保障金提升幅度	%
		33	每千名老人拥有养老床位数	个
	医疗卫生水平	34	人均预期寿命	岁
		35	每千人拥有执业（助理）医师数	人
		36	每千人拥有床位数	张/千人
		37	婴儿死亡率	‰
	就业	38	城镇登记失业率	%
		39	新增就业人数	万人

（一）生态保护优先指标

在生态保护优先一级指标下，共设置生态保护与治理、环境质量、能源利用效率 3 项二级指标。三级指标共 11 项，分别为重点生态工程年度投资完成额、草原综合植被覆盖度、森林覆盖率、沙化土地治理面积、饮用水水源达到或优于Ⅲ类比例、空气质量优良天数比例、细颗粒物（PM2.5）浓度下降比例、万元 GDP 能源消耗降低率、主要污染物人均排放量、单位 GDP 二氧化碳排放量下降率、清洁能源发电量占比。

（二）高质量发展指标

在高质量发展一级指标下，共设置经济运行稳定性、经济运行效率、创新能力、对外开放4项二级指标。三级指标共13项,分别为人均GDP、居民价格消费指数、一般性工业投资增长率、规模以上工业增加值增长率、第三产业增加值占GDP比重、地方财政预算增长率、非公有制经济占GDP比重、单位面积土地产出GDP、R&D经费投入强度、规模以上工业增加值中战略性新兴产业增加值占比、进出口总额占GDP比重、进出口总额增速、招商引资内外资到位资金额增长率。

（三）高品质生活指标

在高品质生活一级指标下,共设置收入水平指标、消费水平指标、居住状况指标、社会保障水平指标、医疗卫生水平指标、就业指标6项二级指标。三级指标共15项,分别为城镇居民人均可支配收入、农村居民人均可支配收入、居民人均消费性支出、恩格尔系数、社会消费品零售总额增长率、常住人口城镇化率、养老保险参保率、农村居民最低生活保障金提升幅度、每千名老人拥有养老机构数、人均预期寿命、每千人拥有执业（助理）医师数、每千人拥有床位数、婴儿死亡率、城镇登记失业率、新增就业人数。

五、海南州"一优两高"战略评价指标体系

"一优两高"战略实施以来,海南州坚持以习近平新时代中国特色社会主义思想为指导,团结带领全州各族干部群众攻坚克难、砥砺奋进,全省民族团结进步和三江源绿色产业集聚发展先行区建设取得重大成果,与全省全国同步全面建成小康社会,谱写了海南州发展史上光辉灿烂的篇章。为此,海南州"一优两高"战略实施评价指标体系在生态保护优先、高质量发展、高品质生活3个一级指标下,设置10个方面共计33项指标,见表2-5。

表2-5 海南州"一优两高"战略实施评价指标体系

一级指标（A）	二级指标（B）	序号	三级指标（C）	单位
生态保护优先	生态保护与治理	1	重点生态工程投资额	亿
		2	国土绿化任务完成率	%
		3	草原综合植被覆盖度	%
		4	治理退化草原面积	万亩

续表

一级指标（A）	二级指标（B）	序号	三级指标（C）	单位
生态保护优先	环境质量	5	禽畜养殖废弃物资源化利用率	%
		6	城镇污水处理率	%
		7	垃圾无害化处理率	%
	能源利用效率	8	重要及一般江河湖泊水功能区水质达标率	%
		9	空气质量优良天数比例	%
		10	单位生产总值能源消耗	吨/人
		11	清洁能源发电量占比	%
高质量发展	产业发展	12	集体经济年度收益10万元以上的行政村占比	万元
		13	文化旅游产业营业收入	万元
	经济发展	14	固定资产投资额增长率	%
		15	社会消费品零售总额增长率	%
		16	争取和使用对口援青资金额	万元
		17	年度旅游业收入增长率	%
		18	农牧业科技园产值增幅	%
		19	新型农业经营主体数量	个
高品质生活	收入及消费水平	20	居民人均可支配收入增长率	%
		21	公共文化人均文化事业费支出	元
	居住状况	22	户籍人口城镇化率	%
		23	农牧区居住条件改善数	户
		24	棚户区改造工程完成数	套（户）
	社会保障水平	25	城乡居民基本养老保险参保率	%
		26	城乡居民基本医疗保险参保率	%
	医疗卫生水平	27	每千人拥有执业（助理）医师数	人
		28	每千人拥有床位数	张/千人
		29	婴儿死亡率	%
	教育就业	30	义务教育巩固率	%
		31	高中阶段毛入学率	%
		32	城镇登记失业率	%
		33	城镇新增就业人数	万人

（一）生态保护优先指标

三级指标共 11 项，分别为重点生态工程年度投资完成额、草原综合植被覆盖度、森林覆盖率、沙化土地治理面积、饮用水水源达到或优于Ⅲ类比例、空气质量优良天数比例、细颗粒物（PM2.5）浓度下降比例、万元 GDP 能源消耗降低率、主要污染物人均排放量、单位 GDP 二氧化碳排放量下降率、清洁能源发电量占比。

（二）高质量发展指标

在高质量发展一级指标下，共设置产业发展、经济发展 2 项二级指标。三级指标 8 项，分别为集体经济年度收益 10 万元以上的行政村占比、文化旅游产业营业收入、固定资产投资额增长率、社会消费品零售总额增长率、争取和使用对口援青资金额、年度旅游业收入增长率、农牧业科技园产值增幅、新型农业经营主体数量。

（三）高品质生活指标

在高品质生活一级指标下，共设置收入及消费水平、居住状况、社会保障水平、医疗卫生水平、教育就业 5 项二级指标。三级指标共 14 项，分别为居民人均可支配收入增长率、公共文化人均文化事业费支出、户籍人口城镇化率、农牧区居住条件改善数、棚户区改造工程完成数、城乡居民基本养老保险参保率、城乡居民基本医疗保险参保率、每千人拥有执业（助理）医师数、每千人拥有床位数、婴儿死亡率、义务教育巩固率、高中阶段毛入学率、城镇登记失业率、城镇新增就业人数。

六、海北州"一优两高"战略评价指标体系

"一优两高"战略实施以来，海北州坚持以习近平新时代中国特色社会主义思想为指导，始终坚定明确的发展方向，坚决推进生态立州战略，守好筑牢生态安全屏障，发展的基础全面夯实。加快推动产业转型升级，深入实施乡村振兴战略，经济发展有速度更有质量，发展的后劲不断增强。坚持人民至上，持续增进民生福祉，发展的成果更多惠及人民，富裕文明和谐美丽幸

福海北建设取得显著成就。为此，海北州"一优两高"战略实施评价指标体系在生态保护优先、高质量发展、高品质生活3个一级指标下，设置11个方面共计33项指标，见表2-6。

表2-6 海北州"一优两高"战略实施评价指标体系

一级指标（A）	二级指标（B）	序号	三级指标（C）	单位
生态保护优先	生态工程与建设	1	重点生态工程投资额	万元
		2	国土绿化任务完成率	%
	资源保护	3	草原综合植被覆盖度	%
		4	治理退化草原面积	万亩
		5	畜禽养殖废弃物资源化利用率	%
	环境保护	6	城镇污水处理率	%
		7	垃圾无害化处理率	%
		8	重要及一般江河湖泊水功能区水质达标率	%
		9	空气质量优良天数比例	%
	能源利用效率	10	单位生产总值能源消耗	标吨煤/万元
		11	清洁能源发电量占比	%
高质量发展	产业发展	12	集体经济年度收益10万元以上的行政村占比	%
		13	民族手工业销售收入	万元
		14	文化旅游产业营业收入	万元
	经济发展	15	固定资产投资额增长率	%
		16	社会消费品零售总额增长率	%
		17	争取和使用对口援青资金额	万元
		18	年度旅游业收入增长率	%
		19	农牧业科技园产值增幅	%
高品质生活	收入及消费水平	20	居民人均可支配收入增长率	%
		21	公共文化人均文化事业费支出	元
	居住状况	22	户籍人口城镇化率	%
		23	农牧区居住条件改善数	户
		24	棚户区改造工程完成数	套（户）
	社会保障水平	25	城乡居民基本养老保险参保率	%
		26	城乡居民基本医疗保险参保率	%

续表

一级指标（A）	二级指标（B）	序号	三级指标（C）	单位
高品质生活	医疗卫生水平	27	每千人拥有执业（助理）医师数	人
		28	每千人拥有床位数	张/千人
		29	婴儿死亡率	%
	教育就业	30	义务教育巩固率	%
		31	高中阶段毛入学率	%
		32	城镇登记失业率	%
		33	城镇新增就业人数	万人

（一）生态保护优先指标

在生态保护优先一级指标下，共设置生态工程与建设、资源保护、环境保护、能源利用效率4项二级指标。三级指标共11项，分别为重点生态工程投资额、国土绿化任务完成率、草原综合植被覆盖度、治理退化草原面积、畜禽养殖废弃物资源化利用率、城镇污水处理率、垃圾无害化处理率、重要及一般江河湖泊水功能区水质达标率、空气质量优良天数比例、单位生产总值能源消耗、清洁能源发电量占比。

（二）高质量发展指标

在高质量发展一级指标下，共设置产业发展与经济发展2项二级指标。三级指标共8项，分别为集体经济年度收益10万元以上的行政村占比、民族手工业销售收入、文化旅游产业营业收入、固定资产投资额增长率、社会消费品零售总额增长率、争取和使用对口援青资金额、年度旅游业收入增长率、农牧业科技园产值增幅。

（三）高品质生活指标

在高品质生活一级指标下，共设置收入及消费水平、居住状况、社会保障水平、医疗卫生水平、教育就业5项二级指标。三级指标共14项，分别为居民人均可支配收入增长率、公共文化人均文化事业费支出、户籍人口城镇化率、农牧区居住条件改善数、棚户区改造工程完成数、城乡居民基本养老保险参保率、城乡居民基本医疗保险参保率、每千人拥有执业（助理）医师数、每千人拥有床位数、婴儿死亡率、义务教育巩固率、高中阶段毛入学率、城镇登记失业率、城镇新增就业人数。

七、黄南州"一优两高"战略评价指标体系

"一优两高"战略实施以来,黄南州坚定不移用习近平新时代中国特色社会主义思想武装头脑、指导实践、推动工作,坚持生态保护优先,加快绿色发展,探索实践了发展与保护、保护与民生良性互动互促,生态生产生活"三生"共赢的发展路径;深刻把握黄南发展之势,坚持以人为本,积极改善民生,始终把凝聚人心的工作做到群众心坎里,交出了人民满意的小康答卷。为此,黄南州"一优两高"战略实施评价指标体系在生态保护优先、高质量发展、高品质生活3个一级指标下,设置11个方面共计34项指标,见表2-7。

表2-7 黄南州"一优两高"战略实施评价指标体系

一级指标(A)	二级指标(B)	序号	三级指标(C)	单位
生态保护优先	生态工程与建设	1	重点生态工程投资额	万元
		2	国土绿化任务完成率	%
	资源保护	3	草原综合植被覆盖度	%
		4	治理退化草原面积	万亩
		5	畜禽养殖废弃物资源化利用率	%
	环境保护	6	城镇污水处理率	%
		7	垃圾无害化处理率	%
		8	重要及一般江河湖泊水功能区水质达标率	%
		9	空气质量优良天数比例	%
	能源利用效率	10	单位生产总值能源消耗	标吨煤/万元
		11	清洁能源发电量占比	%
高质量发展	产业发展	12	集体经济年度收益10万元以上的行政村占比	%
		13	民族手工业销售收入	万元
		14	文化旅游产业营业收入	万元
	经济发展	15	固定资产投资额增长率	%
		16	社会消费品零售总额增长率	%
		17	争取和使用对口援青资金额	万元
		18	年度旅游业收入增长率	%

续表

一级指标（A）	二级指标（B）	序号	三级指标（C）	单位
高品质生活	收入及消费水平	19	全体居民人均可支配收入	元
		20	全体居民人均生活消费支出	元
		21	恩格尔系数	%
		22	公共文化人均文化事业费支出	元
	居住状况	23	户籍人口城镇化率	%
		24	农牧区居住条件改善数	户
	社会保障水平	25	城乡居民基本养老保险参保率	%
		26	城乡居民基本医疗保险参保率	%
	医疗卫生水平	27	人均预期寿命	岁
		28	每千人拥有执业（助理）医师数	人
		29	每千人拥有床位数	张
		30	婴儿死亡率	‰
	教育就业	31	义务教育巩固率	%
		32	高中阶段毛入学率	%
		33	城镇登记失业率	%
		34	城镇新增就业人数	人

（一）生态保护优先指标

在生态保护优先一级指标下，共设置生态工程保护建设、资源保护、环境保护、能源利用效率4项二级指标。三级指标共11项，分别为重点生态工程投资额、国土绿化任务完成率、草原综合植被覆盖度、治理退化草原面积、畜禽养殖废弃物资源化利用率、城镇污水处理率、垃圾无害化处理率、重要及一般江河湖泊水功能区水质达标率、空气质量优良天数比例、单位生产总值能源消耗、清洁能源发电量占比。

（二）高质量发展指标

在高质量发展一级指标下，共设置产业发展与经济发展2项二级指标。三级指标共7项，分别为集体经济年度收益10万元以上的行政村占比、民族手工业销售收入、文化旅游产业营业收入、固定资产投资额增长率、社会消费品零售总额增长率、争取和使用对口援青资金额、年度旅游业收入增长率。

（三）高品质生活指标

在高品质生活一级指标下，共设置收入及消费水平、居住状况、社会保障水平、医疗卫生水平、教育就业5项二级指标。三级指标共16项，分别为全体居民人均可支配收入、全体居民人均生活消费支出、恩格尔系数、公共文化人均文化事业费支出、户籍人口城镇化率、农牧区居住条件改善数、城乡居民基本养老保险参保率、城乡居民基本医疗保险参保率、人均预期寿命、每千人拥有执业（助理）医师数、每千人拥有床位数、婴儿死亡率、义务教育巩固率、高中阶段毛入学率、城镇登记失业率、城镇新增就业人数。

八、玉树州、果洛州"一优两高"战略评价指标体系

"一优两高"战略实施以来，果洛、玉树两州生态文明体系进一步完善，人与自然和谐共生的应有气质更加凸显；人民生活更为宽裕，城乡区域发展差距和居民生活水平差距明显缩小，医疗、教育等公共服务均等化程度显著提升；社会文明程度达到新的高度，铸牢中华民族共同体意识更加深入人心。为此，果洛州、玉树州"一优两高"战略实施评价指标体系在生态保护优先、高质量发展、高品质生活3个一级指标下，设置11个方面共计31项指标，见表2-8。

表2-8 果洛州、玉树州"一优两高"战略实施评价指标体系

一级指标（A）	二级指标（B）	序号	三级指标（C）	单位
生态保护优先	生态工程与建设	1	水利、环境和公共设施管理固定资产投资增速	%
		2	国土绿化任务完成率	%
	资源保护	3	草原综合植被覆盖度	%
		4	治理退化草原面积	万亩
	环境保护	5	城镇污水处理率	%
		6	重要及一般江河湖泊水功能区水质达标率	%
		7	空气质量优良天数比例	%
	能源利用效率	8	单位生产总值能源消耗	标吨煤/万元
		9	清洁能源发电量占比	%

续表

一级指标（A）	二级指标（B）	序号	三级指标（C）	单位
高质量发展	产业发展	10	有机认证生产加工企业数	个
		11	民族手工业销售收入	万元
		12	文化旅游产业营业收入	万元
		13	农牧业增加值增长率	%
	经济发展	14	固定资产投资增长率	%
		15	社会消费品零售总额增长率	%
		16	争取和使用对口援青资金额	万元
		17	年度旅游业收入增长率	%
		18	农牧业科技园产值增幅	
高品质生活	收入及消费水平	19	居民人均可支配收入增长率	%
		20	公共文化人均文化事业费支出	元
	居住状况	21	户籍人口城镇化率	%
		22	棚户区改造工程完成数	套（户）
	社会保障水平	23	城乡居民基本养老保险参保率	%
		24	城乡居民基本医疗保险参保率	%
	医疗卫生水平	25	每千人拥有执业（助理）医师数	人
		26	每千人拥有床位数	张
		27	婴儿死亡率	‰
	教育就业	28	义务教育巩固率	%
		29	高中阶段毛入学率	%
		30	城镇登记失业率	%
		31	城镇新增就业人数	人

（一）生态保护优先指标

在生态保护优先一级指标下，共设置生态工程与建设、资源保护、环境保护、能源利用效率4项二级指标。三级指标共9项，分别为水利、环境和公共设施管理固定资产投资增速，国土绿化任务完成率，草原综合植被覆盖度，治理退化草原面积，城镇污水处理率，重要及一般江河湖泊水功能区水质达标率，空气质量优良天数比例，单位生产总值能源消耗，清洁能源发电量占比。

（二）高质量发展指标

在高质量发展一级指标下，共设置产业发展与经济发展 2 项二级指标。三级指标共 9 项，有机认证生产加工企业数、民族手工业销售收入、文化旅游产业营业收入、农牧业增加值增长率、固定资产投资增长率、社会消费品零售总额增长率、争取和使用对口援青资金额、年度旅游业收入增长率、农牧业科技园产值增幅。

（三）高品质生活指标

在高品质生活一级指标下，共设置收入及消费水平、居住状况、社会保障水平、医疗卫生水平、教育就业 5 项二级指标。三级指标共 13 项，分别为居民人均可支配收入增长率、公共文化人均文化事业费支出、户籍人口城镇化率、棚户区改造工程完成数、城乡居民基本养老保险参保率、城乡居民基本医疗保险参保率、每千人拥有执业（助理）医师数、每千人拥有床位数、婴儿死亡率、义务教育巩固率、高中阶段毛入学率、城镇登记失业率、城镇新增就业人数。

第三节　计算方法与评估程序

确立指标评估体系计算方法与评估程序的目的，主要在于通过对青海省及各市州"一优两高"战略实施的各项任务进行量化，使发展进程呈现一种可衡量的动态现实体现，为组织和推动全省"一优两高"战略进一步实施提供参考。因此，计算方法既要体现科学性、学术性，又要具有开拓性和原创性，并切实结合青海省及各市州的客观实际，在确保指标体系和监测标准具有科学性和系统性的同时又强调数据采集的方便可行性，与权威统计部门有效对接，具有较强的可操作性。

评估体系采用指数化的综合评价方法，依据构建的青海省"一优两高"战略评价指标体系，选取基于层次分析法的直线型模糊隶属度函数法对青海省"一优两高"战略评价指数进行测算，通过合成不同层级的发展指数，动态地观察分析青海省及各市州"一优两高"战略实施状况，即在分别计算生态保护优先、高质量发展、高品质生活三项分类指数的基础上，综合形成"一优两高"战略实施情况综合指数。

一、确定指标权重

本文采用层次分析法（AHP）确定各指标权重。首先，采用1-9标度法由专家分层通过经验分析出每两个因素之间相比较的重要性结果之比，并根据比值构造判断矩阵，其中，b_{ij} 代表第 i 个指标与第 j 个指标的相对重要程度的比值。剔除个体判断矩阵中不准确以及偏激的信息。其次，用方根法计算指标权重。先分别计算比较判断矩阵每一行元素的乘积，然后分别计算各行的 N 次方根，$\bar{\omega} = \sqrt[n]{M_i}$，再对向量 $\bar{\omega} = (\bar{\omega}_1, \bar{\omega}_2, \cdots \bar{\omega}_n)^T$ 做归一化处理，$\omega_i = \bar{\omega}_i / \sum_{i=1}^{n} \bar{\omega}_i$，即为各项指标的权重系数。再次，对判断矩阵进行一致性检验。求判断矩阵的最大特征根，$\lambda_{max} = \frac{1}{n} \sum_{i=1}^{n} (b\omega_i)/\omega_i$，建立一致性指标 CI 和一致性比率 CR 用于判断矩阵偏离的程度。CI =（λ - n）/（n - 1），CR = CI/RI，RI 为同阶平均随机一致性指标。当 CR > 0.1 时，该判断矩阵缺乏满意的一致性，需要调整判断值，直到可以达到 CR < 0.1，使判断矩阵具有满意的一致性。最后，按照层次结构对相应的指标值与因素权重进行加权，分层次计算出具体评价指标相对于高层目标的最终权重，并对最终权重用同样的方法进行一致性检验（详见表 2-9 至表 2-16）。

表 2-9 青海省"一优两高"战略实施评价指标权重

一级指标（A）	权重	二级指标（B）	序号	三级指标（C）	单位	权重
生态保护优先	0.57	生态保护与治理	1	全省生态环境状况指数	%	0.079
			2	草原综合植被覆盖度	%	0.048
			3	森林覆盖率	%	0.048
			4	累计水土流失治理面积	%	0.053
		环境质量	5	全省地表水水质优良率	%	0.125
			6	主要城市空气质量优良天数比例	%	0.086

续表

一级指标（A）	权重	二级指标（B）	序号	三级指标（C）	单位	权重
生态保护优先	0.57	能源利用效率	7	单位生产总值能源消耗	吨标煤/万元	0.043
			8	化石能源占能源消费总量的比重	吨/人	0.026
			9	一般工业固体废物综合利用率	%	0.030
			10	清洁能源发电量占比	%	0.032
高质量发展	0.27	经济运行稳定性	11	人均GDP	万元	0.038
			12	居民消费价格指数	%	0.027
			13	第三产业增加值占GDP比重	%	0.027
		经济运行效率	14	全员劳动生产率	万元/人	0.029
			15	非公有制经济占GDP比重	%	0.020
			16	单位面积土地产出GDP	万元/亩	0.013
		创新能力	17	R&D经费投入强度	%	0.018
			18	每万人口发明专利拥有量	%	0.006
			19	就业人员受过高等教育的比重	%	0.011
			20	规模以上工业增加值中战略性新兴产业增加值占比	%	0.012
			21	科技进步贡献率	%	0.015
		对外开放	22	进出口总额占GDP比重	%	0.022
			23	进出口总额增速	%	0.021
			24	外商直接投资增长率（实际）	%	0.011
高品质生活	0.16	收入水平	25	城镇居民人均可支配收入	元	0.017
			26	农村居民人均可支配收入	元	0.012
			27	城乡居民人均可支配收入之比		0.011
		消费水平	28	居民人均消费性支出	元	0.006
			29	恩格尔系数	%	0.008
			30	居民家庭交通通信消费支出	元	0.004
			31	居民家庭教育文化娱乐消费支出	元	0.004
		居住状况	32	常住人口城镇化率	%	0.003
			33	城镇居民人均住房建筑面积	平方米	0.002
			34	农村居民人均住房建筑面积	平方米	0.002
			35	建成区绿化覆盖率	%	0.002
			36	生活垃圾无害化处理率	%	0.002

续表

一级指标（A）	权重	二级指标（B）	序号	三级指标（C）	单位	权重
高品质生活	0.16	社会保障水平	37	养老保险参保率	%	0.017
			38	农村居民最低生活保障金提升幅度	%	0.011
			39	每万名老人拥有养老机构数	个	0.007
		医疗卫生水平	40	人均预期寿命	岁	0.006
			41	每万人拥有执业（助理）医师数	人	0.002
			42	每万人拥有床位数	张/千人	0.003
			43	婴儿死亡率	‰	0.004
		教育就业	44	劳动年龄人口平均受教育年限	年	0.007
			45	城镇登记失业率	%	0.007
			46	新增就业人数	万人	0.005
		社会治理	47	每万人口公安机关立案刑事案件数	件	0.011
			48	每万人拥有律师数	人/万人	0.007

表 2-10　西宁市"一优两高"战略实施评价指标权重

一级指标（A）	权重	二级指标（B）	序号	三级指标（C）	单位	权重
生态保护优先	0.274	生态保护与治理	1	重点生态工程年度投资完成数	个	0.021
			2	草原综合植被覆盖度	%	0.015
			3	森林覆盖率	%	0.029
			4	城市（县城）建成区绿化覆盖率	%	0.028
		环境质量	5	饮用水水源达到或优于Ⅲ类比例	%	0.032
			6	空气质量优良天数比例	%	0.031
			7	细颗粒物（PM2.5）浓度下降比例	%	0.025
		能源利用效率	8	万元 GDP 能源消耗降低率	%	0.026
			9	主要污染物人均排放量	吨/人	0.022
			10	单位 GDP 二氧化碳排放量下降率	%	0.029
			11	清洁能源发电量占比	%	0.016
高质量发展	0.38	经济运行稳定性	12	人均 GDP	万元	0.037
			13	居民价格消费指数	%	0.016
			14	一般性工业投资增长率	%	0.028
			15	规模以上工业增加值增长率	%	0.019
			16	第三产业增加值占 GDP 比重	%	0.026
			17	文化及相关产业增加值占 GDP 比重	%	0.016

续表

一级指标（A）	权重	二级指标（B）	序号	三级指标（C）	单位	权重
高质量发展	0.38	经济运行效率	18	全员劳动生产率	万元/人	0.028
			19	非公有制经济占GDP比重	%	0.028
			20	单位面积土地产出GDP	万元/亩	0.027
		创新能力	21	R&D经费投入强度	%	0.031
			22	每万劳动力中R&D人员占比	%	0.021
			23	就业人员受过高等教育的比重	%	0.018
			24	规模以上工业增加值中战略性新兴产业增加值占比	%	0.014
			25	每万人有效发明专利拥有量增长率	%	0.012
		对外开放	26	进出口总额占GDP比重	%	0.018
			27	进出口总额增速	%	0.019
			28	招商引资内外资到位资金额增长率	%	0.022
高品质生活	0.346	收入水平	29	城镇居民人均可支配收入	元	0.019
			30	农村居民人均可支配收入	元	0.019
			31	城乡居民人均可支配收入之比	%	0.025
		消费水平	32	居民人均消费性支出	元	0.023
			33	恩格尔系数	%	0.014
			34	社会消费品零售总额增长率	%	0.013
			35	居民文教娱乐服务支出占家庭消费支出的比重	%	0.013
		居住状况	36	常住人口城镇化率	%	0.013
			37	城镇居民人均住房建筑面积	平方米	0.012
			38	高原美丽乡村建设任务完成数	个	0.011
			39	生活垃圾无公害处理率	%	0.014
		社会保障水平	40	养老保险参保率	%	0.015
			41	农村居民最低生活保障金提升幅度	%	0.014
			42	每千名老人拥有养老机构数	个	0.015
		医疗卫生水平	43	人均预期寿命	岁	0.015
			44	每千人拥有执业（助理）医师数	人	0.014
			45	每千人拥有床位数	张/千人	0.014
			46	婴儿死亡率	‰	0.013

续表

一级指标（A）	权重	二级指标（B）	序号	三级指标（C）	单位	权重
高品质生活	0.346	教育就业	47	劳动年龄人口平均受教育年限	年	0.013
			48	城镇登记失业率	%	0.015
			49	新增就业人数	万人	0.015
		社会治理	50	每万人口公安机关立案刑事案件数	件	0.014
			51	每万人拥有律师数	人/万人	0.013

表2-11 海东市"一优两高"战略实施评价指标权重

一级指标（A）	权重	二级指标（B）	序号	三级指标（C）	单位	权重
生态保护优先	0.328	生态保护与治理	1	重点生态工程年度投资完成数	个	0.024
			2	草原综合植被覆盖度	%	0.030
			3	森林覆盖率	%	0.033
			4	城市（县城）建成区绿化覆盖率	%	0.028
		环境质量	5	饮用水水源达到或优于Ⅲ类比例	%	0.050
			6	空气质量优良天数比例	%	0.031
			7	细颗粒物（PM2.5）浓度下降比例	%	0.055
		能源利用效率	8	单位GDP能源消耗降低率	%	0.040
			9	规模以上工业单位增加值能耗下降率	吨/人	0.037
高质量发展	0.343	经济运行稳定性	10	人均GDP	万元	0.065
			11	平安区居民消费价格水平上涨	%	0.030
			12	乐都区居民消费价格水平上涨	%	0.030
			13	一般性工业投资增长率	%	0.045
			14	规模以上工业增加值增长率	%	0.040
		经济运行质量	15	第三产业增加值占GDP比重	万元/人	0.045
			16	民间投资增长率	%	0.033
			17	省级科技成果数	万元/亩	0.011
		开放发展	18	进出口总额增速	%	0.044
高品质生活	0.329	收入消费水平	19	全体居民人均可支配收入增长	元	0.057
			20	城乡常住居民人均可支配收入之比	%	0.047
			21	全体居民人均生活消费支出增长	%	0.023

续表

一级指标（A）	权重	二级指标（B）	序号	三级指标（C）	单位	权重
高品质生活	0.329	居住就业安全	22	常住人口城镇化率	人	0.040
			23	养老服务床位数	张/千人	0.060
			24	每千人拥有床位数	张/千人	0.042
			25	城镇登记失业率	年	0.020
			26	新增就业人数	%	0.025
			27	全年各类生产安全事故死亡人数	万人	0.015

表2-12 海西州"一优两高"战略实施评价指标权重

一级指标（A）	权重	二级指标（B）	序号	三级指标（C）	单位	权重
生态保护优先	0.35	生态保护与治理	1	重点生态工程年度投资完成额	亿	0.034
			2	草原综合植被覆盖度	%	0.023
			3	森林覆盖率	%	0.029
			4	沙化土地治理面积	万亩	0.032
		环境质量	5	饮用水水源达到或优于Ⅲ类比例	%	0.034
			6	空气质量优良天数比例	%	0.031
			7	细颗粒物（PM2.5）浓度下降比例	%	0.033
		能源利用效率	8	万元GDP能耗降低率	%	0.037
			9	主要污染物人均排放量	吨/人	0.027
			10	单位GDP二氧化碳排放量下降率	%	0.029
			11	清洁能源发电量占比	%	0.041
高质量发展	0.368	经济运行稳定性	12	人均GDP	万元	0.041
			13	居民消费价格指数	%	0.021
			14	一般性工业投资增长率（C11）	%	0.028
			15	规模以上工业增加值增长率	%	0.034
			16	第三产业增加值占GDP比重	%	0.021
		经济运行效率	17	地方公共财政预算收入增长率	%	0.024
			18	非公有制经济占GDP比重	%	0.032
			19	单位面积土地产出GDP	万元/亩	0.034

续表

一级指标（A）	权重	二级指标（B）	序号	三级指标（C）	单位	权重
高质量发展	0.368	创新能力	20	R&D 经费投入强度	%	0.027
			21	规模以上工业增加值中战略性新兴产业增加值占比	%	0.026
		对外开放	22	进出口总额占 GDP 比重	%	0.030
			23	进出口总额增速	%	0.027
			24	招商引资内外资到位资金额增长率	%	0.023
高品质生活	0.282	收入水平	25	城镇居民人均可支配收入	元	0.018
			26	农村居民人均可支配收入	元	0.017
		消费水平	27	居民人均消费性支出	元	0.019
			28	恩格尔系数		0.014
			29	社会消费品零售总额增长率	%	0.019
		居住状况	30	常住人口城镇化率	%	0.025
		社会保障水平	31	养老保险参保率	%	0.017
			32	农村居民最低生活保障金提升幅度	%	0.018
			33	每千名老人拥有养老床位数	个	0.022
		医疗卫生水平	34	人均预期寿命	岁	0.015
			35	每千人拥有执业（助理）医师数	人	0.018
			36	每千人拥有床位数	张/千人	0.016
			37	婴儿死亡率	‰	0.015
		教育就业	38	城镇登记失业率	%	0.022
			39	新增就业人数	万人	0.027

表 2-13　海南州"一优两高"战略实施评价指标权重

一级指标（A）	权重	二级指标（B）	序号	三级指标（C）	单位	权重
生态保护优先	0.358	生态保护与治理	1	重点生态工程年度投资完成额	亿	0.031
			2	草原综合植被覆盖度	%	0.024
			3	森林覆盖率	%	0.033
			4	沙化土地治理面积	万亩	0.038
		环境质量	5	饮用水水源达到或优于Ⅲ类比例	%	0.037
			6	空气质量优良天数比例	%	0.029
			7	细颗粒物（PM2.5）浓度下降比例	%	0.034

续表

一级指标（A）	权重	二级指标（B）	序号	三级指标（C）	单位	权重
生态保护优先	0.358	能源利用效率	8	万元 GDP 能耗降低率	%	0.038
			9	主要污染物人均排放量	吨/人	0.025
			10	单位 GDP 二氧化碳排放量下降率	%	0.020
			11	清洁能源发电量占比	%	0.049
高质量发展	0.328	经济运行稳定性	12	人均 GDP	万元	0.049
			13	居民消费价格指数	%	0.018
			14	规模以上工业增加值增长率	%	0.040
			15	第三产业增加值占 GDP 比重	%	0.017
		经济运行效率	16	地方公共财政预算收入增长率	%	0.025
			17	非公有制经济占 GDP 比重	%	0.039
			18	单位面积土地产出 GDP	万元/亩	0.043
		创新能力	19	R&D 经费投入强度	%	0.031
			20	规模以上工业增加值中战略性新兴产业增加值占比	%	0.026
		对外开放	21	进出口总额增速	%	0.020
			22	招商引资内外资到位资金额增长率	%	0.020
高品质生活	0.314	收入水平	23	城镇居民人均可支配收入	元	0.024
			24	农村居民人均可支配收入	元	0.023
		消费水平	25	居民人均消费性支出	元	0.022
			26	恩格尔系数	%	0.023
			27	社会消费品零售总额增长率	%	0.022
		居住状况	28	常住人口城镇化率	%	0.026
		社会保障水平	29	养老保险参保率	%	0.026
		医疗卫生水平	30	人均预期寿命	岁	0.031
			31	每千人拥有执业（助理）医师数	人	0.021
			32	每千人拥有床位数		0.021
			33	婴儿死亡率	‰	0.019
		教育就业	34	城镇登记失业率	%	0.024
			35	新增就业人数	万人	0.032

表 2-14 海北州"一优两高"战略实施评价指标权重

一级指标（A）	权重	二级指标（B）	序号	三级指标（C）	单位	权重
生态保护优先	0.398	生态工程与建设	1	重点生态工程投资额	万元	0.037
			2	国土绿化任务完成率	%	0.031
		资源保护	3	草原综合植被覆盖度	%	0.034
			4	治理退化草原面积	万亩	0.044
			5	畜禽养殖废弃物资源化利用率	%	0.046
		环境保护	6	城镇污水处理率	%	0.037
			7	垃圾无害化处理率	%	0.032
			8	重要及一般江河湖泊水功能区水质达标率	%	0.041
			9	空气质量优良天数比例	%	0.026
		能源利用效率	10	单位生产总值能源消耗	标吨煤/万元	0.032
			11	清洁能源发电量占比	%	0.038
高质量发展	0.286	产业发展	12	集体经济年度收益10万元以上的行政村占比	%	0.038
			13	文化旅游产业营业收入	万元	0.058
		经济发展	14	固定资产投资额增长率	%	0.029
			15	社会消费品零售总额增长率	%	0.024
			16	争取和使用对口援青资金额	万元	0.022
			17	年度旅游业收入增长率	%	0.038
			18	农牧业科技园产值增幅	%	0.038
			19	新型农业经营主体数量	个	0.039
高品质生活	0.316	收入及消费水平	20	居民人均可支配收入增长率	%	0.031
			21	公共文化人均文化事业费支出	元	0.019
		居住状况	22	户籍人口城镇化率	%	0.019
			23	农牧区居住条件改善数	户	0.018
			24	棚户区改造工程完成数	套（户）	0.017
		社会保障水平	25	城乡居民基本养老保险参保率	%	0.023
			26	城乡居民基本医疗保险参保率	%	0.024

续表

一级指标（A）	权重	二级指标（B）	序号	三级指标（C）	单位	权重
高品质生活	0.316	医疗卫生水平	27	每千人拥有执业（助理）医师数	人	0.025
			28	每千人拥有床位数	张/千人	0.025
			29	婴儿死亡率	‰	0.019
		教育就业	30	义务教育巩固率	%	0.019
			31	高中阶段毛入学率	%	0.019
			32	城镇登记失业率	%	0.032
			33	城镇新增就业人数	人	0.026

表2-15 黄南州"一优两高"战略实施评价指标权重

一级指标（A）	权重	二级指标（B）	序号	三级指标（C）	单位	权重
生态保护优先	0.428	生态工程与建设	1	重点生态工程投资额	万元	0.043
			2	国土绿化任务完成率	%	0.038
		资源保护	3	草原综合植被覆盖度	%	0.033
			4	治理退化草原面积	万亩	0.044
			5	畜禽养殖废弃物资源化利用率	%	0.047
		环境保护	6	城镇污水处理率	%	0.032
			7	垃圾无害化处理率	%	0.032
			8	重要及一般江河湖泊水功能区水质达标率	%	0.047
			9	空气质量优良天数比例	%	0.031
		能源利用效率	10	单位生产总值能源消耗	标吨煤/万元	0.042
			11	清洁能源发电量占比	%	0.039
高质量发展	0.26	产业发展	12	集体经济年度收益10万元以上的行政村占比	%	0.048
			13	民族手工业销售收入	万元	0.046
			14	文化旅游产业营业收入	万元	0.039
		经济发展	15	固定资产投资额增长率	%	0.032
			16	社会消费品零售总额增长率	%	0.026
			17	争取和使用对口援青资金额	万元	0.038
			18	年度旅游业收入增长率	%	0.032

续表

一级指标（A）	权重	二级指标（B）	序号	三级指标（C）	单位	权重
高品质生活	0.31	收入及消费水平	19	全体居民人均可支配收入	元	0.014
			20	全体居民人均生活消费支出	元	0.015
			21	恩格尔系数	%	0.018
			22	公共文化人均文化事业费支出	元	0.016
		居住状况	23	户籍人口城镇化率	%	0.022
			24	农牧区居住条件改善数	户	0.024
		社会保障水平	25	城乡居民基本养老保险参保率	%	0.024
			26	城乡居民基本医疗保险参保率	%	0.024
		医疗卫生水平	27	人均预期寿命	岁	0.028
			28	每千人拥有执业（助理）医师数	人	0.013
			29	每千人拥有床位数	张/千人	0.013
			30	婴儿死亡率	‰	0.014
		教育就业	31	义务教育巩固率	%	0.036
			32	高中阶段毛入学率	%	0.019
			33	城镇登记失业率	%	0.015
			34	城镇新增就业人数	人	0.015

表2-16 玉树州、果洛州"一优两高"战略实施评价指标权重

一级指标（A）	权重	二级指标（B）	序号	三级指标（C）	单位	权重
生态保护优先	0.47	生态工程与建设	1	水利、环境和公共设施管理固定资产投资增速	%	0.053
			2	国土绿化任务完成率	%	0.059
		资源保护	3	草原综合植被覆盖度	%	0.071
			4	治理退化草原面积	万亩	0.067
		环境保护	5	城镇污水处理率	%	0.048
			6	重要及一般江河湖泊水功能区水质达标率	%	0.058
			7	空气质量优良天数比例	%	0.029
		能源利用效率	8	单位生产总值能源消耗	标吨煤/万元	0.043
			9	清洁能源发电量占比	%	0.043

续表

一级指标（A）	权重	二级指标（B）	序号	三级指标（C）	单位	权重
高质量发展	0.23	产业发展	10	有机认证生产加工企业数	个	0.032
			11	民族手工业销售收入	万元	0.035
			12	文化旅游产业营业收入	万元	0.029
			13	农牧业增加值增长率	%	0.026
		经济发展	14	固定资产投资增长率	%	0.018
			15	社会消费品零售总额增长率	%	0.021
			16	争取和使用对口援青资金额	万元	0.041
			17	年度旅游业收入增长率	%	0.014
			18	农牧业科技园产值增幅	%	0.014
高品质生活	0.30	收入及消费水平	19	居民人均可支配收入增长率	%	0.026
			20	公共文化人均文化事业费支出	元	0.018
		居住状况	21	户籍人口城镇化率	%	0.025
			22	棚户区改造工程完成数	套（户）	0.026
		社会保障水平	23	城乡居民基本养老保险参保率	%	0.024
			24	城乡居民基本医疗保险参保率	%	0.023
		医疗卫生水平	25	每千人拥有执业（助理）医师数	人	0.024
			26	每千人拥有床位数	张/千人	0.026
			27	婴儿死亡率	‰	0.024
		教育就业	28	义务教育巩固率	%	0.023
			29	高中阶段毛入学率	%	0.019
			30	城镇登记失业率	%	0.015
			31	城镇新增就业人数	人	0.027

二、数据的收集与处理

（一）数据来源

指标体系中各项三级指标的原始数据以2018—2021年《青海统计年鉴》为基础，结合各市州相关管理部门公开数据进行分析测算。

（二）无量纲化处理

量纲的存在对数据计算结果有较大的影响，为了排除由于量纲不同、数据数量级间的悬殊差别对测算带来影响，尽可能地反映实际情况，有必要对评价指标作无量纲化处理。本文采用美国学者查德（L. A. Zadeh）提出的模糊隶属度函数法进行无量纲化处理。模糊隶属度函数法又分为直线型和曲线型，由于直线型比较容易操作，因此，本文选择直线型模糊隶属度函数法。

对正向指标采用半升梯形模糊隶属度函数进行量化，即：$f(X_i) = \dfrac{X_i - X_{\min}}{X_{\max} - X_{\min}}$，$X_{\max}$ 为最大值，$X_{\min}$ 为最小值；逆指标采用半降梯形模糊隶属度函数进行量化，即：$f(X_i) = \dfrac{X_{\max} - X_i}{X_{\max} - X_{\min}}$。

（三）计算综合指数

鉴于目前青海省各市州"一优两高"发展评价指标体系数据样本量少，且指标各阶段目标值难以获得，本文采用线性加权指数法进行综合评价。线性加权指数法是将各项指标值通过指数变化加权得出综合指数，对综合指数进行比较分析，评价其发展变化情况。线性加权函数为 $y = \sum\limits_{i=1}^{m} \omega_i x_i$，$y$ 为综合评价指数，w 为权重，x 为指标值，m 为指标个数。该方法计算简便，可操作性强。本文中即对指标体系中的各项指标按权重进行加权，得出各年度综合评价指数。需要说明的是，由于青海区域差异大，各州地市发展水平与要求不同，因此，此指标体系不用作省级层面及各州市地"一优两高"战略实施情况的横向比较，而只是用于青海省及各州市地自身发展水平的时间期纵向比较。

第三章　青海省实施"一优两高"战略评价研究

青海省委十三届四次全会提出的"一优两高"重大战略作为青海创新发展理论的重要成果，自2018年实施以来，青海省坚持以习近平生态文明思想为指导，始终保持加强生态文明建设的战略定力，坚决扛起保护生态环境、筑牢国家生态安全屏障的政治责任，生态环境保护各项事业取得了显著成就。加快推进产业"四地"建设，推动经济结构转型和动能转换，经济实力持续增强，产业结构持续优化，创新驱动效能明显提升，区域协调发展形成新格局，对外开放合作成效显著提升，绿色发展导向更加鲜明，高质量发展前景更加广阔。协调推进社会建设各项事业繁荣发展，始终把大部分财力用于民生投入，实施一大批惠民举措，人民群众获得感、幸福感、安全感显著增强。

本章聚焦"一优两高"战略核心指标，对青海省2018—2021年各项指标进行综合评价，并在此基础上分别对生态保护、高质量发展、高品质生活三个方面的举措与成效进行梳理，并结合调研分析现阶段存在的问题，提出对策建议。

第一节　青海省"一优两高"战略实施情况的总体评价

2018—2021年，青海省始终牢记"国之大者"，努力坚持践行"两山论"，坚守"生态环境质量只能变好，不能变坏"的底线，稳固构建生态文明建设体系，积极推进污染防治攻坚，不断提升人居环境质量，持续推动绿色产业发展，实施重大生态保护工程，促进国土绿化，加快推进国家公园试点工作，走出了一条青海特色的"一优两高"之路。

总体来看，2018—2021年青海省"一优两高"战略综合评价总指数分别为2.224、2.429、2.663、2.561，2021年较2018年提升0.337，说明青海省以生态文明理念统领经济社会发展全局，经济运行效率明显提高，经济发展结构不断优化，现代产业格局初步确立，生产生活环境全面优化、社会保障体系不断完善、医疗卫生服务更加便捷、教育质量持续提升，全省各族人民不断向高品质生活迈进，见表3-1。

表3-1 青海省"一优两高"战略评价指数

一级指标	指标权重	指标值			
		2018年	2019年	2020年	2021年
生态保护优先	0.570	1.297	1.431	1.604	1.425
高质量发展	0.270	0.614	0.660	0.685	0.727
高品质生活	0.160	0.314	0.338	0.373	0.409

在生态保护优先方面，2018—2021年，青海省生态保护优先指数分别为1.297、1.431、1.604、1.425，如表3-1所示。说明青海省在生态保护方面立足青海本地特色，以生态经济为根本，实现生态保护与经济发展互相促进、相互融合。

在高质量发展方面，2018—2021年，青海省高质量发展指数分别为0.614、0.660、0.685、0.727，如表3-1所示。说明青海省经济运行从原先以追求速度为主的高速增长转向以追求质量为主的中高速增长，并呈现出"稳步提升"的发展态势，以牺牲和破坏生态环境为代价换取经济高速发展的粗放发展模式得到了根本性扭转，绿色发展成为主导。

在高品质生活方面，2018—2021年，青海省高品质生活指数分别为0.314、0.338、0.373、0.409，如表3-1所示。说明青海省始终把保障和改善民生放在突出位置，从民生实事做起，全省各族群众的生活品质不断提升。

第二节 青海省生态保护优先指标评价与分析

"一优两高"战略实施以来，青海省始终坚持生态保护优先，国家公园建设、污染防治攻坚战取得显著成效，2021年8月16日，中共青海省委印发《关于加快把青藏高原打造成为全国乃至国际生态文明高地的行动方案》，生态文明建设理论体系更加完善，实践方向更加明晰。

一、青海省生态保护优先指标评价与分析

生态环境治理体系是国家治理体系和治理能力现代化建设的重要内容，也是实现美丽中国目标的重要制度保障，青海省生态保护优先评价围绕生态保护与治理、环境质量、能源利用效率三大内容，对2018—2021年生态保护优先实施情况进行分析。具体来看，青海省生态治理成效显著，能源结构不断优化，绿色转型步伐加快，见表3-2。

表3-2 青海省"生态保护优先"评价指数表

二级指标	指标值（年）				三级指标	指标值（年）			
	2018	2019	2020	2021		2018	2019	2020	2021
生态保护与治理	0.558	0.525	0.595	0.557	全省生态环境状况指数	0.237	0.198	0.172	0.158
					草原综合植被覆盖度	0.119	0.112	0.144	0.096
					森林覆盖率	0.096	0.096	0.144	0.144
					累计水土流失治理面积	0.106	0.119	0.134	0.159
环境质量	0.422	0.577	0.633	0.552	全省地表水水质优良率	0.250	0.375	0.375	0.375
					主要城市空气质量优良天数比例	0.172	0.202	0.258	0.177
能源利用效率	0.317	0.329	0.377	0.316	单位生产总值能源消耗	0.112	0.122	0.129	0.086
					化石能源占能源消费总量的比重	0.052	0.060	0.078	0.074
					一般工业固体废物综合利用率	0.089	0.060	0.074	0.090
					清洁能源发电量占比	0.064	0.087	0.096	0.066

（一）生态环境治理成效显著

生态保护与治理指标指数分别为0.558、0.525、0.595、0.557，其中全省生态环境状况指数最高，4年结果分别为0.237、0.198、0.172、0.158；其

次是草原综合植被覆盖度,4 年结果分别为 0.119、0.112、0.144、0.096;林草综合指数覆盖率测算结果呈稳步上升趋势,结果分别为 0.096、0.096、0.144、0.144;累计水土流失治理面积测算结果逐年提升,4 年分别为 0.106、0.119、0.134、0.159,可见生态环境治理取得显著成效。

(二) 人居环境质量稳步提升

环境质量指标 2018—2021 年测算结果分别为 0.422、0.577、0.633、0.552,其中全省地表水水质优良率基本保持稳定,测算结果分别为 0.250、0.375、0.375、0.375;主要城市空气质量优良天数比例测算结果分别为 0.172、0.202、0.258、0.177,在 2018—2020 年稳步提升,2021 年出现小幅回落,整体较 2018 年提升 0.05,可见,青海省坚持污染防治与生态保护协同并重,全面落实污染防治各项行动计划,环境指标趋势持续向好。

(三) 能源结构调整步伐加快

能源利用效率指标测算结果分别为 0.317、0.329、0.377、0.316,在能源利用效率指标当中,单位生产总值能耗测算结果分别为 0.112、0.122、0.129、0.086,2018—2020 年稳步向好,2021 年出现小幅回落;化石能源占能源消费总量的比重测算结果分别为 0.052、0.060、0.078、0.074,得分显著提升,可见青海能源结构调整取得明显进展。

二、青海省生态保护优先的主要举措与成效

2021 年,习近平总书记在青海视察时指出,"青海对国家生态安全、民族永续发展负有重大责任,必须承担好维护生态安全、保护三江源、保护'中华水塔'的重大使命,对国家、对民族、对子孙后代负责。""保护好青海生态环境,是'国之大者'"。[①] 青海省深刻认识到自身在全国大局中的特殊地位、做好生态保护工作的重要性。只有牢固树立和践行"国之大者",坚定不移落实生态保护优先精神,奋力走好具有青海特色的绿色发展之路,才能加

---

① 有力推进青海生态文明建设,青海日报,2021 年 7 月 12 日。

快建设美丽青海，为青海人民创造良好生产生活环境，为全国人民的生态安全提供重要保障。2018年以来，青海省在生态保护优先方面采取了卓有成效的措施，通过着力推进生态文明建设、积极推进污染防治攻坚、持续推动绿色产业发展、实施重大生态保护工程、加快推进国家公园试点等举措，青海省生态文明体系稳固构建、人居环境质量不断提升、能源利用效率明显提高、国土绿化工作成效显著、三江源国家公园正式设立。

（一）着力推进生态文明建设，生态文明体系稳固构建

青海省牢牢把握生态文明建设"关键期""攻坚期""窗口期"的重要机遇，着力推进生态文明建设，生态文明体系稳固构建。2018年6月，青海省生态环境保护大会指出"要着力构建生态文明体系。加快构建具有特色的生态文化体系、生态经济体系、目标责任体系、生态文明制度体系、生态安全体系"。2021年，青海省委印发《关于加快把青藏高原打造成为全国乃至国际生态文明高地的行动方案》，全力筑牢打造生态文明高地的制度保障。

1. 建立健全以生态价值观念为准则的生态文化体系

青海省在实施《青海省环境宣传教育行动纲要（2016—2020年）》的基础上，出台《青海省打好污染防治攻坚战宣传工作方案（2018—2020年）》，针对不同群体，通过渠道多、覆盖广、形式丰富的宣传活动持续提倡先进的生态价值观和生态审美观，对广大人民群众进行了有效的舆论引导，生态文化宣传逐渐发挥了重要的作用。组织各媒体持续开展"环保媒体行"活动，从城市到乡村、从企业到学校、从农牧区到旅游景点，采访报道既突出公众参与，又体现当地特色。构建了以"青海生态环境"为核心的新媒体政务宣传网络，低碳环保的理念逐渐深入人心。各部门组织开展"寻找母亲河—走进黄河""寻找中国好水""生活方式绿色化推进年"等主题的系列公益活动，以"五进"形式进行环保科普活动，大力倡导环境保护理念及绿色消费模式。"六五"环境主题日宣传活动特色鲜明、实施有效，生态文明建设的公众参与感不断提升。

2. 建立健全以产业生态化和生态产业化为主体的生态经济体系

近年来，青海省不断践行绿色发展理念，围绕打好盐湖资源、清洁能源、

特色农牧业、文化旅游"四张牌",深入研究、制订方案、谋划项目,促进特色优势充分释放,让生态优势变成经济优势,加快实现百姓富、生态美的有机统一。柴达木循环经济试验区建设成效明显,全省循环经济产值占规模以上工业总产值60%以上,绿色低碳循环发展经济体系加快构建,海南州国家可持续发展议程创新示范区开工建设。产业"四地"建设蹄疾步稳。挖掘盐湖资源优势的"最大值",盐湖资源开发从单一实现综合化利用,以打造世界级盐湖产业基地为目标,在统一开发、建设、管理和统一标准下,打造一批资源互补、产业融合、科技融通、人才互动、技术领先的产业集群,打造优势凸显的行业产业龙头企业,推动盐湖产业高质量发展。以服务全国碳达峰、碳中和目标为己任,以新发展理念引领清洁能源集约化发展,清洁能源装机在全国领先。以系统集成思维构建新型电力系统,以绿色共享促进经济社会低碳转型,以优化布局打造多元协同高效储能体系,以技术标准创新推动产业升级,以深化能源革命构建市场化发展体系,加快推动清洁能源高比例、高质量、市场化、基地化、集约化发展。以打造国际生态旅游目的地为发力点,全省基本建立了以生态旅游为核心的目的地体系。茶卡盐湖凭借盐湖资源,走出了"工业+旅游"的有益探索;青海湖凭借绝美的湖光山色,以自然观光、生态研学等方式吸引众多游客纷纷打卡;从油嘴湾景区到青海"小三亚""花海经济"、乡村旅游也成为人们休闲游憩的目的地。加快构建具有高原特色的现代农牧业一体化产业体系,牦牛、藏羊、冷水鱼等肉食类加工品,青稞、枸杞、马铃薯和油菜等农产品,在青海特色农牧业中显现王牌气质,三文鱼、有机牛羊肉、柴达木枸杞、海西藜麦、富硒富锗等农畜产品也已不断占领新兴市场。在服务业方面,推出消费升级行动、推进供应链创新与应用等一系列政策措施。推动供给侧结构性改革,在"破""立""降"上狠下功夫,以生态促进产业、产业带动发展的效益更加凸显。

3. 建立健全以改善生态环境质量为核心的目标责任体系

以党委政府及其有关部门、企事业排污单位为对象,从明责、履责、考责、问责等环节建立环环相扣的政策措施,出台《青海省生态文明建设目标评价考核办法(试行)》《青海省生态环境保护工作责任规定(试行)》,基本建立以改善生态环境质量为核心的目标责任体系；建立以《青海省生态文明建设促进条例》为龙头，以《青海省生态环境保护条例》为核心，覆盖水体、大气污染防治等重点领域的法规体系，创新构建"1+4"省级生态环保督察体系；加强国家生态文明示范区建设和"绿水青山就是金山银山"实践创新基地典型培育，推动构建环境治理全民行动体系；以清单管理倒逼结构调整，推动重点生态功能区因地制宜发展适宜产业，推进不同区域差别化、精细化分区环境管控；聚焦大气、水、土环境综合治理，重拳出击、合力攻坚，奋力打赢污染防治攻坚战；统筹做好治污、添绿、留白三篇文章，推动高原美丽城镇建设和农牧区人居环境综合整治。

4. 建立健全以治理体系和治理能力现代化为保障的生态文明制度体系

近年来，青海省不断完善生态文明法治体系，对重大行政决策、行政复议、涉法事务、合同签订的征询及行政纠纷的调解等工作协助建立了法律顾问工作机制。依法报备印发了《青海省排污许可证暂行管理规定》《青海省省级生态建设示范县（市、区）考核管理规程（试行）》《青海省对环境保护领域失信生产经营单位及有关人员开展联合惩戒的合作备忘录》等相关文件，组织开展全省企业环境行为信用等级评定工作，印发实施了《关于加强环境污染纠纷人民调解工作的意见》《三江源国家公园体制试点方案》《青海省生态环境损害赔偿制度改革实施方案》《青海省大气污染防治条例》，使环境污染纠纷与调解有法可依，生态环境损害赔偿、大气污染防治等重大环保问题有了权威司法解释。制定印发了《国家工作人员学法用法制度实施意见》等四份规章制度以推进"七五"普法工作，有效保证了环境保护领域执法公正、公开、严格。环境保护工作全面贯彻落实"放管服"改革，行政许可、行政处罚实行"双7天公示"制度，公开率达到100%。2020年，全省启动20起生态环境损害赔偿案件，9起生态环境损害案件完成赔付；持续开展排污权有偿使用和交易试点工作，全省35家企业通过竞买或协议转让方式获得排污权指标。将第三方环境服务机构纳入评价范围，完成82家省级重点排污单位企业环境信用评价，对8家环保"警示""不良"企业公开曝光和集中约谈，完成全省生态环境机构监测监察执法垂直管理制度改革，生态环境管理新体制初步建立。

5. 建立健全以生态系统良性循环和环境风险有效防控为重点的生态安全体系

2018年,《青海省生态保护红线划定方案》通过国家技术审核,已修改完善并报生态环境部及自然资源部,启动祁连山地区生态保护红线勘界定标试点工作。截至2023年初,全省累计建成46个"青海生态之窗"观测点位,实现了青海省五大生态功能区全覆盖,"青海生态之窗"系统与生态环境部全国生态环境监管平台对接,和中国科学院、三江源国家公园管理局、祁连山国家公园管理局,以及地方生态环境局、山水自然保护中心、绿色江河等社会团体开展了广泛的合作和数据共享,实现了部门之间、系统内外的共建、共享。2020年,启动实施了青海省移动污染源监管系统建设项目、重点污染源排放监管及政策培训项目、青海省固定污染源统一数据库及固定污染源动态监管平台项目建设。全省179家773套污染源自动监控设备实现国家、省、市州、县四级联网和数据交换,重点污染源自动监控数据传输有效率99.77%;82家污染源安装视频监控198个,视频传输联网率97.98%。

(二)积极推进污染防治攻坚,人居环境质量不断提升

青海省坚持污染防治与生态保护协同并重,全面落实污染防治各项行动计划,地表水、空气等环境指标趋势向好,有效提升了人居环境质量。2018—2021年,青海省生态环境状况总体保持稳定,全省生态环境质量持续改善。

1. 持续深化水污染综合治理

青海省严格落实《水污染防治行动计划》《青海省水污染防治工作方案》相关规定,与各市(州)政府签订了目标责任书,系统推进水污染治理、水生态保护和水资源管理。制订印发《青海省集中式饮用水水源地环境保护专项行动方案》,坚持"一个水源地、一套方案、一抓到底",夯实地方各级政府主体责任,落实"划、立、治"任务。印发并实施《青海省河长制会议制度(试行)》等一系列水污染防治管理办法及"河长制"配套制度,令水环境保护主体责任明确,各方有序协调,监管体制严格,形成了保护有力的体

制机制。截至2021年，落实河湖长6723名、河湖管护员15980名，整治河湖清"四乱"问题1472项，初步实现了"长制久清"目标。完成湟水流域入河排污口排查，12个省级以上工业集聚区建成污水集中处理设施，636个加油站完成地下油罐防渗更新改造。推进重点流域水环境治理。印发《青海省城市黑臭水体治理攻坚战实施方案》，在全省地级以上城市建成区开展排查，对西宁市26处黑臭水体，按照"截、整、维"的思路，采取控源截污、清淤疏浚、垃圾清理、生态修复等措施综合治理，持续加强专项督查和巡查，在全国率先完成地级城市黑臭水体治理任务。争取中央长江经济带保护和治理奖励资金10亿元，支持长江流域玉树州、海西州、果洛州实施了长江主要支流生态修复、水源涵养功能提升、饮用水水源地安全保障、环境保护基础设施建设、监管能力提升等39个项目，确保源区水源涵养功能提升，水环境质量稳定。率先开展长江源区生态补偿政策研究，提升水源涵养功能、维护水体水质、防治水污染。2021年，全省地表水水质整体优良，长江干流、黄河干流、澜沧江干流、黑河干流、湟水流域、柴达木内陆河流域、青海湖流域水质均达到Ⅱ类，水质状况优。集中式生活饮用水水源地水质状况保持稳定。成为全国唯一河流国家考核断面水质优良比例100%的省份，三大江河出省境断面水质长期稳定保持在Ⅱ类及以上，湟水河出省境断面水质由2012年的Ⅴ类提升至Ⅲ类。2022年，青海实现土壤修复材料同样适用水污染治理的突破。落实水环境保护重点任务。开展以城镇污水处理厂为重点的涉水企业专项执法检查，全面完成畜禽养殖"禁养区"划定工作。实施完成了地表水型地级集中式饮用水水源地环境问题清理整治和国家地级市建成区黑臭水体整治环境保护专项行动。在全省河湖长制督查过程中，限期整改了河道乱倒乱排、乱采乱挖等问题。

2. 深入推进大气污染防治

明确空气质量目标任务。2018年印发《青海省大气污染防治条例》，并按照细化工作任务、落实部门职责的要求出台《青海省打赢蓝天保卫战三年行动实施方案（2018—2020年）》，运用省内8个已建成的先进环境空气监测预警系统进行数据监测，根据数据检验考核指标。2021年，印发《青海省

2021年度大气污染防治工作要点》，从强化扬尘综合整治、燃煤污染治理、移动源污染管控、工业企业污染防治以及夯实保障措施共5个方面提出了23条具体工作举措。落实扬尘综合整治措施。扎实推进煤烟型污染治理，严格控制机动车污染排放，深度治理工业企业污染，大气污染防治工作取得积极成效。积极推进绿色施工和绿色交通建设，实施冬春季大气污染防治专项行动，严控春节期间空气污染。重点监控建筑、道路、拆迁等施工场地扬尘情况，以加大城市建成区主次干道洒水、喷雾、洗扫频次，开展人工增雨作业等方式综合整治城市扬尘。2022年，全省环境空气质量优良天数比例为96.4%，空气中可吸入颗粒物（PM2.5）、二氧化硫（SO_2）、二氧化氮（NO_2）和一氧化碳（CO-95per）浓度达到《环境空气质量标准》（GB 3095—2012）一级标准，细颗粒物（PM2.5）和臭氧（O_3-8h-90per）浓度达到《环境空气质量标准》（GB 3095—2012）二级标准、全省环境空气质量稳中向好，如表3-3所示。

表3-3　2018—2022年青海省主要空气质量指标及数据

年份	2018	2019	2020	2021	2022
主要城市空气质量优良天数比例	90.9%	96.1%	97.2%	95.6%	96.4%

数据来源：2018—2022年青海省生态环境状况公报

3. 落实土壤污染防控修复

按照国家"净土保卫战"工作部署，青海出台《青海省土壤污染防治工作方案》，印发实施了《青海省土壤污染治理与修复规划（2018—2025年）》。制定土壤污染治理与修复规划、开展土壤污染状况详查工作、推进农牧业用地土壤环境保护、健全建设用地环境管理机制、加强土壤污染源头管控、推动土壤污染治理与修复等措施不断提升土地污染防控修复工作。持续强化土壤环境安全防控，按要求完成了全省农用地土壤污染状况详查，技术成果通过国家审查。争取国家支持，落实付家寨区域地下水风险管控和原海北化工厂污染土壤治理项目资金，开工实施了原湟中鑫飞化工厂、杨沟湾铬污染场地风险管控工程，加快推进原中星化工场地修复治理项目实施。开展全省范围危险废物规范化管理督查考核,强化收集处置全过程监管,严厉打击废铅蓄电池、废矿物油及含矿物油等危险废物非法收集转运行为,有效防范了环境风险隐患。

4. 严格依法防控噪声污染

西宁市、海东市平安区和格尔木市对噪声污染开始进行严格管控,通过噪声监测、受理和查处有关噪声污染案件以净化城市区域声环境和城市道路交通声环境。尤其在全省高(中)考期间,发布禁噪公告,管制噪声排放,开展护考行动。

2018—2021年,从城市噪声平均等效声级来看,西宁市和海西州格尔木市声环境质量不断提升,海东市平安区声环境质量略有下降,如表3-4所示。

表3-4 城市区域噪声平均等效声级比较

检测区域	2018年	2019年	2020年	2021年
西宁市	好	较好	好	较好
海东市平安区	好	一般	一般	一般
海西州格尔木市	一般	好	较好	较好

数据来源:2018—2021年青海省生态环境状况公报。

(三)持续推动绿色产业发展,能源利用效率明显提高

2019年9月18日,习近平总书记在郑州主持召开黄河流域生态保护和高质量发展座谈会并发表重要讲话,将黄河流域生态保护和高质量发展上升为重大国家战略。青海奋力书写将绿水青山转化为金山银山的"黄河答卷",成就显著。

1. 持续释放生态红利

青海是"亚洲水塔",每年向下游输送近千亿立方米的源头活水,既惠及国内20个省区,也惠及缅甸等5个国家。黄河全长达5464千米,青海省内黄河干流河长1694千米,占黄河总长的31%,流域面积为15.23万平方千米,多年平均出境水量占黄河总流量的49.4%,青海省对黄河流域水资源的可持续开发利用具有决定性影响。青海省生态资源价值达18.39万亿元,物种保

有和气候调节等功能性价值不可估量。① 近年来，青海积极探索以国家公园为主体的自然保护地体系示范省建设，在自然保护地优化、国家公园建设、体制改革等方面均走在全国前列，为其他省区发挥了引领和示范作用。

2. 黄河流域生态保护和高质量发展的制度规划不断健全

制定《中华水塔水生态保护规划》，编制完成《黄河上游青海湟水流域山水林田湖草沙一体化保护和修复工程实施方案》《黄河青海流域生态保护和修复规划（2021—2035年）》《黄河青海流域林草生态保护与建设规划》《黄河青海流域生态保护和高质量发展水安全保障规划》等相关规划。综合整治水土流失，促进水资源节约集约高效利用，维护以水为核心的生态系统良性循环，确保水源涵养能力稳步提升、河湖生态环境稳中向好，黄河干流境内水质达到Ⅱ类，水质状况优。黄河上游水电项目建设稳步推进，黄河羊曲水电站开工，玛尔挡水电站全面复工，拉西瓦水电站4号机组正式投运，黄河装机规模最大水电站420万千瓦机组实现全容量并网发电，李家峡水电站机组招标工作顺利完成。

3. 夯实深度融入黄河流域生态保护和高质量发展战略基础

全面建成黄河干流防洪主体工程，积极配合全流域开展生态调度、防洪调度，有效减轻了中下游防洪压力。始终坚持"减量化、资源化、再利用"的循环经济发展理念，强化能源资源集约节约和高效利用，基本构建起循环型农业、工业、服务业产业体系，绿色低碳循环的生产生活方式逐步形成，再生能源装机占比居全国第一，世界首条输送清洁能源的特高压线路建成投运，风光水多能互补系统加快构建，黄河青海流域成为全国重要的清洁能源基地。特色农牧业持续做优做强，生态旅游示范区建设进程加快，高校毕业生投身黄河生态保护事业积极性增强，区域间开放合作机制逐步建立，一系列积极成效为持续深入推进黄河流域生态保护和高质量发展贡献了青海力量。

（四）实施重大生态保护工程，国土绿化工作成效显著

近年来，青海省扎实推进重大生态保护工程，持续开展林草保护整治，

---

① 严维青. 青海省融入黄河流域生态保护和高质量发展的SWOT分析 [J]. 柴达木开发研究，2020（3）：34-40.

遵循天然林演替规律，以自然恢复为主、人工促进为辅，保育并举，国土绿化工作成效显著，生态服务功能不断提升。

1. 扎实推进重大生态保护工程

扎实推进实施三江源二期、环青海湖生态环境保护综合治理、大规模国土绿化等重大生态保护工程，推动实施祁连山山水林田湖草生态保护修复试点项目，实施木里矿区以及祁连山南麓青海片区生态环境综合整治，开展生物多样性本底调查评估和栖息地保护，全省重点生态功能区生态系统退化趋势得到初步遏制，生态系统服务功能稳定向好，青海省对青海湖流域、可可西里世界遗产提名地等重点生态区域开展了生态监测工作，确保环境遥感生态监测体系建设项目正常运行。以新一轮草原保护补助奖励政策为手段，在全国率先建立了包括草原综合植被覆盖度、退化草地治理考核在内的绩效考核机制，不断创新造林机制，全省重点生态功能区增绿增水效果明显提升。全面停止矿业权在自然保护区及相关重点生态功能区、敏感区的投放，稳定推进自然保护区矿业权退出。三北防护林、天然林保护、水土保持、湿地保护修复等专项工程有序统筹推进。截至2021年底，重点生态功能区县域生态环境质量连续9年通过国家考核，湟源县、贵德县、平安区、河南县创建为国家生态文明建设示范县（区），4个县、44个乡镇、543个村创建为省级生态文明建设示范县、乡镇、村。

2. 持续推进国土绿化提速行动

全面落实《青海省国土绿化规划纲要（2021—2035年）》，加快推进西宁南北山四期、黄河流域生态修复及湟水流域等重点区域绿化，扎实推进木里矿区和祁连山南麓青海片区生态环境综合整治。努力增绿扩面补齐生态短板，加大森林城镇、森林乡村建设力度，推进河湟绿色屏障、高标准绿色通道建设，认真组织开展义务植树活动，推进"四边"绿化，大力开展城市周边、农牧村庄、交通沿线、河道两岸高标准绿化，实现应绿尽绿、应管尽管，持续增加绿量、提升品质。2012—2021年，青海全民义务植树累计达16312万株，2022年全省全年完成义务植树1800余万株，参与人数达300万人次，2015—2021年治理水土流失面积累计5257.88平方公里。2018—2021年青海省森林覆盖率从 7.3% 提升到 7.5%，如表 3-5 所示。

表 3-5　2018—2021 年青海省森林覆盖率

年份	2018	2019	2020	2021
森林覆盖率	7.3%	7.3%	7.5%	7.5%

数据来源：《青海统计年鉴 2022》。

3. 不断强化森林草原资源保护

2018 年以来，青海省坚持依法治林治草，严守林地和草原红线，进一步强化林地和草原管理职能，积极开展林草地清理排查和违法行为严厉打击专项行动，不断强化森林防火与林业有害生物防治责任制。禁牧、休牧、轮牧围栏建设，林业、草原有害生物防治，人工饲草基地建设，黑土滩治理等各项工作均取得长足进步。截至 2021 年底，青海省连续 35 年未发生重特大森林草原火灾，草原生态系统功能稳定提升，大美草原守护行动取得成效。2021 年青海省草原综合植被盖度达到 57.9%，较 2018 年增加 1.1%，如表 3-6 所示。

表 3-6　2018—2021 年青海省草原综合植被覆盖度

年份	2018	2019	2020	2021
草原综合植被覆盖度	56.80%	57.2%	57.4%	57.9%

数据来源：2018—2021 年青海省国土绿化公报。

4. 治理区生态环境恶化趋势得到明显遏制

青海省有 11 个自然保护区，面积达 22.32 万平方公里，占青海省总面积的 31%，其中国家级自然保护区 7 个，面积为 21.28 万平方公里。随着三江源自然保护区生态保护和建设、青海湖流域生态环境保护与综合治理、祁连山生态保护建设等一批生态保护和建设工程的实施，治理区生态环境恶化的趋势已得到明显遏制，主要生态指标水平明显提高，草原退化趋势明显减缓，森林生态功能逐渐增强，湿地生态系统面积扩大，水源涵养能力、河流径流量、植被覆盖率提高，水土保持功能不断增强，土地沙化和荒漠化面积减少，生物多样性得到有效保护，生态环境状况明显好转，生态环境保护和治理取得了良好成效。

（五）加快推进国家公园试点，各项建设工作有序推进

2015年11月，在国家有关部委的指导支持下，《三江源国家公园体制试点方案》正式实施，2018年11月30日，祁连山国家公园青海省管理局正式挂牌，青海成为中国首个承担双国家公园体制试点省份。经过创新体制机制、健全政策制度体系等一系列原创性改革后，31项试点任务全面完成。2021年10月12日，三江源国家公园正式设立，成为我国首批国家公园。

1. 构建合理有效管理体制，优化重组各类保护地

各类保护地优化重组。采取编制合并的方式推行县乡级大部门体制改革，将原本不属于国家公园的职能随机构并入国家公园，功能重组、优化组合国家公园范围内的自然保护区、重要湿地、重要饮用水源地保护区、自然遗产地等各类保护地，有效解决了执法监管"碎片化"问题。基于管理措施的改革创新，经过积极筹备和努力申报，可可西里于2017年获准列入《世界遗产名录》。

2. 加强制度和法治建设，推动形成国家公园建设长效机制

《三江源国家公园总体规划》编制发布，开创了我国国家公园规划的先河，并配套编制了五个生态保护、管理等方面的专项规划。按照相关法律程序颁布施行了《三江源国家公园条例（试行）》《三江源国家公园管理规范和技术标准指南》，印发了配套科研科普、生态管护公益岗位等多个管理办法。国家公园与青海省高检和高法组成生态保护司法合作机制，成立三江源国家公园法治研究会，建立三江源国家公园法律顾问制度，成立了玉树市人民法院三江源生态法庭，常规巡护执法行动保障了生态保护相关法律法规的震慑作用，"碧水""绿剑""绿盾"等专项行动有效加大了司法执行力度。建立国家公园生态保护与牧民群众精准脱贫紧密联系的生态管护公益岗位机制，生态管护员实现园区"一户一岗"，1.72万名生态管护员人均年收入达到2.16万元，以乡镇管护站、村级管护队和管护小分队为基础，不断优化生态环境一体组织化管护、网格化巡查，形成了"点成线、网成面"的管护体系。

3. 统筹各类资源优势，强化国际合作交流和宣传推介

依托中国科学院三江源国家公园研究院，强化三江源国家公园科研和技术水平，与中国航天科技集团、中国科学院等建立战略合作关系，建设三江源国家公园生态大数据中心，开展基于最新卫星遥感技术的全域生态监测。依托青海大学生态环境工程学院开设国家公园方向相关课程，开展了全员培训，提升专业技术能力。面向世界开放建园，三江源国家公园形象标志识别系统正式发布，与世界自然基金会、北京巧女基金会、加拿大班芙、美国黄石等正式签署了合作交流协议，参加了在德国、埃及等地举办的一系列文化交流活动，签署了《三方合作框架备忘录》等友好合作备忘录，加入中国"人与生物圈计划"国家委员会。纪录片《中华水塔》《绿色江源》的播出产生了良好的国际宣传效果，19部国家公园广告片不断播放，纪录片《青海·我们的国家公园》，全面展现青海推进国家公园示范省建设成果，真实再现三江源国家公园、祁连山国家公园保持自然生态系统的原真性和完整性的生态风貌，揭示保护生物多样性、维护生态安全屏障、给子孙后代留下珍贵的自然资产的重大意义。

（六）"双碳"目标先行先试，各项工作稳步推进

推进碳达峰碳中和是党中央经过深思熟虑作出的重大战略决策和对全世界作出的庄严承诺。2020年9月22日，习近平主席在第七十五届联合国大会一般性辩论会上提出，"中国将提高国家自主贡献力度，采取更加有力的政策和措施，二氧化碳排放力争于2030年前达到峰值，努力争取2060年前实现碳中和。"[①] 2020年12月，中央经济工作会议将"做好碳达峰、碳中和工作"作为2021年八项重点工作之一。[②] 青海积极响应党中央重大决策部署，科学谋划，快速行动，力争为全国实现"双碳"目标作出青海贡献。

1. "双碳"目标导向明确

2021年12月发布的《青海省"十四五"生态文明建设规划》明确提出，

---

① 锚定"双碳"目标 习近平要求处理好四对关系［EB/OL］.求是网，http：//www.qstheory.cn/qshyjx/2022-01/27/c_1128305608.htm，2022-01-27/2022-04-26.
② 中央经济工作会议确定2021年八大重点任务［EB/OL］.中国新闻网，https：//www.chinanews.com.cn/gn/2020/12-18/9365827.shtml，2020-12-18/2022-04-29.

要全面实施碳达峰碳中和行动，开展青海省碳中和先行示范区建设，建立健全降碳目标倒逼机制，实施碳排放总量和强度双控目标管控，加大碳达峰碳中和领域重大科技攻关，全力推动工业、农业、建筑业、服务业低碳化、零碳化改造。2022年3月，青海省委省政府出台《贯彻落实〈关于完整准确全面贯彻新发展理念做好碳达峰碳中和工作的意见〉的实施方案》，对青海省有序实现"双碳"目标作了进一步的科学指导。

2. "双碳"目标先行先试优势明显

党的十八大以来，青海持续加强生态系统保护修复等工作，有效发挥了森林、草原、湿地、湖泊、土壤、冻土等固碳作用，生态系统碳汇增量显著提升。青海省能源消费相对其他省份总量较小、结构灵活，以清洁能源为主导的电力正在取代煤炭成为消费量最大的能源，且青海省清洁能源总量丰富、开发利用条件优越，在清洁能源示范项目建设方面具有突出优势。

3. "双碳"目标加快推进现代化新青海建设

"双碳"目标带动巨量投资，全面增强青海经济发展动力，且"双碳"目标强调的生态保护和能源自给本质要求，进一步增强了青海的生态价值和青海在国家能源安全战略中的保障地位，通过推动技术革命和动能转换，进一步筑牢了青海高质量发展基础，加快推进了青海现代化经济体系建设。2017年以来，青海大力整改环保问题，工业产品产量下降，碳排放总量降幅明显。按照"一优两高""五个示范省"及产业"四地"建设要求，未来经济社会发展中，青海碳排放总量显著增加可能性不大，有望率先实现碳达峰目标。

三、青海省生态保护优先面临的主要问题与不足

近年来，青海省坚持生态保护优先毫不动摇，生态环境质量总体保持稳定，但随着国际国内经济发展形势不确定性增强，城镇化速度不断加快，以生态保护促发展、以发展助生态保护的压力越来越大。青海省生态保护优先主要存在保护与发展关系需优化、人居环境质量存在短板、环保科技支撑能力不强、国家公园面临体制制约等问题。

（一）生态保护呈强正外部性，保护与发展关系需优化

生态足迹分析方法是 Wackernagel 于 1996 年提出的一种非货币尺度测量可持续发展的方法，将一个地区或国家的资源、能源消费同自己所拥有的生态能力进行比较，能判断一个国家或地区的发展是否处于生态承载力的范围内，是否具有安全性。生态足迹分析方法被广泛用来计算衡量人类的发展对自然资源的需求，具有普遍的影响力。根据萨缪尔森和诺德豪斯对外部性的定义，"外部性是指那些生产或消费对其他团体强征了不可补偿的成本或给予了无需补偿的收益的情形"。由此可见，一直以来，青海对全国的生态环境保护贡献度较高，既体现了青海生态环境保护对省内省外以及代内和代际的较强正外部性，也顺应了青海在我国生态环保战略高地的现实需要。在实施"一优两高"战略后，青海生态环保的正外部性将会进一步增强，一方面需要转变经济发展方式，提升经济发展效率，减少对自然资源的破坏；另一方面需要加强投入促进生态环境保护和修复，这对经济发展提出了更高的要求。当前，青海已经处在"经济贡献度低"的现实情况下，经济活力持续降低，经济发展存在极大压力。解决生态保护优先制度外部性产生的社会权利和责任不对等的问题，尤其是补偿企业承担的生态保护正外部性所产生的损失，青海更需要协调好生态保护与经济发展的关系，这对于保护投资者信心，激发民间资本活力，以及提升区域的可持续性发展水平尤为重要。

（二）环境防控措施落实不严，人居环境质量存在短板

近几年，青海省人居环境质量不断提升，在大气、水、土壤、噪声、辐射污染防治方面采取了许多重要的措施，取得了一定的成效，但环境防控部分措施落实不严、协同整治联动性不强、环境治理管理水平不高等现象仍然存在。

1. 大气污染防治方面

受自然地理和不利气象条件影响，部分地区颗粒物浓度背景值较高，尤其是冬春季沙尘天气频发，导致空气质量出现波动。同时，个别施工现场扬尘管控措施落实不到位，裸露地未覆盖、道路未硬化、无防尘冲洗措施等现

2. 水污染防治方面

部门协同推动流域治污联动性不强，尚未形成系统治理的工作合力，各地区饮用水源多为单一水源，基本无备用（应急）水源，供水保证率较低，农村饮用水源地保护基础工作仍需加强。

3. 农村环境综合整治方面

农村环保设施运维经费落实不到位，设施运转困难，日常保洁管理机制不健全，存在就地就近堆放掩埋和露天焚烧垃圾现象，污水处理设施运行水平不高，垃圾分类和减量推进难度大。三江源地区还存在县城生活垃圾收运体系不健全，生活污水处理设施历史欠账多、建设标准低、配套管网滞后、污水收集率不高，垃圾污水处理设施运行经费保障困难、专业化管理水平不高等问题。

（三）环保科技支撑能力不强，专业人才队伍建设滞后

近年来，青海省生态环保科技力量发展迅速，但还不足以完全支撑在优质土地资源匮乏、气候条件艰苦的复杂自然环境下持续快速地推进国土绿化工作并实施好重大生态保护工程。

1. 理论基础和技术积累薄弱

青海地理区域广大、地貌多样性高、局部治理需求大，很多科研成果只适合某个特殊地区，需要单独进行研究，提升了科研难度，增加了科研工作量。生物遗传多样性决定了环保科研需要长年累月地深入研究，尤其在实验的设置环节和执行阶段有巨大的数据采集和处理的困难。以国家公园为主体的自然保护地体系建设，在国内还没有先例，特别是自然资源统一确权登记、本底调查、全民所有自然资源资产边界划定、监测指标体系和技术体系等制定，高寒地区的自然生态系统恢复和保护技术，都对国家公园工程效益的发挥产生至关重要的影响。

2. 专业技术人才不足

青海省气候地理条件特殊，生态环境总体敏感脆弱，生态的稳定需要整体考虑生物多样性、遗传多样性、生态系统多样性三个方面的稳定，强调科

研的整体综合实力，需要联合大量多学科专家及专业技术人才进行系统研究并推行相应研究成果。总体来看，青海省环保专业技术人才不足，尤其在三江源地区，生态恢复和治理的难度远远高于其他地区，对技术和人才的需求更加迫切，以人才相对集中的三江源国家公园管理局系统为例，共有在职干部职工378人，其中高级职称只有5人，中级职称22人，研究生及以上学历15人，专业技术人才可谓寥寥无几。

3. 生态管护队伍能力有限

自2016年开始，青海就实施了湿地生态管护员、"天然林管护＋生态扶贫"、生态管护公益岗位等制度，虽然管护队伍的人数基本达到标准，但管护人员大多数科学文化素质较低，缺乏专业技术和职业技能培训，难以开展和胜任具有一定技术含量的工作，只能从事单一的管护、看护工作。

（四）国家公园面临体制制约，后期运行管理难度较大

三江源国家公园体制试点至国家公园正式设立以来，青海贯彻落实习近平总书记重大要求、重要嘱托，取得了一系列重要成绩，但目前，由于行政管理责任不够明确，国家公园范围内自然资源管理相关部门及地方政府权责边界不清，国家公园管理机构负责国家公园及其接邻自然保护地全民所有自然资源资产管理，具体包含的职责没有明确规定，例如中央部委下发文件中所涉及的自然资源调查监测，生物多样性保护等相关工作明确由自然资源部门和林草部门负责，文件中尚未明确三江源国家公园管理局涉及事项，后期运行管理面临一定考验。

第三节　青海省高质量发展指标评价与分析

在"一优两高"战略目标指引下，自2018年以来，青海省着力推进全省经济高质量发展。经过多年的努力，全省经济进入供给侧结构性改革深入推进、新旧动能逐步转换、创新驱动逐步增强、开放水平不断提升、经济体制改革全面深化的转型发展时期，全省经济稳中趋缓，推动全省经济高质量发展的认识更加深入、理念更加先进、基础更加坚实。

一、青海省高质量发展指标评价与分析

在"一优两高"战略带动下,青海省着力推动经济结构转型和动能转换,加快推进产业"四地"建设,经济实力持续增强,产业结构持续优化,创新驱动效能明显提升,区域协调发展形成新格局,对外开放合作成效显著提升,绿色发展导向更加鲜明,高质量发展前景更加广阔。具体来看,青海经济运行效率显著提升,产业结构不断优化,创新驱动取得新进展,见表3-7。

表3-7 青海省"高质量发展"评价指数表

二级指标	指标值(年)				三级指标	指标值(年)			
	2018	2019	2020	2021		2018	2019	2020	2021
经济运行稳定性	0.226	0.241	0.255	0.222	人均GDP	0.076	0.089	0.093	0.114
					居民消费价格指数	0.079	0.079	0.081	0.054
					第三产业增加值占GDP比重	0.071	0.074	0.081	0.054
经济运行效率	0.124	0.138	0.146	0.186	全员劳动生产率	0.058	0.067	0.071	0.087
					非公有制经济占GDP比重	0.040	0.041	0.042	0.060
					单位面积土地产出GDP	0.026	0.030	0.032	0.039
创新能力	0.124	0.149	0.152	0.186	R&D经费投入强度	0.036	0.043	0.044	0.054
					每万人口发明专利拥有量	0.012	0.014	0.015	0.018
					就业人员受过高等教育比重	0.022	0.027	0.028	0.033
					规模以上工业增加值中战略性新兴产业增加值占比	0.024	0.030	0.027	0.036
					科技进步贡献率	0.030	0.036	0.037	0.045
对外开放	0.140	0.130	0.133	0.133	进出口总额占GDP比重	0.066	0.055	0.044	0.048
					进出口总额增速	0.051	0.042	0.063	0.063
					外商直接投资增长率(实际)	0.022	0.033	0.026	0.022

（一）经济运行基本保持稳定

经济运行稳定性指标四年测算结果分别为 0.226、0.241、0.255、0.222，从数值来看基本保持平稳。其中人均 GDP 指标分别为 0.076、0.089、0.093、0.114，呈现平稳上升趋势，2021 年较 2018 年提升 50%；居民消费价格指数分别为 0.079、0.079、0.081、0.054，2018—2020 年基本保持平稳，2021 年出现小幅波动；第三产业增加值占 GDP 比重测算结果分别为 0.071、0.074、0.081、0.054，2018—2020 年第三产业增加值占 GDP 比重不断提升，2021 年出现回落。总体来说，除 2021 年受新冠疫情影响，出现小幅波动，青海的经济运行基本保持平稳。

（二）经济运行效率不断提升

经济运行效率指标测算结果分别为 0.124、0.138、0.146、0.186，总体提升明显。其中，全员劳动生产率分别为 0.058、0.067、0.071、0.087，2021 较 2018 年提升 0.029，对经济运行效率提升具有显著的贡献作用；非公有制经济占 GDP 比重测算结果分别为 0.040、0.041、0.042、0.060，保持稳步上升态势；单位面积土地产出 GDP 指标 2021 年较 2018 年提升 0.013，说明青海经济运行效率实现整体好转。

（三）创新驱动作用逐步显现

创新能力指标四年测算结果分别为 0.124、0.149、0.152、0.186，保持平稳上升趋势。其中，R&D 经费投入强度分别为 0.036、0.043、0.044、0.054。就业人员受过高等教育的比重 2021 年较 2018 年有所提高，由 0.022 提升至 0.033；规模以上工业增加值中战略性新兴产业增加值占比测算结果分别为 0.024、0.030、0.027、0.036，提升较明显；科技进步贡献率测算结果分别为 0.030、0.036、0.037、0.045，呈现稳步提升趋势，可见，青海坚持创新驱动引领，持续推动经济由"要素驱动"转向"创新驱动"，经济增长内生动力持续增强。

（四）对外开放压力仍然较大

对外开放指标四年测算结果分别为 0.140、0.130、0.133、0.133，2019

年较 2018 年下降 0.01，2020 年、2021 年小幅回升，但提升效果有限。其中，进出口总额占 GDP 比重由 0.066 下降至 0.048，进出口总额增速由 2018 年 0.051 提升至 2021 年 0.063，是对外开放指标中唯一一个保持增长的三级指标，外商直接投资增长率持续波动，2021 年较 2018 年没有出现显著的增减趋势。

二、青海省高质量发展的主要举措与成效

近年来，青海以习近平新时代中国特色社会主义思想为指导，将高质量发展作为新时期青海经济社会发展的主题，在"一优两高"战略带动下，推动经济结构转型和动能转换，加快推进产业"四地"建设，经济实力持续增强，产业结构持续优化，创新驱动效能明显提升，区域协调发展形成新格局，对外开放合作成效显著提升，绿色发展导向更加鲜明，高质量发展前景更加广阔。

（一）经济运行稳中趋进，经济总量不断扩大

党的十八大以来，在新发展理念引领下，青海省委省政府面对新常态、新任务、新要求，坚持改革推动、开放带动、创新驱动，积极主动融入国家战略，实现了经济运行由高速增长向中高速增长的平稳转变。全省经济运行稳中有进，经济发展基础更加稳固，保持了平稳健康发展。2021 年，青海省地区生产总值达到 3346.63 亿元，按可比价格计算比上年增长 5.7%，是 2012 年的 1.78 倍，从 2013—2020 年共用了八年时间，经济总量实现从 2000 亿元到 3000 亿元的跨越，人均生产总值从 2012 年 26839 元增长为 2020 年的 50819 元，年均增长 6.7%，增速高于全国平均水平。

（二）产业结构持续优化，三次产业协调发展

近两年，青海省持续深化供给侧结构性改革，不断优化产业结构，在一产保持稳定发展的同时，大力发展新型工业和现代服务业，不断优化产业结构，取得了显著成效。全省三次产业比由 2018 年的 9.4∶43.5∶47.1 调整为 2021 年的 10.5∶39.8∶49.6，第三产业发展层次更高，对经济发展的贡献力度更大，成为驱动经济发展的支柱力量。

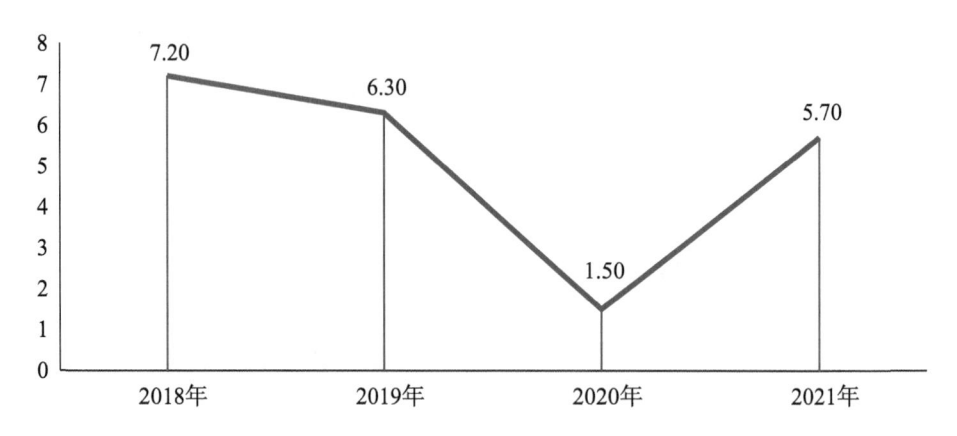

图 3-1　2018—2021 年全省地区生产总值增速（%）

1. 农牧业"四个百亿元"产业加快成长

扎实推进农牧区基础设施建设，产业发展环境持续改善。截至 2022 年底，全省农牧区人居环境整治三年行动全面完成，农村环境综合整治实现行政村全覆盖，农村生活垃圾收集转运处置体系覆盖 97.5% 的行政村，58% 以上的村庄实施了高原美丽乡村建设项目，农村垃圾、污水得到治理的村庄分别占 91.7%、12%，改造农村户厕近 23.46 万座，卫生厕所普及率达到 58.27%。20 万户农牧民危旧房得到改造，农牧区 260.6 万人的饮水安全得到巩固提升。[①] 农业基础设施得到优化，建成设施温棚 10.5 万亩、畜用暖棚 14.5 万栋、冷水鱼网箱 38 万平方米。[②] 全省农牧业生产能力显著增强，单位面积产量大幅提升。2022 年，农林牧渔业增加值较上年增加 7.5%，粮食产量连续 14 年达到百万吨以上水平。经济作物播种率大幅增加，蔬菜自给率达到 30%，产量达到 150 万吨以上。全省肉、蛋、奶产量稳定增长。牦牛、藏羊存栏量分别达到全世界的 43.4% 和全国的 38.5%，"中国牦牛之都""中国藏羊之府"的称号享誉全球。特色产业快速发展，海南州的冷水鱼产量已经达到全国产量的 30% 以上，年产值突破 4 亿元，[③] 已成为带动农

[①]《青海农村环境整治覆盖全部行政村》，国家乡村振兴局网站，2022 年 9 月 5 日。https：//www.nrra.gov.cn/art/2022/9/5/art_5_196510.html。

[②]《"青海这十年"青海农业农村厅专场新闻发布会召开》，《青海日报》，2022 年 8 月 26 日。

[③]《"青海这十年"青海农业农村厅专场新闻发布会召开》，《青海日报》，2022 年 8 月 26 日。

牧民增收的重点产业。作为西部重要中藏药材生产基地，全省的种植面积超过 10 万亩。

2. 特色优势工业加快壮大

通过实施有关行动方案，青海省制造业保持了快速发展。同时，石油天然气、盐湖化工、有色金属、煤炭等传统产业改造升级步伐持续加快。通过滚动实施 100 项改造提升项目和 100 项企业技术改造项目，青海传统产业向高端化、高质化、高新化方向加快转变。以合金、光电、新型化工、锂电、光伏制造及电子信息新材料为支撑的新材料产业初步构建起来，以中藏药、化学药品、生物制品、高原特色保健品、药用辅料为重点的生物医药产业，以数控机床、环保设备、新能源设备和非标设备等为核心的特色装备制造业体系加快壮大。

3. 新技术新业态加快培育

自"一优两高"战略部署实施以来，青海省大力培育新技术新业态．促进制度创新与技术创新融合互动；供给与需求有效衔接、新动能培育与传统动能改进提升协调推进，高新技术产业加快发展。数字经济持续快速发展，"互联网＋"模式广泛应用，电子商务、移动支付、共享经济发展迅猛。信息消费规模快速扩大，培育国家级两亿融合贯标试点企业 21 户，积极引导中小企业专业化、精细化、特色化、新颖化发展。在全国率先建立制造业与互联网融合发展水平评价指标体系，实现了全省重点地区、产业、企业的全覆盖，有力助推了制造业与互联网融合发展。

4. 服务业创新发展稳步推进

青海省服务业发展保持了快速增长的态势，并成为财政增收的主要来源和吸纳就业的重要渠道。其中，旅游业发展依旧保持了快速发展势头，文化旅游与商贸融合发展势头强劲，旅游业正加速度成为全省战略性支柱产业。2021 年，全省旅游业接待总人数和实现旅游总收入均比 2020 年增长 20% 以上。金融业发展迅速，增加值占到全省地区生产总值的 8.2%，高于全国平均水平 0.2 个百分点。2022 年，全省绿色信贷覆盖率 29.44%，居全国前列。物流体系不断完善，2021 年邮政业务量较 2018 年增长了 52.42%。信息服务业快速增长，青海手机上网用户和4G用户快速增长。电子商务发展迅速，以国家电子商务进农村综合示范为引领，积极组织开展"数商兴农"工作，促进电商扶贫与乡村振兴有效衔接。组织开展青海特色商品网上展销活动，在淘宝、天猫、京东等大型电商平台设立青海特产馆、旗舰店14个，协调省内外相关平台、网红开展直播宣传带货，组织各市州推荐170余种本地特色产品开展"最受欢迎特色产品"推荐评选活动，大力推动"青货出青"。2021年全省实现网络零售额67.4亿元，同比增长11.8%，网络购物额469亿元，同比增长为12.3%。

（三）绿色低碳循环发展经济体系加快构建，"四地"建设步伐稳健

青海牢记习近平总书记对青海"三个最大"的省情定位，坚持绿色低碳发展理念，践行绿色发展方式，结合高原特色培育新型产业，加快产业"四地"建设，厚植绿色发展动能。

1. 建设世界级盐湖产业基地成效显著

近年来，青海盐湖化工产业发展迅速，持续推进强链延链补链，扩大产业规模，提升产业发展质量，产业链条有效延伸。原卤提锂等关键核心技术攻关取得突破，国内首条镁基土壤修复材料生产线建成，三大工业园区循环经济占比超过60%，全国1/3的锂电池产自西宁，新型电力系统和零碳产业园正在加快建设。国内首条镁基土壤修复材料生产线建成，中信国安2万吨电池级碳酸锂、盐湖股份公司4万吨锂盐等13个项目加快实施，突破了低成本无水氯化镁制备、电子级高端六氟磷酸锂等产业化关键核心技术，高性能镁合金压铸件开发关键技术研究与示范、水氯镁石脱水造粒系统技术研究等关键技术实现了产业化。2022年全省盐湖化工产业投资同比增长139.2%，产业产值同比增长约105%，钾肥（实物量）、碳酸锂、纯碱等主要产品产量分别增长15.2%、39%、4.8%。盐湖原卤提锂工艺有新进展，五矿盐湖、启迪清源新材料等企业被工业和信息化部认定为第四批专精特新"小巨人"企业，青海锂业有限公司、青海西部镁业有限公司、青海盐湖特立镁有限公司等11家企业被认定为省级专精特新中小企业，盐湖产业基地建设稳步推进。

2. 清洁能源产业高地打造步伐稳步前行

海南、海西两个千万千瓦级可再生能源基地建设完成，世界上首条主要输送绿色风光新能源的青豫特高压直流工程将绿电源源不断地输入中原大地，第二条特高压直流外送通道前期工作加快推进，第一批大型风电光伏基地等项目开工建设。2017年以来的年度"绿电"活动，以实际行动践行国家"双碳"目标，不断刷新并保持着全清洁能源供电的世界纪录。2022年，全省电力装机达到4468万千瓦，清洁能源装机占比达91.2%，新能源装机占比达到62.98%，均居全国第一。省直有关厅局、地方政府、能源企业高效协作、通力配合，"专班制""包片制"推动大型风电光伏基地、茨哈峡水电站等重大项目取得实质性进展，推动形成了土地、生态、价格、金融、技术等全方位支持清洁能源发展的良好局面。在全省相关部门的大力支持下，能源领域全年完成投资492.74亿元，其中，清洁能源领域累计完成337.91亿元，占能源领域投资的68.6%。

表 3-8　2017—2022 年青海绿电实践活动情况

时间	名称	活动内容	用电量	实现"双碳"实践
2017 年	绿电 7 日	全省连续 7 天，168 小时使用 100% 清洁能源供电	11.78 亿千瓦时	相当于减少燃煤 53.5 万吨 减排二氧化碳 96.4 万吨
2018 年	绿电 9 日	全省连续 9 天 216 小时使用 100% 清洁能源供电	17.6 亿千瓦时	相当于减少燃煤 80 万 减排二氧化碳 144 万吨
2019 年	绿电 15 日	全省连续 15 天 360 小时使用 100% 清洁能源供电	28.39 亿千瓦时	相当于减少燃煤 129 万吨 减排二氧化碳 232 万吨
2020 年	"绿电三江源"百日活动	全省连续 31 天使用 100% 清洁能源供电，绿电活动覆盖三江源地区 40 万平方公里，在时间跨度上延长到了 100 天	60.37 亿千瓦时	减少企业用电成本 13.5 亿元人民币 相当于减少燃煤 274.41 万吨 减排二氧化碳 493.93 万吨

续表

时间	名称	活动内容	用电量	实现"双碳"实践
2021年	绿电7月在青海	全省连续31天744小时使用100%清洁能源供电	70亿千瓦时	相当于减少燃煤318.2万吨 减排二氧化碳572.7万吨
2022年	绿电五周	全省连续五周使用100%清洁能源供电	90.15亿千瓦时	相当于减少燃煤453.4万吨 减排二氧化碳816.1万吨

3. 高起点高质量打造国际生态旅游目的地

依据资源禀赋、地理环境和市场潜力，促进市场经营有序恢复，丰富产业体系，生态旅游与文化、商贸、医药等产业融合发展步伐加快。创建茶卡盐湖、金银滩——原子城AAAAA级景区，西宁成功列入国家旅游枢纽城市。坚持生态优先、绿色发展理念，生态旅游正逐步发展成为现代服务业的龙头。制定出台《关于促进冰雪旅游发展的实施意见》等，大力发展乡村旅游、红色旅游、度假旅游，不断丰富研学旅游、冰雪旅游等新业态，互助土族故土园、祁连阿咪东索景区成功创建国家AAAAA级旅游景区，西路军纪念馆、循化十世班禅故居等成为全国红色旅游经典景区。全省有A级旅游景区160家，国家级生态旅游示范区3家、全域旅游示范区2个、省级旅游度假区10个、全域旅游示范区17个、休闲街区17个。

4. 绿色有机农畜产品输出地建设步伐加快

2022年底，青海省已完成绿色有机食品和地理标识产品1015个，认证有机枸杞基地20万亩，绿色有机草场1万亩，① 均居全国首位。随着农牧业高质量发展的需要和全省龙头企业的综合实力的整体提升，农产品质量和品牌意识不断增强，先后在央视及北上广等城市宣传，一批地方特色名优品牌知名度逐步打开，青海的特色农畜产品销往上海、广东等国内中大型城市、港台地区及日本、韩国等国家，虹鳟鱼更是获得农业农村部绿色食品认证和出口欧洲许可。牦牛藏羊集群第一、第二、第三产业总产值达到267亿元。② 截

---

① 《"青海这十年"青海农业农村厅专场新闻发布会召开》，《青海日报》，2022年8月26日。
② 《青海省牦牛藏羊产业集群总产值达267亿元》，《青海日报》，2022年2月11日。

至 2022 年底，青海省建成 1 个国家级现代农业产业集群，累计创建 15 个农业产业强镇，33 个省级以上现代农业产业园，540 家龙头企业稳健发展，培育省级产业化联合体 50 家[①]。农牧业产业化水平得到提升，农畜产品加工转化率达到 60% 左右。

（四）创新驱动深入推进，新旧动能转换步伐加快

自"一优两高"战略提出以来，青海省强化创新和人才对高质量发展的支撑作用，深入实施创新驱动发展战略，初步构建起了新能源、新材料、先进制造、现代生物、现代农牧业、生态环保、高原医疗卫生与食品安全、新一代信息八大绿色产业技术体系，部分关键核心技术达到了国际领先水平和国内先进水平。

1. 重点领域创新不断突破

青藏高原特色生物资源和中藏药产业集群、西宁（国家级）经济技术开发区锂电创新型产业集群、西宁东川工业园有色金属精深加工国家新型工业化产业示范基地、海西国家创新型盐湖化工循环经济产业集群 4 个国家创新型产业集群已培育形成，工业经济由投资拉动向科技创新驱动加速转变。盐湖资源综合利用、轻金属材料工程化开发、多能源电力协调控制系统开发应用等一批关键核心技术实现突破。建成全国首座"百兆瓦太阳能光伏发电实证基地"、国际首条高品质多晶硅万吨级生产线，电子枪主要装置"大功率高频高压电源"首次实现国产化。世界首套 680MN 多功能模锻压机组具备规模化生产能力，世界规模最大的电解金属镁生产线试车成功，高端锂离子电池专用铜箔实现量产，光热发电并网。利用自主研发全膜法提锂工艺建成了电池级碳酸锂生产线，电池级碳酸锂产能居全国第一。自主研发一类新药"梓醇片"获得国家中药药物临床试验批件，实现了零的突破。

2. 科技创新重大工程项目加快推进

扎实推进"百项创新攻坚工程""百项改造提升工程"，实施高新技术企业和科技型企业"两个倍增"工程及科技小巨人培育计划，高新技术企业、

---

① 《"青海这十年"青海农业农村厅专场新闻发布会召开》，《青海日报》，2022 年 8 月 26 日。

科技型企业数量达到规划进度目标，新培育国家科技创新示范企业2家、产值过亿元高新技术企业11家。建立了青海高原农业植物种质资源保护平台，支持青海省藏药重点实验室建设，生态农牧业"1020"重大科技支撑工程稳步实施，农村信息化示范省建设取得明显成效，形成了专家、科技特派员、农户三位一体的新型农牧业科技信息主动服务模式。三江源智慧生态畜牧业综合信息云平台和草情监测与草畜平衡诊断系统建成并实现联网运行。建立了中科院三江源国家公园研究院，海南州创建国家可持续发展议程创新示范区顺利推进。

3. 科技创新体系加快建设

推动落实国家创新纲要及青海省实施方案，制订了实施科技计划、科技资源共享等一系列配套政策，完善了多元化科技创新投入方式，基本形成了覆盖科技创新全过程的政策体系。组建了青海省生物医药、太阳能光伏、锂产业等产业技术创新战略联盟8家，成立青海省盐湖镁产业、锂产业技术研究院。新建国家级科技创新平台47个，新认定省级工程技术研究中心9家，组建省级工程技术研究中心64家、省级重点实验室60家。科技创新服务能力持续提升，科技创新投资引导基金规模稳步扩大，国家重点实验室、国家级大学科技园实现零的突破。

4. "大众创业，万众创新"蓬勃发展

着力促进双创服务实体经济，大力实施发展众创空间、支撑平台建设等政策措施，连续三年成功举办全国大众创业万众创新活动周省内活动，双创要素和资源集聚在全国范围内对接，创新创业向专业化纵深发展。加大对非公经济发展的支持力度，召开青海省非公有制经济发展大会，设立非公经济发展专项资金，青海省中小企业公共服务平台网络建成并上线运营，为推动大众创业万众创新提供了良好支撑。青海（国家）高新技术产业开发区成为青海省首个国家级"双创"示范基地，青海中关村高新技术产业基地被认定为国家小型微型企业创业创新示范基地。2021年全社会固定资产投资中科学研究和技术服务业项目投入较上年增加12.1%；青海省科技成果数量不断攀升，2021年青海省取得省部级以上科技成果898项，较2016年增加91%；专利授权 6591 件，较 2016 年上涨 385%。2021 年青海省有国家级科技企业孵化器 7 家，国家备案众创空间 13 家，新一代天气雷达站 3 个，地震台站 139 个，地震遥测台网 4 个，科技创新载体更加丰富，内容更加广泛，科技对经济发展的支撑作用不断显现。

（五）城乡区域协调发展成效显著，新型城镇化加快推进

着眼于构建人与自然和谐发展现代化建设新格局，坚定不移实施区域协调发展和新型城镇化战略，着力破解城乡区域发展不平衡不充分问题，新型城镇化质量稳步提升，发展新空间进一步拓展，发展协调性不断增强。

1. 主体功能区建设深入推进

印发实施了《青海省贯彻落实〈中共中央国务院关于完善主体功能区战略和制度的若干意见〉的实施方案》，系统提出了推进主体功能区建设的施工路线图。建立并试行国家重点生态功能区产业准入负面清单制度，入选国家首批生态产品价值实现机制试点省份。在全国率先建立了覆盖重点生态功能区的"天空地一体化"监测预警体系。国土空间开发保护制度加快建立，资源环境承载力试评价和国土空间开发适宜性评价工作有序推进，圆满完成永久基本农田划定工作，基本划定了全省生态保护红线，河南、格尔木、贵德等市县"多规合一"试点积极推进，实现了一本规划、一张蓝图。

2. 东西两个核心增长极提档加速

兰西城市群建设稳步推进，"大西宁"建设拉开序幕，"生态修复、城市修补"试点积极推进，西宁中心城市功能进一步增强，多巴城市副中心建设初具规模，绿色发展样板城市和幸福西宁建设取得突破性进展，引领全省发展"火车头"作用有效发挥。"新海东"加快建设，海东城市功能不断完善，城市架构逐渐成形，园区建设蓬勃兴起，平安高铁新区、化隆群科新区、乐都新城建设取得积极进展，已逐步成长为青海省功能优化的重要城市。柴达木地区转型发展取得新成效，支持海西转型发展 40 条举措落地见效，循环经济主导产业升级转型加速推进，新兴产业已成为新的经济增长点，特色优势产业集群加速形成。研究推动格尔木全省副中心城市建设，格尔木区域性重要交通枢纽、电力枢纽和资源加工转换中心地位明显提升。

3. 新型城镇化加快推进

研究出台了推动非户籍人口在城镇落户、推进新型城镇化重点任务、深化户籍制度改革等一系列组合性政策文件，有效推动了全省新型城镇化进程，全省一半以上人口过上城镇生活。行政区划调整统筹推进，海西三行委行政区划调整取得突破性进展，茫崖、冷湖合并撤行委设茫崖市获国务院批准，新兴"西大门"城市建设全面铺开，完成8个县撤县设市第三方评价，共和、同仁等县撤县设市以及湟中撤县设区工作加快启动。高原美丽乡村、美丽城镇建设步伐加快，群科镇、茶卡镇、龙羊峡镇等6个镇先后成功入选国家级特色小镇，第一批省级特色小镇创建工作扎实推进。全省城市数量达到6个，城镇数量达到143个，城市县城建成区面积达到385.4平方公里。"公交都市"加快建设，"畅通西宁"三年攻坚计划全面推进，西宁建成首条公交专用道，城市公交便利化、绿色化程度显著提升。启动了国家森林城市创建工作，建成了一批生态绿地公园，城市县城建成区绿地率达31.1%，更多市民感受到城市生态之美。

（六）经济体制改革深入推进，经济发展活力得到进一步激发

相继推出一系列重大改革举措，重要领域和关键环节有了突破性进展，改革主体框架基本确立，取得阶段性成效，呈现全面发力、多点突破、蹄疾步稳、纵深推进的良好态势。

1. 经济领域改革全面发力

始终把经济体制改革作为重中之重，紧紧围绕处理好政府和市场关系这个核心，坚持用改革的思路和办法稳增长、破难题、添活力、增动能，为全省经济注入源源不断的动力和活力。印发贯彻落实加快建设全国统一大市场分工方案，制订积极融入和服务新发展格局实施方案，印发贯彻落实加快建设全国统一大市场分工方案，开展妨碍统一大市场建设自查清理，实施各市州高质量发展综合绩效评价。出台清洁供暖峰谷分时电价政策，完善青豫直流外送电价格机制取得新实效。供给侧结构性改革深入实施，落实"三去一降一补"任务，综合运用市场机制、经济技术和法治手段解决结构性问题，"十三五"期间累计退出钢铁产能50万吨、煤炭产能288万吨，出清"僵尸

企业"36户；规模以上工业发电量中火力发电量占比由2016年的24.8%下降到2021年的16.9%；房地产去库存成效显著，2020年住房去化周期比2016年减少9.8个月，企业成本费用持续下降，规模以上工业企业每百元营业收入中的成本、费用比2016年分别下降5.2元、2.7元；出台支持实体经济发展政策，完善产业对接奖励机制。

2. "放管服"改革向纵深挺进

近年来，青海省全面深化"放管服"改革，大力精简行政审批事项，着力提升政务服务水平，全省营商环境持续优化。开通"惠企政策直通车"，复制推广全国营商环境创新试点改革举措41项，实现158项高频事项"跨省通办"。推进涉企经营许可事项改革，实现"证照分离"地域和事项"两个全覆盖"，新开办企业全程网办率达95%以上，非公经济纳税占比达50%以上，新增就业贡献率稳定在80%以上。青海通过发布省市县三级政府部门权责清单，建立起了规范透明的权力运行监督机制。率先全部取消省级行政事业性收费，同步实行企业"四证合一"和个体户"五证合一"，积极推进"零见面"全程电子化，最大限度实现市场准入便利化。省市县三级行政服务中心全部投入运行，乡镇便民服务中心和村（社区）便民服务点实现全覆盖，营商环境得到明显改善。价格、电力体制、公车等改革全面推进。"双随机、一公开"监管方式启动实施，部门之间的综合协同监管有效促进。建立了行政执法与司法部门的案件移送制度，信息互通和企业信用监管体制逐步完善，政府监管、企业自治、行业自律和社会监督的社会共治局面逐步形成，大市场监管机制初步构建。

3. 国资国企改革不断深入

出台深化省属出资企业重点改革工作实施意见，形成了以深化国资国企改革指导意见为引领，若干配套文件为支撑的国资国企改革"1+N"政策体系。"3+10"改革试点全部落实到17户省属出资企业，适应发展新形势和改革新要求的国资监管方式逐步完善。

4. 财税金融体制改革不断深化

预算制度改革深入推进，县级以上政府编制涵盖一般公共财政、政府性基金、国有资本经营、社会保险基金的"四本预算",政府所有收支全部纳入预算管理,"营改增"全面实施,资源税、环保税稳步推进,普惠金融综合示范区试点工作顺利开展。

5. 投融资体制改革积极推动

出台深化投融资体制改革、鼓励社会投资等若干意见办法,修订完善政府核准投资项目目录,强化企业投资主体地位,设立循环经济等12只基金。

6. 农牧区改革持续推进

35个县(市、区)农村土地承包经营权确权登记颁证工作全面完成,确权面积占比达98%。农村集体产权制度改革和农垦改革稳步推进,集体经济治理新体系基本构架,国有农牧场发展活力进一步激发。

(七)基础设施保障水平显著提高,发展支撑作用不断强化

自"一优两高"战略部署深入实施以来,青海省立足打基础、利长远、增后劲,统筹实施了交通、通信、能源、水利等一批重大基础设施项目,持续强化了对经济社会发展的支撑作用。

1. 信息化基础支撑能力持续增强

信息化建设全面提速,数字青海、宽带青海建设加快推进,基础地理信息资源覆盖率稳步提升,移动通信提速降费,移动互联网接入流量增长1.9倍。西宁入选"宽带中国"示范城市,全国首个藏文搜索引擎"云藏"上线,高原云计算大数据、青海新能源大数据中心、省级地理信息公共服务平台、高分辨率对地观测青海数据与应用中心上线运行,宽带网络覆盖所有乡镇,北斗卫星导航与位置服务基础设施基本实现全省重点区域均匀覆盖,公共信用信息共享交换"一门一户一平台"体系基本形成,全省社区矫正信息化监管水平跻身全国"三甲",全省首个扶贫大数据监督平台投运。

2. 电网全覆盖助力脱贫攻坚

青藏、青新联网工程相继建成,西宁北750千伏输变电开工建设,青海电网750千伏骨干网架初步形成,果洛三县联网工程圆满完成,"电力孤岛"并网,实现了大电网县域全覆盖。全面启动新一轮农网改造升级工程,完成555个小城镇(中心村)电网改造,解决了593个贫困村、494个易地搬迁集

中安置村的用电问题，新建改造农网9176公里，农村电网供电可靠率达到99.7%。

3. 水安全保障能力显著提升

水利工程建设实现重大突破，引大济湟调水总干渠建成通水，引大济湟西干渠、北干渠二期、蓄集峡水利枢纽加快实施，那棱格勒河水利枢纽"三通一平"及招投标工作扎实推进。黄河干流防洪工程、黄河沿岸四大水库灌区工程积极推进，哇沿、西纳川、国庆水库等重点水源工程加快实施，湟水河、大通河等重要支流及中小河流治理项目稳步实施，扎毛、马什格羊水库灌区加快建设，湟水南岸水利灌溉、"三滩"引水生态综合治理一期、香日德水库及灌区等重大工程前期工作稳步推进，实施饮水安全巩固提升工程117项，受益总人口134.34万人。

（八）共建"一带一路"持续推进，对外开放水平不断提升

近年来，青海省高质量推进和融入共建"一带一路"，持续扩大对外开放的深度和广度，不断拓展对外合作空间，加快培育国际合作和竞争新优势，全方位、多层次、高水平对外开放新格局正在形成。

1. 对外开放水平不断提升

以加快融入中巴、孟中印缅经济走廊为抓手，积极开展务实的对外交流合作，与联合国驻华系统签署《共同推进在青海省落实2030年可持续发展议程开展合作意向书》。规划曹家堡机场口岸发展。积极协助疫情结束口岸国际航班复航事宜，支持国际货运航线开通和国际客运航线增开。进一步深化口岸公共卫生核心能力建设，规划建设航空口岸自助通关设施、智能验证通道，切实提升口岸通关效率。助力格尔木陆港建设发展。研究制定"西宁海关服务格尔木外向型经济发展五项措施"，打造完备的国际陆港，实现格尔木与各类国际贸易、国际航线、公路、铁路、水路等的有效连接，建设国内一流陆港。签订《关于畅通中尼印国际物流通道合作意向书》，以"通道＋平台"促进物流商贸通道高质量发展，加速推进格尔木国际物流枢纽建设。全力支持西宁综合保税区建设。制订了《西宁综合保税区建设海关工作推进方案》出台"西宁海关支持西宁综合保税区发展七项措施"，进一步开展政策咨询、

协助招商引资等方式，推进西宁综保区尽快尽好建成运营。2021年10月15日，西宁综合保税区通过预验收。积极开展青海绿色生态自贸试验区申建政策研究，助力青海发挥生态优势，做好绿色文章。首届中国（青海）国际生态博览会成功举办，近30位驻华外交官、国际组织及跨国公司代表，22个省（区市）组成政府或经贸代表团，国内外相关领域20多家商协会和近800家企业应邀参会。圆满举办第22届青洽会，23个国家部委和中央企业、金融机构及商协会领导，30个省区市代表团，13000余名嘉宾客商参会参展，展会知名度和影响力持续提升。

2. 设施联通更加完善

围绕互联互通，青海省加大项目投资，加快出省通道建设步伐，铁路、民航、公路全方位的对外通道建设取得重大进展，与周边地区的交通在综合运能和便捷性方面实现了新的突破。在公路方面，截至2022年初，公路通车里程达到8.62万公里，其中高速公路4101公里，实现了高速公路市州全覆盖，所有县城通二级以上公路。全省铁路营运里程达到2854公里（其中高速铁路达到218公里），青海逐渐成为西北高铁网络中的重要区域性枢纽。民航通航里程14.57万公里，西宁曹家堡机场三期扩建工程开工建设，青海格尔木机场改扩建工程竣工投运，祁连机场实现通航，贵德通用机场动工，青海湖机场顺利完成预可研评估报告。2019年3月，成功开通西宁—越南芽庄国际航线，12月实现青海中欧班列首次回运，2021年，青海首趟从西宁组织发运至哈萨克斯坦"铁转公"中欧班列成功开行，极大地丰富了青海省国际班列运输模式，对外联通基础得到夯实。2022年，开行国际货运班列111列。西宁综保区平稳运行，西宁、海东跨境电商综试区累计交易额超6亿元。

3. 对外人文交流不断扩大

成功举办了"青洽会""环湖赛"、文化旅游节等赛事展会，圆满完成了能源发展论坛和重点项目推介会，融入南向通道建设工作机制基本建立，友城关系增加至34对。累计新批准外商投资项目30个，投资总额5.95亿美元，合同外资3.02亿美元，投资项目涉及锂电池上游产业、风电场开发、民族服饰用品、针纺织品等多个领域，实现互利双赢效果。青海服务"一带一路"

建设的民心相通基础更加稳固。成功举办六五环境日国家主场活动，发布《青海共识》《青海倡议》。举办青海文化旅游节，发布青海省打造国际生态旅游目的地文旅宣言。青海民族大学部省培育项目即"解锁丝路文脉·探索地方精粹"来华留学生校园文化活动启动，借助教育部丝绸之路国际产学研用合作会议平台，发展19名"一带一路"共建国家和地区高端专家成为青海硕士研究生和博士研究生联合培养导师。从省级层面组织实施一批高级别科技合作项目，加大对已有相关合作基础的科研院所、高校和企业的支持力度，在巩固合作基础的同时，深化交流，扩大合作的影响力。通过共建实验室、技术转移、促成科技园区之间的合作等方式，丰富交流内容。持续开展卫生方面的援助与合作，组派第20批援外医疗队赴布隆迪执行援外医疗任务。圆满举办环青海湖国际公路自行车赛、玉珠峰登山大会等国际大型赛事。

4. 开放型经济体制逐步建立

成功举办青海省与"一带一路"共建国家地毯产业发展与经贸合作论坛和中国（青海）土库曼斯坦经贸和人文交流合作圆桌会议。建成黄金口岸国际保税购物中心、品华青海西宁高端消费品体验商城等综合性进口商品展销平台，引进全球30多个国家和地区近万种优质商品进入青海市场，基本形成了高中低档消费全覆盖的进口商品销售体系。借助国内知名电商平台开设青海特色产品交易平台，电商交易额年均增长30.6%，网络零售额年均增长40.9%。青海曹家堡保税物流中心（B型）建成并封关运营，完成了中国国际贸易"单一窗口"青海地方窗口建设工作，西宁综合保税区获批开建。2021年，青海省外贸进出口总额达到31.3亿元人民币，同比增长36.4%，增速排名全国第6位，全省8个市州均有进出口业务。

三、青海省高质量发展面临的主要问题与不足

青海省迎难而上，攻坚克难，不断调整经济结构，全力推进高质量发展，全省经济保持了稳中有进的成就。但由于经济发展的外部风险逐渐增多，全省经济发展仍面临着项目投资增长动力不足、一产三产投资乏力，开放发展和创新发展动能不足等困难。

（一）新旧动力转换缓慢，保持经济平稳增长压力仍较大

转型缓慢是青海省经济发展的重要瓶颈。新旧动能仍难有效转换，能源高耗型和资源依赖型企业占比高，产业链条偏短、技术水平不高、发展方式粗放，新经济新动能体量有限，第三产业增长质量不高，创新引领难以有效发力，人才短板制约明显。投资增长乏力仍难有效破解，资金保障压力加大、制造业投资疲弱、重大项目储备不足、投融资体制不完善等问题日益突出。进出口形势仍难有效逆转，地处高原是青海的区位短板，市场化水平和开放度低，产业发展对市场变化的反应滞后，外贸主体和自主品牌培育、企业营销服务体系建设、贸易便利化水平提升等方面与外贸强省仍存在较大差距。产业转型升级依然缓慢。近年来，随着供给侧结构性改革的不断深入，青海省加快落后产能淘汰步伐，培育壮大一批特色优势产业，有效带动了经济持续发展。但重化工业和高耗能工业占比依然较大，新兴产业发展仍然缓慢，高新技术产业发展在规模、层次、效益和平台建设方面仍需进一步强化。

（二）区域经济发展不均衡，城乡发展差距仍然偏大

发展条件迥异导致的区域发展差距是青海经济发展的重大难题。由于青南地区生态刚性约束力强，发展基础薄弱，转型发展困难，导致区域竞争优势尚未有效形成，青南地区与省内东部地区和柴达木盆地区域间整体组织性差，产业密集度低，各项指标分化，民族地区发展相对落后，县域经济发展缓慢，省内不同地区、不同功能区和城乡之间发展不均衡的问题还在加深，低水平和重复建设仍然存在，产业同质化、结构趋同化问题亟待解决，区域生态保护、民生改善与经济发展深层次矛盾仍需进一步破解。城乡收入差距依然偏大。2021年全省城乡居民收入倍差为2.77倍，与2018年比虽有缩小，但与全国同期平均水平（2.50倍）相比，仍处于较高水平。从收入绝对数差距看，城乡收入绝对数差距呈现逐年上升趋势，由2018年的21122元上升为2021年的24141元。从城乡公共服务水平看，受城乡发展基础、发展条件、投资倾向等因素的影响，城乡之间公共服务均等化水平整体不高，城乡居民享有的教育、医疗、养老、就业、社会保障等公共服务仍有一定的差距。

（三）投资增长动力不足，支撑能力持续减弱

2018—2021 年，青海省全社会固定资产投资分别同比增长 7.3%、5%、-12.2% 和 -2.9%，自 2020 年以来增速明显回落，其中建筑业、交通运输、仓储和邮政业、租赁和商务服务业下降幅度大，短期内难以回升。受原材料价格上涨、运输成本增加等因素影响，部分重大项目进度不及预期，市场主体预期普遍较弱、观望情绪浓厚、扩产积极性不高，大项目、新项目支撑不足，全省亿元以上新开工项目数量逐步减少。重点制造业投资项目大部分投资已经释放、后续压力较大。投资增长面临融资困难和项目接续不足的双重制约，对经济的拉动作用持续减弱，投资结构不优、质量不高，资金使用效率低等问题同时存在。

（四）居民收入增速放缓，消费拉动能力同步减弱

近年来，受居民杠杆率提升、收入增长放缓、新冠疫情突发等因素影响，消费对经济的拉动作用也持续走弱，由于青海省产业结构单一、自身生产能力不足、消费品大部分来自外地，消费对经济增长的贡献率相对较低。居民消费内部结构不合理．城乡差距逐步扩大。青海省农牧区人口比重大，居民传统消费占比大，文化娱乐、体育健身、智能家电、生态旅游等新兴消费水平不高。而传统消费市场日趋饱和，汽车类零售额连续呈负增长，网络消费分流影响持续扩大，消费拉动效应逐步放缓。同时，新产品和新服务的供给能力仍难以满足人民群众个性化、多样化、服务化的需求。

（五）开放型经济发展滞后，外贸低水平发展态势难以扭转

青海制造业基础薄弱、出口品牌少，对外贸易发展水平低，净出口贡献率持续为负，且连年走低，远远落后于周边省区。多年来，青海省净出口对 GDP 的贡献率一直处于负值，对外贸易拉动能力有限。2019 年，青海省外贸依存度仅为 1.26%，远远低于全国 31.5% 的平均水平。同时，对外贸易发展且呈现出区域间的极不均衡状态，西宁市（含西宁经济开发区）占据了青海省进出口总值的 2/3 以上。从青海省出口商品结构来看，硅铁、铝材等产品缺乏科技含量，附加值低的产品占了较大比重，且出口份额大幅下降。高新

技术产品出口额增长缓慢，新能源、新材料、盐湖化工、高原绿色农畜产品、文化产品等新领域特色产品仍处于培育阶段，产业优势尚未得到充分发挥，短期内无法为提升青海外贸水平作出贡献。从外商投资来看，青海外商投资以中小投资者为主，缺少出口型、高科技型和长线性、战略性投资项目，且受国际投资环境变化、企业风险防控能力弱等因素影响，投资底气不足，动力不强，规模不大。

（六）实体经济制约因素多，金融支持力度有待持续加大

青海省工业经济增长仍面临着土地、资金、劳动力等多项成本上升、社会融资规模下滑、环境专项整治力度加大等多方面的制约。受国家产业政策影响，一批光伏项目、光伏企业停建、停产。在市场总体需求不高和生产要素价格走高、出厂价格回落等因素影响下，企业盈利能力受到压缩，停运负荷加重，总体发展呈低迷状态。青海省规模以上企业利润普遍下降，亏损面逐步扩大，工业经济后期持续提升的空间较小。与此同时，服务业增长不及预期，增速呈趋缓态势。服务业增速的较快回落对青海省居民收入和就业的滞后效应将逐步显现。金融支持实体经济发展的力度仍不足，民营企业和小微企业等领域的金融支持力度仍远远不够，融资难、融资贵问题仍较突出。金融领域风险突出的主要原因在于结构性、体制性问题难以在短期内得到有效解决，金融风险防控压力仍将持续加大。

（七）创新要素投入不足，创新驱动动力匮乏

在"一优两高"战略部署引领下，青海创新发展取得了一些成效，但与经济发展的需求和周边省份相比，青海创新发展的动力还很不足，全省研究与试验发展经费（R&D）投入强度低，在全国排名靠后，科技创新与研发的资金支撑力度弱，2021年R&D经费仅占地区生产总值的0.8%。连续多年排名全国后五位，且与全国平均水平的差距还在不断扩大，青海省有R&D活动的企业占比低。企业科技创新人才短缺，产业升级的过程中企业高级经营管理人才和专业技术、设计、技术研发人才、高技能人才短缺和人难留、人难进的问题仍较突出。与发达省份相比，创新企业主体、公共技术研发平台仍

显不足。创新主体培育不足，企业研发主体基数小，整体研发能力弱。新能源、节能环保等高新技术产业虽然发展迅速，但具有较大规模和较强实力的龙头骨干企业仍然偏少，截至 2021 年底，青海省认定的国家高新技术企业、国家科技型中小企业、省级科技型企业和科技小巨人企业等企业创新主体数量仅有 688 家，青海省规模以上企业中，开展创新活动的只有 35.19%，拥有研发机构的企业仅有 3.06%，技术合同成交额仅占地区生产总值的 0.42%，企业整体创新效率低，科技成果转移转化效率不高。

第四节　青海省高品质生活指标评价与分析

增进人民福祉是"一优两高"战略实施的最终目的，青海省始终持续加强普惠性、基础性、兜底性民生建设，用心用情用力解决好各族群众急难愁盼问题，通过增加居民收入、加大住房保障、丰富文化生活、改善教育、卫生供给等措施，城镇化率大幅提高，美丽城镇、美丽乡村建设步伐加快，"百乡千村"示范工程成效明显，青海省各族群众的获得感、幸福感、安全感切实增强。

一、青海省高品质生活指标分析

"一优两高"战略实施以来，青海省始终秉持"以人民为中心"的发展理念，人民生活水平和社会保障持续改善。具体来看，青海城乡居民收入增速明显提升，居民生活水平大幅提升，人民健康和医疗卫生水平大幅提高，公共服务均等化水平迈入新阶段，见表 3-9。

表 3-9　青海省"高品质生活"评价指数

二级指标	指标值（年）				三级指标	指标值（年）			
	2018	2019	2020	2021		2018	2019	2020	2021
收入水平	0.069	0.083	0.094	0.109	城镇居民人均可支配收入	0.034	0.040	0.045	0.051
					农村居民人均可支配收入	0.024	0.028	0.031	0.036
					城乡居民人均可支配收入之比	0.011	0.015	0.018	0.022

续表

二级指标	指标值（年）				三级指标	指标值（年）			
	2018	2019	2020	2021		2018	2019	2020	2021
消费水平	0.044	0.047	0.051	0.050	居民人均消费性支出	0.012	0.014	0.016	0.018
					恩格尔系数	0.016	0.013	0.015	0.008
					居民家庭交通通信消费支出	0.008	0.009	0.011	0.012
					居民家庭教育文化娱乐消费支出	0.008	0.010	0.009	0.012
居住状况	0.027	0.025	0.028	0.028	常住人口城镇化率	0.006	0.007	0.008	0.009
					城镇居民人均住房建筑面积	0.006	0.004	0.004	0.004
					农村居民人均住房建筑面积	0.006	0.004	0.004	0.004
					建成区绿化覆盖率	0.004	0.005	0.006	0.005
					生活垃圾无害化处理率	0.005	0.004	0.005	0.006
社会保障	0.081	0.085	0.091	0.094	养老保险参保率	0.034	0.042	0.049	0.051
					农村居民最低生活保障金提升幅度	0.033	0.024	0.024	0.022
					每万名老人拥有养老机构数	0.014	0.019	0.018	0.021
医疗卫生	0.026	0.031	0.036	0.041	人均预期寿命	0.012	0.013	0.016	0.018
					每万人拥有执业（助理）医师数	0.004	0.005	0.005	0.006
					每万人拥有床位数	0.006	0.007	0.008	0.009
					婴儿死亡率	0.004	0.006	0.007	0.008
教育就业	0.031	0.041	0.040	0.050	劳动年龄人口平均受教育年限	0.014	0.016	0.018	0.021
					城镇登记失业率	0.007	0.011	0.012	0.014
					新增就业人数	0.010	0.015	0.010	0.015
社会治理	0.036	0.027	0.034	0.037	每万人口公安机关立案刑事案件数	0.022	0.011	0.015	0.016
					每万人拥有律师数	0.014	0.016	0.019	0.021

（一）城乡居民收入水平明显提高

收入水平指标四年测算结果分别为0.069、0.083、0.094、0.109，提升较为明显。其中，城镇居民人均可支配收入测算结果分别为0.034、0.040、0.045、0.051，农村居民人均可支配收入测算结果分别为0.024、0.028、0.031、0.036，数值稳步提升；城乡居民人均可支配收入之比2017年较2016年没有变动，2021年指数得分增长0.011，可见"一优两高"战略实施以来青海省城乡居民收入不断提升，收入倍差不断缩小，2021年青海城乡居民收入差距为2.77，虽然这一差距仍略高于2.5的全国平均水平，但与平均水平之间的标准在不断缩小。

（二）居民消费结构不断优化升级

消费水平指标测算结果分别为0.044、0.047、0.051、0.050，2021年较2018年稳步提升。除恩格尔系数指数结果略有降低之外，其余指标都有显著提升。居民人均消费性支出2021年较2018年提升0.06；居民家庭交通通信消费支出、居民家庭教育文化娱乐消费支出两项指标2021年均较2018年提升0.04。可见，"一优两高"战略实施以来，居民消费能力不断增强，消费结构优化升级，发展型享受型消费日益提升。

（三）居住条件和质量明显改善

居住状况指标测算结果分别为0.027、0.025、0.028、0.028，其中，除城乡人均居住面积略有下降外，常住人口城镇化率、建成区绿化覆盖率与生活垃圾无公害处理率均有明显的提升。可见，随着棚户区改造、廉租房和经济适用房建设以及贫困地区危旧房改造项目的推进，城乡居民居住条件不断提升，生态保护优先战略实施效果显著，建成区绿化覆盖率不断提升，居住环境更加优美。

（四）基本公共服务水平大幅提升

社会保障水平指标测算结果分别为0.081、0.085、0.091、0.094，其中，养老保险参保率由2018年0.034提升至2021年0.051，每万名老人拥有养机构数由 2018 年 0.014 提升至 2021 年 0.021。医疗卫生水平指标三年测算结果分别为 0.026、0.031、0.036、0.041，每万人拥有执业（助理）医师数、每万人拥有床位数明显提升，随着城乡医保并轨政策的深入推进，健康中国战略的全面实施，城乡居民能够享有的医疗公共服务水平逐步提高。教育就业指标测算结果分别为 0.031、0.041、0.040、0.050，其中，劳动年龄人口平均受教育年限显著提升，劳动力结构不断优化。社会治理指标三年测算结果分别为 0.036、0.027、0.034、0.037，2019 年小幅下降后，2020 年、2021 年持续回升，社会治理与服务水平逐渐提高。

二、青海省创造高品质生活的主要举措与成效

青海省委省政府始终将人民放在最高位置，倾力关注民生事业，在教育、医疗、就业、社保、养老、住房等领域不断取得新发展，全省人民的品质生活迈上了新台阶。

（一）扎实推进民生工程，获得感不断增强

1."精准扶贫"成效显著，生产生活条件切实改善

党的十八大以来，青海省贯彻落实党中央、国务院决策部署，坚持推进全省精准扶贫、精准脱贫工作。全省各级各部门联动，集中精力谋扶贫、促脱贫，各项决策部署得到落实。2019 年底青海省 42 个贫困县、1622 个贫困村全部脱贫退出，实际减贫 53.9 万人，绝对贫困和区域性整体贫困在青海得到历史性解决。贫困群众人均可支配收入年均增长 36.8%，①"造血"功能明显增强。

2012 年以来，通过全省上下的不懈努力，创造了青海减贫脱贫的辉煌成绩，书写了扶贫开发史上新篇章②。

一是贫困地区农牧民生产生活条件得到大幅改善。从一些基本指标来看，青海省人均可支配收入年均增长 11% 以上，全省义务教育巩固率达到

---

① 青海：聚力脱贫攻坚 决胜同步小康，青海日报，2019 年 12 月 26 日。
② 青海省精准扶贫大数据平台让精准脱贫更精准，青海省人民政府网，2018 年 1 月 16 日。

97.05%，随着所有行政村的卫生室实现达标任务，贫困群众的就医环境不断优化和改善；贫困居民就医成本降低，就医顾虑减少。全省70%的农牧户住房条件大幅改善，90%以上的贫困户有了安全住房。20万人的易地扶贫搬迁和20万户农牧民危房改造任务圆满完成，提升了30.14万贫困人口的饮水安全。从基础设施建设来看，贫困地区行政村的道路、电路、通信建设不断推进，公共服务的建设、运营、管理水平及能力全面提升，贫困民众的住房问题、交通问题、通信问题得到了全面解决。

二是贫困地区财政投入不断加大。截至2019年底，青海省累计向深度贫困地区投入各类扶贫资金286.7亿元，超出三年计划投资总量13个百分点。2019年全年投入财政专项扶贫资金62.38亿元，其中省级财政专项资金26.39亿元。

三是贫困地区社会保障服务持续提升。2019年青海省贫困民众基本医疗参保率达到100%，为17.4万符合条件的贫困人员代缴养老保险费1885.15万元，城乡居民养老保险让24.2万贫困人员直接受益①。贫困人员就业培训力度不断增强，就业人数持续增加，2019年累计培训贫困劳动力1.7万人次，转移就业贫困劳动力1.33万人。项目产业扶贫力度加大。近年来，青海省从政策、资金、技术等方面加强了对产业扶贫的引导和支持。

四是产业扶贫的力度得到了明显加大。2019年，青海省471.6兆瓦贫困村光伏电站全部并网发电，村集体收入大幅增加，1553个村年收入在5万元以上。在消费扶贫、电商扶贫领域也取得了一些成绩，成功举办了"全国消费扶贫进青海""西货东运"等系列活动，切实为贫困地区农牧民增加了收入，打响了深度贫困地区扶贫歼灭战。2021年，青海按照习近平总书记在全国脱贫攻坚总结表彰大会上的重要讲话精神，以"切实做好巩固拓展脱贫攻坚成果同乡村振兴有效衔接各项工作，让脱贫基础更加稳固、成效更可持续"的要求，对照《国民经济和社会发展第十四个五年规划和2035年远景目标纲要（草案）》中关于乡村振兴工作的部署，积极探索将巩固提升脱贫攻坚成果

---

① 青海省绝对贫困人口如期清零，中国新闻网，2020年1月16日。

与乡村振兴有效衔接。严格落实防止返贫动态监测帮扶机制，监测对象识别参考收入提高至6700元，识别认定时间压缩至15日内，研发防返贫监测信息可视化平台，建立11家省级行业部门参与的防止返贫监测和帮扶工作联席会议制度，先后两轮开展全省性集中排查，将存在返贫致贫风险农牧户及时纳入监测范围，开展针对性帮扶。截至2022年底，青海省新纳入监测对象804户3244人，累计纳入监测5158户19237人，其中3692户14266人已消除返贫致贫风险，风险消除率为74.2%。充分发挥民政兜底救助功能，将全省18.1万脱贫人口和监测对象纳入救助范围，实现了"托底线"与"救急难"并重。

2. 就业率稳定增长，创业带动就业效果明显

就业是民生之本，稳定和扩大就业是实现共同富裕的必要条件，有利于调整经济结构、扩大内需，是人民群众实现高品质生活的基本前提和根本途径。

一是实施积极的就业政策。党的十八大以来，青海为稳定就业，鼓励创新创业做出了一系列的努力，就业总量持续增长，就业结构更加合理，就业形势持续向好，城镇登记失业率稳定控制在3%左右，见表3-10。先后出台了《就业政策落实服务落地专项行动方案》《劳务经纪人激励服务暂行办法》《高校毕业生基层成长计划》[①] 等一系列政策措施，有效带动了企业发展，加强了就业人员技能培训等方面的政策保障。实施降低社会保险费率政策和降低个人缴费负担政策，政策不断向促进企业发展倾斜，就业市场活力被充分激发。

二是鼓励创业创新。相继制订出台了《青海省贯彻落实〈国家创新驱动发展战略纲要〉实施方案》《青海省促进科技成果转移转化行动方案》等一系列政策措施，赋予科研主体更大自主权，打通了科研成果转化链条。大力实施一系列人才培育工程，引进人才援青，优化人才发展政策环境。

---

① 青海113万农牧区劳动力实现转移就业，中国新闻网，2020年1月16日。

表 3-10 2018—2021 年青海省教育就业情况

年份	2018	2019	2020	2021
城镇登记失业率（%）	3.00	2.30	2.13	1.84
城镇新增就业人数（万人）	6.2	6.3	6.19	6.3

数据来源：《青海省统计公报》。

3. 社会保障体系日趋完善，服务水平不断提升

社会保障是社会的安全网和稳定器，是事关群众切身利益的重大民生问题。建立健全同经济社会发展水平相适应的社会保障体系是实现为人民创造高品质生活的重要保障。近年来，青海省社会保障体系日趋完善，社会保障水平不断提升，社保服务更加便利，基本形成了体系完备，架构科学的社会保障制度框架。城乡养老保险、医疗保险实现全覆盖，社会救助体系覆盖全民，社会福利事业走向适度普惠新阶段，养老育幼服务体系不断完善。城市、农村领取居民最低生活保障的人数不断下降。截至 2021 年底，青海省社会保障卡持卡人数达 527 万人，全省社会保险覆盖面持续扩大，社保制度改革深入推进，青海省全面实现了社保卡涵盖就业、医疗、社会保险待遇领取等内容的"一卡通"便捷功能，并在全国率先发行了加载藏汉双语文字、残疾人信息的社保卡，持卡人不仅可以享受各项人社服务，还可以持卡实现领取惠民惠农补贴资金、刷卡乘公交、借阅图书等多项惠民措施，有效增强了人民群众的获得感、幸福感，见表 3-11。

表 3-11 2018—2021 年青海省城市、农村低保基本情况

年份	2018	2019	2020	2021
城市居民最低生活保障（人）	7.66	6.44	6.25	5.91
农村居民最低生活保障（人）	30.89	28.07	30.2	28.7

数据来源：《青海省统计年鉴》。

4. 城乡居民收入持续增加，消费领域不断延伸

收入是民生之源，城乡居民收入持续较快增长是人民生活质量不断提高的物质保障。缩小贫富差距，是国民经济稳定协调持续发展的必然要求，关系人民群众共享改革成果，更关系到社会长治久安。改革开放以来，青海省

城乡居民收入稳定增长，城乡居民收入差距不断缩小，农村居民收入增长速度超过城镇居民收入增长速度，实现了从贫困到富裕的历史性跨越。全体居民人均可支配收入由2012年的11470元增加到2021年的25919元，增长了125.9%。城镇居民可支配收入由2012年的18336元增加到2021年的37745元，增长了105.9%。农村居民人均可支配收入从2012年的5594元上涨到2021年的13604元，增长了143.9%，农村居民人均可支配收入增速快于城镇。根据党的十八大报告中"要多渠道增加居民财产性收入"的要求，青海省努力扩展居民财产性收入渠道，财产性收入增加成效显著，全体居民人均可支配收入财产性收入由2012年的199元上涨到2021年的1026元。其中，城镇居民人均可支配收入财产性收入由2012年的345元上涨到2021年的1651元，乡村居民人均可支配收入财产性收入由2012年的75元上涨到2021年的376元。城乡居民收入差距有效缩小，城乡居民收入之比由2012年的3.28∶1下降到2021年的2.77∶1，见表3-12。

表3-12 2018—2021年城乡居民收入情况

年份	2018	2019	2020	2021
城镇居民人均可支配收入（元）	31515	33830	35506	37745
农村居民人均可支配收入（元）	10393	11499	12342	13604
城乡居民人均可支配收入之比	3.032	2.94	2.88	2.77

数据来源：《青海省统计年鉴》、通过公式计算

大众消费领域不断延伸，消费内容品质化、消费层次多元化是人民群众高品质生活的重要体现。青海省始终将促进居民消费需求多样、多层次作为重要的民生工作。随着经济的快速发展和居民收入的持续增加，广大居民的消费方式正由低层次向高层次逐步发展。2021年，青海省居民人均消费性支出为19020元，较2018年的16557元上涨了14.98%，农村人均消费性支出13300元，较10352元上涨了28.47%，见表3-13。

表3-13 2018—2021年城乡居民消费情况

年份	2018	2019	2020	2021
居民人均消费性支出（元）	16557	17545	18284	19020
恩格尔系数（%）	28.33	29.37	28.99	30.76
居民家庭交通通信消费支出（元）	2671	2588	3121	3109
居民家庭教育文化娱乐消费支出（元）	1656	1732	1521	1627

数据来源：《青海省统计年鉴》、青海省统计公报

5. 倾力推进住房保障民生工程，住房保障体系持续完善

完善住房保障体系，是重要的民生工程，对于促进社会和谐、人民安定团结具有重要的现实意义。近年来，青海省坚持把居民一般性住房、保障性住房建设、棚户区改造作为调结构、惠民生的有力抓手，各地各部门倾心尽力、深化改革、倾力推进民生工程建设，逐步建立和完善了与经济发展相适应的住房保障体系。完善制度体系，先后印发《关于加快城镇保障性安居工程建设的实施意见》《青海省保障性住房管理办法》等一系列文件，形成了从建设到运营管理全覆盖的一整套政策体系。加快实施改善居民条件工程，加快实施城市棚户区改造、城镇老旧小区综合整治、农牧民危旧房改造、农牧民居住条件综合改善工程等项目。不断提升城乡居民居住水平，优化居民住房户型设计和室内的布局，绿化和美化。保障小区居住标准，保证住宅品质。为广大人民群众营造了环境优美，服务完善的居住环境。2021年，全省常住人口城镇化率为61.02%，城镇、农村居民人均住房建筑面积均有所增加，居住环境有所改善，见表3-14。

表3-14 2018—2021年城乡居民居住情况

年份	2018	2019	2020	2021
常住人口城镇化率（%）	57.3	58.80	60.1	61
城镇居民人均住房建筑面积（平方米）	37.80	30.00	30.40	30.70
农村居民人均住房建筑面积（平方米）	32.80	28.30	28.60	29.20
生活垃圾无公害处理率	109.00	105.30	115.40	119.80

数据来源：《青海省统计年鉴》，青海省统计公报

(二) 大力发展社会事业，幸福感明显提升

1. 教育事业蓬勃发展，交出满意民生答卷

百年大计，教育为本。党的十九大提出"优先发展教育事业"，为我们不断推进教育改革发展、大力提高国民素质指明了方向。青海省紧跟党中央战略部署，深入贯彻全国、全省教育大会精神，大力发展教育事业，聚焦教育质量，突出教育立德树人，保证教育领域公平，提升教育服务，推进高等教育内涵发展，教育根基不断夯实，圆满完成了各项规划指标，全省教育事业取得了长足进步。

一是不断加大教育供给。实施义务教育标准化建设，高中攻坚计划等重点工程，2021年，青海省各级各类学校达到3044所，教职工99868人，在校生1285925人。教育投入水平再创新高，全年投入教育项目建设资金39.7亿元，实施建设项目342个，建设校舍面积88.1万平方米，新增加学位32601个。①

二是学前教育发展迅速。青海省学前教育政策保障体系不断完善，办学资源不断扩大，办学条件不断改善，教师队伍建设不断加强。在园幼儿从1949年的320人增加到2021年的22.80万人，学前教育毛入园率92.32%，比2020年提高0.49个百分点。全省公办幼儿园比例69.54%，比2020年提高8.37个百分点，覆盖了全省所有乡镇。基础教育实现跨越式发展。2021年学龄儿童入学率99.8%，与2020年持平；普通初中毛入学率119.0%；九年义务教育巩固率为97.05%，比2020年提高0.04个百分点。

三是职业教育发展迈出新步伐。积极提升职业教育水平，巩固扩大成人教育，全面实施职业教育质量提升工程，精心打造产教深度融合、高原区域特色鲜明、具有一定影响力的职业院校和特色专业，招生考试制度改革、集团化办学、现代学徒制等一系列文件陆续出台，有效促进了职业教育体制机制改革。2021年，青海省共有41所职业院校，其中8所高等职业学院，33所中等职业学校，职业院校全日制在校生76161人。高职院校毕业生9178人，就业8276人，就业率达到90%。全省中等职业学校毕业生15581人，就业（含升学）人数为14205人，就业率91.2%。2021年，在全国职业院校技能

---

① 数据来源：青海省教育厅《2021全省教育事业发展统计公报》。

大赛中，青海省实现多项突破：首次申报并成功承办国赛项目，首次在国赛中获得一等奖，在此次大赛中荣获 21 个奖项，创历史新高。

四是高等教育大众化水平显著提升。高校综合实力明显增强，办学规模稳步扩大，截至 2021 年 9 月 1 日，青海省普通高校毕业生去向落实率为 91.10%，比上年同期提高了 2.07 个百分点。高校基础条件得到明显改善，青海师范大学建成新校区并实现整体搬迁。高校科研水平和服务社会能力显著提高，实现国家重点实验室、国家级大学科技园等项目零的突破，高校已成为青海省创新发展强有力的驱动力量。

五是教师素质进一步提高。建立学费奖补制度，对全日制普通高等院校毕业，取得教师资格，在农牧区乡及乡以下学校任教，同时与任教单位签订 8 年以上服务协议的新聘教师，进行学费奖补，鼓励和引导高等师范院校毕业生到农牧区基层学校任教。实施省内定向公费师范生培养，为青海省未来培养双语理科和小学全科骨干教师提供了有力政策保障。此外，建立省级统筹规划、严格标准、精准招考的中小学教师补充机制，吸引优秀人才前往高海拔艰苦边远地区学校任教，促进基层教师队伍发展。

2. 医疗卫生领域成绩斐然，医疗服务水平大幅提升

医疗卫生事业关乎千家万户，是重大的民生问题，在经济飞速发展的时代，人民群众对健康的要求和对医疗服务的需求也越来越高。青海省始终坚持把人民健康放在优先发展战略地位，贯彻落实国家和全省卫生健康大会精神。2018 年 10 月，制订出台《持续推进健康青海建设行动计划》，聚焦"健康青海2030"行动计划目标任务，全力部署健康青海建设工作，开创了卫生健康事业改革发展新局面。

表 3-15 2018—2021 年全省医疗情况

年份	2018	2019	2020	2021
人均预期寿命（岁）	72.05	73.12	73.96	73.97
卫生技术人员（人）	44699	46645	48970	51636
病床数（张）	38422	40062	41246	41987
婴儿死亡率（‰）	9.24	7.58	7.01	5.93

数据来源：《青海省统计年鉴》

一是医疗服务体系不断完善。卫生机构数量、青海省病床数、卫生技术人员数量等群众关注的医疗硬件指标均明显增加，2018 年青海省各类卫生机构数量为 1922 个，2021 年为 6404 个，增加了 4482 个；病床数由 38422 张增加到 41987 张，增加了 3565 个；卫生技术人员从 44699 人增加到 51636 人，增加了 6937 人；每万人拥有执业（助理）医师数（人）由 2018 年的 75.9 人增加到 2021 年的 86.9 人，增加了 11 人。人均预期寿命由 2018 年的 72.05 岁增加到 2021 年的 73.97 岁，婴儿死亡率由 2018 年的 9.24‰下降至 2021 年的 5.93‰。2021 年，青海省 354 所基层医疗卫生机构纳入远程会诊覆盖范围，果洛藏族自治州区域整体卫生信息化建设入选国家卫生健康委信息化建设典型案例，青海省人民医院、海西蒙古族藏族自治州人民医院等 5 家机构获批互联网医院，填补了青海省无互联网医院的空白。中日友好医院、清华长庚医院、北京儿童医院、安贞医院帮扶 4 所青海省级公立医院合作共建高水平医院进入实质性阶段。国家级高原病医学中心和区域医疗中心建设取得积极进展。"优质服务基层行"活动深入推进，6 家社区医院完成创建工作，基层公共卫生服务能力持续提升。"青南支医"行动持续推进，实现医疗人才、医疗资源"双下沉"和基层服务能力、群众就医满意度"双提升"，并获评"第二届青海省改革创新奖创新项目"。通过有力举措，基层基础和服务能力稳步提升。

二是医疗体制改革深入推进。按照保基本、强基层、建机制的总要求，以建立基本医疗卫生制度为目标，坚持问题导向，强化"三医"联动，勇于先行先试，奋力推动医改向纵深发展。制定出台符合省情实际的制度措施 300 多个，累计组建不同形式医联体 112 个，公立医院综合改革纵深推进，覆盖青海全省的基本医疗服务、基本医疗保障、基本药物供应和基本公共卫生服务体系全面建立，维护公益性、调动积极性、保障可持续的运行新机制初步建立，实现城乡居民大病医疗保险制度、基本药物制度、疾病应急救助制度、省州县三级公立医院综合改革、对口帮扶县级公立医院和乡镇卫生院、公立医疗机构实施"先住院后结算"服务模式和分级诊疗制度全覆盖，基本医保、大病统筹、医疗救助、疾病应急救助和职工互助保障全面推开，筹资标准、省级统筹、大病保险、商保经办等方面持续走在全国前列。医改投入年均增长20%左右，先后建立了城镇职工医保、新型农村合作医疗和城镇居民医保制度，全民医保体系全面建立，在全国率先实现全民医保。截至2022年初，累计组建46个县域紧密型医共体，基层医疗卫生资源持续整合优化，县域内住院量占比达到70.11%。制订实施《青海省推动公立医院高质量发展实施方案》，西宁市列为公立医院综合改革国家级示范城市。集中带量采购药品、医用耗材价格平均降幅六成以上，群众就医用药负担明显减轻，全国综合医改11个试点省份阶段性总结评估中青海省位居前列。通过深化改革推动发展，持续释放医改红利，惠及更多各族群众。

三是人才队伍建设步伐不断加快。出台了《青海省高层次卫生人才引进办法（试行）实施细则》《进一步深化省级公立医院对口支援青南地区医疗工作实施方案〈试行〉》。2021年启动实施高层次卫生人才"名师带教"三年行动，省州县三级培养人员临床诊疗技术水平明显提升。制订印发加快医学教育创新发展实施方案，医学教育体系不断健全。卫生系列职称制度改革持续深化，209人先后取得"定向评价、定向使用"高级专业技术资格。人才队伍活力得到有效激发。

3. 文化旅游产业融合发展，群众生活不断丰富

丰富群众文化生活，升级文化供给，有利于提升全民文化素养，推动社会主义精神文明建设。近年来，青海省依靠文化旅游优势，大力推动文化育民、生态惠民、产业富民，文化旅游精准扶贫工作。

一是文旅融合优势叠加。2020年，青海省成立以省长为组长的文化旅游发展工作领导小组，编制"十四五"文化和旅游发展等9个专项规划，推进文化旅游与交通、工业、农业、体育、健康等产业融合发展，提高相关产业的文化内涵和附加值。累计实施文化旅游及涉旅项目1400余个，完成投资870.76亿元。先后与10余家省内金融机构、20余家国内优秀企业和院校签订了框架合作协议，与援青及深圳等11个省市文化和旅游部门签订合作协议，完善青藏、青甘、青川、青新旅游大环线。参加亚洲文明对话大会主场外交、外交部青海全球推介和世园会"青海日"等重大活动，举办文化旅游

节、冬春季旅游、黄河民歌集等系列活动2000余项，全面展示青海文化、青海魅力、青海韵味，"大美青海"全网搜索数据月增长20%以上，青海已成为游客感知大西北美景的旅游首选目的地。

二是文化赋能作用彰显。先后创作推出民族舞剧《唐卡》等50余部文艺精品，线上线下展演2.5万余场，线上线下观众1200万人次。完善覆盖城乡的五级公共文化设施网络，深入实施"文化进村入户""戏曲进乡村"等惠民项目，举办重点群众文化活动1.8万余场，参与人次达1800余万。加强考古和文物保护利用，热水墓群、囊拉千户院、宗日遗址等保护利用工作扎实开展，青海省博物馆推出"1+3"主题展览，成功晋级国家一级博物馆。非物质文化遗产四级名录体系健全完善，国家级、省级文化生态保护（实验）区整体性保护更加有效，认定42家非遗扶贫就业工坊、70家青绣培育工坊，带动约15万人增收致富，人民群众的文化自信更加坚定。

三是文旅产业示范引领作用充分发挥。近年来，青海省将文化旅游产业与扶贫脱贫相结合，带动了全省文化旅游及相关产业的发展。全省各州均建成了具有区域特色，拥有独特旅游产品的文化、旅游产业集聚区。通过进一步打通旅游产品研发、推广、销售的链条，一方面为当地的旅游特色打出了知名度，另一方面为当地的农牧民提供了大量的就业岗位，增加了他们的收入。推动5G、大数据、云计算等技术在文化和旅游传播、消费各环节应用，发展云演艺、数字艺术、沉浸式体验等新型业态。全省现有国家级文化产业示范基地10家，国家文化和旅游消费试点城市2个、夜间消费集聚区2个，省级文化旅游产业示范基地103家，文化旅游企业9000余家，省级民族手工艺品加工生产扶贫基地191家。黄南州、西宁市入选国家文化和旅游消费试点城市，唐道·637商业综合体、力盟商业巷步行街入选国家级夜间文化和旅游消费集聚区。2018年以来，累计下达文旅产业专项引导资金5.2亿元，支持100余个文旅产业项目建设。新冠疫情发生后，及时发布公共文化机构、旅游景区等开放措施，制定《常态化疫情防控下旅游市场恢复发展的工作预案》，累计发放文旅消费券1700.58万元，直接、间接带动消费5.2亿元，暂退旅行社质保金9756.9万元。向省内金融机构推送文旅行业意向贷款项目

389 个,促成合作项目 200 余个,融资近 40 亿元。

4. 撬动社会力量,健康养老工作扎实推进

解决好老年人的养老问题,既是社会文明进步的重要标志,也是实现高品质生活的应有之义。近年来,青海省不断完善老年民生保障制度,加大对养老机构的建设和优化,提高老年人健康水平。全省参保人数不断增加,服务方式更加多样。青海省 8 次提高城乡居民基础养老金待遇,青海省基础养老金位列西北第一、西部第二、全国第六。截至 2021 年底,全省城乡居民养老保险参保率达到 95%。此外,青海建立城镇职工和城乡居民养老保险制度的有机衔接和顺利转移接续,顺应了城镇化加快的要求,推动了户籍制度改革中的人员合理流动。青海率先在全国启动了机关事业单位养老保险制度改革,率先实施城乡居民基本医疗保险省级统筹。统筹调整了企业和机关事业单位退休人员基本养老保险金水平,全省实现了社会保障的"民生网"覆盖。2021 年,全省养老保险、失业保险、工伤保险参保人数分别达到 432 万人、55 万人、96 万人,基本实现法定人群全覆盖、人人享有社保的目标,织密扎牢了社会保障"安全网"。[①]

5. 乡村环境治理有成效,村容村貌展新颜

乡村环境卫生综合整治是建设社会主义新农村的重要内容,搞好乡村环境既为改善广大农民群众居住和出行环境提供条件,也为社会主义新农村建设奠定良好的环境卫生基础,是惠及广大农牧民群众的重要民生工程。2011 年青海省被列入全国农村环境连片整治示范省,2014 年环境保护部、财政部将青海省作为重点支持省份之一,开展农村环境拉网式全覆盖连片整治[②]。2019 年 3 月,青海省印发《青海省农村人居环境整治村庄清洁行动方案》,方案聚焦农民群众最关心的村庄环境卫生难题,提出了不断增强广大农牧民群众获得感、幸福感的一系列措施。截至 2020 年初,在国家的大力支持下,青海省行政村开展村容村貌建设,垃圾乱堆乱放、污水乱泼乱倒等不文明不

---

① 数据来源:青海省人力资源和社会保障厅。
② 青海省人民政府办公厅转发省环境保护厅关于青海省农村环境连片整治全覆盖实施方案的通知,青政办〔2015〕49 号。

卫生现象明显减少，村容村貌持续向好，村庄环境明显改善，农业生产废弃物和畜禽粪污基本得到无害化处理或资源化利用，文明村规民约普遍形成，长效清洁机制逐步建立，村庄环境面貌得到明显改善，村民清洁卫生文明意识普遍提高，农民群众生活品质全面提升，一个个乡风文明、生态宜居的高原美丽乡村正在形成。全省累计投入近10亿元专项资金，完成了1192个村庄和游牧民定居点的环境连片整治项目，覆盖全省近28%的村庄[①]。

青海各地农村改厕工作总体进展顺利。省农业农村厅、省卫生健康委等部门联合印发《农村户用卫生厕所建设技术指导意见》，科学推进农村"厕所革命"，对农村户用卫生厕所建设与管理工作作出了部署。常态化开展禁宰惜售、薄养厚葬、天价彩礼专项治理，基层治理效能不断提升，社会更加和谐稳定。

（三）全面提升社会治理现代化水平，安全感更有保障

1. 法治青海、平安青海建设有效推进

党的十八大以来，青海省始终把平安青海、法治青海建设作为服务保障经济社会发展的基础性工程，坚持专项治理与系统治理、综合治理、依法治理、源头治理有机结合，社会治理社会化、法治化、智能化、专业化水平不断提升，共建共治共享的社会治理格局基本形成。青海省充分贯彻落实《法治政府建设实施纲要（2015—2020年）》《青海省法治政府建设实施方案》，政府职能依法全面履行，行政制度体系依法完善，依法决策机制建立健全，行政执法体制改革不断推进，对行政权力的制约和监督持续强化，依法有效化解社会矛盾纠纷，组织保障和落实机制不断强化。法治政府建设迈上新台阶，取得了一系列实效。

一是深入开展扫黑除恶专项整治活动。坚持黑恶必除、去恶务尽的原则，净化了社会风气。结合扫黑除恶专项工作的宣传和成果的报道，重点打击和处理了一批具有社会影响力的黑恶势力，营造了风清气正的社会氛围及良好

---

① 青海省人民政府办公厅转发省环境保护厅关于青海省农村环境连片整治全覆盖实施方案的通知，青政办〔2015〕49号。

的舆论导向①。

二是社会治安防控体系不断完善。青海省政法机关网络设施共建、资源数据整合共享、涉案财物管理平台和"雪亮工程"建设等工作扎实推进，社会治安重点地区和突出治安问题排查整治工作有序开展，社会治安形势持续向好。对于社会关注、群众关切的热点问题全省政法机关积极给予回应，并加快推进见义勇为人员保护立法工作，为深入推进见义勇为人员表彰奖励、优抚保障等工作提供了坚实的制度保障，人民群众和社会各界对平安青海建设的知晓率和参与率不断提高②。

三是公共安全隐患排查整治有序开展。青海省政法机关持续强化社会治安立体防控，始终将打击锋芒对准严重暴力犯罪和群众反映强烈的民生领域违法犯罪。加强校园内部安全防控网、推进校园周边安全防护设施建设，加快社会心理服务体系建设，全省各类校园安定有序，和谐稳定。全省坚持以构建多元化矛盾纠纷解决机制为主线，加大对劳动工资、环境保护、征地拆迁、房地产、医患等领域矛盾纠纷的排查、化解力度，形成了良好的工作格局。

四是信息化水平不断提高。2013年以来，青海省坚持推进"三基"建设，综合治理基层基础不断夯实，五级综合治理工作中心不断向高标准、高规范看齐，实体化建设和网格化服务管理不断完备，城乡网络化服务管理实现了全覆盖。

2018年以来，全省每万人口公安机关立案刑事案件数有效下降，每万人拥有律师数稳步增加，法治标准不断提升。2022年，开展夏季治安打击整治"百日行动"等67个专项行动，全年共立13067起刑事案件、487起八类案件、4270起传统盗抢骗案件，同比分别下降18.1%、20.7%、28%，实现连续四年现行命案全破。在打击整治养老诈骗专项行动中，全省共打掉养老诈骗犯罪团伙2个，立案18起，破获17起，破案率94.44%，抓获犯罪嫌疑人

---

① 王宥力，推进平安法治青海建设迈上新高度，青海日报，2020年1月21日，第4版。
② 王宥力，推进平安法治青海建设迈上新高度，青海日报，2020年1月21日，第4版。

43人，追赃挽损500余万元，群众对专项行动的满意度达95.31%。

表3–16　2018—2021年青海省社会治理情况

年份	2018	2019	2020	2021
每万人口公安机关立案刑事案件数（件）	2.81	6.56	5.11	4.99
每万人拥有律师数（人/万人）	1.71	1.88	2.2	2.46

数据来源：《青海统计年鉴》

2. 司法体制改革纵深推进，公正青海建设成效显著

近年来，青海省纵深推进司法体制改革，司法公信力得到有效提升。从司法体制改革到政法领域改革，使改革的内涵不断外延，群众对司法公平正义的认可度不断增强。

一是政法机关重点任务改革稳步推进。在全省95%的执法办案部门建成了高标准、规范安全的办案场所。司法厅持续推进提高教育改造质量工作，重新犯罪率大幅下降。

二是持续推进涉法涉诉信访改革不断深化。诉访分离、依法纠错、依法终结、司法救助、律师参与信访案件化解等各项措施落实，有力维护了司法案件中困难群众合法权益。

三是深化政法机关"放管服"改革。加大公共法律服务平台建设，扎实推进法治文化基层行活动，深入推进法学研究工作，公共法律服务体系不断完善。

四是注重人才队伍建设。按照从严治警、从严管理的要求培养人才，建成了结构合理、梯队均衡的干部储备，增强了司法系统干部队伍的动力和活力。

3. 和谐青海，文明互鉴、美美与共

青海省始终将推动和谐青海建设作为政府工作的努力方向。一是巩固和发展和谐的社会主义民族关系，夯实和谐社会根基。2013年《青海省创建民族团结进步先进区实施纲要》出台实施以来，全省民族团结进步事业迈向新的历史阶段，建立了社会主义民族关系，全省民族团结进步创建工作的发展持续向顺应时代发展需要、符合人民群众期待的道路迈进。辽阔的青海大地

上,展现出一幅幅多民族聚居,多宗教并存,多文化交融,你中有我,我中有你的绚烂画卷。二是始终坚持社会主义核心价值观是一个民族赖以维系的精神纽带,是一个国家繁荣发展的精神支撑,全省上下多措并举积极践行社会主义核心价值观,培育和谐文化,巩固和谐的思想道德,为培育和弘扬社会主义核心价值观营造了良好和谐的氛围。

三、青海省创造高品质生活面临的主要问题与不足

随着全省城乡居民生活水平的不断提高,人民群众对美好生活的向往也越来越高,需求更加多元,青海省在为人民群众创造高品质生活中仍存在一些短板和瓶颈问题。

(一)教育资源不均衡,高水平教育人才匮乏

近年来,青海省各级各类教育办学条件虽逐年提高,但总体水平仍然较低,一是基本办学条件低于全国平均水平,全省普惠性学前教育资源较为紧张,学前教育生均建筑面积、中等职业教育生均校舍建筑面积等指标低于国家标准,基础教育阶段部分学校运动场地、水电暖等校园配套设施不完善。二是学前教育和义务教育"乡村弱、城镇挤、择校热"等问题突出,由于城乡发展的不均衡导致城镇教育资源紧缺,城乡、区域间教育发展不均衡,乡村、牧区大量学校日渐萎缩,而城镇办学资源严重不足,教学机构数量不足,入学需求高,"大班额"现象难以缓解,尤其小学、幼儿园的建设无法满足需要。三是学校信息化建设水平低,每百名学生拥有计算机台数、义务教育阶段中小学教学仪器设备使用率不高,熟练使用教学仪器设备的人员不足,教育现代化指标相对落后。四是师资缺乏,教师队伍存在总量不足和结构性短缺的问题。城镇教师岗位招聘人满为患,乡村、农牧区教师岗位招聘无人问津,引进难、留住难问题普遍存在。

(二)居民收入水平偏低,城乡收入差距仍较大

近年来,青海省城乡居民收入虽逐年稳步增长,但居民普遍收入不高,且物价涨幅与其他省区市相比排位靠前,无论是城镇居民人均可支配收入还

是农村居民人均可支配收入基数都低于全国平均水平，面对快速增长的物价水平，城乡居民收入的增长无法满足人民日益多元化的消费需要，且在人均可支配收入中，青海省居民财产性收入的占比较低。青海省城镇居民收入是全国平均水平的80%左右，农村居民收入是全国平均水平的70%左右。另外，青海省城乡发展不平衡程度较深，虽然城乡收入之比呈现逐年缩小的趋势，但城乡收入基数差距仍较大，城乡收入比远大于全国平均水平。

（三）就医环境有待优化，医疗卫生机构服务能力弱

近年来，青海省各级医疗机构条件持续改善，"健康青海"建设取得了实效。但医疗领域整体服务供给仍不足，基层医疗卫生机构服务能力在全国和西部地区均处于后列，"看病难、看病贵、看病累、看病苦"等问题依旧存在。一是医疗体制改革进展较为缓慢，医疗机构数量少，医疗设备不足，床位少，无法满足需要，在医院排长号、排长队的现象是常态，就医环境质量与群众的看病需要和心理期望仍有一定的距离。二是城乡医疗资源不均衡，全省绝大多数优质医疗资源集中在省会西宁市中心城区，其他区域跨地域就医距离远，难度大，由于医疗资源的"下沉"力度不强，所以对其他地区基层医疗机构提供帮扶的能力也较弱。三是医疗人才队伍不稳定，基层医疗卫生人才不足，医疗素质不高，医护能力不强，整体医疗水平较低，特别是专家数量占比低，基层医院引才难、留才难问题突出，且全科医务人员匮乏，为病患提供咨询服务的水平不足，离人民群众满意的医疗服务水平仍有一定难度。

（四）资源配置不均衡，养老服务体系有待完善

近年来，青海省努力完善养老服务体系，但仍存在一些短板弱项。一是政府投入明显不足，社区养老服务经费投入不足等因素导致公共服务分配不均，公共服务设施不完备，保障水平低，社区养老缺乏稳定性。二是社区养老服务组织整体水平较低，缺少相应的专业人才进行管理与技能培训。目前从事社工的相关职员并非全部专业人士，无法为老年人提供良好养老的服务。三是社区养老服务并未普及以及社区养老内容单一，目前社区养

老的概念和发展对于大多数人来说还比较陌生，养老服务体系的健康医疗、文教娱乐、信息咨询等功能没有完善，所以养老服务领域不全面，服务能力较弱。

（五）巩固脱贫成果，确保不返贫压力大

2019年底，青海省实现消除绝对贫困的"清零"目标。青海省作为我国集中连片特殊困难地区和国家扶贫开发重点县全覆盖的省份，是国家确定的"三区三州"深度贫困重点攻坚地区之一，特别是贫困人口较为集中的东部干旱山区和高寒牧区等深度贫困地区的自然条件严酷，存在的短板弱项多，实现绝对贫困"清零"的目标实属不易。但受自然条件严苛、资源禀赋差、扶贫产业同质化现象突出等客观因素的影响，部分贫困群众的家庭抵御自然和市场的风险能力依然较弱，另外，由于一些农户文化水平程度低，自我发展能力不强，没有脱贫意识，和自我脱贫的能力。由于一系列因素的影响，脱贫农户在面对家人生病、农民工外出打工收入减少、自然灾害、农产品价格低位运行、贫困户转移性收入下降、子女教育负担增加等问题时，经济能力有限，因此返贫的可能性较大，因此，政府在巩固脱贫成效的同时，仍面临不小的返贫压力。

（六）社会治理现代化转型发展相对滞后

青海省情特殊，责任特殊。多民族聚居、多宗教并存、多元文化交融的省情实际，决定了社会治理的重要性和复杂性。随着全省经济社会的发展和改革的不断深入，社会各阶层利益诉求呈现多元化趋势，各种新老社会矛盾交织，非传统安全威胁日益增多，反分裂反渗透形势仍然严峻，社会治理面临新挑战。新形势下，社会治理理念相对滞后，治理的规划和可持续性不足，治理能力跟不上需要，潜藏着一定的社会风险。社会治理工作社会化、规范化、法治化、专业化和信息化水平不高，社会力量在社会治理中存在感薄弱，基层社区治理精细化程度不足，社会组织在社会治理中存在感较弱，功能发挥不充分，公众参与社会治理的意识薄弱，参与能力不强等问题逐渐显现。

第五节　青海省持续深入推进"一优两高"战略的对策建议

根据上述分析研判，本研究认为，"十四五"时期及今后一段时期内，需要在进一步结合青海省情实际的基础上，不断深化对经济发展规律的认识，注重生态、经济和社会等工作的统筹推进，确保"一优两高"战略不断深化并取得较好的实施效果。

一、加强环境保护理解认识，科学处理环保发展关系

（一）科学理解环保发展观

2013年，习近平总书记提出"我们既要绿水青山，也要金山银山。宁要绿水青山，不要金山银山，而且绿水青山就是金山银山。"三句话构建了我国生态保护与经济发展的基本理论逻辑，说明生态保护与经济发展的战略地位同等重要，当生态保护与经济发展发生冲突时，要优先进行生态保护，而生态保护能够产生生产力，是可以促进经济发展的，即生态保护与经济发展具有辩证统一关系，不但体现了可持续、可循环的科学发展观，还表明了经济发展与生态保护二者不可分割，构成了一个有机的统一整体。所以，生态保护并不是不能大力发展经济，更不是放弃发展经济，要杜绝为了保护而保护，为了保护而不敢发展，为了保护生态而不敢作为、不敢担当等现象。

（二）科学理解生态经济系统

生态经济系统中，生态系统是基础，经济系统是主导，且生态系统和经济系统是不可分割的一个有机整体。生态经济系统是四元六环循环系统，四元包括生产者、消费者、分解者和调控者，六环包括供给、生产、交换、分配、消费、归还，生态系统既是经济系统的资源供体，又是经济系统产生废物的载体，经济系统既可以成为生态系统的破坏者，也可以成为生态系统的

改良者。所以，要科学看待经济发展对生态保护的促进作用，通过转变经济发展方式科学地进行可持续、可循环的经济发展。

（三）科学评判经济发展机会

从宏观层面确定青海各个环境体系的承载能力及生态服务价值转化市场价格额度，开展科学核算，对资源环境进行价值计量，为青海经济体系建设提供参数。微观层面建立"一项目一议"的环境效用评价模型，不能以生态保护优先的名义将所有项目"一刀切"，要科学地评判每个项目、每次发展机会的环境经济价值。建立法律法规等制度体系厘清各类自然资源、产权主体之间的资源资产产权边界，加快推行生态产品市场化，合理利用市场优化生态资源有效配置。

（四）科学制定生态补偿政策并加快落实

生态补偿是基于生态保护外部性的权责不对等而采取的公平性措施，补偿的法律体系、政策措施的建构需要科学规划。建议依据"下游对上游、发达地区对欠发达地区、受益者对保护者"的生态补偿原则，生态补偿内容以科技、人才、设备、资本等科技创新资源为主，资金补偿为辅，帮助以自然资源为主要要素投入的企业转型，降低他们为生态保护正外部性付出的成本，激发社会资本的投资活力，将促进青海本地经济结构优化，有效提升青海发展内生动力，通过科技创新强化青海经济发展的动力源，加强科技金融建设以促进高质量发展。

二、加大环境保护修复力度，切实提升人居环境质量

（一）持续推进水环境保护和水污染防治

强化水环境监督管理，重点关注黄河上游地区和湟水流域，提升污水处理厂排污处理能力，推广提标改造技术，以关键断面水质标准为核心控制节点，着力解决水环境问题。加快推进与国家、相关省份合作进行湟水、黄河干流等流域的生态补偿机制研究，力争尽早建立"上下游共治、左右岸同治"的水环境保护新体系。

（二）分类攻坚大气污染防治

推动"煤改电、煤改气"等清洁供暖工作，继续加大力度综合整治城市建筑和道路施工扬尘，全面推行建筑施工"六个百分百"控尘措施。西宁市、海东市等地要加快建成大中型建筑施工场地扬尘自动监测及视频监控系统，实现监控数据互通共享、提升科学控尘水平。持续监管高载能、高耗能行业企业排放指标，对污染物排放存在问题的企业严格执行限期治理，深入开展工业污染源排放达标管理。

（三）大力落实总量减排和土壤污染防治

加快土壤污染存量调查，通过农用地土壤污染状况详查，分析污染地块分布及环境风险，建立相关企业土地开发利用负面清单。综合土壤环境质量作为城市土地供给的重要标准，建立污染地块联动管理机制，土地用途变更、出让、开发时需考虑污染情况，切实保障人居环境安全。大力推进污染源头控制，对重点行业实施综合治理和多污染物协同控制，确保实现环境质量和总量双管控目标。

三、强化环保科技支撑能力，稳定提升生态保护成效

（一）加强高寒旱区造林、林草产业等重大关键技术研究和推广

与相关科研院所联合开展技术攻关，统筹各类科技资源，组织申报省级及国家科技项目，突破制约青海省国土绿化工作中自然环境恶劣、气候条件艰苦的束缚，扎实推进林草产业科技创新能力提升。

（二）加强环保产业科技成果转化

赴先进地区学习科技成果转化经验，结合本地及全国"产学研金"科技孵化机构推进相关成果转化，对环保产业科技继续在生态保护实施、引领产业发展、助力乡村振兴起到支撑作用。

（三）加大专业人才培养力度

进一步大力加强对环境保护高端人才的引进，加强和省外科研机构及高校的合作，联合培养专业技术人才。针对实施重大保护项目的地区，协调高

校生态环保专业招生向该地区倾斜，制订选拔专业学科人才定向培养计划。建立"三江源国家公园博士流动站"，加大对高层次专业人才的培训力度，适当放宽艰苦地区自然保护地专业技术职务评聘条件。

（四）实施技术专项

省级层面设立重大科研课题并申请国家层面重大科研课题，对关键领域和关键技术进行系统研究。建立健全自然科研平台和基地，加强自然保护地标准化技术支撑，实施好数字江河源计划、高原物种基因组计划、服务生态体验和国家公园科普计划等重大举措。研究自然保护地资源可持续经营管理、生态旅游、生态康养等活动认证机制。

四、深化生态环保领域改革，着力推进重大项目实施

（一）加快完善生态环保管理机制

坚持围绕构建生态环境大保护格局，全面完成省以下生态环境机构监测监察执法垂直管理制度改革，建立独立专司督政的生态环境监察体系和权威高效的生态环境监测体系，完善"天空地一体化"生态环境监测网络体系建设，加强生态环境保护综合执法和基层专业技术队伍建设，努力打造生态环境保护铁军。

（二）加快统筹推进山水林田湖草系统修复

以流域和相对封闭区域为单元，以解决突出问题为抓手，按照生态系统的整体性和内在规律，实行整体保护、系统修复、区域统筹、综合整治，真正构建以"山为骨、水为脉、林为表、田为魂、湖为心、草为皮"的自然资源生态安全体系。

（三）加快推动实施国家公园等重点生态工程

一是根据《财政部办公厅关于三江源国家公园财政支持政策的通知》，积极梳理园区内地方事权等方面资金需求。二是科学把握生态系统内在规律，注重对"山脉、水脉、人脉"的尊重和保护，统筹推进山水林田湖草沙冰一体化保护和系统治理，加大生态保护修复和生物多样性保护，强化科研监测，

提升管护能力，严格落实国土空间规划管控要求，坚决筑牢国家生态安全屏障。三是加强顶层设计，强化制度执行，探索制定各项管理规范和技术标准，以制度创新不断推动国家公园治理体系和治理能力现代化建设。

（四）加快构建互联互通的绿色合作体系

青海在奋力推进"一优两高"战略的过程中要担当起全国生态保护桥头堡的责任，主动牵头建立区域生态环境保护联动协作机制，通过建立一系列生态环境保护交流合作机制宣传生态文明建设和"绿水青山就是金山银山"实践模式和经验，推广环境友好型技术与产品，借助共建"一带一路"倡议、金砖国家、上海合作组织和东盟等多边合作国际平台，协助国家引导建立国际绿色低碳循环发展合作机制，对内不断促进生态保护的发展与创新。建议多举办国际性、高规格的生态博览会、生态产业发展论坛、生态经济展览等具有宣传、交流、相互促进意义的展会，提升青海生态保护国际形象，增强青海的生态品牌力。充分发挥科研院所作用，建立三江流域省份生态保护、技术协作和人才交流合作机制，加强对口援青省市合作和国际对外交流，学习借鉴先进经验；探索社区共管机制，统筹好国家公园整体保护与周边社区发展关系，因地制宜发展符合主体功能定位的产业，引导和激励周边相关企业、园区居民参与特许经营活动，推动当地经济社会转型发展。

五、深化供给侧结构性改革，高质量布局现代化产业体系

（一）加快推进产能升级改造

结合青海特色产业发展需求，利用市场化手段依法大力消除无效供给，推动传统产能转型升级。积极推进企业去杠杆，综合运用资产重组、破产重整等方式，创新推进盐湖股份、西矿集团、投资集团等企业债市场化转股交易，支持企业通过盘活闲置资产优化债务结构。加大对"僵尸企业"的破产清算和重整力度，做好对破产和重整企业的职工安置工作和债务处理工作。

（二）加快建立现代产业体系

必须始终秉持发展是硬道理的思想，从青海的资源禀赋和在国家战略中

所处的地位出发，以创建国家公园示范省、国家清洁能源示范省、绿色有机农畜产品示范省为契机，深入实施"一优两高"战略部署，着力发展特色经济、循环经济、生态经济和"飞地经济"，逐步形成具有市场竞争力的产业链。一是着力发展循环经济。以盐湖化工、金属冶金、新能源、新材料等为主，培育产业集群，构建多产业纵向延伸、横向融合的循环经济产业体系；二是加快发展清洁能源。抢抓国家推行高比例可再生能源发展战略、可再生能源电力消纳责任权重等机遇，加快建成海西、海南两个千万千瓦级可再生能源基地，优化开发水、光、风、地热等清洁能源，加快输送通道建设，逐步建成全国重要的新型能源产业基地。三是加快发展特色农牧业。走绿色、高端、品牌、质量的兴农富民之路，重点发展中藏药业、绿色食品业、有机食品加工业和高原生物产业，打造牛羊肉、青稞、枸杞、冷水鱼等特色优势品牌，加快形成全国绿色食品原料标准化生产基地和绿色食品有机农业三次产业融合发展园区，带动农牧业增效、农牧民增收。四是加快发展文化旅游业。积极争取把青海纳入国家全域旅游示范省，高起点规划、高标准建设，加快完善旅游基础设施和公共服务体系，构建多层次、特色化、中高端旅游产品体系，提升旅游核心竞争力。着力扶持与农牧民增收直接相关的农家乐、农业观光休闲旅游等乡村旅游项目，使更多农牧业人口从旅游开发中受益。五是加快发展"飞地经济"。鼓励和支持三江源、青海湖、祁连山等重点生态功能区州县在西宁、海西、海东等地发展"飞地经济"，促进不同区域功能互济、资源互补、协调发展。

六、积极扩大有效需求，大力提升发展动能

（一）在扩大投资上持续加力

深入实施补短板提速、前期攻坚、审批破冰"三大工程"，加快推进310项重大前期项目和"百项万亿"重大工程，扎实推进共和盆地及其外围水资源配置工程等前期项目，争取早日落地实施；力争引黄济宁、西成铁路、西宁机场三期、青海湖机场、玉树机场改扩建等重大项目年内开工建设，务实推动重大项目投资有效接续。加强在建项目协调保障，严格执行领导干部包

片区、包项目和"五个一"推进机制,积极开展专项督查,确保形成更多投资实物量。着力增强民间投资动力,实施小微企业融资专项行动,全面推广"银税互动"等举措,满足多元化融资需求。

(二)在提振消费上持续加力

积极培育青海省优势出口产品,扩大新能源、新材料、特色轻工、农畜加工等特色商品出口规模;进一步拓展展会平台,有效扩大参会企业规模,丰富外贸商品种类。加快西宁综合保税区发展步伐,发展服务贸易、跨境电子商务等新型贸易业态,增强开放型经济发展能力,提升外贸对经济增长的贡献率。

七、实施新型城镇化带动战略,构建区域协调发展新格局

(一)推动空间治理能力现代化

以深入实施兰西城市群规划、深度融入共建"一带一路"、深化国家公园建设等为重大契机,着力从基础设施建设和信息化建设入手,大力推进西宁海东一体化发展。强化重点交通干线的串联作用,形成以线串联、以点带面的空间发展格局。加强三江源、青海湖、祁连山等国家重点生态功能区生态保护,大力发展生态经济,实现生态保护与经济发展和谐并进。大力推动资源环境承载力评估活动和国土空间开发适宜性评价活动,科学有效管控开发强度。全面开展市县"多规合一"规划编制工作,推动主体功能区战略格局在市县层面精准落地。

(二)优化全省区域分工布局

加快建设兰西城市群,按照区域资源禀赋和区位优势,科学分工布局。建设宜居宜业宜游"大西宁",推动产业增绿,构建绿色产业生态圈,加快国家重要的新材料、生物医药等产业基地和重点产业集群建设;支持西宁扩容提质,充分发挥中心城市核心带动功能,加快行政区划调整,开辟发展新空间,不断增强服务全省的能力,建成具有一定影响力的现代化区域中心城市,使辐射西藏新疆、连接川滇的战略支点功能更加突出。建设城乡统筹和新型

工业化、城镇化、农业现代化"新海东",聚焦特色农业发展、城市功能提升、开放创新发展,走好特色高效现代农业发展、干旱地区生态保护、乡村振兴和新型城镇化统筹发展之路,积极构建新型城镇体系,推动县域经济特色发展,不断提升宜居宜业水平,着力建设改革开放新高地,建成全省副中心城市和具有河湟文化特色的高原生态旅游宜居城市,实现兰西城市群的节点崛起。持续推进西宁海东一体化发展,建立更加有效的区域协调发展机制,率先推动基础设施互联互通、生态共建环境共治,加快促进产业错位发展、协同发展,共同建设承接产业转移示范区,着力建设统一开放的市场体系,着力建设文脉历史共同体,统筹推进公共服务共建共享,形成东部地区联系紧密、分工有序的协同发展新局面,全力打造支撑和引领全省发展的核心增长极。做好盐湖、清洁能源、有机枸杞、生态旅游四篇文章,锂产业、新材料产业等重大产业布局和工业项目建设向海西倾斜,加快国家级盐湖综合开发利用基地、新能源新材料产业基地建设,力争将《柴达木生态综合治理与绿色发展规划》上升为国家战略;支持海西优化开放环境,突出向西向南"双向"开放,布局建设出口基地,建成国家西部地区重要的独具特色的开放型交通物流枢纽城市,打造青海省开放发展的战略支点。建设特色"环湖圈"。规划建设环湖特色旅游景区,大力发展生态畜牧业和生态农业,加快环青海湖特色农业产业化发展。在保护好生态的前提下,加快发展生态经济,因地制宜发展县域经济,加快形成点状分布、规模适度、功能完善的生态型城镇化格局,建成国家重要绿色生态产品供给地、国家生态安全屏障、特色文化体验旅游目的地,实现区域长期稳定发展。

（三）推动新型城镇化高质量发展

加快完善全省城镇体系,大力推进"产城融合",持续提升玉树、德令哈、格尔木等区域城市的影响力,加快共和盆地相关城镇有序设市,着力培育一批新兴城市,补齐青海省中小城市数量偏少短板。强化制度创新,丰富制度供给,大力推进农牧区人口市民化工作,科学合理设置并放宽落户条件,提升公共服务水平,推动基本公共服务均等化。加大"人地钱"挂钩配套政策力度,推进农牧区产权确权登记,维护进城农牧民土地承包权、土地经营权、宅基地使用权和集体收益分配权，让进城农牧民"带权带资"，无后顾之忧。打造一批特色鲜明、优势突出的特色小镇，重点在沿湟水河、沿黄河的区域形成若干特色小镇群落，合理布局柴达木、环湖、三江源地区特色小镇，特色小镇和特色小城镇共同推进，使之成为实现乡村振兴和城乡统筹的新平台。

（四）进一步提升城镇基础设施支撑能力

加快城镇基础设施全网络建设，构建安全、快捷、便利的出省通道综合交通体系。进一步提升城市承载力，按照"三定""四融"的原则，加快建设智慧城市、绿色城市、人文城市，营造更富有人文关怀的城镇公共活动空间，全面完成美丽城镇建设任务，促进城市生态环境改善和可持续发展。创新城镇基础设施融资机制。全面深化"光网青海"建设，打造百兆引领的高品质宽带网络，加快5G商用部署，加大网络提速降费力度，实现高速宽带城乡全覆盖，打造以西宁为中心、辐射周边地区的"一网通城市群"。加快发展数字经济，尽快实施数字经济工程，强化信息安全保障，提升全社会信息化水平。

八、实施乡村振兴战略，加快形成城乡融合发展新局面

（一）全力推进乡村产业兴旺

深化农牧业供给侧结构性改革，加快构建现代农牧业生产体系、产业体系、经营体系，推动农牧业从增产导向转向提质导向，实现三次产业融合发展，全面提升农业创新力、竞争力和全要素生产率。实施特色兴农工程。以河湟流域和柴达木盆地为重点划定小麦生产功能区，以海南、海北、海西和东部脑山地区为重点划定青稞生产功能区，以互助、化隆等油料生产大县为重点划定油菜生产保护区，切实保障粮食安全。在抓好国家级牦牛特优区建设基础上，再创建并认证藏羊、青稞、冷水鱼等国家级特优区，支持主产区农畜产品就地加工转化增值。进一步推动青稞由自给性产业向产业化经营转变，合理确定枸杞发展规模，提升冷水鱼养殖规模和品质。支持和引导发展

高原夏菜、优质马铃薯、优质油菜、中藏药材、高原花卉等一批小、优、特精品产业，按照与国际标准接轨的要求，支持建立生产精细化管理与产品品质控制体系。实施质量兴农工程，加快完善农畜产品质量和食品安全标准体系，修订以农兽药残留限量标准为重点农畜产品质量安全标准生产操作规程。推进农牧业生产投入品全程质量管理，建立健全农牧业投入品和农畜产品品质安全追溯体系。实施品牌兴农工程。制订完善农畜产品品牌营销提升方案，构建农畜产品线上线下互动融合的营销模式，借助青洽会、农交会、藏毯国际展等开展营销推介活动，重点培育牦牛、枸杞产业联盟。实施绿色兴农工程，积极支持智慧农牧业发展，实施休闲农牧业和乡村旅游精品工程，建设循环农牧业、观光农牧业、定制农牧业、农事体验等农牧业新业态，谋划打造一批有特色、高品质的现代庄园牧场。

（二）形成城乡融合发展新格局

以完善产权制度和要素市场化配置为重点，推动城乡规划一体化、要素配置合理化、基础设施联通化、产业发展融合化、公共服务均等化、居民收入均衡化。深化农村土地制度改革，全面完成承包地确权登记颁证工作，落实好第二轮土地承包到期后再延长30年的政策。精准推进农村集体经营性用地使用权、农民住房财产权、农村承包土地经营权抵押贷款试点，开展土地经营权入股发展农业产业化经营试点。深化农牧区集体产权制度改革，全面推进农牧区集体资产清产核资，有序推进农牧区集体经营性资产股份合作制改革。加大农牧区基础设施和公共事业领域开放力度，鼓励工商资本投入农牧业农牧区。突出乡村振兴重点领域信贷支持，积极对接小农户、新型农牧业经营主体多元化融资需求，实施金融服务机构覆盖面提升、农牧区金融服务"村村通"、金融支农服务技术提升计划、农牧区贷款产品创新、"县城信贷补短"、农牧区信用体系建设等金融支撑重大工程。加大用地政策支持力度，优先安排农村基础设施和公共服务用地，统筹安排用于单独选址农业设施、乡村旅游设施等建设，专项支持农村新产业新业态和产业融合发展用地。

九、强化开放带动,深入推进共建"一带一路"高质量发展

(一)持续推进通道建设

积极构建五大通道,实现基础设施联通。建设西宁、格尔木服务全国、连接南北、重点面向六大经济走廊的丝绸之路铁路枢纽和全国性综合开放门户。推进新青川大通道建设,形成连接三省区、沟通西北、西南地区的高速干道,使青海成为进疆物资运输主通道;加速青甘川大通道建设,打通丝绸之路经济带与藏羌彝走廊;推动连接孟中印缅经济走廊和中国—中亚—西亚经济走廊通道建设。积极开辟西宁直飞沿线国家的国际航班和货运航线,建设全新空中亚欧大陆桥,谋划建设向西开放大型物流集散地,将西宁、格尔木、玉树机场打造成为西部地区同中亚地区航空一体化网络建设重要支点,形成辐射高原、通达全国、连接国际的丝绸之路经济带航空驿站。全面开展"网上丝路""能源丝路"建设。

(二)以青海尼泊尔经贸合作为突破口,全力推动青海共建"一带一路"后发追赶

在中尼政治互信、经贸合作、人文交流持续增强和跨喜马拉雅立体互联互通网络建设的背景下,强化高位推动,加强与国家相关部委和西藏自治区及尼泊尔相关机构的高层联系,实施"联藏入尼"工程,与西藏一道积极推进中尼陆路通道(青海—西藏—吉隆—加德满都)建设。持续做大做强格尔木国际物流园区,加快谋划公铁联运体系。依托格尔木工业园和藏青工业园,加快建设中尼(格尔木)跨境工业园,针对尼泊尔进口需求,引进相关制造业企业,不断提升青海、西藏两省区与尼泊尔的贸易份额。同时,依托西宁云鑫实业有限公司等企业,谋划在尼建设青海—尼泊尔跨境农业产业园,加强与尼泊尔在现代农业、饲草业、林业及旅游业等方面的深度合作。

(三)加大对外直接投资

鼓励有实力的企业在尼泊尔、印度、哈萨克斯坦、巴基斯坦等新能源新兴市场国家建设太阳能电站和风电场,促进光伏电池、风电机组等配套组件

出口。加快建设一批竞争力强的畜产品对外贸易基地在南亚、西亚有关国家设立特色农畜产品营销窗口，稳定藏毯、毛绒等传统优势产品出口，扩大特色农畜产品出口贸易规模，鼓励民族特色餐饮走出国门，推进民族特色服饰等产品质量标准、注册体系与国际接轨。以西宁、青南和环湖地区为重点，扶持规范化药材基地和特色医药产品出口基地建设，推动青海省内医药优势企业开展境外并购和投资。加强丝绸之路沿线各省区间合作，建立丝路无障碍旅游通道，共同打造丝绸之路南线、唐蕃古道等精品旅游线路，开拓境外旅游客源市场。

（四）加快推进外贸提升计划

持续推进千万美元潜力企业和出口自主品牌"双育计划"，培育具有自主创新能力和国际竞争力的外贸企业，打造特色轻工、新能源省级外贸转型升级示范基地。继续深化全国通关一体化改革，加快融入互联互通南向通道建设，推动中欧班列常态化运营，加快推进西宁综合保税区建设步伐，科学布局建设格尔木国际陆港，着力提升曹家堡保税物流中心（B型）运营水平，为下一步升级综合保税区做好准备，开放升级格尔木、玉树机场为国际航空口岸，在格尔木申报建设综合保税区，积极推进青海绿色生态自由贸易区建设工作。

十、增强科技创新服务能力，深入推动创新驱动发展

（一）加强创新体系建设

围绕创新型省份建设，坚持绿色技术创新方向，稳步推进科研体制改革，逐步形成政府引导、企业主导、社会参与、市场运营的投入机制和科研机制。强化知识产权保护，构建科技成果转化平台和机制，促进成果转化。依托科技园区和产业园区，推动在实体经济各行业全面建立共性技术创新平台，支持企业主导建设产业创新中心，继续提升三江源生态与高原农牧业、藏药新药开发等国家重点实验室建设水平。

（二）实施关键核心技术攻坚行动

优化以锂开发为主的盐湖资源循环综合高效利用技术，加快建设太阳能、

锂电池、特色生物、有色冶金等创新集群，实施"卡脖子"核心关键技术攻关行动，着力突破锂盐高纯化、快充电池、铝镁合金深加工等一批关键技术。

（三）优化要素配置，培育一批主业突出的优势企业

扶持一批有发展潜力的中小微企业，招引一批综合效益好的延链、补链项目。开展工业互联网以点扩面行动，促进互联网、大数据、人工智能与实体经济深度融合，推动数字经济发展。

十一、强化改革推动，不断巩固和发展制度优势

（一）深化"放管服"改革

持续加大简政放权力度，深化商事制度改革，实施市场准入负面清单制度，全面推开"证照分离"和网上审批，大规模压缩企业开办时间，最大限度减少审批事项。深化投资报建审批改革，进一步完善政府投资管理制度，推行企业投资项目承诺制，积极开展相对集中许可权试点，加快构建扁平化审批、集成化审批、标准化审批、网络化审批等投资管理新体制，大幅提高投资审批效率。实现市场监管领域跨部门"双随机、一公开"监管全覆盖，加快构建以信用承诺、信息公示为特点的新型监管机制，推行综合执法改革，深入推进跨部门联合市场监管，着力解决多头多层重复执法问题。深入推进"互联网＋政务服务"，构建政府重点信息公开标准化机制，保障更多事项在网上办理，做到"只进一扇门""最多跑一次"。优化营商环境，针对各市州实际情况，因地制宜，建立营商环境评价体系，持续降低制度性交易成本，推动政府治理体系和治理能力现代化，不断激发市场活力和社会创造力。

（二）深化国企国资改革

健全以管资本为主的国有资产管理体制，完善现代企业制度和公司法人治理结构，制定出资人监管权责清单，落实向省人大常委会报告省国有资产管理情况的制度。深入推进董事会职权、国有资本投资公司、国有资本运营公司以及混合所有制、股权激励、市场化选聘经营者、企业员工持股、剥离企业办社会职能等改革试点，赋予更多自主权。完善省属国企国资改革方案，

围绕管资本为主加快转变省国有资产监管机构职能,改革省国有资本授权经营体制,促进国有资产保值增值。继续推进省属国有企业股份制改革,加快形成有效制衡的法人治理结构和灵活高效的市场化经营机制,持续瘦身健体,提升主业核心竞争力。加强国有企业党的建设,完成省属出资企业及各州属国有企业公司章程修订工作,充分发挥企业党委把方向、管大局、保落实的领导核心作用。不断优化国资布局,推动国有资本做强做优做大,培育一批在全国具有竞争力和影响力的国有企业。

(三)深化投融资体制改革

全面落实深化投融资体制改革意见,发挥规划、政策对投资的规范引导作用,大力推行政府和社会资本合作(PPP)模式,促进创业投资持续健康发展,探索建立以政策性条件引导、企业信用承诺、监管有效约束为核心的投融资管理模式。加大金融对实体经济支持力度,落实金融支持供给侧结构性改革20条意见,开展"金融暖企"行动,用足用好差别化货币政策工具。改革完善金融服务体系,规范发展地方性中小金融机构,着力解决小微企业融资难融资贵问题。完善金融机构法人治理结构,完成农信社全面改制,加快青海银行第四次增资扩股。深化国家普惠金融综合示范区试点,促进金融机构重点向青南地区县域延伸,提高"三农"、小微金融服务的覆盖面和获得性。大力发展多层次资本市场,加大省内重点企业上市挂牌培育力度,推动债券期货市场发展,提高直接融资比重。抓好三江源国家公园绿色融资改革试点,积极探索碳排放权、排污权、用能权等各类环境权益融资工具。健全金融监管体系,加强地方金融监管力量,守住不发生系统性金融风险的底线。

(四)深化财税体制改革

深化预算管理制度改革,推进中期财政规划管理,清理财政支出挂钩事项,深入推进政府采购制度改革,全面实施预算绩效管理,建立健全全面规范透明、标准科学、约束有力的预算制度。创新和完善监督管理机制,推进政府投资基金采用股权投资等市场化方式,更好地引导社会各类资本投资经济社会发展的重点领域和薄弱环节。深化增值税改革,落实结构性减税和普遍性降费政策，规范政府性基金和非税收入。健全地方税体系，做好环境保护税改革相关工作，完善资源税相关政策，跟进落实国家消费税、车辆购置税、个人所得税、房地产税、城市维护建设税等改革。推动省与市（州）、县建立事权与支出责任划分改革，制定实施省以下事权和支出责任划分意见。

（五）深化产权和要素市场改革

加强产权保护，健全完善归属清晰、权责明确、保护严格、流转顺畅的现代产权制度。深入推进自然资源产权制度改革，加大民营企业产权保护力度，推进"互联网+"知识产权保护。创新产权激励制度，赋予科技人员职务发明科技成果所有权和长期使用权。深化劳动力市场改革，使有能力在城镇稳定就业生活的常住人口有序实现市民化，实现劳动力在城乡之间自由流动。完善农村集体经营性建设用地权能，推进农村集体经营性建设用地入市，深化工业用地市场化配置改革。加快要素价格市场化改革，落实好石油、天然气、电力体制等改革方案，根据资源性产品、垄断行业等特点实行网运分开和公共资源市场化配置，推进公共服务价格改革，规范水气热等政府定价管理方式，加强市场价格行为监管和价格领域反垄断执法。清理废除妨碍统一市场和公平竞争的各种规定和做法，全面实施公平竞争审查制度，完善市场竞争规则，构建统一开放、竞争有序的市场体系。

十二、补齐教育短板，创造"幼有善育，学有优教"的就学条件

（一）深化学前教育体制机制改革

落实省内东部地区对口支援青南地区教育工作。全面普及学前三年教育，不断提高学前教育教师队伍的整体专业水平。合理规划布局农牧区幼儿园，实现每个乡镇至少有一所中心幼儿园；扩大公办学前教育，支持社会力量兴办托育服务机构，持续扩大学前教育的供给规模。在幼儿园外为儿童营造全方位的健康成长环境，加强儿童安全保护，拓展儿童活动空间，为儿童打造友好型广场、友好型公园、友好型医院。

（二）深化教育改革

加大教育经费投入，均衡城乡教育资源配置，通过政府采购程序购置现

代化教学设备，重点改善农牧区的办学条件，提升教学硬件水平，缩小城乡教育资源差距。不断完善中小学校的布局和建设，加快新建学校进程，扩大办学规模，优化办学条件，高质量完成义务教育和民族教育。

（三）充分落实高等学校办学自主权

争取青海大学、青海师范大学、青海民族大学等高校创建一流大学和一流学科，支持西宁大学建设一流应用型大学。在职业教育中，注重提升就业能力，深化校企合作，促进产教融合，打造现代化的职业教育体系。支持民办教育事业发展，补助在办的各类民办学校，支持这些学校改善办学条件，鼓励民办学校承担部分义务教育招生任务，促进民办教育高质量、特色化、国际化发展。

（四）加强广大教师队伍建设

一方面，加强本土师资队伍建设，鼓励创先争优，给予待遇和荣誉上的鼓励和激励，进一步提升教师职业的幸福感和获得感，促进教师队伍整体素质持续提升。针对乡村教师队伍实力弱，学习机会少，教育人才匮乏的情况，通过给予优厚待遇、招聘特岗教师、交流轮岗等举措，鼓励优秀教育人才深入乡镇，进一步充实乡村教师队伍，提升乡村办学质量，使农村孩子不仅要有学上，还要上得好。另一方面，要加紧引进国内外高端教育人才，为本地教育力量注入新鲜血液，并通过配套政策，做到引来才，留住才。

十三、补齐收入短板，铸就"劳有厚得"的热土

（一）坚决落实就业优先政策

出台各项优惠政策，大力支持企业发展，鼓励创业创新带动就业，努力实现稳定就业，高度重视重点群体就业情况，积极做好全方位就业服务，牢牢落实扩大就业、稳定就业工作，确保老百姓的就业饭碗越端越稳。营造良好的就业环境和就业渠道。

（二）千方百计提高农民收入

促进农民工多渠道就业、引导农村富余劳动力向非农产业转移，通过

加强职业技能培训，快速上岗，提高农民工的收入，缩小收入差距。鼓励靠双手勤劳致富，提高劳动收入在初次分配中的比例，逐步提高财产性收入比重。

（三）着力扩大中等收入群体

实现经济和居民收入的同步增长，以及劳动生产率、劳动报酬的同步提高。吸纳高层次人才，培养一批高技能人才的"排头兵"，提升核心竞争力的"带头人"，产学研用深入融合的"顶梁柱"，充分使个人价值融入时代跳动的脉搏，推动企业进步和国家发展。

十四、补齐医疗短板，打造"病有良医"的就医环境

（一）全面深化公立医院综合改革

健全完善现代医院管理制度，统筹推进医疗卫生服务体系标准化建设。深入推进分级诊疗、促进便捷就医和低成本就医。做好重大传染病和地方病防控，完善应急救援体系，增强公共卫生应急处置能力。推动区域医疗集团与基层社区医院、康养机构等组团运营，完善家庭医生签约服务，构建整合型优质医疗服务体系。

（二）扩大医疗资源供给

针对看病难，看病拥挤的情况，在努力扩大公立医疗卫生资源供给的基础上，鼓励社会力量参与医疗机构建设，为广大人民群众提供充足的医疗资源。探索建立与国际接轨的医学人才培养方式，放宽境外医师到内地执业限制，鼓励本地医疗人员赴外地研学，先行先试国际前沿医疗技术。

（三）提供全方位全生命周期健康服务

以人民健康为中心，通过提倡定期体检、加大全民健身场所和健身设施建设，组织健身活动等方式从源头减少群众病痛，让市民群众及时发现病情，少生病，不生病。健身设施要实现县、乡、村、社区全覆盖，不断增强公共卫生综合服务能力。

十五、补齐社保、养老短板，提供"住有宜居、老有颐养"的生活环境

（一）加强医疗保障体系建设

完善医疗保险关系转移、异地结算等制度；提高工伤保险统筹层次，健全失业保险制度。健全多层次养老保险制度体系，探索建立长期护理保险制度，积极发展企业（职业）年金、个人储蓄性养老保险和商业养老保险。用好政府、市场、社会公益三种力量，做实政府基本保障、居家社区联动、养老机构三种服务，不断做大养老"蛋糕"，建设医养型、护养型、乐养型"三型"养老服务机构，为全省72.69万60岁以上的群众提供老有颐养的生活环境。推广电子社保卡应用新模式，持续扩展电子社保卡应用范围和领域，并加大宣传力度，让更多的人民群众尽早享受到便利快捷的使用模式。

（二）大力提升居民居住品质

加快建立多主体供给、多渠道保障、租购并举的住房保障制度；推进农村奖励性住房建设和危房改造、牧区定居点建设等工程，全面改善群众住房条件，实现商品住房有市场、保障性居住有品质。解决道路反复开挖等问题，持续推进"厕所革命"，提升公园、广场、城市绿化的品质，让家园呈现安全、宁静、有序、和谐之美，使人民群众住有宜居。

十六、巩固脱贫攻坚成果，实现"弱有众扶"的良好局面

（一）建立健全稳定脱贫和防范返贫的长效机制

瞄准加大政策倾斜和扶贫资金整合力度，坚持"缺什么补什么"的原则，在义务教育、基本医疗、住房安全上持续发力。加快治理机制从扶贫为主向防贫为主转变，统筹解决好贫困边缘人口发展问题。重视防范因病、因灾、因意外事故等因素致贫返贫风险，从源头上防止出现新的贫困和已脱贫人口返贫。持续推进产业扶贫，将项目规划侧重于那些可操作性强，可带来持续收益的扶贫协作项目。通过加大资金支持力度、提升电商平台营销能力等措

施，保障贫困人员直接或间接实现增收，保障村集体和贫困群众有稳定的收益。

（二）加大对社会弱势群体的关注力度

持续加大对社会福利事业的投入力度，加快社会福利项目建设进程。鼓励社会力量参与到帮扶弱势群体的工作中来，关心关爱弱势群体，在生活上为弱势群体提供帮助和服务，在精神上给予弱势群体理解与尊重。努力让弱势群体充分感受到温暖，感受到爱，在社会上形成互帮互助的良好氛围。

十七、加强基层社会治理，实现共建共享的"和谐青海"

（一）推进政府社会治理创新

着力打造法治政府，将改革进程中的各方利益主体纳入统一的法治轨道上来，保障政府、社会和公民都依法行事。创新基层社会治理模式，着力推进基层社会治理体系和治理能力现代化。加快基层社会治理向更加精细化、科学化方向发展。在"枫桥经验"青海化的过程中，突出地域和民族特点。打造"班玛经验"升级版，深入推进川甘新青平安边界建设。严格落实社会治安综合治理和安全生产责任、公路交通安全等管理制度，严防重特大安全事故发生，着力提升各族群众安全感。

（二）营造和谐的社会氛围

推进创建"十进"活动常态化，使之融入各地各部门各行业各领域中心工作之中，融入各族群众生产生活实践中，在深度、广度和可持续性上实现新突破，努力使创建活动接地气、聚人气、有活力，形成人人讲团结、处处抓团结的良好氛围，为青海省社会和谐发展提供重要保证。

第四章 西宁市实施"一优两高"战略评价研究

在青海省全面实施"一优两高"战略的进程中，作为引领全省经济社会发展的关键核心，西宁市把握新发展阶段、贯彻新发展理念、融入新发展格局，以推动高质量发展为主题，全面贯彻落实习近平总书记两次视察青海时的重大指示要求，全面开启建设现代美丽幸福大西宁新征程，努力做到"一个深度融入""三个走在前列""实现五个新跨越"，提交了新时代西宁市"一优两高"发展的合格答卷。

本章聚焦生态保护、经济高质量发展和高品质人民生活核心指标，在对西宁市2018—2021年四年间的各项指标变化情况进行评价的基础上，结合定量与定性相结合的方法，对西宁市坚持生态保护优先，推动经济高质量发展和人民群众高品质生活进行了分析，并结合调研，对西宁市全面贯彻落实"一优两高"战略部署中存在的问题和困难进行了梳理，提出了相应的对策建议。

第一节 西宁市"一优两高"战略实施情况的总体评价

自"一优两高"战略实施以来，西宁市把绿色发展理念转化为高质量发展的行动自觉，贯彻新发展理念，坚持绿色、循环、低碳的发展模式，以打造生态文明高地建设引领高质量发展，聚力建设现代美丽幸福大西宁，强力推进供给侧结构性改革，大力实施创新驱动发展战略，积极推进经济生态化和生态经济化,加快建设符合西宁资源禀赋和比较优势的现代产业体系,打好"生态牌",念好"草木经",全市绿色发展成效显著,经济社会各项事业发展不断迈上新台阶、实现新跨越。总体来看,西宁市2018—2021年"一优两高"战略实施评价指数分别为1.878、1.874、1.84、1.902,说明四年间西宁市在"一优两高"战略实施中,生态保护优先、经济高质量发展和人民生活品质改善等方面稳步提升,如表4-1所示。

表4-1 西宁市"一优两高"战略评价指数

一级指标	指标权重	指标值			
		2018年	2019年	2020年	2021年
生态保护优先	0.274	0.583	0.575	0.581	0.579
高质量发展	0.38	0.634	0.634	0.682	0.612
高品质生活	0.711	0.661	0.665	0.577	0.711

在生态保护优先方面,2018—2021年,西宁市生态优先指数分别为0.583、0.575、0.581、0.579,如表4-1所示。说明西宁市在生态保护方面持续发力,稳步推进生态保护,取得了较好的成绩。

在高质量发展方面,2018—2021年,西宁市经济高质量发展指数分别为0.634、0.634、0.682、0.612,如表4-1所示。说明西宁市经济发展质量持续提升,其中2021年新冠疫情对经济发展的冲击进一步显现,全市经济发展受到影响,有一定回落。

在高品质生活方面,2018—2021年,西宁市人民群众高品质生活指数分别为0.661、0.665、0.577、0.711,如表4-1所示。说明西宁市各族人民生活品质持续改善,2020年指数因受疫情影响有一定回落,但2021年指数迅速回升,体现了西宁市坚持民生优先的毅力和努力。

第二节 西宁市生态保护优先指标评价与分析

西宁作为黄河流域省会城市,是"三江之源"和"中华水塔"国家生态安全屏障建设的前进基地和大后方,生态地位十分重要。自"一优两高"战略实施以来,西宁市坚持生态保护优先,立足河湟谷地自然环境和生态特性,打造高原"绿谷"城市,以国家公园示范省建设为引领,探索推进"公园城市+自然保护地"新模式,全面建成自然保护地管理体系。以山脉、水系为骨架,以河流、交通沿线为廊道,筑牢"一芯两屏三廊道"城市生态屏障,奋力打造青藏高原生态文明典范城市,西宁绿色版图不断扩大,绿色发展理念根植人心。

一、西宁市生态保护优先指标分析

西宁市生态保护优先评价主要围绕"天蓝""地绿""水清"三大内容,从生态保护与治理、环境质量、能源利用效率等方面对西宁市2018—2021年生态保护优先战略实施情况进行了分析。具体来看,三项二级指标大多数呈现出上升趋势,生态保护力度持续加大,森林覆盖率和城市(县城)建成区绿化覆盖率稳中有升,空气质量明显提升,能源利用效率提升较大,如表4-2所示。

表4-2 西宁市"生态保护优先"评价指数

二级指标	指标权重	指标值(年)				三级指标	指标权重	指标值(年)			
		2018	2019	2020	2021			2018	2019	2020	2021
生态保护与治理	0.093	0.205	0.210	0.182	0.177	重点生态工程年度投资完成数	0.021	0.042	0.051	0.051	0.063
						草原综合植被覆盖度	0.015	0.030	0.030	0.033	0.045
						森林覆盖率	0.029	0.087	0.075	0.064	0.068
						城市(县城)建成区绿化覆盖率	0.028	0.076	0.084	0.067	0.078
环境质量	0.088	0.232	0.195	0.208	0.189	饮用水水源达到或优于Ⅲ类比例	0.032	0.064	0.064	0.064	0.064
						空气质量优良天数比例	0.031	0.093	0.081	0.076	0.082
						细颗粒物(PM2.5)浓度下降比例	0.025	0.075	0.050	0.069	0.073

续表

二级指标	指标权重	指标值（年）				三级指标	指标权重	指标值（年）			
		2018	2019	2020	2021			2018	2019	2020	2021
能源利用效率	0.093	0.146	0.169	0.190	0.213	万元 GDP 能源消耗降低率	0.026	0.052	0.074	0.072	0.078
						主要污染物人均排放量	0.022	0.060	0.044	0.066	0.063
						单位 GDP 二氧化碳排放量下降率	0.029	0.058	0.063	0.079	0.087
						清洁能源发电量占比	0.016	0.036	0.032	0.040	0.048

（一）环境质量显著改善

2020年，西宁市空气质量优良率达到87.3%，在西北五省区省会城市中排名前列，尤其是2021年，西宁市有330个空气优良天数，空气质量优良率高达90.4%，比2015年提高12.9个百分点。2021年，PM2.5年累计浓度32微克/立方米，较2020年同期下降8.6%，各项污染物浓度大幅降低。水环境质量取得整体性显著提升，2021年湟水流域（西宁段）地表水环境质量有所改善，纳入国家和省政府考核的8个断面全部达标，水质优良率100%；城市集中式生活饮用水水源地水质达标率100%，水质状况总体保持良好。西宁市城市区域声环境质量总体水平"较好"；受污染建设用地安全利用率达100%，受污染耕地安全利用率达98%以上。全年未发生耕地污染问题，固体废物100%无害化处理。

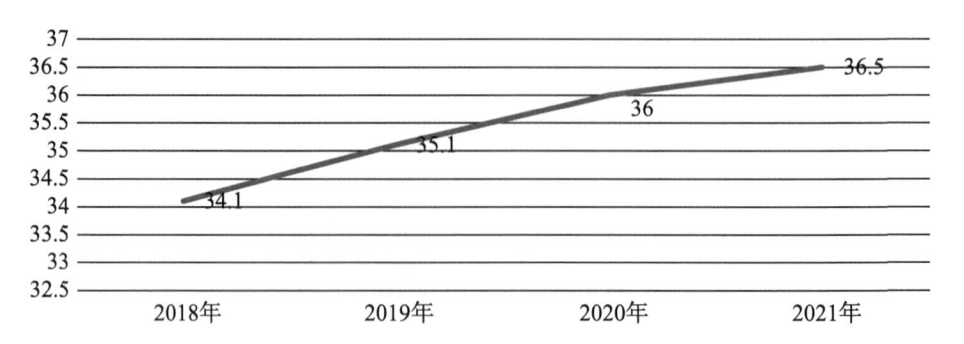

图 4-1　2018—2021 年西宁市空气质量优良天数比例（%）

(二) 绿地湿地面积迅速扩展

西宁市森林覆盖率由 2017 年的 33.5% 提高到 2021 年的 36.5%；建成区绿化覆盖率稳定在 40.5%，人均公园绿地面积由 2017 年的 12.47 平方米增长到 2021 年的 13 平方米，实现森林覆盖率与建成区园林绿化覆盖率双增长、生态稳定性与可持续性双增强，如图 4-2 所示。湿地面积从"十三五"末的 241.41 公顷增长到 2021 年的 508.7 公顷；绿色建筑占比超过 60.5%，实现绿色公交全覆盖，2021 年新建绿道 508 公里。

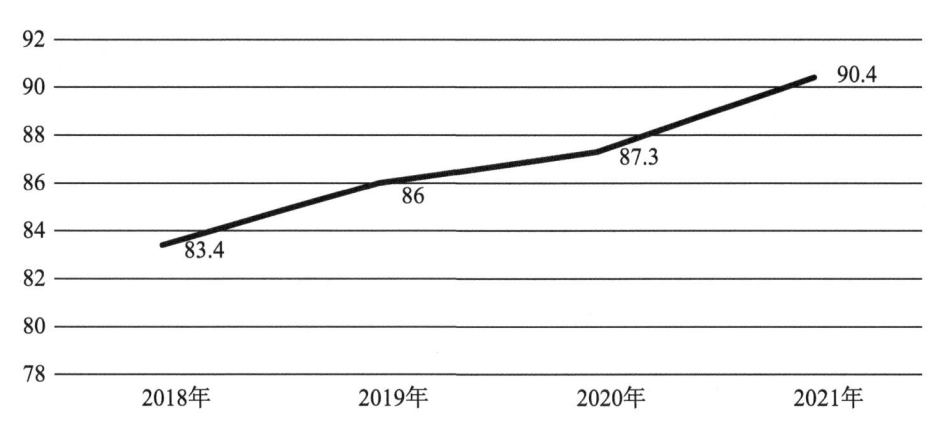

图 4-2　2018—2021 年西宁市森林覆盖率 (%)

(三) 绿色发展成效明显

西宁市积极探索经济生态化和生态经济化路径，以供给侧结构性改革为主线，全面实施"绿色产业"建设行动，企业循环式生产、行业循环式组合、园区循环式改造成效明显。2018—2020 年，全市实现减排化学需氧量 7033.5 吨，氨氮 1148.1 吨，二氧化硫 6899 吨，氮氧化物 9821 吨。全市地区生产总值对全省的贡献率超过 60%，其中高技术产业比重接近 20%。2021 年前三季度，西宁全社会能源消耗中约七成是用电。其中以工业为主的第二产业，能源消耗超过 80% 都是清洁绿电，相比传统化石能耗减少二氧化碳排放 2860 万吨。

据《2021 年青海省各市州生态文明建设年度评价结果公报》显示，青海省各市州绿色发展评价中西宁市绿色发展指数为 86.71，居全省八个市州第一位。其中，资源利用指数为 80.34、环境治理指数为 99.20、环境质量指数为 88.61、生态保护指数为 83.48、增长质量指数为 86.10、绿色生活指数为 84.71、公众满意度为 95.63%，均居全省首位。

二、西宁市生态保护优先的主要举措与成效

自"一优两高"战略实施以来，西宁市坚持以习近平新时代中国特色社会主义思想为指导，坚决落实中央及省市生态环境保护决策部署，坚守生态优先、绿色发展的幸福西宁成长坐标，坚持以打赢打好污染防治攻坚战为抓手、以两轮中央生态环境保护督察整改为契机，强力推进环境保护规划落实落细，环境质量得到明显改善。

（一）坚决推进污染防治攻坚战，生态保护成果显著

自"一优两高"战略实施以来，西宁市紧紧围绕"西宁蓝""高原绿""河湖清"等绿色发展样板城市六大建设行动和污染防治攻坚战八场标志性战役，深入实施蓝天、碧水、净土保卫战。大气污染防治精准科学，累计投资 5.1 亿元，实施了扬尘污染、煤烟型污染、机动车污染、火电机组超低排放等重点治气工程，开展源解析和源清单以及达标规划编制工作，开展"一市一策"大气精细化管控，2020 年空气质量优良率（87.3%）较 2017 年（81.1%）提高了 6.2 个百分点，空气质量居西北五省省会城市榜首。水环境治理系统深入，争取专项资金 8.12 亿元，重点实施了湟水干支流 11 个水污染综合治理项目，湟水河水质持续改善，自 2018 年消除劣Ⅴ类水体，8 个重点断面水质优良比例连续三年稳步提升，2020 年水质优良比例达到 87.5% 以上。完成县级以上地表水型水源地专项整治，排查发现的农村"千吨万人"集中式饮用水水源地环境问题完成整改销号。土壤环境管控全面严格，完成农用地土壤污染状况详查工作和重点行业企业用地土壤污染状况调查及信息采集，推进农用地环境质量类别划分，严格实施建设用地污染风险管控，开展土壤修复治理工程，加强涉重金属行业污染防控，土壤环境总体管控良好，无新增污染。投入 3.3 亿元开展农村环境综合整治，实现全市 917 个行政村全覆盖。开展"绿盾"专项行动，强化大通北川河源区国家级自然保护区监

督检查,完成了大三岔长石矿恢复治理。主要污染物减排有力有效,2018—2020年实现减排化学需氧量7033.5吨、氨氮1148.1吨、二氧化硫6899吨、氮氧化物9821吨,四项主要污染物排放量圆满完成省政府下达的减排任务。率先在全省启动农村清洁能源工程,在74个村实施"煤改气"减排项目。环保督察整改扎实有序,第一轮督察涉及全市14项问题中已整改销号11项、完成整改正在销号2项,剩余1项跨年度整改任务正在推进,第一轮督察转办的1386件信访举报案件全部办结。第二轮督察涉及全市的11项问题中已完成整改正在销号4项,剩余7项问题整改工作正在加快推进;第二轮督察转办752件群众信访举报件,已办结724件,办结率达到96%。率先在全省建立实行中央生态环保督察信访举报件办理销号制度和长效监管机制,切实维护群众环境权益。

(二)着力强化制度支撑,环境治理制度体系日趋完善

制定《西宁市生态环境保护工作责任规定》和市级生态环境保护责任清单,出台《西宁市生态文明建设目标评价考核办法(试行)》,有力推动了生态环境保护责任落实。在全国率先成立市委绿色发展委员会,出台《西宁市建设绿色发展样板城市促进条例》,配套修订出台大气污染防治条例、生活垃圾分类管理办法等地方性法规和政府规章23部,生态环保法治体系更加完善。率先在全省开展排污许可"一证式"管理试点,积极开展生态环境领域"放管服"改革、流域水环境生态补偿、市级生态环保综合举报办理平台、生态环境损害赔偿、环评告知承诺制审批改革试点、环保信用评价和信息强制性披露、"无废城市"建设试点、排污权交易、环境污染强制责任保险、碳积分等一系列改革创新举措,持续为生态环保工作提供新动能新引擎。

(三)大力提升监管能力,环境治理体制机制更加健全

2019年4月率先在全省开展生态环境机构改革,监测、监察实现垂直管理。在全省探索式开展监察执法部门联合执法和司法联动,建立环境公益诉讼协作机制,完成了全市首例生态损害赔偿案件,启动了"三线一单"分区管控机制,进一步提升监管执法效力。积极构建市、县、乡(镇)三级联网,

水、气、土执法监控全覆盖的生态环境监测监控网络体系，布设空气自动监测站点24个、水质自动和手工监测点位83个、声环境监测点位共299个，全市78家排污单位安装在线监控设备493台（套）。建成100套建筑工地智慧化监测监管系统、84套网格化监测监管系统、冒黑烟车辆抓拍系统等，强化无人机运用，环境污染治理向"人防加技防"转变。组建市级固体废物污染防治中心，全面优化提升固体废物、危险废物全过程管理及核查能力，全市危险废物统计核查达标率95%以上。圆满完成第二次污染源普查工作，市生态环境局被评为全国污染源普查突出集体。

（四）强化宣传教育引导，环境保护社会意识得到全面提升

大力倡导践行生态环保理念，连续三年成功举办了生态环保成果展和绿色发展论坛，搭建高层次平台，充分展示西宁市绿色发展的成就，为更高质量发展注入新动力。积极组织环保"六进"宣传活动及"六五"环境日、世界低碳日、生态环境公众开放日等系列环保宣传活动，让市民走近环保，让环保融入生活。深化绿色细胞创建，累计创建省级绿色学校448所、绿色社区39个，市级绿色学校268所、绿色社区58个。开展生态示范县区、乡镇、村庄创建，省级生态村、生态乡镇创建率分别为29.3%、60%，湟源列入首批国家生态文明建设示范县，成为全省第一个国家生态文明建设示范县。启动西宁市创建生态文明建设示范市、湟中区创建"绿水青山就是金山银山"实践创新基地工作。

三、西宁市生态保护优先面临的主要问题与不足

自"一优两高"战略实施以来，西宁市进入高质量发展的关键时期，生态环境保护面临一些困难和挑战，主要表现在：

（一）省会城市首位度高，生态保护压力仍将持续增大

西宁市自然生态环境本底脆弱，区域环境容量和承载力有限，但作为全省乃至青海高原人居环境、服务质量、便捷程度最好的城市，西宁市人口聚集程度持续加快，省内各市州人口加快向西宁集中，人流、物流、车流高速

增长，带来的拥堵、排放和新增能耗，都成为西宁生态环境保护的新课题。

（二）生态环境脆弱，环境质量改善成效巩固压力大

受高海拔、冬季时间长、降水量小、蒸发量大、水资源匮乏、水土流失严重、自然生态环境脆弱的特殊自然地理和气候条件影响，生态环境质量改善基础不牢固、波动较大。加之结构型、复合型环境污染依然突出，污染源点多面广、污染物排放量大、环境监管难的现状，持续改善环境质量的形势依然严峻。

（三）基础设施短板亟待补齐，城乡统筹难度大

西宁市部分城区、农村、城乡接合部等生活垃圾、污水收集处置和治理等基础设施建设方面历史欠账较多，重要支流、沟渠等人口密集乡镇污水、垃圾污染、支流畜禽养殖和农业面源污染等问题尚未得到根本性解决，导致重要支流和人口密集乡镇水污染问题依然存在。

（四）统筹发展与保护矛盾仍较突出，体制机制仍需大力完善

随着西宁市经济的快速发展，各类建设项目使用生态资源的需求越来越大，对优质耕地、林地、湿地的过度使用问题日渐显现，特别是大规模用地项目，已成为耕地、林地、湿地资源管理的焦点、热点、难点。

（五）专业技术人才匮乏，投入资金不足

生态保护、治理及监管是一项长期、繁杂的工作，对专业知识和管理经验的要求度较高，从目前实际看，全市相关部门均存在专业人员较少、基层人员匮乏，知识更新不足的问题，因人力、财力投入不足，加之技术力量欠缺、装备薄弱单一，导致对违法违规破坏生态的行为得不到及时有效监管。

第三节　西宁市高质量发展指标评价与分析

自"一优两高"战略实施以来，西宁市全面落实习近平总书记两次视察青海时的重要指示精神，积极主动服务和融入新发展格局，持续推进经济高质量发展，综合实力和发展质量持续提升，呈现总量增长、结构优化、民生改善、动力积蓄的良好势头，经济发展取得重大成就。

一、西宁市高质量发展指标分析

2018—2021年四年间，全市经济稳定运行，保持了中高速增长。2021年，西宁市地区生产总值突破1500亿元大关，较2018年增长300亿元。2021年GDP增速在全国26个省会城市中排名第9位。产业结构不断优化，投资结构不断升级，消费动能不断增强，主要经济指标增速领跑全省，绿色发展综合实力迈上新台阶，如表4-3所示。

与此同时，由于经济发展基础薄弱，特色产业起步缓慢，全省经济发展基础还不够扎实，加之新冠疫情影响，在2020年、2021年部分经济指标出现了明显的回落。但全市经济高质量发展总体向好的趋势没有改变，部分产业增速较快，甚至走在了全国前列。

表4-3 西宁市"高质量发展"评价指数

二级指标	指标权重	指标值（年）				三级指标	指标权重	指标值（年）			
		2018	2019	2020	2021			2018	2019	2020	2021
经济运行稳定性	0.142	0.320	0.314	0.329	0.294	人均GDP	0.037	0.111	0.101	0.098	0.074
						居民价格消费指数	0.016	0.032	0.034	0.032	0.048
						一般性工业投资增长率	0.028	0.070	0.073	0.084	0.056
						规模以上工业增加值增长率	0.019	0.052	0.054	0.057	0.038
						第三产业增加值占GDP比重	0.026	0.055	0.052	0.058	0.078
						文化及相关产业增加值占GDP比重	0.016	0.043	0.043	0.048	0.032
经济运行效率	0.083	0.140	0.165	0.150	0.138	全员劳动生产率	0.028	0.084	0.081	0.066	0.056
						非公有制经济占GDP比重	0.028	0.056	0.084	0.084	0.082
						单位面积土地产出GDP	0.027	0.054	0.063	0.063	0.081
开放发展	0.059	0.084	0.094	0.111	0.088	进出口总额占GDP比重	0.018	0.036	0.043	0.054	0.050
						进出口总额增速	0.019	0.048	0.051	0.057	0.038
						招商引资内外资到位资金额增长率	0.022	0.061	0.066	0.062	0.044

(一) 经济发展稳中有进

综合实力持续提升,2021年,西宁市地区生产总值达到1500亿元。产业结构不断优化,三次产业比由3.7∶49.4∶46.9调整为3.8∶33.5∶62.7,第三产业占比提升15.8个百分点,成为支撑西宁市经济发展的第一大产业,如图4-3所示。

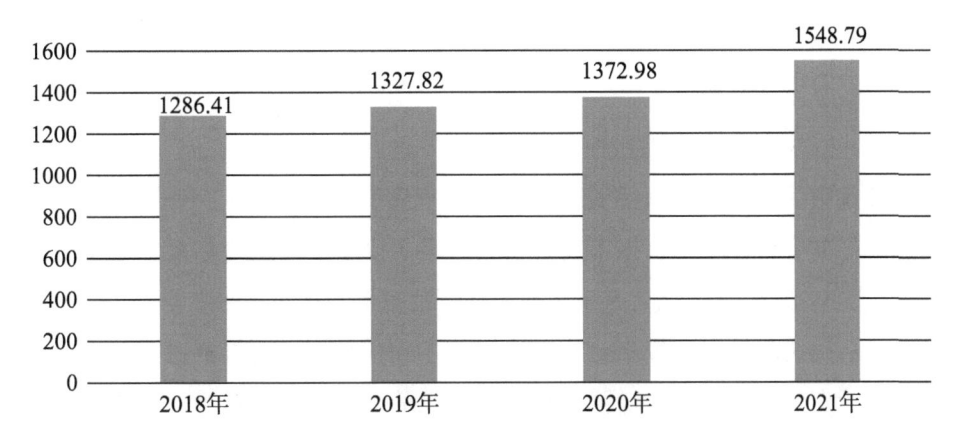

图4-3　2018—2021年西宁市地区生产总值（亿元）

(二) 投资结构不断升级

2021年,西宁市完成工业投资129亿元,同比增长54.6%；招商引资项目落地37个,总投资383亿元,到位资金200多亿元。近十年,全市累计完成固定资产投资近1万亿元,年均增长13.1%。工业、基础设施和房地产投资分别占全市投资的20%、24.3%、41.2%。民间资本占全部投资的53.8%。深入实施招商引资"一号工程",推行链长制、包保制等,引进天合光伏全产业链,高景、丽豪、阿特斯等一批知名企业、头部企业纷纷入驻西宁,产业基础、集群效应日益凸显。

(三) 消费动能不断增强

2021年,实现社会消费品零售总额621亿元,较2012年增长2倍,占全省的65.5%,西宁作为全省商业中心功能凸显。电商交易规模保持年均22.6%的高速增长态势,建成万达、新华联等城市商业综合体62家,打造力盟、唐道637等一批特色文化旅游消费街区，新业态和新商业模式加速创新融合。

（四）新兴产业发展迅速

从资源型产业向新能源、新材料产业转型，西宁不断加快经济发展的"绿色变身"，形成南川工业园区锂资源精深加工、东川工业园区硅材料光伏产业链、生物产业园区重点孵化科技产业、甘河工业园区有色金属生产等以深加工及特色化工业为主的产业发展布局。

（五）营商环境持续优化

西宁市狠抓优化营商环境"一把手工程"和招商引资"一号工程"，坚持问题导向、目标导向，以市场评价为标准、以企业感受为标尺，全力当好企业"金牌店小二"，构建亲清政商关系，营造亲商重商尊商浓厚氛围。随着一系列鼓励民间投资政策出台和营商环境不断优化，民间投资占比提高，全市民间投资发展活力不断增强，对投资增长的贡献率稳步提升，成为拉动全市投资增长的主要动力。

（六）对外贸易增速快但总量小

作为省会城市，西宁是青海省开放发展的重要窗口和对外贸易培育、发展基地。自"一优两高"战略实施以来，全市加快外向型经济发展平台，大力培育外向型经济，虽取得了显著的成效，但国内外经济环境影响和新冠疫情影响，全省对外贸易发展总量小，2021年全市对外贸易增速较快，但总量仍很小，外贸对经济的拉动作用不明显。

二、西宁市高质量发展的主要举措与成效

自"一优两高"战略实施以来，西宁市牢牢把握高质量发展主题，立足新阶段，贯彻新理念，融入新格局，不断优化营商环境，着力推动创新发展、协调发展、绿色发展、开放发展、共享发展，积极投身产业"四地"建设，聚焦产业基础、资源禀赋，推进改革攻坚和经济结构转型升级，构建具有西宁特色现代化经济体系，对外交流交往不断深入，对外开放合作取得新成果，

高质量发展动能持续增强,走出了一条具有西宁特色的高质量发展之路。

(一)推进农村产业振兴,农业发展稳中有升

开展乡村振兴三年攻坚和"百乡千村"示范工程行动,加大农牧业生产技术指导,高标准农田面积达 73 万亩,实施化肥农药减量增效 93 万亩,粮食播种面积稳定在 90 万亩,粮食总产量从 22.6 万吨增加到 23.3 万吨,特色农作物种植面积比重达 75%以上。建立 7 个省级现代农业产业园、11 条青稞精深加工生产线,建成牦牛产业示范园和牦牛藏羊追溯市级平台,培育 305 个高原绿色有机品牌。

(二)打造绿色制造体系,绿色发展动能持续增强

坚持绿色发展、循环发展、低碳发展,提高供给体系质量和效率,深入实施绿色制造工程,成功创建生物园区等 3 家国家级绿色园区、黄河上游水电等 7 家国家级绿色工厂,国家级绿色工厂累计 14 家,占全省的 66.7%。淘汰出清 18 户企业、整合重组 38 户企业,淘汰粗钢、碳化硅等落后产能 170 万吨;相继实施尾气综合利用制烯烃、亚洲硅业还原尾气回收综合节能改造、阳光能源单晶炉余热二次利用等近 200 个循环化改造项目,推动发展模式有序转变,西宁(国家级)经济技术开发区入选国家工业资源综合利用基地,工业增加值水耗、化学需氧量、氨氮等指标优于国家经济技术开发区平均水平;加快经济技术开发区循环化改造示范和低碳工业园区试点,完成甘河园区循环化改造国家终期验收,百河铝业吨铝液电解交流电耗、黄河水电和华能热电供电煤耗均达同行业领先水平,全市"减量化、资源化、再利用"循环经济发展模式逐步形成,"十三五"期间规模上以工业增加值单位能耗累计下降近 40%,超额完成省下达累计下降 11%的目标任务。

(三)科学谋划布局,特色现代产业体系初步形成

持续优化产业布局,青海国家高新技术产业开发区获批设立,成为全省唯一国家级高新区,"青藏高原特色生物资源和中藏药产业集群"列入国家创新型产业集群试点。相继建成万吨级晶硅及硅材料、电解铜箔、锂电正负极材料、锂电池生产线、锂电隔膜、阴极铜和兆瓦级硅电池及组件等一批重大

项目，北川园区铝镁合金高新材料加工产业聚集步伐加快；东川园区形成"多晶硅—单晶硅—切片—太阳能电池—光伏组件—太阳能光伏发电"为一体的光伏全产业链；甘河园区金属延伸加工产业加速向集群规模化迈进，"烯烃—丙烯腈—碳纤维—碳纤维复合材料"产业链稳步推进；南川园区构建覆盖正负极材料、隔膜、铜箔、铝箔及车用储能电池制造完整锂电全产业链，全市以锂电储能、光伏制造、有色合金新材料、特色化工、生物医药和高原动植物资源精深加工五大产业集群主导，传统产业与新兴产业双轮驱动、双向发力，产业链纵向延伸、横向耦合的现代产业体系基本形成，2020年五大产业集群工业产值占规模上以工业总产值的76.1%。

（四）坚持提质增效，数字经济发展势头良好

大力培育数字经济，加快工业互联网上云行动，时代新能源等18家企业纳入国家级两化融合管理体系贯标试点企业，规模以上工业企业管理信息化覆盖率达到86.7%，中小企业信息技术应用率达到80%。推动新一代信息技术在关键行业领域应用，累计培育智能工厂、数字化车间24个，企业管理、物流配送、生产流程、工业设计等环节信息应用率达80%以上，全市规模以上工业企业关键工序数控化率、生产装备数控化率、数字化研发设计工具普及率分别达42.5%、37.47%、35.5%，信息化对工业企业效益增长贡献率超过20%。推动"5G+""互联网+"融合创新发展，印发实施《西宁市支持数字经济发展若干措施》《西宁市关于5G通信基础设施建设和加快应用推广的措施》，国际互联网数据专用通道获批建设，西北首个根镜像服务器上线运营，建成"三江源"国家大数据基地、全省首家城市级大数据基础平台等一批云计算和大数据中心，三大基础电信运营企业服务器装机能力超过万台，2020年全市城际出口带宽达5040GB，累计新建和改造5G通信基站1850个。推进实施电信普遍服务试点，新建和升级改造602个行政村光纤宽带，完成113个4G基站建设任务，行政村村委、卫生室、学校光纤宽带和4G网络全覆盖。

（五）不断优化产业结构，经济发展韧劲不断增强

主动融入"双循环"新发展格局，加快推进"兰西城市群"制造业高质

量协同发展,签订《兰西城市群制造业战略合作协议》,积极合力打造"锂电池—新能源汽车"制造产业集群,推动形成政府统筹、部门联动、企业推进交流对接机制。打造甘河、南川电力特区,推动实现供电多元化、用电优质化,南川园区获批国家第五批增量配电业务改革试点,成为全省经济技术开发区内首个增量配电业务改革试点区域。坚持创新驱动发展战略,将亚洲硅业认定为国家级企业技术中心,单晶硅电池平均转化效率、微孔铜箔技术国内领先,第六代动力电池生产线智能化水平全球顶尖、生产效率领先行业5年以上,中复神鹰跻身国家制造业核心竞争力工程包,电子级多晶硅材料填补我国集成电路用高纯多晶硅材料空白,产业布局、产业结构和产业效益不断优化提升。持续壮大非公经济,实施市场主体倍增计划,全力支持非公经济平稳健康发展,非公经济增加值占GDP比重40%以上,对全市经济增长贡献率60%以上。完善市场经济秩序、优化营商环境,相继出台《西宁市加快发展非公有制经济的若干措施》《西宁市进一步促进民营经济和中小企业健康发展若干措施》《西宁市进一步优化营商环境的若干措施》"1+8"政策体系,全市推动经济高质量发展的政策体系进一步完善。

(六)坚持开放发展,外向型经济发展水平日益提升

加快西宁综合保税区建设,并及时开展招商工作,与青海省内外多个企业拟定了入区项目,达成入区协议。着眼于业态创新,多措并举推动跨境电商综试区建设,在城西区总部大厦设立了跨境电商基地,陆续引进了宁波、深圳等地一批企业,青海班惠、卡明商贸等跨境电商企业陆续落地。全面启动铁路海关指定监管场地建设,与兰州市签订了《兰西城市群对外开放领域交流合作协议》,拟定了《推进兰州—西宁国际班列合作运行工作方案》,主动调研企业需求,积极对接青藏铁路公司,自2019年12月起,陆续开通了3列木材、燕麦国际货运进口班列,打通了国际班列经二连浩特、阿拉山口等方向抵达全市的中通道和西通道,推动了国际物流通道建设,实现了国际货运班列常态化运行。着力稳定外贸进出口业务发展,发挥政策利好,持续提升投资贸易便利度,出台了《西宁市促进外资增长若干措施》《西宁市积极有效利用外资推动经济高质量发展若干措施》《全力稳定外贸增长的若干措施》

等一系列政策文件，努力强化便民利企，提高商务服务水平，有效激发了市场主体发展活力。强化外贸合作，不断扩大对外贸易朋友圈，加强与"一带一路"共建国家经贸合作，贸易合作伙伴遍及84个国家和地区（较上年增加了6个国家和地区），在中亚、东南亚等地设立15个本地特色商品国际营销中心和海外仓，建成13个综合性进口商品展销中心，有效带动货物贸易发展。加强内引外投，推动双向合作迈上新台阶，2020年新批准设立外商投资企业6家，合同利用外资3492.94万美元；新增中外合资企业4家，投资额63.1万美元。

（七）持续深化体制机制改革，文旅融合发展初见成效

完成文化旅游广电机构改革，培育文化法人单位3830家，实现销售收入20.88亿元，产业增加值年均增长3%。出台《西宁市加快推进全域旅游发展的实施意见》，2019年全市旅游年接待量达到2855.73万人次，同比增长16.06%，实现旅游总收入372.97亿元，同比增长19.38%。2020年受新冠疫情影响，全市共接待游客约2152.51万人次，实现旅游收入219.71亿元，分别恢复到上年75.38%和58.91%。建成运营新华联国际旅游城、熊猫馆、藏博二期、塔尔寺大景区等重点项目，实施市民文化艺术交流中心、沈那遗址公园等项目，形成第三极看海洋、高原观熊猫等优势文旅产品。发起成立中国西部自驾车旅游联盟，连续举办五届联盟高峰论坛、三届青海地方特色小吃大赛暨西宁美食节、首届西宁河湟文化旅游艺术节等活动。建成10条乡村旅游示范带，创建全国乡村旅游重点村9个。西宁市列入国家旅游标准化示范城市，荣获"全国十大网红旅游城市"称号。

三、西宁市高质量发展面临的主要问题与不足

自"一优两高"战略实施以来，西宁市在坚持生态保护优先的前提下，结合资源禀赋，抢抓战略机遇，优化产业结构，淘汰高耗能产业，加快发展绿色新型产业，经济高质量发展成效显著。但同时也存在产业发展基础薄弱、规模总量偏小、开放型经济发展不充分等问题。

(一) 农业生产基础薄弱，特色农业总量不大

西宁市耕地质量等次较低，土壤有机质平均含量为 2.1%（21g/kg），低于全国平均水平 6.09%。全市水浇地面积为 48.88 万亩，占全市总耕地面积的 23%。设施农业温室多为 10 年前建造，老化较为严重，生产性能降低。乡村产业发展不平衡不充分，经营主体实力不强，龙头企业、农民合作社、家庭农场等新型农业经营主体数量少、规模小、效益低、带动弱。农业产前、产中、产后的社会化服务体系不健全，利益联结机制不完善，小生产与大市场矛盾依然存在，产业融合度不高。农村承包地流转风险防范机制还不健全，土地承包经营权流转行为还需进一步规范。农村集体产权制度改革完成后，受村集体资产量的限制，村集体经济整体发展水平较低，村级集体组织"造血功能"相对不足，产业选择难，发展模式基本类同，可持续发展后劲不足。

(二) 工业规模总量依然偏小、区域竞争能力不强

总体来看，西宁市产业结构依然偏重、产业关联耦合程度不高；创新发展能力偏低、转型升级任务艰巨；招商引资优势弱化、优惠政策存在短板弱项；融合发展基础薄弱、主动融入国家重大战略和新发展格局能力不强。生态经济发展中企业融资难、融资贵的矛盾依然突出。特别是藏毯绒纺、有色黑色金属生产加工等企业受市场、销售等影响无法按期还贷，导致银行抽贷；循环经济技术支撑与服务体系建设有待提升，当前，省级和市级对循环经济技术的引进、研发、应用和推广的资金投入不足，缺乏关键技术的研发动力和相应的激励政策，促进循环经济发展的技术体系尚未形成；数字经济发展的项目和资金不足，由于数字经济发展没有国家和省级财政支持，加之本级财政比较困难，主要以企业投入为主，企业重点项目、示范工程的建设力度不强，数字经济发展进度较为缓慢。

(三) 文化产业规模较小、融合创新发展仍需提升

缺乏市场竞争力和国内外具有较大影响力的文化企业。高质量旅游产品供给少，产业链条延伸不够。公共文化旅游基础设施和配套服务依然薄弱，特别是基层公共文化存在设施老化、面积不达标、专业队伍缺乏等问题。受财政收

入增速减缓和支出需求增大的影响，市级文化旅游专项资金逐年减少，一定程度影响了文旅市场主体培育，激励引导社会资本投入文旅产业发展的作用减弱。

（四）互联互通步伐进展缓慢，东部城市群建设有待加快

在基础设施互联互通、生态共建环境共治、公共服务共建共享、市场体系一开放等方面的区域一体化推动力度需加大，推动都市圈建设的重大支撑性项目还不够。西宁与海东三次产业存在明显的结构趋同现象，产业相似度大，关联度小，资源配置效率不高，缺乏主导和骨干支撑，分工合作、错位互补式发展的格局尚未形成。

（五）开放型经济总量小，区域竞争力较弱

目前，西宁市外经贸行业发展还存在很多短板、弱项，集中体现在，外经贸产业结构层次不高，竞争力、创新能力不强；对外开放的平台建设不足，综保区和跨境电商公共服务平台虽已建成，但由于招商等方面先期谋划不足，难以在短期内发挥带动效应。

第四节　西宁市高品质生活指标评价与分析

自"一优两高"战略实施以来，西宁市始终坚持以人民为中心的发展理念，持续多年以"小财政"托起"大民生"，着力提升城市品质和人民生活满意度。目前，全市义务教育均衡发展目标基本实现，办学条件显著改善，医疗远程会诊和中藏医服务实现全覆盖，城乡社会保障体系基本建立，爱老幸福食堂解决了老人用餐难题，安全生产、应急管理、防灾减灾救灾、食品药品监管持续加强，基本公共服务供给日益丰富，获评中国最具幸福感城市，各族群众生活品质持续提高，获得感、幸福感、安全感不断增强。

一、西宁市高品质生活指标分析

从收入水平来看，2018—2021年的四年间，西宁市城乡居民收入保持稳定增长，但增速较以前稍有回落；受新冠疫情影响，居民消费支出在2020

年、2021年有回落，但消费水平整体变化不大，其中，居民文教娱乐服务支出占家庭消费支出的比重有所上升，说明疫情影响下，城乡居民通过网络新媒体、自媒体等途径，文教娱乐服务支出有所增加；2018—2021年，恩格尔系数分别为0.029、0.031、0.028、0.042。其他如居住状况、社会保障、医疗和教育等四年间稳步提升，如表4-4所示。

表4-4 西宁市"高品质生活"评价指数

二级指标	指标权重	指标值（年）				三级指标	指标权重	指标值（年）			
		2018	2019	2020	2021			2018	2019	2020	2021
收入水平	0.063	0.189	0.169	0.154	0.126	城镇居民人均可支配收入	0.019	0.057	0.050	0.044	0.038
						农村居民人均可支配收入	0.019	0.057	0.051	0.046	0.038
						城乡居民人均可支配收入之比	0.025	0.075	0.068	0.064	0.050
消费水平	0.063	0.152	0.146	0.159	0.153	居民人均消费性支出	0.023	0.069	0.059	0.053	0.046
						恩格尔系数	0.014	0.029	0.031	0.028	0.042
						社会消费品零售总额增长率	0.013	0.027	0.028	0.039	0.026
						居民文教娱乐服务支出占家庭消费支出的比重	0.013	0.026	0.028	0.038	0.039
居住状况	0.050	0.108	0.093	0.086	0.072	常住人口城镇化率	0.013	0.039	0.033	0.029	0.026
						城镇居民人均住房建筑面积	0.012	0.036	0.029	0.029	0.024
						高原美丽乡村建设任务完成数	0.011	0.033	0.031	0.028	0.022
						生活垃圾无公害处理率	0.014	0.028	0.032	0.039	0.042
社会保障水平	0.044					养老保险参保率	0.015	0.031	0.041	0.031	0.045
						农村居民最低生活保障金提升幅度	0.014	0.031	0.039	0.028	0.042
						每千名老人拥有养老机构数	0.015	0.030	0.030	0.038	0.045

续表

二级指标	指标权重	指标值（年）				三级指标	指标权重	指标值（年）			
		2018	2019	2020	2021			2018	2019	2020	2021
医疗卫生水平	0.056	0.106	0.092	0.112	0.099	人均预期寿命	0.015	0.020	0.025	0.030	0.045
						每千人拥有执业（助理）医师数	0.014	0.038	0.038	0.042	0.028
						每千人拥有床位数	0.014	0.030	0.028	0.042	0.041
						婴儿死亡率	0.013	0.039	0.026	0.028	0.031
教育就业	0.043	0.089	0.084	0.083	0.060	劳动年龄人口平均受教育年限	0.013	0.052	0.039	0.039	0.026
						城镇登记失业率	0.015	0.045	0.040	0.038	0.030
						新增就业人数	0.015	0.044	0.044	0.045	0.030
社会治理	0.027	0.067	0.078	0.070	0.066	每万人口公安机关立案刑事案件数	0.014	0.028	0.042	0.040	0.040
						每万人拥有律师数	0.013	0.039	0.036	0.031	0.026

（一）居民收入和消费水平稳步提升

西宁市居民人均可支配收入由2018年的25926元增长到2021年的32347元，同比增长7.1%。城镇居民人均可支配收入为39251元，同比增长6.2%；农村居民人均可支配收入为14948元，同比增长10.8%，居民收入保持稳定增长，如图4-4所示。城乡收入比为2.63，比上年缩小0.11。全市居民人均生活消费支出22174元，增长5.5%。按常住地分，城镇常住居民人均生活消费支出25688元，增长3.5%；农村常住居民人均生活消费支出13317元，见图4-4。随着居民收入水平的不断提高，居民人均生活消费支出总体上呈稳定增长态势，消费结构和消费质量都发生深刻变化，居民消费升级步伐加快，消费能力持续提升，消费结构日趋合理。

（二）劳动力转移就业形势良好

2018年以来，西宁市城镇新增就业10.43万人，各类失业人员就业6.94万人，就业困难人员实现就业9466人，城镇登记失业率控制在3.5%以内，全市农村劳动力转移流动就业126.28万人次，农村劳动力转移劳务收入

71.75亿元，应届高校毕业生实名登记率达100%，应届高校毕业生总体登记就业率达89.24%以上，如图4-5如所示。

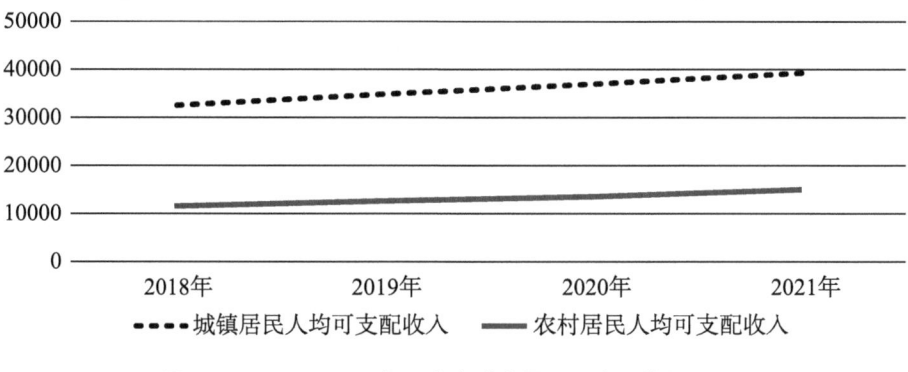

图4-4 2018—2021年西宁市城乡居民可支配收入（元）

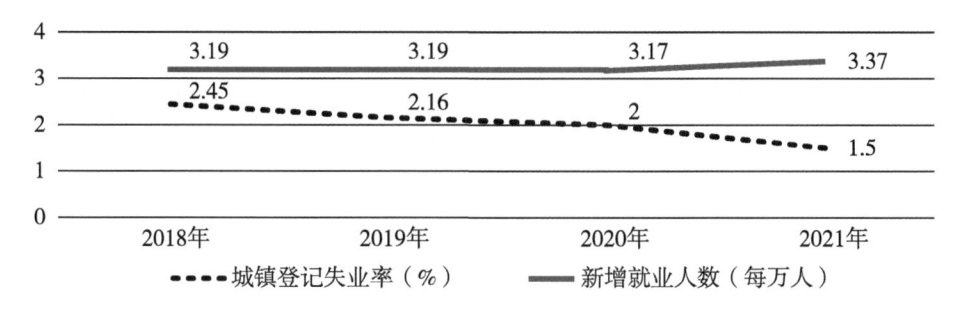

图4-5 2018—2021年西宁市城镇登记失业率和新增就业人数

（三）义务教育均衡协调发展

2018年以来，累计落实教育资助资金13.45亿元，惠及学生136.01万人次。目前，西宁市学前三年毛入园率105.66%、义务教育巩固率98.67%、高中阶段教育毛入学率103.73%。义务教育超大班额全面消除，大班额比例由2018年的23.97%降至3.13%。

（四）公共卫生保障水平不断提升

2020年西宁市卫生人员总量达到36041人，每千人口卫生技术人员由9.09人提高到11.9人，每千人口执业（助理）医师由3.41人提高到4.18人，每千人口注册护士由3.96人提高到5.48人，均高于青海省平均水平。

2020年65岁以上老年人健康管理率达到88.42%，超过国家要求18.42个百分点，超出省级要求8.42个百分点。西宁市预估人均期望寿命达75.5岁、提高0.88岁，高出于青海省1.8岁；孕产妇死亡率由29.22/10万降至24.97/10万；婴儿死亡率由9.02‰降至5.16‰，五岁以下儿童死亡率由10.61‰降至6.76‰，衡量居民健康水平的主要指标均达到青海省较高水平。

（五）新型城镇化建设持续推进

自"一优两高"战略实施以来，西宁市加快城市转型升级，引领城市高品位绿色发展，培植绿色产业发展新优势，产业融合与产城融合并进，并将新型城镇化综合试点作为供给侧结构性改革的重要内容，统筹协调供地、落户、就学、住房等关键环节，建设人民满意的"幸福西宁"，新型城镇化建设持续推进，如图4-6所示。

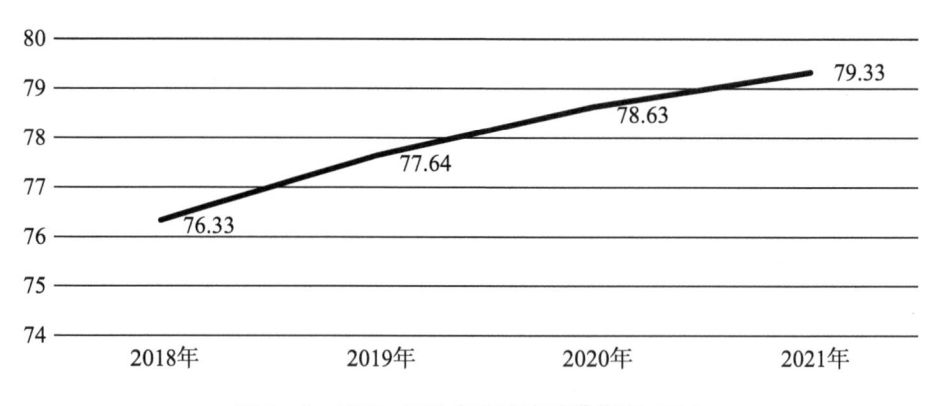

图4-6 2018—2021年西宁市城镇化率（%）

二、西宁市创造高品质生活的主要举措与成效

自"一优两高"战略实施以来，西宁市以"小财政"办"大民生"，不断改善各族群众生活品质，人民群众的幸福感、满意度持续提升。

（一）加大投入力度，着力改善民生

西宁市坚持"小财政、大民生"理念，着力补齐民生事业发展短板，提升民生保障水平，每年民生支出占支出总量的比重始终保持在80%以上。其中，教育支出累计完成 164 亿元，年均增长 3.9%，重点支持消除义务教育"大班额"，落实西宁市 15 年教育资助政策，促进城乡义务教育均衡发展。社会保障和就业支出累计完成 138.4 亿元，年均增长 13%，重点支持社会保障兜底、公共就业创业服务均等化，社会救助实现城乡同步。医疗卫生支出累计完成 69.1 亿元，年均增长 9.2%，重点支持深化紧密型一体化医联体改革、医疗卫生领域补短板，推进"健康服务共同体"建设。农林水支出累计完成 103.3 亿元，年均增长 0.9%，重点支持打好脱贫攻坚战和乡村振兴战略实施，全市 330 个贫困村 6.3 万贫困人口脱贫，农村基础设施建设稳步提高，建成 395 个高原美丽乡村，实施 330 个村饮水安全巩固提升工程，推进 540 个村农村环境连片整治和 917 个村农村人居环境整治项目。发放惠农补贴 57.8 亿元，惠及群众 221.9 万人次。住房保障支出累计完成 54 亿元，年均增长 2.4%，累计开工建设城镇各类保障性住房 12.5 万套，实施农村危房改造和奖励性住房 2.3 万户。累计投资 15.2 亿元，完善政府购买养老服务制度，支持养老事业高质量发展，爱老幸福食堂、农村"老年之家"等项目有效落地。文化旅游体育与传媒支出累计完成 15.3 亿元，年均增长 3.2%，重点支持文化馆、图书馆等"四馆"建设和基层公共文化设施、体育场馆免费低收费开放，推动文旅整合和高质量发展，特色乡村旅游建设逐步完善，改革成果惠及更多群众。

(二) 坚持教育优先发展战略，教育资源总量不断扩充

1. 科学优化教育资源配置

2018 年以来，西宁市先后实施教育布局调整、全面改薄等九大类 327 个项目，推进学前普惠提升、消除义务教育大班额、攻坚"两大工程"，完成投资约 42 亿元，新建、改扩建校舍 79.3 万平方米，扩充教育用地 907 亩，新增学位 1.3 万个，义务教育超大班额全面消除，大班额比例由 2018 年的 23.97% 降至 3.13%，100% 的教学班配置多媒体设备，100% 的学校实现宽带网络校校通，虚拟仿真实验室、名师课堂资源实现中小学免费全覆盖，学校"三防"建设实现专职保安配备、封闭化管理等"四个 100%"。实行幼儿园等级评定和奖补政策，制定普惠性幼儿园生均补助标准，"入园难、入园贵"

问题有效缓解，全市公益普惠园覆盖率达到87%。

2. 全面提升教育保障水平

各县区义务教育全部通过国家基本均衡评估验收，设立"自主学习日"，实施"作业备案制"，率先全国出版发行《绿色发展校本教材》，加强学生心理健康教育，打造25个学科基地，西宁市获评"职业教育促进经济社会发展试验区"。财政性教育经费支出占GDP的比例连续多年超过4%国家标准，建立从学前到大学的教育资助体系，实现应助尽助、应享尽享。2018年以来，累计落实教育资助资金13.45亿元，惠及学生136.01万人次。目前，全市学前三年毛入园率105.66%、义务教育巩固率98.67%、高中阶段教育毛入学率103.73%。

3. 持续深化教育综合改革

扎实推进城乡义务教育集团化办学改革，推行"团队式"管理帮扶，以"九统一"为主要任务的"四互四共"运行模式得到有效探索，乡村学校办学质量大幅提升，惠及乡村学生1.65万人，城乡教育集团化办学"西宁模式"入选全国基础教育优秀工作案例和全国教育扶贫典型案例。在全省率先实施"初中学业水平考试成绩+综合素质评价"的高中招生录取模式综合改革，德、智、体、美、劳全面发展的学生评价体系初步构建。西宁五中、大通朔山中学在全省率先获评普通高中新课程教材实施国家级示范校。

4. 全面推动绿色发展进校园

深入挖掘教育在绿色发展中的责任、价值和潜力，进一步明确教育系统绿色发展目标，联合市委绿发委编发推广使用《西宁教育"绿色发展"校本教材》，发挥青藏高原自然博物馆、西宁市中小学生态科普教育实践基地等14个绿色发展教育基地作用，调整完善西宁城院绿色发展学院专业及课程设置，组织39支"绿色先锋"志愿服务队，学生带动家庭、家庭带动社区、社区带动公民，绿色发展行动参与范围更为广泛。大力开展校园绿化建设行动，组织"绿色学校"评选创建活动，全市教育系统共有市级绿色学校268所、省级绿色学校280所，绿色发展和生态环保理念正在西宁校园内落地生根、开花结果。

（三）全面提升医疗卫生保障水平，卫生健康事业发展成效显著

1. 进一步深化综合医改工作

在全国率先组建市县乡村四级紧密型一体化医疗集团，建成医疗集团2个，其中西宁市第一医疗集团涵盖四级医疗机构323家，西宁市第二医疗集团涵盖四级医疗机构416家，从"医联体"迈向"健共体"，两次入选全国医改十大新举措。紧密型县域"医共体"实现全覆盖，建设5个专科联盟，全市公立医院现代医院管理制度全覆盖。全面实施药品采购"两票制"，药品配送率达97.2%，药品耗材采购价格进一步降低，群众用药负担持续减轻。

2. 进一步加大项目建设力度

落实卫生健康领域资金12.14亿元，涉及重点项目36项，新改建北川医院等医疗卫生机构30所，全面完成村级卫生室提质升级工程，进一步改善了各级医疗卫生机构的基础设施，健全了医疗服务网络，提高了诊疗服务水平，提升了患者就医的便捷性。尤其是2020年累计落实医疗卫生领域专项资金9.64亿元，重点推进市疾控中心、市级医院传染病区、医疗物资应急储备设施、核酸城市检测联盟基地等30项医疗卫生项目，落实资金额度达到近十年建设资金的总和。

3. 进一步提升重大疾病防治水平

西宁市重大传染病应对处置能力大幅提升。尤其是2020年、2021年，面对新冠疫情来袭，严格落实"四早""四集中"要求和"四方"责任，坚持中西医结合，采取一系列有效措施守护人民生命安全和身体健康。

4. 进一步提升基层卫生服务能力

持续推进医疗卫生机构分级诊疗，探索实施"3+1+N"全科医生团队服务和健康签约"承包"服务新模式，率先推行家庭医生"七进四送"活动。2020年底，签约服务人数达114.4万余人，开展健康宣教、咨询等近4万次。新改扩建村卫生室330所，村卫生室标准化建设实现全覆盖。1所社区卫生服务中心荣登全国社区卫生服务"百强榜"，11所乡镇卫生院获得国家级"群众满意的乡镇卫生院"殊荣。率先在全省建成4所社区医院。

5. 进一步改善居民健康水平

围绕提供全方位、全周期健康服务，持续加强居民健康水平主要指标提升工作。2020年底，65岁以上老年人健康管理率达到88.42%，超过国家要求18.42个百分点，超出省级要求8.42个百分点。全市预估人均期望寿命达75.5岁、提高0.88岁，高出于全省1.8岁；孕产妇死亡率由29.22/10万降至24.97/10万；婴儿死亡率由9.02‰降至5.16‰，五岁以下儿童死亡率由10.61‰降至6.76‰，衡量居民健康水平的主要指标均在全省较高水平。

（四）强化公共文化供给，推动公共文化服务普惠均衡发展

1. 持续加大公共文化服务供给投入力度

成功创建国家公共文化服务体系建设示范区，建成乡镇文化站67个、社区文化站124个、村级文化中心643个，公共文化场馆全部实现免费开放。开展惠民演出1600余场；组建5支文艺轻骑兵团队，开展志愿演出1000余场；荣获中宣部等三部门颁发的"全国服务农民服务基层文化建设先进集体"称号。建成旅游集散中心7处、自驾车营地17处、新建旅游厕所116座。

2. 加大精品剧目创作

艺术创作异彩纷呈。音乐剧《花儿·少年》入选黄河流域优秀剧目，秦腔《尕布龙》全国巡演100场并荣获全国秦腔艺术节优秀参演剧目；优秀剧目《邓训》《古道传奇》演出百场深受好评；影视作品《幸福西宁》《西宁非遗》生动记录体现西宁文化发展传承；推出了《绿水青山·幸福西宁》《西宁盛典》演艺剧目，以文艺演出、非遗展示和旅游推介等形式赴澳大利亚、新西兰、泰国等地展示幸福西宁城市形象，对外交流合作不断拓展。

3. 文保利用切实加强

出台《西宁市关于加强文物保护利用改革的实施方案》，健全落实文物管理责任体系，先后实施沈那遗址、明长城、塔尔寺等文物本体修缮项目等70余项；完成300余件馆藏文物评估定级，修复文物325件，建立数字化档案；赴南京举办西宁文物交流展览，赴北京举办"西宁非物质文化遗产精品展示月"系列活动；出台市级非遗保护专项资金管理办法等政策措施，建立了四级非遗项目名录保护体系，开展非遗项目进校园、进社区活动。

4. 广电惠民提质增效

投资1.68亿元，建成西宁传媒中心。投资1.5亿元，实施广电"户户通"建设、国标地面数字电视无线覆盖工程等公益性项目。建成广电发射台66座，农村广电"户户通"用户达到19万户，广播人口覆盖率达99.44%，电视人口覆盖率达99.63%。

5. 行业监管环境优化

成立西宁市旅游旺季服务保障工作指挥部，建立健全联席会议、联合执法等工作协调机制，出台《西宁市文化市场综合行政执法改革工作方案》，成立西宁市文化市场综合行政执法监督局和西宁市旅游服务质量投诉受理中心，加大文化市场执法力度，保障群众合法权益。

三、西宁市创造高品质生活面临的主要问题与不足

自实施"一优两高"战略以来，西宁市在贯彻落实"一优两高"战略上取得了一些成效，人民生活品质持续提升，人民群众对生活的满意度也更加高涨，2021年，西宁荣获了"2021中国最具幸福感城市"。但比较来看，尤其与人民群众对优质高品质生活的期望相比仍然有一定差距，主要表现在：

（一）城乡建设投入不足，基础设施供给仍有缺口

一是农村垃圾污水处理等基础设施建设不足的短板突出，生活垃圾集中无害化处理的村庄占比低，农村垃圾"村收镇运县处理"配套设施不完善。污水管网覆盖面不高，集中处理能力不足。二是全市部分农村公路建设年限早、等级低，亟待加大投入力度进行改造升级。三是市政基础设施建设中城镇污水处理提质增效行动建设项目仍存在资金缺口大等问题。同时，城镇部分地区燃气管网规模偏小、管道老化严重，存在一定的安全隐患。

（二）优质卫生资源供给仍显不足，均衡发展还有差距

西宁市优质卫生资源总量不足、分布不均，发展不平衡不充分的问题依然突出，医疗卫生服务整体水平和效率仍需提高；卫生专业人才队伍"村（社区）紧缺、县区乡镇较弱、市级不强不精"的问题长期存在且日益突出；

大医院一床难求，小医院门庭冷落的现象依旧存在，人民群众看病难、看病贵、看病远的问题还没有彻底解决。特别是新冠疫情发生后，更加暴露出全市公共卫生应急管理基础设施滞后、技术力量薄弱、救治能力不强等突出问题和短板弱项。"五医"联动有待进一步加强，医院和医务人员积极性调动不够有力，医防融合发展还需要探索新路径新机制。

（三）教育均衡发展水平还有差距，发展优质均衡教育仍需发力

经过多年的努力，西宁市义务教育均衡发展虽取得了显著成效，但由于多方面因素制约，教育供给能力与人民群众日益多元的教育需求还不相适应，区域之间、城乡之间、学校之间发展还不平衡，城乡义务教育一体化和优质均衡发展任重道远，"择校热""入园难"等问题仍然存在。同时，在"双减"背景下如何持续提升教育质量仍将面临严峻挑战。

（四）基层公共文化服务依然薄弱，城乡发展仍有一定差距

公共文化旅游基础设施和配套服务仍较薄弱，尤其是基层公共文化存在设施老化、面积不达标、专业队伍缺乏等问题。总体来看，湟中区、湟源县、大通县与西宁市主城区在公共文化服务供给和基础设施建设及配套服务等方面还有很大差距。

（五）综合实力仍不够强，持续改善民生压力大

自"一优两高"战略实施以来，西宁市以"小财政托起大民生"，不遗余力改善民生，提升人民生活品质。但自2020年以来，城乡居民收入、消费、基础设施建设等方面均受到不同程度的影响，持续投入面临较大的财政压力。

第五节　西宁市持续深入推进"一优两高"战略的对策建议

站在新的历史起点上，西宁市作为省会城市，应充分利用重大战略机遇叠加的政策效应、机制效应、改革效应，全面贯彻落实青海省第十四次党代会和西宁市第十五次党代会精神，坚持生态保护优先不动摇，奋力推进产业"四地"建设，持续推动绿色低碳发展，夯实高质量发展的基础，持续增强发展动力，全力改善民生，建设现代美丽幸福大西宁。

一、高水平推进生态治理保护，助力"双碳"目标实现

（一）协同推进减污降碳工作

深刻把握"实现减污降碳协同效应"总要求和"三个治污"工作方针，实施减污降碳协同治理，更好地推动环境治理从注重末端治理向更加注重源头预防和源头治理有效转变。要深入打好污染防治攻坚战，突出精准、科学、依法"三个治污"，坚持在认识上深思考深领悟、在工作上花心思花气力、在实践中出真招出实招，因时、因事、因势调整工作思路、理念、策略和方法，锚定精准治污的要害、夯实科学治污的基础、增强依法治污的保障，有效克服各种不利影响，持续推动生态环境质量不断改善。要认真落实"降碳"工作，开展二氧化碳排放达峰行动，研究制定推动全市2030年前碳排放达峰实施路径，推动减污降碳协同发力；聚焦重点领域、重点行业，加强重点企业碳排放核查和碳交易市场建设，加快推动产业结构转型升级；大力开展国土绿化，提升生态系统碳汇能力，推进绿色低碳试点示范；加强应对气候变化机构建设，完善应对气候变化技术支撑体系。

（二）狠抓生态环保突出问题整改

坚持把生态环境保护突出问题整改工作作为重要政治责任，进一步完善清单管理、定期调度、通报预警、销号验收、约谈问责等工作机制，强化日常巡查、定期"回头看"等措施，突出整改落实，保质保量完成目标任务。

（三）深化重点领域改革

持续发力环保整改"后半篇"文章，深入推进"放管服"改革，运用好综合监管手段和碳排放权、排污权交易等市场手段，深化排污许可"一证式"管理改革，落实生态环境损害赔偿制度。加快推进"三线一单"成果落地应用，积极构建完善的生态环境分区管控体系。聚焦到2025年建立健全现代环

境治理体系,坚持不懈探索新机制、尝试新举措,加快形成与治理任务、治理需求相适应的治理能力和治理水平。进一步健全完善生态文明领域统筹协调机制,加快形成导向清晰、决策科学、执行有力、激励有效、多元参与、良性互动的"大环保格局",实现"要我环保"到"我要环保"的历史性转变。

(四) 强化作风建设保障

深入贯彻落实西宁市作风建设推进会精神,发扬为民服务孺子牛、创新发展拓荒牛、艰苦奋斗老黄牛精神,营造感恩奋进、拼搏赶超的强大气场,引导激励全市生态环境系统广大党员干部立足生态环境保护展现担当作为。弘扬雷厉风行、干净利落的优良作风,摈弃疲沓拖拉的作风,在环评审批服务、回应企业诉求、解决环保问题等方面不等、不拖、不推,以快制胜。正确认识和处理好高水平保护与高质量发展的关系,切实强化主动服务经济发展的责任意识,对重大工程项目主动跟进服务保障,建立落实"企业环保服务日"制度,加强对工业园区和工业企业等重点对象企业环评、治理技术、提标改造的指导帮助,积极助力经济发展。注重效能提升,进一步简化环评审批流程,推进环境监督执法精准化,对减排成效突出、资源能源利用率高、稳定达标排放的企业豁免应急、错峰等管控措施,持续提升工作效能。

二、坚持新发展理念,着力提升产业链现代化水平

(一) 构建高质量发展新格局

统筹资源禀赋、产业基础、环境容量、区位交通等要素,做强"三极"发展引擎,持续做强西宁经济技术开发区,打造具有行业重要影响力的研发制造基地、先进制造和现代服务相融合的复合型产业功能区;推动西宁综合保税区、北川工业园、配套生活城融合发展,打造对外开放新高地;培育壮大青海高新区高原生物医药健康、大数据、智能制造产业集群,打造具有影响力的极地创新城,支撑引领创新型城市建设,成为全省高质量发展的动力源。提升"三带"发展能级,全力做强宁大(西宁—大通)北川高新技术产

业带、鲁多—西塔（甘河—鲁沙尔—南川）沿线优势产业带、沿湟水河（东川—多巴—大华）综合产业带，打造形成产业布局、生产力布局、空间布局和项目布局协同并进、高效链接的发展新格局。培育"三点"发展优势，发展县域特色产业，做强大通北川铝镁合金高新材料产业园，做精湟源青藏高原原产地特色产业聚集园，做活河湟文化西宁产业园。加强区域产业联动，推进兰西城市群产业一体化协同发展，主动融入长江经济带、黄河流域生态保护和高质量发展等区域产业链供应链体系，构建融入"双循环"新发展格局的西宁特色产业链。

（二）实施建链强链补链延链工程

建立完善从产业链图谱梳理、监测分析到技术攻关、补齐短板的闭环工作机制，立足加快建设世界级盐湖产业基地，科学谋划一批面向轻金属（镁钠锂）元素开发、钾肥及复合肥加工、无机盐精细化工、氯平衡能源化工、大宗废弃物综合利用项目，延伸发展有机基础材料、纤维材料、精细化工产业，布局碳纤维应用产业，全力打造西北地区重要碳纤维生产应用基地。立足打造国家清洁能源产业高地，以实现碳达峰、碳中和战略目标为导向，面向太阳能产业、水光互补、地热能产业等领域，积极发展清洁能源装备制造及关键零部件、关键核心材料，开展能源利用技术研究，巩固提升"多晶硅—单晶硅—切片—太阳能电池—光伏组件—应用系统"光伏全产业链水平，加快布局锂电材料、电池、电控系统等产业链项目，开发拓展储能产业应用市场。围绕汽车轻量化，加快推动有色合金材料产业与汽车产业、轨道交通、民用等产业融合发展。立足打造绿色有机农畜产品输出地，充分挖掘青藏高原动植物资源，做优做强牛羊肉、乳制品、青稞、枸杞、沙棘、藜麦、虫草、中藏药等生态产业，积极构建以中藏药产业为支柱、生物健康功能产品产业为主导、高原医养健康服务为延伸的产业体系，打造高原生物医药健康产业基地。

（三）提升发展能级融入新发展格局

全面畅通产业循环、区域循环和要素循环，打通产业发展堵点、疏通产业发展难点、提高区域协作发展水平、完善企业发展要素保障，保障产业链供应链持续稳定发展。聚力增强企业活力、完善创新体系、培育先进制造业集群、推动制造方式转型、完善和优化产业链、优化制造业发展环境，全力实施创新引领、集群培育、绿色发展、企业培育、品牌质量、开放合作等工程，推动产业规模和质量提升。聚焦推动产业高端化、智能化、绿色化发展，突出经济生态化和生态经济化培育发展生态经济。巩固壮大实体经济，瞄准全产业链优化升级的补链、延链、强链、固链关键环节，主动融入长江经济带、黄河流域生态保护和高质量发展、兰西城市群等区域产业链供应链体系，构建西宁融入"双循环"新发展格局的完整产业链，筑牢"产业—产业链—产业集群"发展体系。

（四）推动关键领域融合发展

突出工业化和信息化融合发展，开展"5G+工业互联网"集成创新应用试点和"上云用数赋智"行动，实施"设备换芯""生产换线""机器换人"改造，推动数字经济和实体经济深度融合。支持绿色清洁能源、有色金属精深加工和高端装备制造等行业大型企业开展制造生产线智能化和绿色化技术改造，推动低成本、模块数字化设备和系统的部署应用，打造一批数字化车间、智能产线、智能工厂，实现全过程的数字化管控。选择两化融合发展基础较好、信息基础设施较为完备、支撑智慧园区建设基础较强的工业园区开展智慧园区建设试点示范。在化工、锂电、能源、光伏等发展基础好、企业需求大、示范效应强的领域，积极开展企业上云试点示范，及时总结企业上云工作经验教训，适时在全市范围内开展工业企业上云行动。加大信息安全和资金保障力度，确保企业上云工作成规模、见实效。加快规划建设一批生产性服务业公共服务平台和功能区，推动服务业与制造业"双向渗透、协同发展"。深化军民融合，推动军民两用技术成果引进应用，培育发展一批军民两用产品。

三、全力推进产业"四地"建设，加快构建现代绿色产业体系

（一）推动先进制造业集群发展

扩大硅基材料、切片、电池、组件以及石英坩埚等配套产业规模，基本

建成千亿级光伏产业集群。实施动力锂电池、电解铜箔等项目，基本建成千亿级锂电产业集群。发展特色化工、精细化工、高端合金材料等产业，基本建成化工新材料和有色合金千亿级产业集群。培育绿色有机农畜产品、高原康养等特色产业，打造青藏高原特色生物医药创新高地。盘活整合现有产能，做优藏毯绒纺加工产业，提升产品竞争力，建设世界藏毯之都。推进电力源网荷储一体化发展，探索建立西宁绿电特区。

（二）打造区域现代服务业高地

推进青海丝绸之路国际物流城与朝阳物流园区融合发展，加快贯通县乡村电子商务体系和快递物流配送体系。引导金融机构增加制造业中长期贷款，支持优质企业拓展融资渠道。启动新一轮扩消费行动，推进国家文化和旅游消费城市试点，建设一批具有历史记忆、地域风情、民族特点的文旅小镇，做强西部自驾车旅游大本营，打造环青旅游精品线路升级版。培育高原大健康产业集群，推进康养示范基地、医养综合体等项目。支持主要商圈和特色商业街完善消费配套，引导水井巷、力盟商业步行街等申报国家级步行街试点。

（三）加快推进农业现代化

落实国家粮食安全战略，坚决遏制耕地"非农化""非粮化"。完善农业水利设施，建设高标准农田，实施化肥农药减量增效工程。强化优质资源保护和研发利用，发展壮大牦牛、青稞等特色优势产业，加快建设国家农村产业融合发展示范园、黄河流域现代农业产业园、青藏高原原产地特色产业聚集园。

（四）全力助推打造国际生态旅游目的地

以打造国际生态旅游目的地服务基地、集散中心为目标，探索建立生态旅游可持续发展长效机制，将生态文明理念贯穿生态旅游发展各环节，构建生态旅游产品体系，提升生态旅游服务水平，加大全域旅游示范区创建，生态旅游度假区建设，打造生态型 A 级旅游景区，大力发展乡村旅游，构建生态旅游品牌体系，不断提升生态旅游品牌知名度和影响力。

（五）加大高质量文旅产品供给

坚持以人民为中心的创作导向，实施精品文艺创作工程，打造原创精品剧目，推动传统戏曲、花儿、曲艺传承发展，支持旅游演艺发展；深入推进文旅融合，大力发展全域旅游、工业旅游、乡村旅游、自驾旅游，努力扩展旅游新兴业态，推进多层次的文化旅游对外交流合作，不断提升文旅产品供给能力和质量。

（六）推进文保非遗健康发展

以打造国家河湟文化生态保护实验区为载体，加快推进"一窟两街三遗址"保护利用，做好油泵油嘴厂等工业遗址活化利用。建立市级中心带动，传统工艺工作站、非遗工坊传习空间为补充的非遗保护传承发展体系及全市非遗数字化资源库，加大传承人研习培训和引导扶持，努力实现非遗保护传承创造性转化、创新性发展。

（七）不断提升城市品牌形象

围绕"中国夏都"等核心文旅宣传品牌，加大以"公园城市""湟水风韵""河湟谷地"等为支撑延展品牌的推广，彰显现代美丽幸福大西宁城市形象。主动融入兰西城市群、黄河流域高质量发展等国家战略，创新宣传推广方式，着力构建跨区域、跨平台、跨终端的宣传营销体系，注重区域联动和品牌打造，助力文化强市和国际旅游名城建设。

四、积极推进基础设施提档升级，全面提升交通运输组织水平

（一）大力提升城乡公路通行效率

争取更多通乡三级公路升级改造、农村公路项目向进村入户倾斜，加大农村公路"油返砂"和"畅返不畅"整治力度，因地制宜有序推进低等级公路升级改造，促进农村路网提档升级。加快新型基础设施建设，推进城西、城南客运站和王斌堡、沙塘川、城北高教园等公交场站建设，持续提升新能源公交车台、出租车电动化率，推进全市班线客车、旅游客车、网约出租车和报废燃油（燃气）车更新为新能源车辆。

（二）深化运输结构供给侧改革

全面推广绿色交通基础设施、先进适用的新能源和清洁能源装备，优化运输结构等任务，充分发挥交通信息平台，鼓励"互联网+"高效物流等业态创新，深入推进道路货运无车承运人试点，切实提高交通运输组织水平。优化生态选址选线，注重节能减排，把工程节能列入交通工程建设考核之中，加强工程建设能耗管理和节能监督，建设"生态公路"和"环保公路"，采取植被恢复、生态移植等生态修复措施，引导公路推进生态保护与修复工程。

（三）不断提升交通运输服务能力

持续打造以特色公交、旅游公交、城际公交多模式一体化的绿色出行公共交通体系，不断优化调整城市公交线网和站点布局。对城区东西主干线网整合优化，降低城市公交线路的重复率，降低市民出行时间和成本，初步建成布局合理、生态友好、清洁低碳、集约高效的绿色出行服务体系。继续坚持"巩固、扩大、提升"的工作思路，通过强化监督管理、挖掘停车潜力、加强智能化建设，进一步提高停车设施使用效率，进一步规范停车秩序，着力缓解停车供需矛盾。

五、坚持农业农村优先发展战略，积极融入绿色有机农畜产品示范省建设

（一）提升粮食和重要农产品生产供给

压紧压实"菜篮子"市、县（区）长负责制，保障肉菜等重要农产品供给。深入实施"藏粮于地、藏粮于技"战略，稳定粮油面积，提高单产产量。加强粮食生产功能区和重要农产品生产保护区建设，加快"两区"规模化、机械化、集约化、产业化发展步伐。开展粮食节约行动。加强"菜篮子"产能建设，落实露地蔬菜补贴政策，稳定设施蔬菜种植率。持续稳定生猪产能，建设标准化规模养殖场，保障牛羊肉市场供应。抓好奶牛、家禽生产，提高禽蛋奶供给能力。全力做好非洲猪瘟等重大动物疫病防控工作，抓好农产品质量安全监管，提升农产品质量安全水平。

(二) 推进有机农畜产品示范省建设

以部省共建绿色有机农畜产品示范省为契机,加快构建农业绿色发展支撑体系,打造"超净区"绿色有机农畜产品输出地。推进绿色农业增效行动,继续实施化肥农药减量增效行动,争取创建绿色防控示范县。建设市、县级牦牛藏羊可追溯管理平台,实现牦牛藏羊养殖、屠宰、加工、销售全产业链信息可追溯。加大绿色食品、有机农产品和农产品地理标志登记保护力度。加强农产品产地环境保护和治理,推进全域农业废弃物资源化利用。

(三) 深入实施"三乡"工程

全面落实支持"三乡"工程30条措施,促进各类农村资源增值潜力增收潜力释放,推动社会力量参与乡村振兴。实施市民下乡、能人回乡、企业兴乡工程,吸引更多工商资本、社会资本投入农村,培育各类新型经营主体,发展现代农业、休闲农业、乡村旅游、文化创意、电子商务等新业态,促进一二三产业深度融合,农村劳动力自主创业人数逐年增加,农民持续增收,村集体经济不断壮大。实施高素质农民培育计划,培育高素质农民,培养一批能够引领一方、带动一片的农村实用人才带头人。

(四) 开展"五年提升"行动

加快推广应用干旱山区寒冷地区卫生厕所适用技术和产品,提升改造农村户厕,提高卫生厕所普及率。集中力量解决乡镇所在地和中心村生活污水问题,推进城镇污水管网向农村延伸。持续开展村庄清洁行动,加快建设垃圾集中处理厂、乡镇垃圾中转站,探索开展农村生活垃圾就地分类减量和资源回收利用试点,健全农村生活垃圾收运处置体系,实施农村生活垃圾集中处理。健全农村人居环境长效治理机制,做到有制度管护、有资金维护、有人员看护。

(五) 持续深化农村改革

积极拓展农村各类产权权能,加快推动农村土地确权成果运用,完善农村承包土地流转管理与服务功能、纠纷仲裁管理功能,实现土地流转信息化、规范化、网络化管理。突出抓好农民合作社规范化建设、示范社创建,积极培育省级农民合作社示范社，推进农民合作社质量提升整县试点。做好农村集体经营性建设用地入市试点和蔬菜、生猪等政策性农业保险工作。

（六）全力推进乡村振兴战略

以"百乡千村"工程为主抓手，开展十大专项行动，加大政策、资金、项目投入力度，整乡整村有序推进。大力发展特色优势产业，积极发展乡村旅游、农产品加工、农业服务业等更多产业、更多业态，推动第一、第二、第三产业融合发展。做实做强种植、养殖、旅游、务工、光伏等基础较好、效益明显，又有市场潜力的产业，实现乡村产业振兴。持续推进省、市级乡村振兴示范试点村建设，争取把大通、湟中、湟源纳入全国乡村振兴重点帮扶县。

六、着力培育外向型经济主体，努力提升开放型经济发展水平

（一）培育壮大外贸经营主体

实施外贸经营主体培育提质增效工程，鼓励有实力的外贸企业创建自主出口品牌，支持企业境外注册自有商标和开展产品国际认证，加强出口商品营销和售后服务网络建设，扩大进出口规模。发挥外贸龙头企业引领作用，探索组建企业进出口联盟，带动中小微企业融入国际产业链、供应链。推动中小外贸企业转型升级，走"专、精、特、新"国际化道路。鼓励出口企业利用国内展览展销会逐步建立、拓宽国内营销网络，实施内外销产品"同线同标同质"工程，推动优质出口产品转内销，促进内外贸融合发展。

（二）优化进出口商品结构

巩固硅铁、藏毯等传统出口商品优势，扩大高原绿色有机农畜产品、生物医药、新能源、新材料、特色文化产品出口。推动服务产业发展和居民消费升级，着力发展战略性新兴产业、传统优势产业所需的先进技术、设备、关键零部件以及大宗资源型产品进口，鼓励与人民生活密切相关的优质日用消费品、医药和康复、养老护理等设备进口。

（三）优化贸易方式

巩固一般贸易优势，鼓励企业加强研发、品牌培育、营销渠道建设，提

升产品附加值。用好国家加工贸易向中西部地区梯度转移政策，实施产业基础再造工程，积极承接东中部地区加工贸易梯度转移，支持企业承接境内区外委托加工，培育和建设加工贸易梯度转移重点承接地和示范地，推进中西部地区承接产业转移示范区建设。积极发展服务贸易，推动商务咨询、服务外包、研发设计、节能服务等生产性服务进口，壮大旅游、文化、金融领域服务贸易规模。

（四）强化外贸政策服务

建立外贸政策与产业政策、金融政策、财政政策协调机制，完善外经贸资金使用相关政策。调整完善出口退税、贸易融资、信用保险等外贸政策，扩大出口信用保险覆盖面，加大外贸政策服务支持力度。

七、紧紧围绕教育短板和薄弱环节，努力办好人民满意的教育

（一）进一步改善办学条件

加大资金争取、存量资金盘活和投入力度，按照"补短板、强弱项、固优势"的原则，全力推进消除大班额、学前普惠提升工程等，科学高效、规范有序实施教育项目建设，巩固拓展小区配套幼儿园专项治理成果，优化教育资源配置。

（二）进一步推进优质均衡

继续深化城乡集团化办学改革，健全城乡一体化的学校布局、学校管理、督导评估等机制，进一步促进城乡教育均衡化。启动并逐年推进西宁市县域义务教育优质均衡发展创建达标工作，加大顶层设计和统筹联动，实现从"学有所教"到"学有优教"的转变，基本形成义务教育城乡一体化均衡发展格局。

（三）进一步激发教育活力

深入推动习近平新时代中国特色社会主义思想"三进"工作，落实立德树人根本任务，强化学校思想政治理论课建设，推动"思政课程"与"课程思政"协同育人。坚持整体谋划、系统推进、试点先行，优化综合素质评价

指标，探索开展学生各年级学习情况全过程纵向评价、"五育并举"全要素横向评价，促进学生德、智、体、美、劳全面发展。

八、围绕"创、破、扩、防"，全面推进健康西宁建设

（一）提高依法治理医疗卫生服务体系的能力和水平

进一步完善卫生法律法规与卫生健康服务系统政策链条，提高能力和水平。依法动员社会各界，广泛参与"健康中国""健康青海"建设。把"健康西宁"建设、深化医药卫生体制改革、提高依法治理医疗卫生服务体系的能力和水平相结合，建立相互兼容、体系完整的健康服务共同体管理体系，为政府政策制定提供思路，为全省医疗卫生体制改革提供可复制的经验。

（二）建立与医疗卫生服务体系功能相匹配的人员总量和财政保障机制

进一步创新医疗卫生服务体系人员管理体制机制，打通省市卫生健康行政部门统一核定的医疗卫生机构人员总量与编办核定的机构人员编制人数之间的政策界限。进一步完善医疗卫生机构人员管理、考核评价和激励机制，全面实现卫生人员的同工同酬。进一步完善医疗卫生机构多渠道筹措资金的政策环境，使医疗卫生机构有相对充足的资金保障。

（三）建立健全医疗卫生服务体系和卫生技术人员激励机制

在人员管理上，继续优化医疗机构内部的优绩优酬、多劳多得绩效考核与薪酬管理制度。在卫生技术人员管理上，进一步完善与管理岗位、技术岗位、服务地区、基本医疗、健康管理等内容紧密结合的结构性绩效工资薪酬制度。在专业公共卫生机构管理上，把"两个允许"中医疗服务的内涵扩展为"健康服务"，充分调动公共卫生技术人员参与基层健康服务的积极性和主动性。

（四）健全完善公共卫生服务体系和卫生应急管理体系

加快疾病预防控制体系现代化建设。实施市、县（区）疾病预防控制中心标准化建设，推动专业公共卫生机构与基层医疗卫生机构融合发展，加快

建设集疾病预防与控制、应急预警与处置、监测检验与评价为一体的标准化市级疾病预防控制中心,着力提升省会城市疫情防控能力。健全完善重大传染病救治体系。加快改造建设传染病救治区、感染性疾病科和重点科室传染病救治设施。在全市二级及以上综合医院发热门诊实施标准化建设。

第五章 海东市实施"一优两高"战略评价研究

自"一优两高"战略实施以来,海东市深入贯彻落实习近平新时代中国特色社会主义思想,按照习近平总书记两次来青海视察时的重大指示要求,牢固树立新发展理念,认真落实党中央、国务院和省委省政府重大决策部署,全力推进"一优两高"战略,扎实做好"六稳"工作,全面落实"六保"任务,致力于打造青藏高原山水田园、生态绿色、宜业宜居、城乡统筹的现代化新海东,全市经济社会发展取得新成就。

本章结合海东实际,围绕生态保护、经济高质量发展和人民高品质生活,选取有代表性和可获取的核心指标,通过定量和定性相结合的方法,对海东市2018—2021年四年间生态保护、经济发展和民生改善进行了动态评价,得出相关结论。并通过调研和数据分析,对海东市进一步加强生态保护,推动经济高质量发展,创造高品质生活中存在的问题和困难进行了分析,提出了对策建议。

第一节 海东市"一优两高"战略实施情况的总体评价

自"一优两高"战略实施以来,海东市以建设"青海副中心城市"和实现"兰西城市群中部快速崛起"为目标,以"五个新海东"建设为引领,牢固树立"城市理念、海东意识",大力弘扬海东精神,凝心聚力,攻坚克难,真抓实干,持续推进海东城市建设取得新成效。

总体来看,海东市2018—2021年"一优两高"战略实施评价指数分别为

1.543、1.634、1.617、1.645，说明四年间海东市在"一优两高"战略实施中，生态保护优先、经济高质量发展和人民生活品质改善等方面稳步提升，如表 5-1 所示。

表 5-1 海东市"一优两高"战略评价指数

一级指标	指标权重	指标值			
		2018 年	2019 年	2020 年	2021 年
生态保护优先	0.328	0.677	0.689	0.793	0.829
高质量发展	0.343	0.420	0.462	0.396	0.392
高品质生活	0.329	0.446	0.483	0.428	0.424

生态保护优先方面，海东市 2018—2021 年生态优先指数分别为 0.677、0.689、0.793、0.829，反映出海东市在"一优两高"战略实施过程中持续加大生态保护力度，坚持生态保护优先，持续加强生态保护和环境治理，生态保护取得明显成就。

高质量发展方面，海东市 2018—2021 年经济高质量发展指数分别为 0.420、0.462、0.396、0.392，综合来看，海东市高质量发展势头良好，是全省对外开放发展的重要高地，但从指标体系来看，和省内其他市州一样，2018 年、2019 年全市经济发展势头良好，但从 2020 年开始经济发展有所回落，尤其是对外贸易方面，受新冠疫情和国际经济形势影响，回落较大。

高品质生活方面，海东市 2018—2021 年人民群众高品质生活指数分别为 0.446、0.483、0.428、0.424。总体来看，海东市各族人民收入稳步增加，生活品质持续改善，但不可回避的是，海东是青海省重要的农业区，也是重要的劳动力输出大市，新冠疫情对农业生产带来影响的同时，在很大程度上影响了劳动力输出，从而直接影响到疫情期间人民收入的持续增加和生活品质的改善。

第二节 海东市生态保护优先指标评价与分析

自"一优两高"战略实施以来，海东市深入贯彻习近平生态文明思想，坚持生态保护优先，着力加强生态保护，聚焦蓝天、碧水、净土保卫战，结合新型城镇化建设，加快产业升级绿色发展，生态保护和生态文明建设取得显著成效，生态环境质量持续改善，为服务推动海东高质量发展提供了有力支撑。

一、海东市生态保护优先指标分析

海东市生态保护优先评价主要聚焦污染防治攻坚战、生态环境修复、环境保护监管执法等，选取重点生态工程年度投资完成数、草原综合植被覆盖度、森林覆盖率、城市（县城）建成区绿化覆盖率、饮用水水源达到或优于Ⅲ类比例、空气质量优良天数比例等9项指标，对海东市2018—2021年生态保护优先战略实施情况进行了分析。具体来看，三项二级指标大多数呈现出上升和进步的趋势，重点生态保护力度持续加大，森林覆盖率和城市（县城）建成区绿化覆盖率稳中有升，空气质量明显提升，能源利用效率提升较大，如表5-2所示。

表5-2 海东市"生态保护优先"评价指数

二级指标	指标权重	指标值（年）				三级指标	指标权重	指标值（年）			
		2018	2019	2020	2021			2018	2019	2020	2021
生态保护与治理	0.115	0.249	0.278	0.325	0.313	重点生态工程年度投资完成数	0.024	0.048	0.055	0.058	0.053
						草原综合植被覆盖度	0.030	0.051	0.061	0.065	0.068
						森林覆盖率	0.033	0.066	0.066	0.099	0.099
						城市（县城）建成区绿化覆盖率	0.028	0.084	0.096	0.103	0.093
环境质量	0.136	0.257	0.250	0.317	0.316	饮用水水源达到或优于Ⅲ类比例	0.050	0.064	0.064	0.064	0.064
						空气质量优良天数比例	0.031	0.093	0.112	0.124	0.104
						细颗粒物（PM2.5）浓度下降比例	0.055	0.100	0.074	0.129	0.148
能源利用效率	0.077	0.171	0.161	0.152	0.199	单位GDP能源消耗降低率	0.040	0.063	0.050	0.078	0.100
						规模以上工业单位增加值能耗下降率	0.037	0.108	0.111	0.074	0.099

（一）环境空气质量显著改善

自"一优两高"战略实施以来，海东市高度关注环境空气质量，全力以赴，切实履行大气污染防治工作责任，齐抓共管形成合力，坚决打赢蓝天、碧水、净土保卫战，环境空气质量取得历史最优值。全市空气质量优良天数比例从2018年的88.1%提高至2021年的95%，细颗粒物（PM2.5）浓度下降比例从2018年的2.1%达到2021年的13.2%。全市造林面积居全省前列，森林覆盖率提升至36%，草原综合植被覆盖度从50%多提高到2021年的56.82%，城市（县城）建成区绿化覆盖率从24.41%提升至31.20%。但与此同时，因海东地处黄土高原，同时又是青海省重要的农业区，在综合治理扬尘面源污染和防治土壤、水系污染方面仍面临巨大挑战。

（二）水环境质量取得整体性显著提升

黄河出省境断面Ⅲ类水质达标率为100%；湟水河出省断面Ⅳ类水质达标率为100%。海东市18条河流26个断面水质达标率自2018年至今持续保持100%，水质优良率自2019年至今持续保持100%，Ⅴ类水质自2018年全面消除，确保了一江清水出城出省，见表5-3。

表5-3 2018—2021年海东市生态环境保护治理相关指标

内容 \ 年份	单位	2018	2019	2020	2021
重点生态工程年度投资完成数	个	3	11	13	10
草原综合植被覆盖度	%	54.33	55.29	56.21	56.82
森林覆盖率	%	32	32	36	36
城市（县城）建成区绿化覆盖率	%	24.41	30.25	34.5	31.2
饮用水水源达到或优于Ⅲ类比例	%	100	100	100	100
空气质量优良天数比例	%	85.1	89	94.9	91.3

（三）绿色发展成效明显

自"一优两高"战略实施以来，海东市扎实推进两轮中央生态环境保护督察反馈问题整改工作，23项问题已完成省级销号18项，完成率78%。重点督办工业企业环保设施提档升级，全市20家铁合金企业投入资金8137.5万元，全部建成浇铸环节烟气回收装置，绿色发展成效显著。《2021年青海省各市州生态文明建设年度评价结果公报》对全省各市州绿色发展的评价中，海东市绿色发展指数为83.62，较2020年有所提升，居全省八个市州第二位。其中，生态保护指数为87.03，居全省之首[①]。

二、海东市生态保护优先的主要举措与成效

"一优两高"战略实施以来，海东市聚力推进污染防治攻坚战，积极构建生态文明治理体系，不断完善环境保护规章制度，重大生态治理工程持续推进，长效化机制不断健全，全市生态文明建设和生态环境保护工作迈上了新的台阶。

（一）坚持生态保护优先理念，生态文明建设理念深入人心

海东市从建设"生态海东"全局出发，创新政治理论学习方式，深入学习贯彻习近平生态文明思想，把"扎扎实实推进环境保护"作为最大的政治任务，进一步牢固树立"绿水青山就是金山银山"的发展理念，始终保持加强生态文明建设的战略定力，形成了全市上下凝心聚力抓生态保护的大格局。海东市生态环境系统紧扣市委市政府和省生态环境厅工作部署，不断提高生态环境保护的思想自觉、政治自觉、行动自觉，严守"生态环境质量只能变好、不能变坏"的底线展现了筑牢青海东部生态安全屏障"铁军"风采，确保了"一江清水向东流"。

（二）全面落实中央督察整改要求，生态环保整治力度持续加大

海东市结合两轮中央生态环境保护督察和省级三次环保督察大考，落实最严格的环境保护督察制度，推动解决一大批长期想解决而没有解决的生态环境"老大难"问题，两轮中央督察反馈的23项问题全部完成市县区整改销号。扎实整改生态环境突出问题，湟水流域环境综合整治工作取得历史性成

---

① 青海省统计局、青海省发展和改革委员会、青海省生态环境厅、中共青海省委组织部：《2020年青海省各市州生态文明建设年度评价结果公报》，2021年9月10日。

就，水泥、铁合金、碳化硅等行业企业烟气收集净化全面提质增效，9家碳化硅企业转型停产5家，共淘汰7条1.25万KVA碳化硅生产线，另外4家新建了烟气收集处理设施，浇筑环节烟气无组织排放顽疾得到根治。全面开展"散乱污"企业专项整治，按照"关停取缔一批、限期搬迁一批、停产整治一批"原则，共排查出"散乱污"工业企业63户，关停取缔19户，完成整改44户。建筑工地管控更加严格规范，城区生活污水收集率逐年升高，水源地整治、土壤污染详查、加油站油气回收、农村环境综合整治等工作顺利推进。深刻汲取木里矿区违法开采问题教训，迅速启动祁连山南麓海东片区生态环境整治工作，片区内38个矿山全部按时序进度开展整治。海东市生态环境领域突出问题得到彻底解决，人居环境、城乡面貌极大改善，人与自然和谐共生的基础进一步夯实，为海东在兰西城市群节点崛起奠定了坚实基础。

（三）强力推进污染防治攻坚战，生态环境总体质量改善明显

海东市认真落实大气、水、土壤污染防治行动计划，污染防治攻坚战八场标志性战役取得显著成效。严格落实"抑尘、减煤、控车、治企、增绿"，全面落实建筑工地"六个100%"，全面实施煤改气，27家铁合金及碳化硅企业完成烟气回收装置提档升级。深入开展黄河、湟水河生态保护修复和流域综合治理，投资近5亿元实施湟水河海东段139公里生态修复和景观绿化工程。强化污水收集处理，基本实现了城镇污水全收集、城乡生活垃圾规范处理。严防黑臭水体产生。土壤环境质量保持稳定，完成148家禁养区畜禽养殖场整改任务，农村环境综合整治实现全覆盖。全市空气质量优良率大幅提升，黄河、湟水河、大通河出省断面水质持续向好，逐步实现了"天蓝、河畅、水清、岸绿、景美"的目标，人民群众的获得感、幸福感明显提升。

（四）强化顶层设计，生态环境治理能力显著提高

海东市坚持系统谋划，加强顶层设计，市委市政府先后制发了《海东市创建全国生态文明先行区行动细则》《海东市南北两山绿化规划》《海东市国土空间开发利用规划》《海东市河长制实施方案》《海东市大气污染防治实施情况考核办法（试行）》《海东市生态文明建设规划》等制度规划，使国家和

省委的环境保护重大决策部署得到分解细化，为守住生态红线，在法治的轨道上扎实推进环境保护、污染防治各项工作，提供了制度保障和规划依据。同时，与西宁市、兰州市建立了大气和水污染联防联控机制，协同解决了一些影响环境质量的突出问题。

三、海东市生态保护优先面临的主要问题与不足

当前海东市生态文明建设和生态环境保护仍处于压力叠加、负重前行的关键期，保护与发展长期矛盾和短期问题交织，面临着生态治理压力加大、生态保护和治理能力亟待提升等问题。

（一）生态环境脆弱，生态保护和治理难度大

海东市属于黄土高原向青藏高原过渡镶嵌地带，生态环境脆弱，山体滑坡、泥石流等自然灾害隐患突出。全市水土流失面积0.46万平方公里，占国土面积的40%多。生态治理项目成效显现尚需时日。同时，近几年开展大规模国土绿化，宜林地面积较少，现有的宜林地造林立地条件差，施工难度大，造林成本高，地块落实困难。农村环境综合整治面临历史欠账多，资金投入不足和建设模式与治理模式缺乏、运营成本高、市场化培育难度大等突出问题。

（二）水资源供需矛盾突出，水土保持工作形势严峻

海东市水资源分布与经济社会发展布局不匹配，城乡供水安全保障水平低，骨干水源工程建设不足，农村供水安全有待提升。防灾减灾体系不完善，农村河道与山洪沟易发洪水和泥石流，节水载体建设不足，水资源节约利用有待加强。部分河道城区生态治理、农村水系综合整治和水源地保护工作滞后，水土保持工作形势严峻，水文化特色和水利智慧化水平有待提高，水利建设资金筹措压力大，水利行业监管力度和水利治理能力不足，水利行业管理短板仍然存在。

（三）基础设施历史欠账多，城乡环境治理短板依然存在

海东市作为青海省重要的农业区，全市大部分农村生活垃圾、污水收集处置和治理等基础设施建设方面历史欠账较多，重要支流、沟渠等人口密集

乡镇污水、垃圾污染、支流畜禽养殖和农业面源污染等问题尚未得到根本性解决，导致重要支流和人口密集乡镇水污染问题依然存在。

（四）经济综合实力弱，生态环境保护压力将持续加大

海东市经济总量仍比较小、综合实力较弱，在生态环境保护和治理方面的投入有限，制约了全市生态文明建设和生态环境保护治理的步伐。国土绿化工作处于建设、保护的关键阶段，森林结构不合理，浅山地区水土流失依然严重，大面积裸露荒山依然存在，城市、乡镇村庄周围森林景观远远不能满足人民群众对美好生态环境向往的需求。同时，建设资金严重匮乏，加之土地权属和水利等设施的限制，群众主动造林的意愿有所减弱。体制机制还不够完善，组织机构、人员编制不健全，管护责任难以落实。

（五）体制机制仍不够健全完善，系统治理能力亟待提升

从目前来看，海东市生态保护中结构性、根源性、趋势性压力总体上尚未根本缓解，改善水平不够高、工作成效不够稳、涉及领域不够宽、治理范围不够广等问题。特别是在大气污染防治、建筑工地扬尘管控、部分企业污染物超标问题整治、生态环境项目建设等方面仍面临不少问题和短板。

（六）后备资源总量不足，耕地占补平衡压力大

海东市耕地后备资源可利用总量不足3万亩，随着东部城市群建设，一些大项目、民生项目将陆续落户海东，加之国家及省级重点项目，今后一个时期，海东市将面临巨大的耕地占补平衡压力。同时，整治进展不平衡，资金保障有缺口。一些主管部门对辖区内问题图斑底数不清，现场情况不明，各乡镇、生态环境、林草等部门未形成整治合力，自然资源部门单打独斗，整改效果不明显。

第三节　海东市高质量发展指标评价与分析

自"一优两高"战略实施以来，海东市坚持稳中求进工作总基调，立足新发展阶段，完整准确、全面贯彻新发展理念，充分挖掘发展潜力，注重绿

色发展和开放发展，积极主动服务和融入新发展格局，经济综合实力持续增强，绿色发展水平不断提升，开放发展迈上新台阶。

一、海东市高质量发展指标分析

海东市始终坚持稳中求进工作总基调，注重观大势、谋大局、抓大事，通过持续优化产业结构，推动传统产业转型升级，培育壮大新兴产业，持续推动现代服务业加快发展等有力举措，经济发展动能更加强劲，经济规模不断扩大，经济实力显著增强。但在全市经济持续向上向好的同时，仍存在一些问题与困难，如产业结构仍需持续优化，特色产业发展亟待做精做强，高新技术产业的支撑作用还需要进一步加强，开放发展平台的综合利用效率仍需提高等。2020年、2021年两年来，受疫情影响，全市经济发展部分指标出现下行态势，但基于海东市实施"一优两高"战略以来，在基础设施、招商引资和技术创新等方面打下坚实基础，疫情之后，海东的发展动能将更加强劲，见表5-4。

表5-4 海东市"高质量发展"评价指数

二级指标	指标权重	指标值（年）				三级指标	指标权重	指标值（年）			
		2018	2019	2020	2021			2018	2019	2020	2021
经济运行稳定性	0.210	0.234	0.270	0.226	0.230	人均GDP	0.065	0.066	0.084	0.090	0.099
						平安区居民价格消费指数	0.030	0.019	0.023	0.027	0.016
						乐都区居民价格消费指数	0.030	0.018	0.024	0.017	0.016
						一般性工业投资增长率	0.045	0.053	0.096	0.053	0.053
						规模以上工业增加值增长率	0.040	0.077	0.043	0.038	0.045
经济运行质量	0.089	0.140	0.154	0.135	0.122	第三产业增加值占GDP比重	0.045	0.072	0.078	0.069	0.068
						民间投资增长率	0.033	0.042	0.053	0.043	0.030
						省级科技成果数	0.011	0.026	0.022	0.022	0.023
开放发展	0.044	0.047	0.038	0.036	0.040	进出口总额占GDP比重	0.044	0.047	0.038	0.036	0.040

（一）经济发展稳中有进

2021年，海东市地区生产总值达到554.71亿元，按可比价格计算，比上年增长6.1%。分产业看，第一产业增加值80.66亿元，增长4.7%；第二产业增加值218.48亿元，增长6.6%；第三产业增加值255.57亿元，增长6%，见图5-1。产业结构持续优化，第一产业增加值占全市生产总值的比重为14.54%，第二产业增加值比重为39.39%，第三产业增加值比重为46.07%。实现社会消费品零售总额130.35亿元。得益于脱贫攻坚任务的完成和乡村振兴战略的持续推进，海东市各族人民收入持续增加，消费对全市经济的拉动作用逐年增强，成为全市经济发展的重要动力。

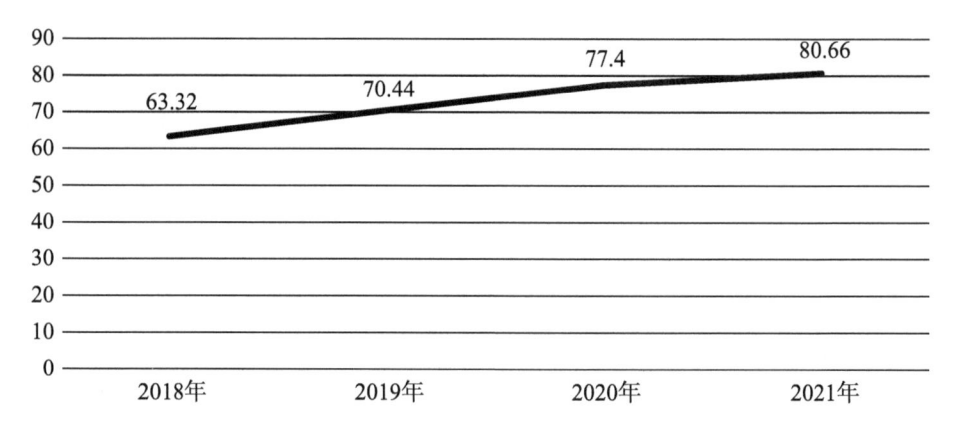

图5-1 2018—2021年海东市地区生产总值（亿元）

（二）特色农业发展成效显著

高原特色现代农业发展水平不断提升，"高原、绿色、有机、富硒"农产品品牌影响力日益扩大，通过建设国家级农业产业化示范基地和"黄河彩篮"全省蔬菜生产示范基地，"高原富硒"品牌知名度持续提升。四年来，海东市农林牧渔业年均增速为6.02%，第一产业增加值从2018年的63.32亿元增长到80.66亿元，年均增速达到5%左右，见图5-2。农业"排头兵""领头雁"的重要作用进一步凸显，在青海省粮油生产和"菜篮子"工程中的地位更加凸显。

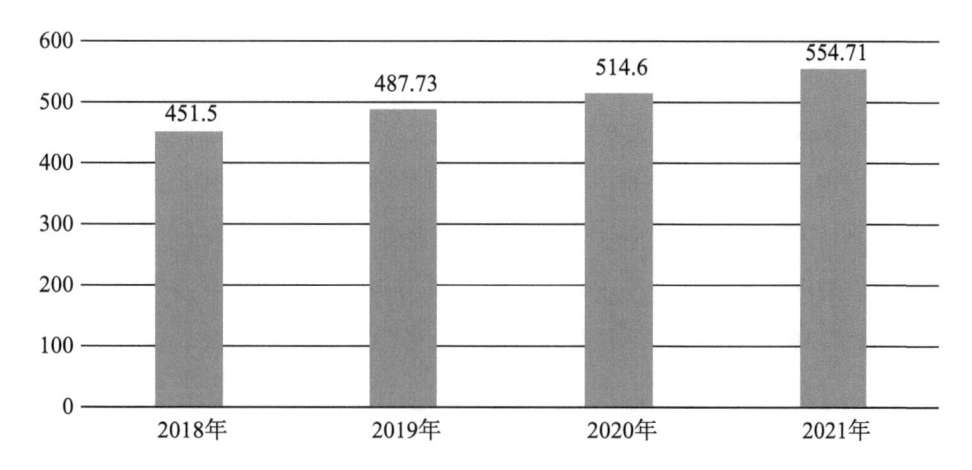

```
600 ┬
500 ┤      451.5       487.73      514.6      554.71
400 ┤
300 ┤
200 ┤
100 ┤
  0 ┴    2018年       2019年      2020年     2021年
```

图 5-2 2018—2021 年海东市第一产业增加值（亿元）

（三）新型工业发展步伐加快

海东市坚持高、新、轻、优的产业方向，推进金属冶炼、建筑材料、水力发电、农副加工四大传统产业转型升级，培育壮大新能源新材料、信息产业、装备制造、食品医药四大新兴产业，海东工业园区已逐步成为全市经济发展的重要增长极和新引擎。2018—2021 年，全市规模以上工业增加值四年平均增速接近 5% 左右；固定资产投资增速为 4.92%；第二产业增加值从 2018 年的 169.67 亿元增长到 2021 年的 218.48 亿元，四年平均增速为 8.5% 左右。

（四）文旅融合发展呈现新气象

海东市紧紧围绕打造"彩陶故里·拉面之乡·青绣之源·醉美海东"文化旅游品牌，以创建国家级河湟文化生态保护区、国家全域旅游示范区、国家文物保护利用示范区为目标，充分发挥河湟文化核心区和旅游资源富集的优势，积极推进文化旅游各领域、多方位、全链条深度融合发展，为加快推进"五个新海东"建设交上了一份优秀的文旅"答卷"。目前，全市共有 A 级旅游景区 37 家、星级饭店 38 家、星级乡村文化旅游接待点 290 家、乡村旅游重点村（镇）63 个，其中国家级乡村旅游重点村（镇）10 个，省级乡村旅游重点村 53 个，自驾车营地 14 家、省级旅游休闲街区 2 个、省级全域旅游示范区 4 个。

二、海东市高质量发展的主要举措与成效

自"一优两高"战略实施以来,海东市以产业"四地"建设为目标,以绿色发展理念做精第一产业,坚持市场需求导向,转变发展方式,优化经济结构,坚持不懈调结构育特色,促进现代农业增产增效,扎实推进乡村振兴;以绿色发展理念做优第二产业,工业领域供给侧结构性改革不断推进,新材料、信息、特色轻工、装备制造四大新兴产业培育进一步加快,有力促进了传统产业转型升级,厚植新兴产业发展壮大,持续增强海东在有色金属深加工、特色轻工等领域的较强竞争力,在高端装备制造、新能源、信息产业等领域逐步形成新的优势;以绿色发展理念做大第三产业,全域旅游、交通运输、房地产、金融、商贸服务、住宿餐饮、信息咨询等服务业发展势头良好,各领域建设均取得全面进展。

(一)坚持不懈调结构育特色,促进现代农业增产增效

海东市坚持把稳住农业基本盘,守好"三农"基础作为应变局、开新局的"压舱石"。全面启动绿色有机农畜产品示范区建设,重点布局富硒农产品精深加工,加强全省"菜篮子"保障能力,特色农作物种植比重达到86.1%,粮油蔬菜产量占全省比重均在40%以上,超额完成生猪生产恢复目标任务。落实最严格的耕地保护制度,大力整治农村乱占耕地建房问题,稳定保持了318万亩的耕地保有量,复耕撂荒地1.5万亩,建成高标准农田33.15万亩,粮食面积、产量实现双增长。开工建设青藏高原牦牛产业示范园,为牦牛全产业链发展奠定了坚实基础。持续加大对龙头企业、专业合作社、种养大户等经营主体的培育力度,高质量举办青海(河湟)第五届农产品展交会,海东农产品品牌效应持续放大,种养业特色化、专业化、品牌化水平不断提升。

(二)转变工业发展方式,着力提升发展质量

海东市进一步转变发展方式,以"工业经济质量提升年""百日攻坚""会战黄金季""春秋季攻势"等专项行动为发力点,全力推进工业、建筑业

企业经济平稳增长。2018—2020年，全市规模以上工业增加值三年平均增速为4.65%；固定资产投资增速为4.92%；第二产业增加值从2018年的169.67亿元增长到184.92亿元，增长15.25亿元，三年平均增速为8.5%。

（三）大力调整产业结构，第三产业比重持续提升

近年来，在一系列产业转型升级政策措施的持续发力和引导下，海东市产业结构有了明显改善，特别是第三产业增加值占全市地区生产总值的比重由2018年的42.3%持续提升到2021年的46.07%。第三产业中的交通运输、现代物流、乡村旅游、金融服务等现代服务业和新兴产业在区域经济中的分量逐渐加大，加之公共预算收入、支出增长率逐渐回暖、城乡居民工资性收入和财产性收入稳定、各类商品价格总体平稳以及社会保障体系和保障水平不断完善，全市第三产业实现高质量发展，三次产业结构进一步优化，第三产业增加值从2018年的200.64亿元增长到2021年的255.57亿元，增长55亿多元。2020年、2021年，因新冠疫情影响，海东市第三产业发展受到一定的影响，但全市第三产业发展基础坚实，发展动力依旧强劲，见图5-3。

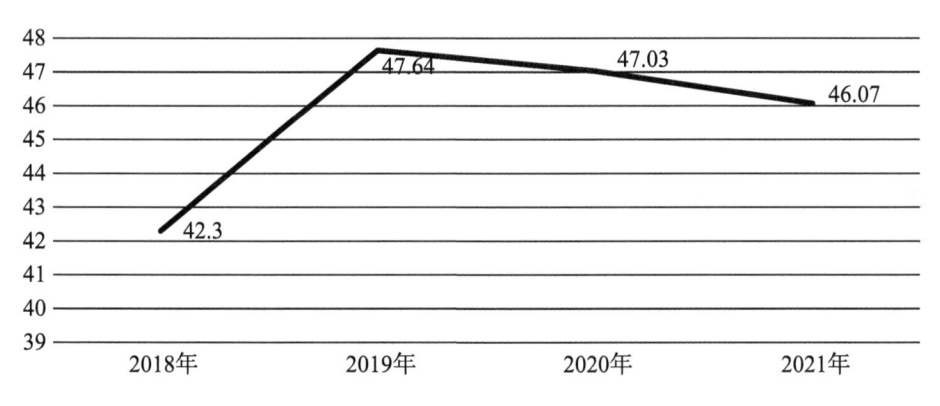

图5-3 2018—2021年海东市第三产业比重变化（%）

（四）着力推动现代产业转型，绿色发展成效显著

近年来，海东市工业发展逐步由能源消耗型、初级加工型老旧企业向生态化、循环化、数字化等方面转型升级。一是海东市旭格光电年产3000万片液晶显示屏、艾迪森光电年产4500万片液晶背光源生产线、弘润祥电子年产

120万平方米光学材料模切生产线、博峰矿业年产1000万吨绿色建材等项目已投产，深圳森光、灿鸿等11家光电企业落户海东，为全市工业经济加快发展注入新鲜血液；二是2020年海东市围绕5G基建、大数据中心、人工智能、工业互联网等重点领域开展项目储备工作，全市5G网络重点区域覆盖工程、5G智慧校园项目、5G智慧医疗—市县乡村4级医疗共同体、海东市政务大数据平台项目、海东市智能感知前端建设等项目正在积极筹建，为实体经济融合发展提供科技支撑。

（五）坚定不移贯彻新发展理念，新兴产业加快发展

为推动传统产业提质增效，海东市加快推进传统产业由粗放型发展向高质量发展转变，2019年积极争取专项资金8100万元，重点支持西部水电、中钛青锻、平安高精铝等52户企业进行技术改造、节能增效，促进企业稳产增产。同时，大力发展新能源、新材料等新兴产业，构筑全市工业高质量发展的基础。宝恒4.13万平方米PC装配式房屋、濮耐年产12万吨高密高纯氧化镁6万吨大结晶电熔镁等重点项目建成投产，比亚迪动力电池生产及回收、博锋矿业年产1000万吨绿色建材、青海中钛青锻公司年产3.3万件钛合金下支臂锻件生产线等重大续建项目持续推进。在绿色产业发展方面，海东市以供给侧结构性改革为主线，按照绿色工厂的标准，在全市范围内对工业企业进行调查摸底，将西部水电等27户企业纳入海东绿色制造企业库。2019年青海互助青稞酒股份有限公司作为青海省唯一"2019年国家级绿色工厂"，进入工信部和省工信厅公示的绿色制造名单。今年海东市将力争培育3—5户绿色工厂，打造绿色园区和绿色供应链。加快青稞酒产业转型升级，力争3年内形成全市青稞酒产销3万吨、销售收入20亿元以上企业1户、1亿元以上企业2—3户、2000万元以上企业3—5户的大酒厂强势引领，小酒厂快速发展的产业格局，实现省内白酒市场占有率达95%、全国白酒市场份额达到2%的"巩固本省市场、占领国内市场、走向国际市场"的发展目标。

（六）坚持发展全域旅游，以旅游业为龙头的服务业发展迅速

着力创建国家全域旅游示范区，高质量举办第三届青海青稞酒节暨第十

九届安昭纳顿节、"彩陶故里·拉面之乡·青绣之源·醉美海东——青海人游海东"等节庆活动，推动旅游业与农业、文化、体育等产业全面融合发展，旅游产品供给不断丰富，青海拉面、青绣产业、青稞酒等"青"字号特色产业持续做强壮大。大力发展红色旅游、乡村旅游，全力推进旅游业及其关联产业新业态发展，加快培育新的经济增长点、增长带和增长极。着眼传承弘扬黄河文化，加快建设河湟文化博物馆，培育平安驿·河湟文化体验地，成功举办首届河湟文化艺术节和河湟文化论坛，与沿黄13个城市共同发布《海东宣言》，开启了讲好"黄河故事"新篇章。

（七）坚持深化改革开放，开放发展基础更加坚实

海东市利用青海"东大门"和铁路、航空特殊优势，坚持以改革创新激发动力活力，深入推进开放战略，积极主动融入以国内大循环为主体、国内国际双循环相互促进的新发展格局，加快构建外向型商贸流通服务体系，中国（海东）跨境电子商务综合试验区建设取得实质性成果，曹家堡保税物流中心（B型）升级加快推进，国家电子商务进农村综合示范县项目深入实施，县乡村三级电商服务体系、物流体系和农产品供应链体系持续完善。深化与无锡、合肥等地合作交流，在文化旅游、特色产业、人才培养等领域取得诸多成果。创新招商引资，加大项目跟进力度，"青洽会"等重大招商项目加快落地实施，海东融入共建"一带一路"向更宽领域、更深层次、更高水平迈进。

三、海东市高质量发展面临的主要问题与不足

当前，海东生态环境质量、基础设施条件、综合经济实力和人民生活水平都有了一个大提升，但发展质量和效益不高，总体发展水平仍然较低依然是现阶段海东市经济发展的最大难题。

（一）全市经济总量小，总体发展水平仍然较低

海东市经济总量小，人均水平低。2021年全市GDP虽突破554.71亿元，但总量还不到青海省GDP的17%；人均GDP也远低于全省和全国平均水平，现代农业、新兴工业和第三产业发展虽增速较快，但基础薄弱，总量较小，

总体发展水平仍然较低。全市规模以上工业增加值占全市生产总值比重在13%左右，企业规模偏小，带动作用不足。2020年，工业企业产值过10亿元的只有6家。同时，工业结构仍不合理，重工业比重偏大。工业产品以原材料为主，深加工比例偏低，先进制造业和高技术产业比重较小，2020年，全市规模以上重工业比重达60%以上。

（二）农业现代化水平低，发展基础依然偏弱

农业现代化水平偏低，以富硒为代表的特色优势发挥不足。工业基础相对薄弱，产业链不长、附加值不高，战略性新兴产业培育缓慢，工业园区聚集效应尚未释放。传统服务业规模小、档次低，现代服务业发展处于起步阶段。营商环境尚需进一步优化，人才匮乏、创新滞后。

（三）财政财力薄弱，招商引资比较困难

由于海东市财政仍较薄弱，对企业、项目扶持力度不大，区位优势减弱，受到西宁、兰州等周边中心城市的虹吸效应。一般工商业用电成本与同处于西部地区的宁夏、甘肃及新疆相比不占明显优势。部分工业企业原材料及市场存在"两头在外"的问题；招商项目要素配置不足，引进新兴产业企业和项目难，引进的工业大项目少。大部分企业科技研发投入不足，科技开发力量薄弱，自主创新能力弱；受限于区域经济发展、生活配套等，对高端科技型及管理人才吸引不足，企业高级技术人才和管理人才匮乏。

（四）产城融合度较低，园区发展支撑不足

与省内其他园区相比，海东市园区发展起步较晚，尤其是河湟新区还处于前期建设投入阶段，基础设施尚不完善，公共资源尚未配备到位，债务压力大，资金紧张，除落实西部大开发若干政策实施细则外，自主扶持政策不多，吸引力不强，人才支撑不足，技术研发能力弱，产学研融合渠道不畅。同时，园区间竞争与同质化问题。全省各类园区较多，面临巨大的产业争夺和行业同质化，相互存在一定竞争关系，同时省内各园区、企业之间相互配套、协作生产能力较弱，存在产业同质化现象，导致其在资源分配上同样存在一定程度的竞争关系。

（五）新型城镇化总体滞后，区域协调发展不足

海东"大农村，小城市"特征依然明显，城镇化水平偏低，城市基础设施和公共服务领域还有许多欠账和短板，城市功能不完善。产业发展相对不足，产业集聚水平相对偏低，统筹新型城镇化的任务依然较重。2021年，常住人口城镇化率为41.95%，仍低于全国、全省平均水平。西宁、兰州两大城市"虹吸效应"明显，区域经济竞争更加激烈，深化青甘合作、推进西宁—海东一体化发展任务艰巨。城乡二元结构突出，县域经济发展缓慢，区域发展不协调，城与乡、沿湟水河与沿黄河发展水平差距明显。

（六）外向型经济复苏缓慢，开放发展压力较大

外贸基础薄弱。外贸底子薄、主体少、总量小，目前，海东市外贸企业共77家，2020年有进出口实绩的企业只有13家。外贸企业规模偏小。外贸企业实力不强，缺乏大型支柱企业，科技投入不足，出口产品科技含量不高，产品单一，附加值低，竞争力弱。曹家堡保税物流中心（B型）起点低，中国（海东）跨境电商综试区入驻企业少，发挥效益不明显，发展外向型经济所需人才较少，特别是管理型、科技型、外向型人才比较紧缺，一定程度上制约了外向型经济的发展。2021年，全市货物进出口总额3.7亿元，同比增长19.4%，进出口总额占GDP比重（外贸依存度）从2018年的1.25%下降至2021年的0.7%。招商引资内外资到位资金额增长率也从2018年的0.9%下降到2020年的0.1%。

（七）交通设施发展不平衡不充分，路网整体服务能力有待提高

区域高速公路还未闭环，出口通道还未完全打通，节点衔接不畅，高等级公路占比低，县乡道升级改造任务重。特别是109国道小峡口段由于道路窄、通行能力差，"卡脖子"问题较多，G6京藏高速平安、乐都收费站出入口拥堵严重，民小公路与乐都、平安城区及河湟新区道路衔接不畅。运输市场体系还不健全，行业治理短板较多。客货运市场主体培育不足、运营模式单一，运输市场还不够活跃，运输能力不强，现代物流业发展缓慢，绿色智慧交通建设滞后，行业监管方式、治理手段不能完全适应发展需要。

第四节 海东市高品质生活指标评价与分析

自"一优两高"战略实施以来，海东市坚持以人民为中心的发展理念，把新型城镇化建设作为推进"一优两高"的重要抓手，围绕让城镇生活更美好、乡村生活更富足的发展目标，不断深化行业改革，推进住房优化升级，加快完善基础设施，持续改善人居环境，着力增强城镇带动和引领作用，促进城乡统筹协调一体化发展，青藏高原山水田园、生态绿色、宜业宜居、创新活力、城乡统筹的社会主义现代化新城正从"绘在纸上"的愿景逐步变成看得见的现实，各族群众生活品质持续提高，获得感、幸福感、安全感不断增强。

一、海东市高品质生活指标分析

从收入水平来看，2018—2021 年的四年间，海东市城乡居民收入保持稳定增加，从评价指数来看，分别为 0.196、0.189、0.155、0.168，受疫情影响，全市城乡居民收入和消费支出在 2020 年、2021 年有回落，但消费水平整体变化不大。从城镇化率、医疗、养老、就业及安全生产等方面来看，评价指数分别为 0.194、0.232、0.226、0.230，说明虽受疫情影响有较小的回落，但总体来看还是稳步提升，如表 5-5 所示。

表 5-5 海东市"高品质生活"评价指数

二级指标	指标权重	指标值（年）				三级指标	指标权重	指标值（年）			
		2018	2019	2020	2021			2018	2019	2020	2021
收入消费水平	0.127	0.196	0.189	0.155	0.168	全体居民人均可支配收入增长	0.057	0.068	0.068	0.051	0.054
						城乡常住居民人均可支配收入之比	0.047	0.062	0.059	0.054	0.042
						全体居民人均生活消费支出增长	0.023	0.066	0.063	0.050	0.072

续表

二级指标	指标权重	指标值（年）				三级指标	指标权重	指标值（年）			
		2018	2019	2020	2021			2018	2019	2020	2021
居住就业安全	0.202	0.194	0.232	0.226	0.230	常住人口城镇化率	0.040	0.026	0.035	0.032	0.036
						养老服务床位数	0.06	0.030	0.043	0.033	0.035
						每千人拥有床位数	0.042	0.035	0.040	0.040	0.045
						城镇登记失业率	0.02	0.028	0.039	0.039	0.042
						新增就业人数	0.025	0.041	0.044	0.047	0.037
						全年各类生产安全事故死亡人数	0.015	0.035	0.030	0.036	0.035

（一）城乡居民收入水平持续提升

全年海东市居民人均可支配收入 21813 元，比上年增长 8.7%。全市城镇常住居民人均可支配收入 35794 元，增长 6.8%；全市农村常住居民人均可支配收入 13755 元，增长 10.5%。城乡居民人均收入比（以农村居民人均收入为 1）为 2.6，比上年缩小 0.09，居民人均生活消费支出稳步增长，城乡居民收入差距持续缩小，见图 5-4。

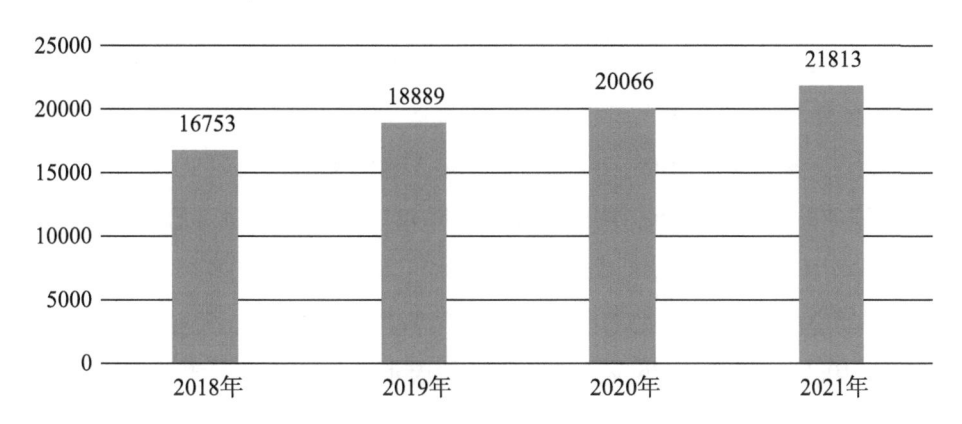

图 5-4　2018—2021 年海东市城乡居民人均可支配收入（元）

（二）就业规模和就业收入稳步增长

2020 年底，海东市城乡就业人员近 85 万人，"一优两高"战略实施以来年均增加 2 万余人。2019 年全市城镇就业人员工资性收入 22487 元，年均增长 10%。2019 年底农村劳动力转移就业收入 5879 元，年均增长 11.2%。人民生活明显改善，人民群众在改革发展中的获得感显著增强。就业结构趋于合理，第二产业产值及从业人员比重相对下降，第三产业迅速增长，从业人员明显增加。

（三）义务教育和职业教育实现双提升

2018 年以来，海东市累计落实教育资助资金 13.45 亿元，惠及学生 136.01 万人次。目前，全市学前三年毛入园率 105.66%、义务教育巩固率 98.67%、高中阶段教育毛入学率 103.73%。职业教育不断壮大。海东市现有高等职业技术学院 1 所，现有高等职业学院在校生 3200 人，在编教职工 178 名，开设有物流管理、商务管理、材料成型与控制技术等 17 个专业。现有中等职业技术学校 5 所，其中国家级重点职业学校 2 所（分别是互助职校和民和职校），在校生 2 万名，教职工 351 名，开设幼儿保育、中餐烹饪等专业 29 个。毕业生就业率达 90%以上。

（四）医疗卫生保障体系更加完善

截至 2020 年底，海东市卫生人员总量达到 35863 人。每千人口卫生技术人员由 2018 年的 9.09 人提高到 11.9 人，每千人口执业（助理）医师由 3.41 人提高到 4.18 人，每千人口注册护士由 3.96 人提高到 5.48 人，均高于全省平均水平。截至 2020 年底，65 岁以上老年人健康管理率达到 88.42%，超过国家要求 18.42 个百分点，超出省级要求 8.42 个百分点。全市预估人均期望寿命达 75.5 岁、提高 0.88 岁，高出于全省 1.8 岁；孕产妇死亡率由 29.22/10 万降至 24.97/10 万；婴儿死亡率由 9.02‰降至 5.16‰，五岁以下儿童死亡率由 10.61‰降至 6.76‰，衡量居民健康水平的主要指标均达到全省较高水平。

二、海东市创造高品质生活的主要举措与成效

"一优两高"战略实施以来，海东市从扩大就业规模、提升就业质量，办好人民满意的教育、健全社会保障体系等方面入手，通过不懈努力，持续改

善和提升人民群众的生活品质，取得了显著成效。

（一）千方百计增加人民收入，脱贫攻坚取得决定性胜利

自2018年以来，海东市始终坚持以人民为中心的发展思想，把人民群众对美好生活的向往作为一切工作的出发点和落脚点，坚持"不获全胜、决不收兵"的必胜信念，自我加压、负重前行，举全市干部群众的力量和智慧，实现了17.57万绝对贫困人口清零、六县区全部摘帽，全面建成小康社会取得决定性胜利。

1. 加强组织领导，强化工作保障

全面落实"双组长"责任制、"双指挥长"制等机制，驰而不息严规矩、树导向、压责任，形成了集中优势"兵力"打赢深度脱贫攻坚战的良好氛围。强化行业扶贫保障。在16个行业部门设立行业扶贫作战指挥部，建立横向到边、纵向到底的行业扶贫机制，发挥行业部门优势，集中力量解决脱贫短板和突出问题。同时，通过开展"希望工程""百企帮百村、百企联百户"等帮扶救助活动，多点发力、形成合力，共筑精准扶贫、精准脱贫保障网。强化帮扶队伍保障。为全市深度困难乡镇的所有非贫困村全部选派驻村工作队，为深入推进深度脱贫攻坚工作提供了强有力的干部队伍保障。

2. 强化产业扶贫，增强"造血"功能

因人因户实施到户产业扶贫项目。累计投资1.57亿元扶贫资金，对25个深度困难乡镇0.7万多户2.9万名贫困人口实施到户产业发展项目，以贫困户为主体的家庭经营性产业发展新模式得到广泛推广。创新模式实施旅游扶贫项目。投入2100万元扶贫资金，在深度困难乡镇的7个村实施乡村旅游扶贫项目，在带动村集体增加集体经济收入的同时，共带动763户2693名贫困人口促进农民生产性、经营性、劳务性多元增收。积极培育和发展壮大深度贫困地区村级集体经济。将深度困难乡镇206个贫困村每村50万元的村集体经济发展引导资金投入县区联村光伏扶贫电站，实现了深度困难乡镇贫困村光伏资产收益全覆盖；在深度困难乡镇的199个非贫困村每村投入100万元村集体经济发展引导资金，通过建立实体经济、发展乡村旅游、资产收益等形式培育和发展壮大村级集体经济，彻底解决了深度困难乡镇集体经济

"空壳村"问题。

3. 着眼"拔穷根、换穷业",加快实施易地搬迁项目

把深度困难乡镇"一方水土养活不了一方人的"贫困群众实施易地扶贫搬迁作为攻克深度贫困堡垒的治本之策,强化资金筹措和搬迁举措,"十三五"期间深度困难乡镇整乡整村易地扶贫搬迁安置6084户,22344人,其中建档立卡贫困户1477户,5634人。乐都区集中安置3个困难乡镇共1950户,6253人(其中建档立卡贫困户196户,589人)。民和县在新民乡和峡门镇实施了易地扶贫搬迁项目,共计搬迁农户1198户,4593人,其中建档立卡贫困户415户,1569人。互助县实施了丹麻镇等3个深度困难乡镇6个村545户,2057人易地搬迁项目,其中建档立卡贫困户359户,1318人。化隆县实施易地扶贫搬迁项目共涉及29个村(社),共计搬迁安置2391户,9441人,其中建档立卡贫困户507户,2158人,占全县易地扶贫搬迁总和的79.2%。

4. 借力东西扶贫协作,破解深度贫困"难题"

海东市将近1.2亿元的东西部扶贫协作资金投入25个深度困难乡镇,实施基础设施改造、扶贫产业培育等涉及"两不愁三保障"的扶贫项目,助推深度脱贫攻坚。投入无锡市第三批帮扶资金7700万元,在青海省最大的易地搬迁安置点——乐都区七里店集中安置点建设九年一贯制"海东·无锡希望学校"。扶持深度贫困地区产业发展。利用894万元帮扶资金,在深度困难乡镇扶持发展沙棘林经济、民族服饰加工、肉驴养殖等扶贫产业,带动8800余人受益。投入江苏省第二批帮扶资金3800万元,在25个深度困难乡镇新建100所、扩建128所村级卫生室,确保了全市深度困难乡镇标准化村卫生室建设100%达标。同时,通过开展"手拉手"结对行动,全市25个深度困难乡镇与无锡市的有关乡镇和社区确定了结对携手奔小康关系。

5. 突出"三保障",加强教育医疗扶贫

在教育方面,稳步实施学前教育和义务教育改薄项目,改善办学条件。全面落实15年免费教育补助政策,扎实开展"雨露计划"教育补助,对深度贫困地区贫困家庭子女就读高等职业院校和普通高等院校助学分别补助5000元、10000元。加大义务教育控辍保学工作力度,目前全市深度困难乡镇九年

义务教育巩固率达93%以上，高中三年教育毛入学率达100%。在医疗扶贫方面，加大医疗救助力度，对新农合、大病保险支付后自费仍有困难的贫困户，纳入重特大疾病救助范围，通过医疗救助、临时救助、慈善救助等措施，减轻就医负担，确保贫困家庭不因贫看不起病、不因病加深贫困程度。对深度困难乡镇19种大病患者全面诊治，救治率达97%；深度困难乡镇慢性病签约服务管理稳步推进，签约率达99.9%。对患有重病、医疗费用负担较重的贫困人口，落实统筹基本医保、大病保险、医疗救助等综合性兜底措施，最大限度让贫困群众少花钱、看好病，切实减轻了贫困群众就医负担。在安全住房方面，加大安全住房保障力度，妥善解决住房安全问题。其中，乐都区投资1020万元，全面实施深度贫困乡镇408户农户危房改造；化隆县投资652万元，对深度贫困乡镇的289户农户实施危旧房改造项目。

6. 着眼贫困群众增收脱贫，加强转移就业扶贫

突出贫困群众就业意愿和市场导向，整合培训资源，统筹培训项目，积极推广"带薪在岗实训+创业"的"拉面经济"等扶持模式，采取"劳务公司+培训+农户"等灵活多样的培训形式，强化就业培训，引导鼓励更多的劳动力出县区、出省从事劳务经济。互助县投资286万元，举办培训班49期、培训贫困劳动力1760人，同时在3个深度困难乡镇开发贫困人口公益性岗位144个，累计发放公益性岗位补贴43.2万元。化隆县投资256万元，对初麻乡、阿什努乡、德恒隆乡、沙连堡乡的483名建档立卡贫困劳动力进行了拉面"带薪在岗实训+创业"培训。民和县组织深度困难乡镇建档立卡贫困户中的18—45周岁劳动力前往甘肃省开展"带薪在岗实训+创业"政府补贴项目集中培训，使他们掌握了一技之长，增加了就业机会。同时，相关县区加大生态公益管护岗位设置力度，大力推进生态保护与服务脱贫。化隆县投资252万元，安排252名建档立卡贫困劳动力从事护林管护员岗位；民和县投资513万元，解决7个深度困难乡镇公益性生态护林员岗位513个，每人年工资收益达1万元以上。

7. 强化基础设施建设，补齐公共服务短板

把基础设施建设作为深度脱贫攻坚的"当头炮"，累计投入资金2.25亿

元,持续抓好水、电、路、公共文化服务等基础设施保障,全面补齐基础建设短板,努力改善深度困难乡镇生产生活条件。实施人饮维修改造、饮水安全、农田灌溉维修改造等饮水安全巩固提升工程,着力提高贫困户基本用水保障能力,确保贫困群众喝水安全、用水方便。化隆县投资2116万元,在深度困难乡镇和易地搬迁分散安置集中居住区实施饮水安全补短板项目;乐都区投资3106.79万元,在6个深度困难乡镇37个村和2个易地搬迁安置点实施安全饮水工程;民和县投资1051.12万元,在6个深度贫困乡镇(除新民乡外)实施了人饮巩固提升工程,全面解决建档立卡贫困户饮用水入户和安全问题。加快道路交通建设。以改扩建或新建的形式,着力实施县乡、通村公路升级改造,全面改善深度困难乡镇及所属贫困村道路通行条件,解决出行难问题。化隆县投资2148.75万元,对6个深度困难乡镇49个村实施村级道路改善项目,改善路面里程81.75公里;乐都区投资1800万元,正在实施水毁县乡道路和通村泛砂路路面维修工程。加快电力、通信基础设施建设。加大农网改造和网络通信信息建设升级力度,在平安、互助、乐都、民和四县区共安排实施235个农网升级改造、3个易地扶贫搬迁配套电网建设、3个光伏扶贫配套电网建设项目,以及159个其他常规非贫困村农网项目。截至目前,全市4县区25个深度困难乡镇共落实2019年项目资金60082万元,其中省级财政专项扶贫资金29003万元、市县资金4914.07万元、行业部门资金12326.7万元、东西扶贫协作资金13509.04万元。

(二)实施更加积极的就业政策,劳动力就业创业取得新成效

近年来,海东市各级党委、政府及相关部门认真贯彻落实就业优先战略,实施更加积极的就业政策,围绕激发市场活力,深化商事制度改革,大力推进"大众创业、万众创新",实行"五证合一""一照一码"等注册登记制度改革后,个体私营经济更是得到快速发展,有力带动了劳动就业。全市私营个体工商户和农业合作社为102270户,就业人员30余万人,私营和个体经济已成为吸纳就业人员的重要"蓄水池",为经济建设和维护社会稳定发挥了重要作用。全市返乡创业人员达到2064人,带动10781人就业,回乡创业人员带动地方经济成效明显。

值得一提的是，海东市持续做大做强"拉面经济"，取得了显著的经济效益和社会效益。2020年，海东市籍人员在全国270多个大中城市开办拉面店2.93万家，务工人员18万余人，拉面经济及相关产业营业收入达141亿元，从业人员工资性收入67亿元，人均年收入3.72万元。拉面经济从业人员占到海东市全部劳务输出人员的1/3左右，创造的收入却占到全市劳务总收入的60%，特别是化隆、循化两县拉面经济收入已占到农民人均纯收入的70%以上。全市的拉面人甚至将青海拉面推向了国际，在东南亚及周边国家和地区开办拉面店。同时，全市在外开办拉面馆后回乡创业的企业达到462家，吸纳就业6786人，年实现销售收入16.2亿元，利润5.7亿元，务工人员年收入达3.1亿元。拉面经济已成为全市农民收入主要组成部分，成为海东贫困群众脱贫致富最直接、最有效、最快捷、最重要的途径，是全市贫困群众的"脱贫经济""致富经济"。

（三）大力改善城乡住房建设，人民生活环境持续优化

1. 加快污水收集管网建设

海东市强化城中村、老旧城区和城乡接合部污水截留、污水收集管网建设，改造雨污合流，大力推行雨污水收集管道系统，提高城镇污水管网覆盖率以及城镇收集率。为切实解决乐都核心区内污水管网老旧等突出问题，进一步提高污水收集范围和能达到污水提质增效的目的，实施海东市中心城区2019年城镇污水处理提质增效项目，截至目前，全市城镇生活污水处理率达到95.81%。

2. 大力完善城镇基础设施建设

实施各类城镇基础设施项目1075项，城市道路、给排水管网、城镇生活垃圾场、广场、游园、公共厕所等基础设施项目的建设完成投资545.8亿元。加快城市污水收集管网建设，改造雨污合流，城中村、老旧城区和城乡接合部污水截留、收集范围和能力市污水处理率达到95.81%，农村生活垃圾有效处理率达到90%。加强生活垃圾填埋场运行和管理，定期开展监督检查，确保生活垃圾日产日清日填埋，城市生活垃圾无害化处理率达到96.05%。城市基础设施的建设，让市民的生活品质得到了大幅提升。

3. 持续推进棚户区改造

2018—2020年完成棚户区改造13501套，2021年计划开工建设棚户区改造项目1841套（户），实施城镇老旧住宅小区改造5349套（户）。推进城镇住房综合改造，实现城镇住房在节能改造、设施配套、环境整治、风貌改善四大方面得到有效提升，推动城镇住房由基本安全保障需求向舒适型需求转变，加快实施既有多层加装电梯、棚户区改造、老旧小区改造等项目，全力推动城中村改造、供水供热供气等民生项目建设。"一优两高"战略实施以来，累计完成房地产投资305.49亿元，其中，2018年84.52亿元，2019年92.83亿元，2020年128.14亿元，房地产投资规模连创新高。2021年全市拟实施房地产开发项目108项，项目总投资611.07亿元，计划年内完成房地产开发投资110亿元，目前，已完成房地产开发投资13.9亿元。以高原美丽示范省建设为契机，认真把握"城乡融合、生态宜居、特色互补、内涵提升"的新型城镇化内在要求，多渠道整合资金，高质量实施美丽城镇、美丽乡村，2018—2020年实施美丽城镇15个，其中正在建设5个（2019年3个、2020年2个），2018—2020年完成美丽乡村建设360个村，2021年实施美丽城镇2个、美丽乡村120个。

（四）深入推进综合医改工作，医疗卫生保障水平持续提升

1. 强化重大疾病防控体系建设

相继出台《海东市卫生计生事业发展"十三五"专项规划》《"健康海东2030"行动方案》等一系列纲领性文件及包虫病、艾滋病、结核病、病毒性肝炎、精神卫生等重大疾病防治规划和行动计划，在强化全市重大疾病防控体系建设、有效提升疾病防控能力方面奠定了坚实的基础。同时健康教育纳入常态化工作，群众思想观念不断转变，生活方式不断改善，健康素养不断提高。

2. 大力扶持中藏医药发展

制定《海东市扶持和促进中藏医药发展的实施意见》，推进名老中藏医工作室建设、中藏医优势（特色）专科、示范中藏医馆建设等重点工作2020年安排6县区9个卫生院70万元用于"示范中医馆建设"。目前乡镇卫生院中

医馆建设覆盖率达到100%。乐都、平安、互助三个县区被评为国家中医药工作示范县，乡镇卫生院中医馆建设使用率达到100%，村卫生室能够中医药服务提供率82.1%。

3. 着力推进健康扶贫

紧紧围绕"两不愁三保障"重大要求，按照健康扶贫专项工作部署，扎实开展"三个一批"行动、"先住院后结算""六减免""家庭医生签约服务"等工作，通过三年努力，健康扶贫惠民政策全面落实，贫困人口大病救治率达到100%，慢性病签约实现应签尽签，贫困人口医疗费用实际报销比例和县域内就诊率均达到90%以上，基本医疗有保障工作标准全部实现，全市3.3万因病致贫返贫人口全部脱贫。

4. 积极推进西宁海东医疗卫生一体化

积极推进建立西宁海东医疗卫生机构协作交流机制。加强医联体建设，市、县级医疗机构积极参与西宁市所在地省三级医院和市三级医院医联体建设、专科联盟建设、开通远程会诊系统，通过专家柔性引进，到海东医疗机构定期巡诊、指导科室建设，解决群众就近就医的需求。实施对口帮扶工作，积极与西宁市所在地省三级医院建立对口帮扶协作机制，促进省三级医院卫生技术和人才的下沉，通过定期坐诊、帮扶带教、技术培训提升全市医疗机构的服务能力。

（五）着力加大教育投入力度，不断提升教育整体水平

1. 强化党建引领教育高质量发展

坚持把思政教育深入融入各学科教学中，组织开展了"百堂新时代精品思政课"评选活动，全面推动习近平新时代中国特色社会主义思想进校园、进课堂、进头脑。加强校园文化建设，目前全市已有138所中小学、幼儿园被认定为市级校园文化建设示范校。海东市平安区高铁新区学校、海东市第三中学等15所中小学完成省级校园文化建设示范校评估。

2. 着力推动义务教育均衡发展

以公办园、普惠性民办园、山村幼儿园三种模式100%覆盖城乡，海东市学前教育三年毛入园率达到90.79%，学前教育实现普及普惠发展做好已通过

均衡验收县区的复查监测工作，义务教育均衡发展成果进一步巩固，全市义务教育巩固率达到97.57%。充分发挥市属高中引领作用，促进高中阶段学校公平、高质量发展，全市高中阶段毛入学率达95.18%。实行校企合作、半工半读、产学研结合的"2+1"职业教育创新人才培养模式，全面提升职业学校办学能力。

3. 大力激发教育发展活力

组织安排国培、省培、市培等各级各类培训项目88项，海东市参训学员共计2.43万人次。评选认定市级骨干教师736名、优秀教师200名、优秀班主任100名、优秀校长20名、优秀教育局局长1名、教育突出贡献奖1名。青海高等职业技术学院李生荣院长荣获全国先进工作者称号，1名乡村教师入选教育部乡村优秀青年教师培养奖励计划。

4. 多措并举提升教学质量

牢固树立全市教育"一盘棋"思想，一是建立各学段各学科中心教研组，助力全市教育教学高质量发展；二是建立市属学校"1+4+N"教研机制，充分实现市属高中教研大联合、大融合、大交流、大提高，真正将市属高中优质教师资源互通有无、有效整合、有效利用。认真做好全市高一、高二年级统一学业水平检测和高三年级四次模拟考试的质量分析工作，及时总结得失。提出了围绕不同层面学生做工作的"一优两圈"战略高考工作思路，明确工作重心，厘清工作路径。同时，以评定市级优质课和选拔教学能手、岗位大练兵为契机推动课堂教学走向优质化，全力以赴提升教育教学质量。

（六）创新社会治理，助推"平安海东"建设

始终坚持打造共建、共治、共享的社会治理格局，着力健全完善党委领导、政府负责、民主协商、社会协同、公众参与、法治保障、科技支撑的社会治理体系，不断丰富海东地方治理生动实践，打造了一批海东样本，创造了海东经验。

坚持系统观念、综合治理，动员引导宗教界人士广泛参加春秋两季百万人义务植树造林"大会战"和城乡环境综合整治百日行动，各族群众铸牢中华民族共同体意识显著增强。在全省率先推动加强新时代城市民族工

作，紧紧把住"接纳"和"融入"两大重点，荣获全国少数民族流动人口服务管理示范城市称号，树立了海东新典型。隆重召开打造青藏高原民族团结进步示范新高地动员暨民族团结进步表彰大会，全面开启民族团结进步示范建设新征程，推动海东民族团结进步事业始终走在全省乃至全国前列。

坚持专群结合、群防群治、平战结合，认真抓好全国市域社会治理现代化试点城市创建工作，深入开展扫黑除恶"六清行动"，依法严惩了一批涉恶犯罪分子，集中整治了一批重点行业领域乱点乱象，人民群众安全感持续提升。

注重源头治理，持续丰富"枫桥经验"海东实践。成功入选第一批全国市域社会治理现代化试点城市，群众合法权益得到有力维护，全市信访量连续五年呈下降趋势，信访秩序明显好转。在全国率先制定出台移风易俗地方性法规《海东市移风易俗促进条例》，树立了文明海东新样本。扎实推进信用信息共享平台一体化建设，成为近两年全国地级市信用排名提升最快的城市之一。

三、海东市创造高品质生活面临的主要问题与不足

海东市在"一优两高"战略引领和推动下，通过夺取脱贫攻坚伟大胜利和推动经济平稳发展，极大地改善了各族人民群众的生活品质，但总体来看，与新时代人民群众对美好生活的向往和期待比较，仍存在一些问题和不足。

（一）教育资源总量不足，教育优质均衡发展仍有差距

受自然、历史等诸多因素影响，海东市教育资源总量不足，学前教育和高中阶段教育普及程度还需进一步提高；全市虽实现了县域内义务教育基本均衡，但实现优质均衡发展仍然任重道远，特别是教育教学改革和基础教育质量还需进一步深化和提高；职业教育服务海东经济社会发展的能力还不足。海东建市不足十年，市、县区财力十分薄弱，随着城镇化进程不断加快，人口不断增加，教育资源总体上呈短缺状况，优质教育资源不足的矛

盾更为突出，还不能满足人民群众多元化、个性化教育需求。尤其在农村，由于人口比重大，少数民族聚居地区较多，自然条件恶劣，多数农村山大沟深，交通极为不便，形成教学点数量多、情况复杂，撤并工作阻力较大的现状。

（二）优质卫生资源总量不足，整体水平仍需提高

海东市卫生资源分布不均，发展不平衡不充分的问题依然突出。由于各县区医共体建设发展不平衡，远程医疗会诊系统利用率亟待提高。同时，各地区信息化建设缺乏顶层设计，基本公共卫生信息系统、医院信息系统、电子病历系统、医保报销系统、大病保险报销系统、民政医疗救助系统尚未实现互联互通，数据共享。

（三）就业形势依然严峻，高质量就业压力较大

劳动力供大于求的总量性矛盾突出。从城镇来看，海东市每年高校毕业生基本都在1.2万人左右，初高中毕业后选择就业的学生大体有6000人，另外还有城镇下岗失业人员、军队退伍人员需要安排就业。全年需要就业的人员总数有2.4人左右，而全市能提供的就业岗位只有1.2万个。另外，随着城镇化进程的加快，大批农村富余劳动力转移就业的压力越来越大，目前还有10万多农村剩余劳动力需要转移。此外，受新冠疫情冲击，就业数量质量降低。加之产业结构调整，结构性失业加剧。

（四）绿色人居建设难度较大，管理能力建设依然不足

既有居住建筑节能改造项目存在住户自筹资金困难，项目设计点多面广，实施起来较分散，带来施工与管理难度，上级部门下达专项资金有限，项目改造存在一定难度。管理能力建设依然不足。管理力量不足，对建筑节能与绿色建筑等专项工作缺乏专门机构及人员进行管理，或已成立的机构与其他机构存在着工作职责交叉，责任划分不清晰，人员、经费投入不足，工作进度、质量等无法得到有效保障。同时，在建筑节能与绿色建筑发展方面投入普遍不足，为各项工作的有序开展带来较大困难，个别县区政策指导性文件尚待进一步完善。

第五节　海东市持续深入推进"一优两高"战略的对策建议

在加快建设绿色发展的现代化新青海的新征程中,海东市要全面贯彻落实党的二十大精神和青海省十四次党代会精神,主动融入国家公园示范省建设,深入实施绿色海东全域生态振兴工程,以产业"四地"建设为引领,加快建立绿色低碳循环发展的经济体系,推动第一、第二、第三产业融合发展,大力弘扬社会主义核心价值观,积极融入民族团结示范省建设,在加快"六个现代化"新青海中交出海东答卷。

一、绿色海东全域生态振兴工程,持续推进生态环境保护治理

（一）营造生态绿色城乡环境

坚定不移推进"三绿"建设,以青海东部干旱山区生态屏障建设工程为抓手,以南北山、湟水河流域"两山一水"为重点,统筹山水林田湖草系统治理。实施湟水河海东段全流域生态修复和综合治理工程,大力推进黄河干流及大通河流域生态环境整治等重大工程。开展国土绿化提速行动,持续开展春秋季植树造林大会战,以南北山为主体,实施百万亩国有林场建设项目、国家规模化林场试点工程,推进黄河两岸南北山、主要道路两侧山体和主要景区周边造林绿化工程,统筹推进天然林保护、"三北"防护林、祁连山生态保护建设与综合治理等重大生态专项工程,筑牢生态安全"绿屏障"。加快中心城区、四县县城绿地系统建设,重点抓好主要景区、交通沿线、重点城镇的植树造林和园林绿化工作,打造森林公园、湿地公园、环城林带,推进山边、水边、路边、田边"四边"绿化,布局改造社区公园、街头游园、郊野公园,建设湟水河流域生态综合体,乐都、平安南北两山绿化全面完成,建成国家园林城市。

（二）打赢污染防治攻坚战

开展"碧水蓝天"专项行动,扎实推进大气、水污染防治,严格环保监

管执法，不断改善全市生态环境质量。实施城镇污水处理"提质增效"行动，加强水源水、出厂水、管网水、末梢水的全过程管理，减少污染严重水体和不达标水体。打好净土保卫战，全面实施土壤污染防治行动计划，突出重点区域、行业和污染物整治，强化土壤污染管控和修复，推进农业面源污染防治。扎实开展"绿色细胞工程"，着力构建系统完善的固废分类收运、处置和循环利用体系，全面实施城乡垃圾分类收集处理，实现生活污水和垃圾无害化处理全覆盖，建成国家卫生城市。

（三）优化完善生态管控体系

落实好青海省主体功能区规划和海东市国土空间利用规划，健全与主体功能区相配套的综合政策体系，建立生产、生活、生态相统一的国土空间利用格局。建立健全长效机制，依法打击违法用地行为，坚决拆除违法建筑、废弃厂房，完善用地审批，规范处置闲置土地，复垦复绿已清理出的违法用地。健全完善生态环境监管制度和政绩考核制度，健全生态环境保护考核办法和责任追究制度，严肃督查问责，进一步提升保护生态环境的能力和水平。

（四）全面构建"大环保"工作格局

积极争取中央政策支持倾斜力度及财政扶持力度，以部门联动、项目投资等方式，全面构建"大环保"工作格局，助推"一优两高"战略落地生根。积极开展东西部生态环境保护协作，积极拓宽合作领域，通过项目合作、经验交流、人员培训和资金帮扶等方式，协助经济欠发达地区在保证经济高质量发展的同时，全面做好生态环境保护工作。大力推行生态环境脆弱地区生态补偿机制及生态资源输入省经济反哺机制，进一步调动沿黄、沿长江省份力量，共同维护"三江源"生态环境系统。大力发展和推广清洁能源，推行低碳绿色出行方式，提高新能源汽车普及率及充电桩覆盖率。

二、加快产业"四地"建设，厚筑"一优两高"经济基础

（一）大力发展高原特色现代生态农业

进一步巩固和提升农业在青海省的优势地位，深化农业供给侧结构性改

革，构建现代农业产业体系、生产体系、经营体系。高质量建设农田水利设施，实施高标准农田建设，发展粮经饲统筹、种养加一体、农牧渔结合的现代农业。建立基本农田集中投入制度，推进基本农田保护示范区建设。持续壮大农区畜牧业，重点打造青海东部特色种养高效示范区。做大做强脱毒马铃薯、富硒蔬菜、高原青稞、杂交油菜、冷水养殖、饲料加工、牛羊肉等特色优势产业。进一步提升全市作为全省"菜篮子""粮袋子"的能力和品质，建成西北重要的脱毒马铃薯繁种基地、全国区域性杂交油菜制种基地、国内知名的沿黄库区现代冷水鱼养殖基地和具有国际影响力的高原富硒农产品生产基地。突出"高原、生态、绿色、富硒"特色，集中打造湟水流域"高原富硒"、黄河流域"黄河彩篮"两大区域品牌。巩固提升互助国家级现代农业示范区和以乐都、互助为核心的海东国家农业科技园区，建成乐都国家级现代农业示范区。大力培育新型经营主体，推进特色农产品规模化、企业化、标准化生产。加快商品储备库、中继型农产品冷链物流系统、重要产品流通追溯体系、农村物流设施建设，形成方便快捷的市场流通体系。

（二）全力推动工业经济转型升级

推动信息化和工业化深度融合，广泛运用互联网、大数据、人工智能等技术改造提升传统产业，向高端高质高技和绿色低碳循环的方向发展，不断催生新产业新业态新模式。加快金属冶炼、建筑材料、水力发电、农副加工等传统产业转型升级、提质增效，实施一批产业链延伸、牵动性强、关联度高的补链项目。做大做强农副产品精深加工产业，做优做强青稞酒生产基地，发展壮大矿泉水产业，建成省内一流的绿色建材和农副产品加工产业基地。加快培育壮大战略性新兴产业，在装备制造、新能源新材料、信息产业、食品医药等领域打造新优势，形成产业集群。以车用动力锂电池材料生产及其回收项目为载体，积极发展储能产业。以大型模锻压机机组项目为重点，构建以大型锻件为主、高端合金零部件发展为辅配套协作的装备制造产业链。围绕高纯石英砂、高端硅材料、镁锂镍金属合金材料、先进高分子材料等，建设若干产业化示范项目。积极培育信息经济新业态，加快青海省大数据中心提质扩容，着力培育和引进配套产业，形成以云计算和大数据处理为核心的"青藏高原云谷"。加快县域经济发展，提升县区工业园发展层次和水平，本着"立足优势、科学定位、相互协作、竞相发展"的原则，推进乐都工业园、民和工业园、互助绿色产业园、化隆巴燕·加合经济区、循化清真食品（民族用品）产业园早日形成规模和效益。

（三）聚力打造旅游支柱产业

深度挖掘河湟文化内涵，加快推进黄河、湟水河生态文化旅游带建设，建成百里河湟文化旅游展示体验区。重点建设喇家国家考古遗址公园、柳湾彩陶遗址公园、瞿昙寺历史文化景区三大文化旅游工程。推动互助土族故土园AAAAA级景区提档升级，打造循化撒拉族绿色家园AAAAA级景区，推进互助北山、孟达天池、永录民俗博物馆、洪水泉清真寺等旅游景点提档升级。引进3—5家五星级酒店。建成全域旅游示范区，提升"大美青海·风情海东"知名度，全面打造"极地门户·青藏首站"旅游新形象。加快平安驿（袁家村·河湟印象）、班彦村、卯寨、七里寺等乡村旅游示范点建设。

（四）着力提升现代服务业水平

积极引进万达、方特等国内外知名企业，建成2—3家大型商贸综合体，1—2家大型主题娱乐公园。完善特色商贸小镇、改善提升传统商业步行街。积极打造沿湟水河、沿黄河健康养老产业示范带，构建多层次养老服务体系，引进绿地等国内知名企业，高水平建设健康养老"双万"基地项目，建成青海省健康养老城。加强乡镇养老服务中心建设，实现城市社区标准化养老服务设施全覆盖。优化居家服务供给，推进家政物业等服务提质，开展家居服务业标准化试点。实施商务便民惠民行动，优化便民消费网络布局。深化农信社股份制改革，全面完成四县区信用社改革，成立海东农商银行。组建海东"信保集团""城投集团"。引进股份制商业银行等金融机构，努力实现具备全国性业务的股份制商业银行全部入驻。

三、实施城镇带动战略，开拓"一优两高"发展空间

（一）高质量推进新型城镇化建设

进一步深化市情认识，明确发展方向和定位，将乐都建设成为海东政治

经济文化中心和全省职业和基础教育基地、医疗健康养老基地、河湟文化旅游展示基地；将平安建设成为高原硒都和现代新兴产业基地，打造古驿文化特色凸显的生态宜业宜居城区；将互助建设成为高原旅游休闲度假区、现代农业和绿色循环示范区、土族民俗文化传承基地；将民和建设成为以商贸物流、生态观光为主导的新兴城市，推进川海一体发展，打造兰西城市群青海前沿窗口；将化隆建设成为黄河上游旅游明珠城市、南部滨河生态宜居新城；将循化建设成为黄河上游生态环境优美、民族特色浓郁的休闲度假旅游名城。围绕特色产业、基础设施、文化传承、生态保护，持续推进特色小镇建设，全力打造高庙、瞿昙、三合、丹麻、加定、官亭、群科、巴燕、积石、街子10个特色小镇，形成特色小镇群落。

（二）着力创建国家级河湟新区

进一步明确河湟新区发展定位、管理体制、开发方向，坚持西宁海东一体、城乡一体、港城一体、产城一体，以建设青藏高原山水田园生态绿色新区为目标，培育壮大新能源新材料、信息产业、装备制造、食品医药四大主导产业，以及总部经济、商贸金融、保税物流、科技研发、文化旅游、健康养老、娱乐休闲、高端住宅等为主的现代服务业。将"海东河湟新区"打造成为青海省创新驱动发展的示范新区、产城融合发展的引领新区、对外开放开发的窗口新区、生态绿色宜居的样板新区，努力创建成产业实力雄厚、资源利用集约、生态环境良好、人民生活幸福的国家级新区。

（三）全面提升城市发展品质

树立城市经营理念，创新城市管理机制，进一步提升城市精细化管理水平，在市中心城区推行"街长制"。提高城市工作标准，突出山水田园生态绿色特点，强化对城市空间品质和城镇风貌的建设管控，实现田中有城、城中有林、林中有景、山水相连。实施高水准的房地产开发项目，提高商业开发的档次和水平，促进房地产市场平稳健康发展。大力推广绿色建筑，实施城镇老旧小区改造，彻底消灭城市棚户区和农村危旧房。建成体育中心、游泳馆、图书馆、文化馆、美术馆、影剧院、音乐厅、科技馆、会展中心、民俗博物馆十大文化设施。建成滨河公园、驿州公园、南凉公园、朝阳山公园、湟水河公园、东垣渠公园、安定山公园、群科中央公园、撒拉故里公园、积石黄河公园。高标准谋划、高水平建设一批公共服务基础设施配套项目，补齐消防、大型停车场、垃圾处理等方面短板，形成与城市发展相匹配的公共服务配套体系。打造便捷、安全、绿色、智能交通体系。完善核心区慢行系统，建设沿黄河慢行系统。开通西宁—民和城际专列，谋划建设城市轨道交通，开通乐都—平安城际公交专线。建设智慧城市、双修城市。

（四）强化重大基础设施支撑

协调推进机场三期、曹家堡综合交通枢纽、西成铁路等重大交通基础设施建设。重点实施 G6 京藏高速改扩建、西宁南绕城高速东延至民和等项目，建成胶南至海晏公路加定至西海段公路，形成海东与河西走廊快速连通的北部大通道；建成大河家至清水沿黄高速、官亭至哈城、川城至三合、街子至隆务等公路项目，完善高速环线，形成海东与甘肃南部快速连通的南部大通道；重点实施乐都至化隆至循化、巴燕至群科高速公路，形成主轴线与南北两大通道之间相互连通；建成海东大道等一批市政道路，构建城际快速通道、物流通道，规划建设快速公交专用车道。持续加大农村道路建设力度，全市所有乡镇实现二级公路通达。建成循化等通用机场，开通黄河旅游航运专线。提高水资源保障能力，实施青海省湟水干流供水工程、南门峡至河湟新区配水厂工程、杨家水库配套供水工程，解决主城区高品质用水问题。建成湟水北干渠、黄河干流防洪、灌区节水改造等重点工程。开发清洁能源，构建光伏光热、水光互补、风光互补等多能互补的能源供应体系，实施 1000 兆瓦以上光伏、500 兆瓦以上风电项目，打造全省储能和发电基地。推进天然气储备基地建设，建成化隆、循化管道天然气输配工程，加快推进天然气向乡镇延伸。

四、实施乡村振兴战略，补齐"一优两高"关键短板

（一）促进三次产业融合发展

用工业化理念发展农牧业，用服务业方法经营农牧业，深入开展现代新

型经营主体培育行动计划，促进新型农业经营主体、加工流通企业与电商企业全面对接融合，推动线上线下互动发展。健全电商综合服务体系，拓宽电商应用领域，实施电子商务进农村综合示范工程。全力提升青海高原暨河湟流域农产品展交会档次和水平，形成海东对外展示新平台。积极开发文化传承型、民俗文化体验型、山水田园型、农业观光型乡村旅游，打造一批特色鲜明的乡村旅游名村。

（二）建设生态宜居美丽家园

着力改善农村住房条件，开展农房风貌改造、道路及雨污管网、公共服务中心及水体山体景观打造。深入推进农牧区人居环境整治行动，完善再生资源回收网点，建设农村农业垃圾、污水处理项目。构建节约高效、协调适用的清洁取暖体系，提高清洁取暖比重。加快推进全市自然村通硬化路，抓好"四好农村路"建设。深入推进"村村通客车"工程。提升人畜饮水质量，全面解决农村饮水安全问题。加大传统村落、少数民族特色村镇、历史文化名镇名村、历史文化街区及历史建筑的保护力度，集中力量建设一批具有历史、地域、民族特点的文化旅游名镇名村。

（三）依法构建乡村治理新体系

建立健全自治、法治和德治相结合的乡村治理体系，加强农牧区基层党组织建设，健全完善村党组织领导的村民自治机制。加强基层派出所、司法所、人民法庭建设，完善"一村一警""十户联防""邻里守望""村村联防"模式，持续推进"技防村"建设，打造共建共治共享的社会治理格局。加强县乡村综治中心规范化建设，深化网格化服务管理，推动新时代"枫桥经验"由乡村治理向城镇、社区治理延伸，提升城乡基层社会治理水平。开展"推动移风易俗、提升乡风文明"行动，建立健全符合新时代新要求的村规民约，传承良好家风，持续推进文明村镇、"五星级"文明户等群众性精神文明创建活动。

五、实施投资于人战略，凝聚"一优两高"内生动力

（一）全力提升教育教学质量

持续推进提升教育教学质量六年行动计划，全面普及学前三年教育，实

现每个乡镇至少有一所中心幼儿园;加大控辍保学力度,巩固提升义务教育水平,实施乡村小规模学校和乡镇寄宿制学校建设项目,进一步振兴乡村教育,推进义务教育均衡发展;实施普及高中阶段教育攻坚计划,扩大高中阶段在校生规模,全力提升现有市级高中办学水平,再建四所市级高中,重振海东基础教育,实现海东教育走在全省前列。持续加大教育投入,进一步完善贫困学生资助体系;优化职业教育体系,开展现代学徒制试点;探索建立与省内外高校合作机制,规划建设教育园区,承接省内高等教育资源布局调整,组建海东大学。办好特殊教育。全面深化新时代教师队伍建设改革,培养党和人民满意的高素质教师队伍。

(二) 持续推进健康海东建设

深化医药卫生体制改革,加快实施全民健康保障工程,加强重大疾病防控体系建设。改善基层卫生机构基础设施条件,强化基层卫生队伍建设,完成市人民医院提档升级,市第二人民医院建成运营,推广"医联体""医共体"模式,鼓励社会办医,形成多元化办医格局,实施"互联网+医疗"模式,高质量推进家庭医生签约服务。

(三) 积极促进群众就业增收

坚持就业优先和积极就业政策,鼓励"大众创业、万众创新",建立符合劳动力就业的培训和服务机制,实现更加充分更高质量的就业。持续推进"拉面经济"提档升级,发展品牌连锁经营,打造在全国具有影响力的特色餐饮品牌。加强小微企业创业基地、孵化器、商贸企业集聚区建设,创造更多的就业岗位、更好的就业创业环境,提高劳动力就业技能,实现农村居民就近就地就业。积极推进对外劳务输出,鼓励更多创业者走出国门。建好市县两级人力资源市场,重点向乡镇(街道)、社区、村组延伸,搭建基层劳动保障服务平台,加强对城乡零就业家庭的援助,让就业困难者享受更加优质的就业服务。

(四) 稳步提高各类保障水平

建立多主体供给、多渠道保障、租购并举的住房制度,发展共有产权住房。加大公租房保障力度,将符合条件的新就业无房职工、外来务工人员纳入保障范围,实现城镇住房困难群众应保尽保。继续提高城乡低保等社会救助标准,确保基本养老保险参保、城乡居民基本医疗保险参保实现全覆盖。大力发展残疾人事业,不断加强社会救助、优抚安置、慈善事业、红十字、关心下一代等工作。

六、实施幸福民生战略,升级"一优两高"品质需求

(一)保障食品药品安全

坚持从源头抓起,落实食品药品企业主体责任,强化企业质量安全管理,健全行业自律约束机制。推进"明厨亮灶",开展小餐饮示范店建设。推动企业连锁化经营,发展中央厨房加工配送,完善外卖送餐服务。严格实施食品从农田到餐桌全链条、药品从药厂到患者全环节的监管,健全技术支撑体系和信息化监管系统,消除监管"盲点"。抓紧建设食品药品追溯体系,分类搜集基础数据,实现线上线下全过程跟踪监管,做到可查询、可追责,保障人民群众"舌尖上的安全"。

(二)丰富精神文化生活

深入实施意识形态引领和社会主义核心价值观塑造工程,持续推进公民道德建设工程,创新群众性精神文明创建活动,打造"善行海东"道德品牌,引导群众崇德向善、诚实守信、移风易俗,扎实做好全国文明城市创建工作。强化思想舆论阵地建设和管理,提高新闻舆论传播力、引导力、影响力、公信力。实施文化精品工程,推动文化繁荣兴盛。深入推进"文化海东"建设,加快构建覆盖城乡、便捷高效、保基本、促公平的现代公共文化服务体系,推动文化事业和文体产业发展,实现文化服务设施、网络通信覆盖所有城乡。加强优秀戏曲曲艺、少数民族文化、民间文化的保护传承,开展形式多样的群众文化活动。提升沿黄河马拉松赛、国际抢渡黄河极限挑战赛水平,打造国际品牌赛事,积极举办、承办具有国内国际影响力的体育赛事。

(三)健全便民服务网络

全面推行行政审批和便民服务"马上办、网上办、就近办、一次办",努

力实现"最多跑一次"。打造一网全贯通、事项全覆盖、流程全优化、承接全落地的市、县区、乡镇（街道）三级便民服务体系，推动政务服务"一张网"市县乡村四级联通，设立"便民服务网上办事大厅"，设立24小时自助服务区，实现"一网登录、一口办理"。完善社区便民服务体系，建设"一站式"社区服务网络。鼓励社区商业体系化，引导便利店等新业态进社区，设立家庭用品配送、家庭教育等社区便民站点，规范和拓展代收费、代收货等便民服务。健全乡村综合性服务网络，提高农村居民生活便利化水平。

七、激活外向型经济平台，着力提升开放发展水平

积极拓展外部发展环境，深度融入共建"一带一路"，促进与共建国家和国内沿线城市的人文交流，加强经贸合作，依托海东河湟新区，着力打造自由贸易试验区、国家级新区，设立中国（青海·海东）跨境电子商务综合实验区，建设青海国际会展中心，将海东建设成为对外开放合作的新高地。提升经贸交流合作水平，积极吸引国内外大企业、机构前来海东投资、驻设办事机构、设立分支机构、建立总部基地。以曹家堡综合保税物流中心建设为抓手，努力打造多式联运、口岸保税和综合物流商贸服务平台，建成符合国际标准的贸易基地和国家级综合保税区。积极开展产业合作，借助中欧班列，建成连接中亚等市场的新型平台，形成向西开发开放的黄金地带。搭建人文交流新平台，加快形成经贸论坛、博览会等长效机制。进一步开展互派考察，与共建国家互办文化年、艺术节、体育赛事等活动。

第六章 海西州实施"一优两高"战略评价研究

在青海省大力实施"一优两高"战略的进程中,海西州全面贯彻落实习近平总书记两次视察青海时的重大指示要求,以习近平新时代中国特色社会主义思想为指导,按照产业"四地"建设的重大要求,深刻把握省委省政府赋予海西"两核一轴一高地"区域发展布局核心增长极、青海融入丝绸之路经济带重要门户枢纽、向西向南开放桥头堡的重要地位和打造"开放柴达木"的科学定位,统筹推动生态、经济、社会全面发展,"一优两高"战略取得了重要成效。

本章聚焦生态保护优先、经济高质量发展和人民生活高品质核心指标,在深入海西州调研的基础上,采用定量与定性相结合的方法,对海西州2018—2021年四年间的各项指标变化情况进行评价,对海西州全面贯彻落实"一优两高"战略部署中存在的问题和困难进行了梳理,并提出了相应的对策建议。

第一节 海西州"一优两高"战略实施情况的总体评价

"一优两高"战略实施以来,海西州坚决贯彻落实习近平总书记对青海发展的重大要求,持续挖掘自身资源能源优势,坚持系统观念,积极解放思想、开拓创新、攻坚克难,经济社会稳定向好发展,生态文明建设成果丰硕,高质量发展稳步推进,高品质生活进展有序。模型数据显示,海西州2018—2021年"一优两高"战略实施评价指数分别为1.095、1.643、1.778、1.713,

表明海西州在"一优两高"战略提出后贯彻实施成效明显,生态经济社会各方面发展取得了较好成就。

表6-1 海西州"一优两高"战略实施评价指数表

一级指标	指标权重	指标值			
		2018年	2019年	2020年	2021年
生态保护优先	0.280	0.377	0.496	0.528	0.545
高质量发展	0.438	0.319	0.708	0.797	0.656
高品质生活	0.282	0.399	0.439	0.453	0.512

生态保护优先方面,2018—2021年,海西州生态保护优先指数分别为0.377、0.496、0.528、0.545,如表6-1所示。说明海西州在生态保护方面持续发力,各项措施实施得当,生态环境质量持续向好,成绩显著。

高质量发展方面,2018—2021年,海西州高质量发展指数分别为0.319、0.708、0.797、0.656,如表6-1所示。说明海西州经济高质量发展的空间广阔、韧性十足,虽然受到了新冠疫情影响,但发展的基本盘依然稳固,恢复可期。

高品质生活方面,2018—2021年,全州高品质生活指数分别为0.399、0.439、0.453、0.512,如表6-1所示。说明海西州坚持以人民为中心的发展思想落实较好,各族人民的生活品质均稳定提升,教育、医疗、就业等方面的民生保障能力不断增强。

第二节 海西州生态保护优先指标评价与分析

习近平总书记指出,保护好青海生态环境,是"国之大者"。自"一优两高"战略实施以来,海西州以习近平新时代中国特色社会主义思想为指导,以规划为统领,以保护资源和保障发展为重点,始终把生态环境保护优先作为保障经济社会发展的首要前提,污染治理和生态环境保护工作取得显著成效,生态环境保护制度化、规范化建设日趋完善,推动形成了重绿色、抓生态、促环保的良好氛围。

一、海西州生态保护优先指标分析

根据对 2018—2021 年海西州生态保护优先评价指标数据的收集与测算，得到海西州"生态保护优先"评价指数表，如表 6-2 所示。从二级指标来看，"生态保护与治理"和"能源利用效率"得到明显提升，分别从 2018 年的 0.236 和 0.059 增长到 2021 年的 0.299 和 0.087，同时，"环境质量"除 2021 年有所回落外，一直处于稳定增长的阶段。说明自"一优两高"战略实施以来，海西州一方面在生态保护修复的道路上奋步疾蹄；另一方面，节能减排也取得了实效。总体来看，海西州坚决贯彻落实"生态保护优先"，生态环境保护修复整体工作呈现稳定进步的趋势。

表 6-2 海西州"生态保护优先"评价指数表

二级指标	指标权重	指标值（年）				三级指标	指标权重	指标值（年）			
		2018	2019	2020	2021			2018	2019	2020	2021
生态保护与治理	0.118	0.236	0.277	0.288	0.299	草原综合植被覆盖度	0.023	0.046	0.060	0.066	0.069
						森林覆盖率	0.029	0.058	0.058	0.058	0.087
						沙化土地治理面积	0.032	0.064	0.091	0.096	0.075
						饮用水水源达到或优于Ⅲ类比例	0.034	0.068	0.068	0.068	0.068
环境质量	0.098	0.082	0.161	0.173	0.159	空气质量优良天数比例	0.031	0.082	0.062	0.089	0.093
						细颗粒物（PM2.5）浓度下降比例	0.033	0.056	0.099	0.084	0.066
能源利用效率	0.134	0.059	0.058	0.067	0.087	单位 GDP 二氧化碳排放量下降率	0.029	0.059	0.058	0.067	0.087

（一）草原综合植被覆盖度稳步提升

柴达木盆地气候干旱冷凉，属典型的高原大陆性气候，植被生长条件差、覆盖率低，沙化面积占海西州国土面积的 33%，占青海省沙化面积的 76%，自身生态非常脆弱。海西州坚持可持续发展理念，加强植被恢复与植树造林等活动，2018—2021 年，草原综合植被覆盖度稳步提升，从 43.61% 提升至 45.08%，如图 6-1 所示。

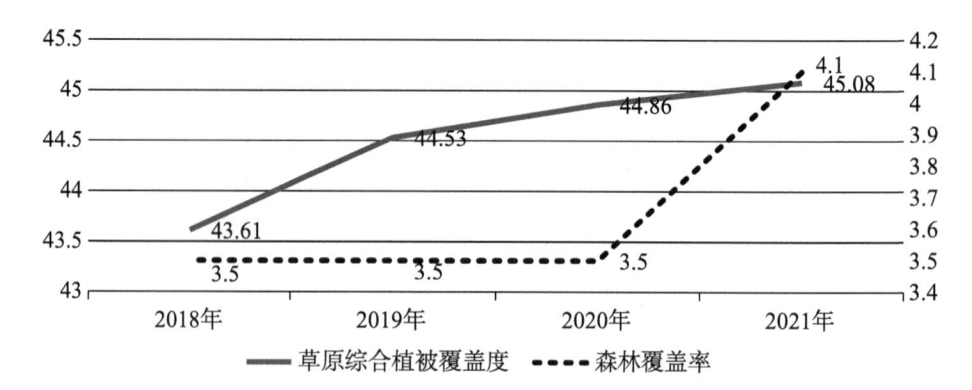

图 6-1 2018—2021 年海西州草原综合植被覆盖度与森林覆盖率变化（%）

（二）森林覆盖率难得上升

海西州林草紧紧围绕构建"两带一环多核"生态安全格局，紧紧抓住林草生态保护与修复重点工程，以大工程推动生态保护与修复事业的大发展。在全州年平均降水量不足 200 毫米的情况下，森林覆盖率有所增加，难能可贵，2021 年全州森林覆盖率为 4.1%，比 2018 年提升了 0.6 个百分点，如图 6-1 所示。

（三）沙化土地治理面积累计增加

海西州认真履行防沙治沙目标责任，通过防沙治沙综合示范区、沙化土地封禁保护区、退牧还草、黑土滩治理和水土保持小流域综合治理等国家重点工程，推进荒漠化治理。2018—2021 年，海西州沙化土地治理面积分别为 26.1 万亩、67.8 万亩、75.32 万亩、42.95 万亩，累计量持续增长。

（四）饮用水水源质量持续稳定

海西州在水污染防治方面持续发力，确保污水处理、排污等各项工作符合标准，保障了各类饮用水水源清洁。2018—2021 年，饮用水水源质量保持稳定，全州四个国控断面水质均达到Ⅱ类，集中式饮用水水源水质达到或优于Ⅲ类比例均为 100%。

（五）空气质量显著改善

海西州持续打好大气污染防治攻坚战，2018—2021 年，全州主要城市空气质量优良天数比例分别为94.2%、92.3%、94.9%、95.3%，保持持续提升的态势，细颗粒物（PM2.5）浓度下降比例分别为0、33.3%、14.3%、−8.3%。考虑到2020年疫情影响，大部分工矿企业在2021年复工复产，所以PM2.5在当年有所提升。

（六）单位GDP二氧化碳排放明显下降

生态海西州通过大力发展循环经济，实施传统工业改造升级，培育壮大新兴产业，经济社会发展与能耗增长的强耦合关系有所减弱。2018—2021年，海西州单位GDP二氧化碳排放量下降率分别为3.60%、3.39%、6.26%、12.40%，特别是"十四五"开局之年，下降得最为明显，如图6-2所示。

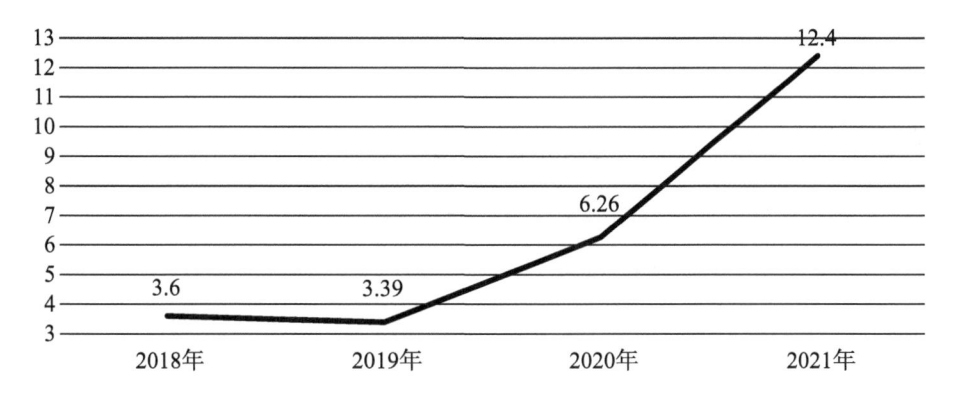

图6-2 2018—2021年海西州单位GDP二氧化碳排放下降率变化（%）

二、海西州生态保护优先的主要举措与成效

自"一优两高"战略实施以来，海西州坚持以习近平新时代中国特色社会主义思想为指导，坚持稳中求进工作总基调，坚持新发展理念，通过健全环境治理体系、强化环境执法监管、推进污染防治攻坚、加强环境宣传教育，着力推动生态环境保护与治理不断迈上新台阶，生态文明建设有效促进生态价值转化。

（一）不断健全环境治理体系，扎实做好木里综合整治

1. 进一步健全生态环境治理体系

持续推进海西州生态环境监测监察执法体制改革，将全州7个生态环境

局调整为州生态环境局的派出机构，统筹执法资源和执法力量，在7个地区设立生态环境综合行政执法大队，全州生态环境监测机构事业编制增至48名。开展了生态环境第三方管理服务工作，全州共完成重点管理及简化管理许可证核发265家，登记管理965家，限期整改通知书57家，并在全国排污许可证信息平台进行发布，实现了固定污染源清理整顿和排污许可证登记基本"双清零"。

2. 强化环境监管，持续加强监管能力建设

按照青海省重点用能单位能耗在线监测平台建设的总体部署，及时组织州内企业积极配合省工信厅进行监测平台设备安装，截至2021年底，有40余家企业完成端口设备安装，其中8家重点用能单位已完成安装并实现数据实时传输，15家重点用能单位已完成安装。配合省生态环境厅完成全州6家发电企业碳排放现场质量核查工作，出具了碳排放核查结论。制定并印发了《海西州2021年控制温室气体排放工作方案》《海西州生态环境损害赔偿磋商办法》和《海西州生态环境损害修复监督管理办法》，积极开展好木里矿区生态环境损害赔偿工作。编制完成《海西州"三线一单"生态环境分区管控实施方案》，持续开展"绿盾"自然保护区监督检查和自然保护地大检查等专项行动。

3. 强化服务助力"六稳""六保"

深入实施省政府"审批破冰"工程、压缩办理时限。对生态扶贫、旅游扶贫、光伏扶贫等扶贫产业，以及畜禽养殖、特色工艺品制造等各类扶贫项目，采取"告知承诺制"审批、开辟审批"绿色通道"、加快环评审批。

4. 扎实做好木里矿区生态环境综合整治

木里矿区新一轮生态环境综合整治工作正式启动以来，严格按照《省木里矿区以及祁连山南麓青海片区生态环境综合整治三年行动方案（2020—2023年）》，坚持问题导向、全力推进各项整治工作有序开展，截至2020年12月，累计回填5205.64万立方米，为总设计施工作业量的100.03%。对木里矿区海西境内渣山进行治理，完成场地平整781.12万平方米、渣山边坡修整728.77万平方米，为下一步覆土种草复绿创造了条件。

(二) 持续强化环境执法监管，环保督察问题得到整改

持续强化环境执法监管。加大对国控、省控等重点污染源的环境监管力度和现场监察频次，确保各污染源污染防治设施的正常运行及污染物的达标排放。2018—2021年，海西州共出动执法人员13328人次，检查工业企业5380家，对233家企业环境违法行为进行了立案查处，处罚金额累计约为3680万元。四年来，全州共受理各类环境信访案件超过600件，已全部办结。

生态红线划定取得新进展。根据青海省自然资源厅《关于开展生态红线县级评估工作的函》（青自然资函〔2020〕26号）工作要求，在各市、县、行委对本地区生态保护红线评估调整方案进行自查的工作基础上，对德令哈市、格尔木市、都兰县、乌兰县生态保护红线划定进行再对接。海西州评估调整后生态保护红线面积为61381.27km^2，占全州面积的20.4%。

(三) 积极推进污染防治攻坚，各项环境指标持续向好

1. 全力推进水污染防治落实见效

制订印发《海西州水污染防治工作方案》和年度实施方案，并对各地水污染防治重点工作完成情况实行月调度，不断强化污染防治体系建设。全州列入国家调度的4个省级以上工业集聚区、6个产业园均已建成污水集中处理设施并安装在线自动监控装置；全州建成县城污水处理厂7座并投入运行。全州县城所在地、重点乡镇、重要支流河道未发现黑臭水体。全州161座需要进行地下油罐改造的加油站中，除3座加油站关停迁建外，其余已完成双层罐更新或防渗设施建设。

2. 大气污染防治精准到位

制订了年度《大气污染防治实施方案》《海西州打赢蓝天保卫战三年行动实施方案（2018—2020年）》等系列方案，建立大气污染防治联席会议机制。2018—2021年全州分类推进了88家"散乱污"企业综合整治，已完成整治70家；全州化工、水泥、火电、有色金属冶炼等重点行业均按照行业标准执行；制定了《海西州2020年挥发性有机物治理攻坚方案》《全州有色金属冶炼行业企业执行大气污染物特别排放限值实施方案》，开展了VOCs污染源调

查，建立管理台账。严格落实"禁燃区"规定，积极淘汰建成区内10蒸吨以下燃煤小锅炉工作，2018—2020年，全州累计淘汰371.97蒸吨。

3. 持续加强土壤污染防治

圆满完成265家企业的排污许可证发证工作，955家企业的登记工作，对57家企业发放了限期整改通知书，实现了固定污染源清理整顿和排污许可发证登记"双清零"，对各地区2020年审批的21个建设项目环境影响评价文件进行复核。强化土壤污染源头控制，制订《海西州土壤污染防治工作方案》，编制了土壤污染治理与修复规划。开展了全州农用地土壤污染状况详查点位核实工作，共划定农用地土壤污染状况调查点位1217个，详查单元66个。完成全州225家重点行业企业用地调查工作。

4. 扎实开展国土绿化行动

构建"两带一环多核"（两带：南部东昆仑山、北部祁连山屏障带。一环：环柴达木盆地生态圈。多核：城乡绿化、森林公园、沙漠公园、湿地公园、自然保护区等）的生态安全格局，大规模开展国土绿化行动，全力实施三北防护林、公益林造林、防沙治沙、退牧还草、祁连山生态保护与综合治理等重点生态工程，统筹推进山水林田湖草综合治理，全州林业草原生态环境持续改善。截至2021年底，海西州森林覆盖率达到4.1%，草原综合植被盖度达到45.08%，湿地面积保持在380万公顷，湿地保护率达37.76%，区域生态状况得到明显改善。

（四）加强环保宣传教育，环境监测水平不断提升

以"六·五"环境日、民族团结宣传月等重大节日活动为契机，开展丰富多彩的环保宣传教育活动，建立并扩充环保"四员"队伍，开展"十加百"亲近网络"媒体看海西"活动。以"环保知识十进"活动为依托，进一步打造并扩充海西州高级中学、海西州柴达木职业技术学院、德令哈市长江路小学三支志愿者队伍建设。充分发挥新媒体作用，在全省率先创办了《绿色家园海西州环境保护报》，同时通过电视媒体、门户网站、绿色家园月刊、微信公众平台、环保微博、短信平台、"12369"环保举报管理平台及舆情邮箱，及时发布有关环境保护的热点新闻，积极应对环保舆情。引导全社会关

心环保、支持环保、践行环保、共享环保。环境监测水平取得较大提升，截至 2021 年末，海西州生态环境监测站共 24 人持证上岗，包括水（含大气降水）和废水、环境空气和废气、固体废物、土壤和水系沉积物、生物、噪声和振动、数据综合分析与评价和质量管理八大类，共取得 91 个项目的监测资质，持证上岗率 100%。开展城镇饮用水水源地水质监测工作，对重点城镇饮用水水源地水质进行每年 4 次的监督性监测，确保人民群众饮用水安全。

三、海西州生态保护优先面临的主要问题与不足

近年来，海西州坚持"两山论"毫不动摇，生态环境质量总体保持稳定。但在持续推动生态保护优先的道路上仍然面临着生态环境保护基础依然薄弱，生态环境保护支撑能力不足，产业转型升级任务依然艰巨，土地、矿产资源管理矛盾突出等问题。

（一）主观客观条件均存在短板，生态环境保护基础依然薄弱

一些地区和部门对生态环境保护认识站位不够高，落实"党政同责、一岗双责"还不够到位；统筹生态环境保护与经济发展、民生改善的任务艰巨；重点区域环境承载力有限，区域性、布局性、结构性污染问题和环境风险依然存在。总体来看，生态环境保护基础仍然薄弱，工作中仍面临不少困难和挑战。

（二）基础设施欠账较多，生态环境保护支撑能力不足

生态环境质量持续改善的基础尚不牢固，尤其城乡区域统筹不够，农村生活垃圾和污水处置设施建设历史欠账多，虽已实现农村生活垃圾治理体系 100% 全覆盖，但农村生活垃圾治理设施利用率低，农村污水处置设施投运率不高。全州河湖较多，分布较广，专职人员少、管护设施设备落后，影响到河湖长制工作的推进成效。

（三）资源勘查软硬条件不足，土地、矿产资源管理矛盾突出

一是国土空间规划全面采用大地 2000 坐标系，由于现有大量资料数据多

为西安80坐标系或其他坐标系，坐标系转化工作量大、复杂，精准坐标还需到省级部门进行转换。二是全州湿地受季节、盐碱化等多重影响，地类判定困难，外业核查时发现，部分图斑实际为临时搭建的建筑物图斑，但未办理临时用地审批手续，此类图斑无法判定。三是实施增减挂钩项目时，均与涉及拆旧区村民签订了拆除协议，实施过程中，存在个别村民既要建新安置房又不愿意及时主动退出拆旧区宅基地的现象。四是受经济下行压力影响，近年来全州两权价款分成较少，一定程度上影响了州级两权价款地勘项目的安排，柴达木绿色找矿勘查大会战资金保障困难。

第三节 海西州高质量发展指标评价及分析

自"一优两高"战略实施以来，海西州坚持稳中求进工作总基调，积极践行新发展理念，围绕"四地"建设，在经济增长、项目投资、农牧业发展等方面持续发力，抓重点、补短板、强弱项，重点项目支撑作用显著增强，投资"引擎"持续发力，基础设施建设迈上新台阶，高质量发展取得了新成就。但疫情突发等不可抗力因素一定程度上影响了以工业为主的全州经济发展。总体来看，海西州坚决贯彻落实"高质量发展"的基本面没有变，保证发展速度和发展质量的底盘依然稳固。

一、海西州高质量发展指标分析

根据对2018—2021年海西州高质量发展评价指标数据的收集与测算，得到海西州"高质量发展"评价指数，如表6-3所示。从二级指标来看，"对外开放"持续提升，从0.057增长到0.114；由于数据缺失，"创新能力"下降；"经济运行稳定性""经济运行效率"2018—2020年出现了稳定增长，分别从0.145、0.090上升到0.398、0.228，但在2021年下降到了0.338和0.204。说明了海西州在推动产业转型方面不可避免地经历经济波动的阵痛，同时海西州的资源型、新兴工业已经融入了全国发展格局，全国性的疫情对于经济运行的冲击较大。

第六章 海西州实施"一优两高"战略评价研究

表6-3 海西州"高质量发展"评价指数

二级指标	指标权重	指标值（年）				三级指标	指标权重	指标值（年）			
		2018	2019	2020	2021			2018	2019	2020	2021
经济运行稳定性	0.145	0.145	0.372	0.398	0.338	人均GDP	0.041	0.082	0.106	0.091	0.123
						居民消费价格指数	0.021	0.063	0.058	0.060	0.042
						一般性工业投资增长率	0.028	0.084	0.080	0.056	0.071
						规模以上工业增加值增长率	0.034	0.101	0.102	0.068	0.092
经济运行效率	0.090	0.090	0.201	0.228	0.204	第三产业增加值占GDP比重	0.021	0.042	0.052	0.063	0.050
						地方公共财政预算收入增长率	0.024	0.055	0.048	0.072	0.052
						非公有制经济占GDP比重	0.032	0.076	0.096	0.064	0.064
						单位面积土地产出GDP	0.034	0.070	0.084	0.068	0.102
创新能力	0.053	0.027	0.054	0.081	0.000	R&D经费投入强度	0.027	0.054	0.081	0.000	0.000
对外开放	0.080	0.057	0.081	0.090	0.114	进出口总额占GDP比重	0.030	0.075	0.090	0.060	0.069
						进出口总额增速	0.027	0.081	0.000	0.054	0.073

（一）人均GDP稳步提升

2021年海西州人均GDP为15.2万元/人/年，比2018年增长了20.6%，如图6-3所示，高于全国平均人均GDP，超过广州、杭州等一线城市。2018—2021年，海西州人均GDP年均增长6.5%，虽然在2020年略有下降，但2021年立刻反弹，经济发展的韧性十足，见图6-3。

图6-3 2018—2021年海西州人均GDP变化（万元/人/年）

2018年：12.6　2019年：14.1　2020年：13.2　2021年：15.2

（二）一般性工业投资降幅收窄

2018—2021年，海西州一般性工业投资增长率分别为21.7%、11.9%、-49.3%、-12.5%，如图6-4所示。全州工业发展明显受到新冠疫情的影响，物料运输的阻塞、人员到岗的迟缓、资金到位的缺失都影响了工业投资的落地。同时也可以看出，2021年，一般性工业投资降幅收窄了36.8个百分点，在统筹疫情防控与经济发展方面取得了较好成效。

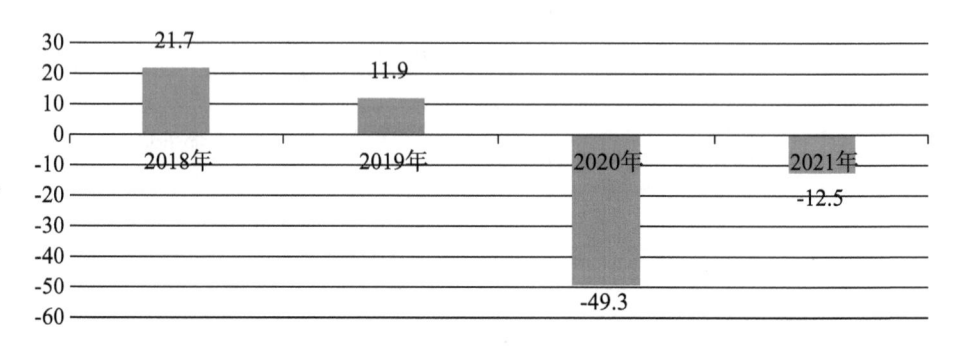

图6-4　2018—2021年海西州一般性工业投资增长率变化（%）

（三）第三产业增加值占GDP比重有所回调

2018—2021年，海西州第三产业增加值占GDP比重分别为27.1%、28.5%、30.1%、28.2%。在全州经济以工业为主的情况下，第三产业增加值逐步增长，2020年，第三产业增加值占GDP比重历史性地达到了30%以上。同样受疫情影响，人流活动受到限制，旅游经济下行，第三产业的增长速度有所放缓。

（四）地方公共财政预算收入波动较大

2018—2021年，海西州地方公共财政预算收入增长率分别为8.7%、-9.1%、53.2%、0.1%。一方面，在近几年国际大宗商品价格上涨情况下，由资源型经济主导的海西产业利润增加，税收上升；另一方面，为消弭疫情影响而实施的减税降费政策减少了一部分税收。综合以上原因，海西州地方公共预算税收显示出了较大的波动性。

（五）进出口总额占 GDP 比重有所降低

2021 年，海西州全年货物进出口总值 3.2 亿元，同比增长 54.3%，其中出口总值 3.1 亿元，增长 53.7%。全年共与 24 个国家地区产生贸易往来，对"一带一路"共建国家进出口总值 0.14 亿元，下降 80%。2019—2021 年，海西州进出口总额占 GDP 比重分别为 0.72%、0.34%、0.46%，绝对值不仅不高，还有所降低。总体来说，海西作为青海对外开放"桥头堡"的作用还未充分发挥。

二、海西州高质量发展的主要举措与成效

自"一优两高"战略实施以来，海西州通过坚持经济运行稳中求进、加大政策扶持保障力度、稳妥推进产业转型升级、积极融入对外开放格局、系统规划基础支撑牢固，主要经济指标稳中向好、工业经济运行逐步稳定、盐湖开发利用效能提升、外贸规模质量不断提升、清洁能源产业逐渐规模显现。

（一）坚持经济运行稳中求进，主要经济指标稳中向好

2021 年，海西州地区生产总值完成 713.78 亿元，比 2018 年增长 14.2%，2018—2021 年年均增长 4.5%。其中：第一产业增加值 43.49 亿元，年均增长 9.2%；第二产业增加值 469.3 亿元，年均增长 3.1%；第三产业增加值 200.99 亿元，年均增长 7.1%。三次产业比例由 2018 年的 5.3∶68.5∶26.2 优化为 6.1∶65.7∶28.2，第三产业占比逐年提高，由 2018 年的 26.2% 提升到 2021 年的 28.2%。2021 年，全州公共财政预算收入 139.2 亿元，比 2018 年下降 2.4%，年均下降 0.8%。其中，地方公共财政预算收入 75.9 亿元，比 2018 年下降 2.4%，年均下降 0.8%；公共财政预算支出 149.49 亿元，比 2018 年增长 8.2%，年均增长 2.7%。公共财政预算收入下降的主要原因是中央扶持力度有所减弱，中央级收入年均下降 0.8%，同时因疫情引发的减税降费措施降低了地方公共财政预算收入。

（二）加大政策扶持保障力度，工业经济运行逐步稳定

1. 加大政策扶持力度

认真贯彻落实《关于印发支持工业稳定增长政策措施》《关于进一步支持

工业稳定增长政策和措施的意见》《关于实施工业领域供给侧结构性改革工程的意见》《海西州促经济增长若干措施》等促进经济平稳健康发展的一系列举措，重点从扶持企业发展、支持项目建设、积极引导工业企业提升自身高质量发展能力，助推全州经济高质量发展。

2. 抓企业要素保障

强化对地区经济运行中特别是电、气、运、油、煤等要素保障供需状况的分析监测。继续推进直购电交易方式，鼓励州内用电大户开展直购电交易，降低企业电费、减轻企业负担，提升电网就地消纳新能源能力。

3. 抓上下游市场开拓

加强市场与企业的良性循环，强化州内企业上下游产业对接供需，积极搭建各类对接平台，开展点对点对接、一对多、多角度的对接，形成全州上下共同推进产业联动的长效机制。

总体来看，海西州产业结构持续优化。培育壮大以绿色食品、生物制品、健康环保为支撑的特色生物产业，建成同仁堂特色资源产业基地、枸杞白酒等具有鲜明地域优势和高原特色的生物产业体系。开发枸杞、藜麦等特色生物精深加工系列产品100余种。海西州已成为国家重要的农用钾肥战略物资生产基地、我国纯碱四大产区之一。青海油田英西探区狮210井成为全国第五口日产千吨井，刷新国内陆上单井日产纪录。

（三）稳妥推进产业转型升级，盐湖开发利用效能提升

海西州牢固树立新发展理念，依托资源优势，始终坚持以推动盐湖资源综合利用上升为国家战略为目标，推动盐湖化工产业系列化、高质化、多样化发展，已基本形成以大型钾肥为主导，钠盐、镁盐、锂盐为辅助的循环经济产业体系。以大规模钾资源开发为基础，已形成800万吨钾肥、50万吨硝酸钾、42万吨氢氧化钾、7.2万吨碳酸钾等生产能力。实施500万吨钾肥挖潜扩能改造、40万吨氯化钾等项目，钾肥开采和生产技术国际领先，钾系列产品品质与世界标准接轨，实现从钾盐到钾碱的跨越。推进资源综合开发利用，实施百万吨钾肥综合利用一二期、金属镁一体化等重点项目，推进钠镁锂资源综合开发和产业融合发展。钠资源开发，元品化工综合利用一期20万

吨烧碱装置、俊民化工 2 万吨氯酸钠已建成投产，金属镁一体化年产 100 万吨纯碱装置、三元钾肥 600 万吨工业氯化钠装置建成；镁资源开发，现已形成硫酸钾镁肥、食品级氯化镁、金属镁等镁系列产品。金属镁一体化 10 万吨金属镁装置、海镁特镁业 5.6 万吨镁合金项目已建成投产；锂资源开发，突破高镁锂比盐湖卤水提锂的工业化技术，建成 5 个万吨级碳酸锂装置。金昆仑 1.5 万吨锂盐一期 500 吨金属锂建成；蓝科锂业 2 万吨碳酸锂开工建设，盐湖比亚迪 3 万吨碳酸锂中试、中信国安 2 万吨碳酸锂技改中试年内开工建设，为发展锂电池正负极材料等锂电产业奠定了原材料基础。氯碱开发，以平衡盐湖化工副产氯气、氯化氢为主线，重点建设聚氯乙烯、聚丙烯装置，综合利用一、二期有关装置全面达产后可形成 22 万吨聚氯乙烯产能，金属镁一体化 80 万吨聚氯乙烯、16 万吨聚丙烯装置已建成。

（四）积极融入对外开放格局，外贸规模质量不断提升

1. 加大对外开放工作

编制《格尔木市综合交通枢纽和国际陆港建设发展规划》《青海格尔木国际陆港控制性详细规划》，积极推进格尔木国家陆港建设。格尔木集散仓已建成，尼泊尔境内物流合作伙伴已确定并签订了合作协议并落实了部分南方出口尼泊尔物资在格尔木的中转业务，计划开通格尔木经樟木（吉隆）口岸至尼泊尔加德满都的公路物流运输专线，计划通过青藏两地的有关部门对接，共同拓展经青藏往尼泊尔的贸易和物流货物运输。赴省内外先进地区学习考察保税物流、自贸试验区等方面的经验做法。谋划探讨"两国双园＋跨境直通车"项目，通过日喀则地区口岸扩大对外贸易交易量，双方达成合作发展的共识。

2. 建立完善外贸政策

围绕对外开放、深化沿线大通道合作，陆续制定和出台了《海西州融入"一带一路"建设实施方案》《海西州进出口对外贸易发展实施意见》《海西州融入"一带一路"建设实施方案》《关于进一步加快盐湖产业发展重点工作实施方案》等政策措施，有力推进了全州对外贸易发展。

3. 建设开放平台

自"一优两高"战略实施以来，海西州出口年均增长 10.9%，有进出口

实绩企业由17户增加到42户。超1000万元以上骨干企业出口12.8亿元，占全州出口总额的85%。与20多个国家和地区有贸易往来，对欧州、美国、日本、韩国等传统市场进出口也保持快速增长。全州在册外商投资企业12家，投资总额4.24亿美元，注册资本1.97亿美元。项目涉及有色金属、盐湖化工、水资源、新能源、生物等领域。

（五）系统规划基础支撑牢固，清洁能源产业规模显现

规划体系逐步完善。系统性编制《海西州"十四五"清洁能源发展规划》《海西州特高压外送基地风光储电源配置规划》《海西州电力外送通道规划设想研究》等规划和课题，全方位勾勒新能源产业的"四梁八柱"。

规模化基地化发展清洁能源。已形成格尔木东出口、乌图美仁，德令哈西出口等8个清洁能源基地，并网规模达1015万千瓦，占全省的42%，累计实现发电量约589亿千瓦时。

全面进入光伏平价时代。已实现了全国光伏发电成本和上网电价最低，全面进入光伏无国家补贴时代，正在探索风电平价的可行性。

产业示范作用显著。建成全国单体项目装机容量第一的国家第三批"领跑者"光伏应用示范项目，中广核槽式光热项目在全国率先并网，中控塔式光热项目拥有自主知识产权和95%设备国产化率，鲁能多能互补集成优化示范项目在全国储能及多能互补领域具有领先地位和示范意义。

探索多能互补运行体系。国内首个电源侧单体最大储能5万千瓦时电站和首个电网侧高原电化学共享储能3.2万千瓦时项目建成运行，推动竞价光伏项目配套10%储能系统。

稳步推进科技创新。建成清洁能源利用展示馆，"国家级塔式热发电设备检测实验室"等项目落地，大力推进"风光互补+智慧能源"等项目，产学研检测运维服务体系正在形成。

健全装备制造产业链。形成20万千瓦单晶硅棒生产、20万千瓦高倍聚光光伏组件和30万千瓦高原型风电整机组装、500套1.5—3.0兆瓦风力发电机组塔架等新能源装备制造产能，正在加力闭合产业链。

储能产业基础不断牢靠。围绕千亿元锂产业集群，已形成9.6万吨碳酸

锂、0.7万吨氯化锂和15亿千瓦时石墨烯锂电池生产能力。2020年生产碳酸锂、氯化锂4.56万吨。

三、海西州高质量发展面临的主要问题与不足

海西州作为青海省内资源最为丰富、工业基础最为厚重的区域，对青海经济发展有着举足轻重的作用。在转型升级、不断提升经济质量的道路上，海西州仍然面临着农牧业发展后劲不足、新兴产业带动发展能力弱、消费市场持续低迷、外向型经济尚处初级阶段、清洁能源发展存在掣肘等问题。

（一）附加值难以提升，农牧业发展后劲不足

一是特色作物面积减少。2021年枸杞面积较2018减少1.24万亩，下降1.7%；设施农业仍以传统的管理模式经营，受地域气候的影响，设施农业成本大、效益不高。二是集约化养殖规模户、企业较少。产品深加工能力水平匮乏，附加值偏低，造成畜产品繁、产、销各环节产业链合度不高，畜牧业虽保持平稳增长，但发展后劲不足。

（二）规模效应难以形成，新兴产业带动发展能力弱

受贷款难、市场低迷、投资意愿不足等因素的影响，重大项目建设暂缓，工业经济新的增长点不足。虽然海西州新兴产业不断壮大，但装备制造、特色生物、新能源等新兴产业在GDP中的占比较低。经济发展主要依靠投资拉动，但可培育的优势项目、大项目、好项目稀缺，吸收配套能力较弱，科技创新能力不强。同时新兴产业发展也面临一系列问题和挑战，如外送通道不足、配套设施差等。

（三）疫情影响社会消费品零售总额，消费市场恢复一般

2020年，海西州完成社会消费品零售总额79.67亿元，下降14.6%，受疫情影响较为严重，比2017年下降3.4%，年均下降1.1%。一是限下样本单位大多为个体经营户，无专兼职统计员和规范的财务资料。从2020年数据看，限下零售额占社会消费品零售总额比重的53.5%、下降12.6%，影响社会消费品零售总额下降6.6个百分点。二是限上石油及制品类、汽车类、煤

炭及制品类对限上社会消费品零售总额影响较大，占限上 70% 以上的石油及制品类商品消费是影响消费的主因。2021 年，海西州社会消费品零售总额 85.66 亿元，同比增长 7.5%，但尚未恢复到 2019 年的水平。

（四）产业发展尚处早中期，产业转型升级任务依然艰巨

海西州资源富集，既是青海省主体功能区中的重点开发区，也是循环经济和新兴产业发展的主战场，承担着支撑青海经济发展的重任。但目前海西还处在新型工业化、信息化、农牧业现代化进程的早中期阶段，绿色发展水平较低。新能源、新材料、特色生物等新兴产业仍处于发展起步阶段，产业规模小、发展缓慢，产业转型升级任重道远。

（五）内外部要素保障不足，外向型经济尚处初级阶段

一是开放格局尚未构建。外贸对经济增长的促进作用还不明显，外贸软硬件基础设施薄弱，通关口岸、自贸试验区、国际物流通道等还未建成，国际货物贸易自由往来的基础还未形成。二是外贸企业缺乏竞争力。具有外经权、市场开拓能力和竞争力较强的企业少，规模小，国际竞争力不强。外商投资企业中投向技术领域的项目少、规模小，与投资国还未形成原材料进口和成品出口等外贸交易。三是技术创新不足。长期以来，海西州依赖于资源开发建立起来的工业体系，存在科技创新水平不高、生产经营粗放、资源利用和加工度低，缺乏技术、管理、品牌等核心竞争力，在国家的对外贸易促进政策中受益面小，地位不高。四是专业人才缺乏。对外经贸人才欠缺，对境外法律法规、政策等方面掌握不准、对国际投资环境研究不够。

（六）硬件软件条件限制，清洁能源发展存在掣肘

一是电网送出能力建设相对滞后。目前，海西州电网消纳新能源电力空间已十分有限，电力外送能力不足，严重制约了海西清洁能源的发展。二是产业配套能力较弱。州内清洁能源装备制造、生产体系不完备，部分清洁能源企业设备、原材料加工严重依赖州域外企业，增加了企业建设和运营成本，影响了海西州清洁能源产业做大做强。三是政策制约因素凸显。国家将在 2021 年全面实行新能源项目平价上网政策，青海省平均上网电价仅为 0.2277

元/千瓦时，低于火电脱硫标杆电价，导致项目投资无收益，降低了企业投资意愿。四是清洁能源电源结构不合理。海西州清洁能源发电项目多缺乏稳定调峰能力，造成全州新能源电源上网容量不稳定。

第四节　海西州高品质生活指标评价及分析

自"一优两高"战略实施以来，海西州以习近平新时代中国特色社会主义思想为指导，坚持民之所望、政之所向，紧盯抓实群众关注的热点难点问题，聚焦群众身边的"实事"，强化"清单式"服务，更好地保障和改善民生，不断推动高品质生活创造。

一、海西州高品质生活指标分析

根据对2018—2021年海西州高品质生活评价指标数据的收集与测算，得到海西州"高品质生活"评价指数，如表6-4所示。从二级指标来看，"收入水平""消费水平""居住状况""社会保障"四项获得了持续且明显的提升，分别从2018年的0.070、0.104、0.025、0.017增长到了2021年的0.105、0.135、0.050、0.034。另外两项则出现了一定的波动，先进行了一定的增长，后又有些回落，主要是受到了疫情的影响。"医疗卫生"从2018年的0.089增长到2020年的0.100，2021年降低到0.095；"就业水平"从2018年的0.095增长到2019年的0.113，2020年、2021年两年均回落到0.093。总体来看，海西州创造高品质生活的成果斐然，人民群众安居乐业的获得感、满足感、安全感不断提升。

表6-4　海西州"高品质生活"评价指数

二级指标	指标权重	指标值（年）				三级指标	指标权重	指标值（年）			
		2018	2019	2020	2021			2018	2019	2020	2021
收入水平	0.035	0.070	0.083	0.092	0.105	城镇居民人均可支配收入	0.018	0.036	0.043	0.048	0.054
						农村居民人均可支配收入	0.017	0.034	0.040	0.044	0.051

续表

二级指标	指标权重	指标值（年）				三级指标	指标权重	指标值（年）			
		2018	2019	2020	2021			2018	2019	2020	2021
消费水平	0.052	0.104	0.105	0.106	0.135	居民人均消费性支出	0.019	0.038	0.040	0.045	0.057
						恩格尔系数	0.014	0.029	0.028	0.042	0.040
						社会消费品零售总额增长率	0.019	0.037	0.037	0.019	0.038
居住状况	0.025	0.025	0.033	0.033	0.050	常住人口城镇化率	0.025	0.025	0.033	0.033	0.050
社会保障	0.057	0.017	0.023	0.028	0.034	养老保险参保率	0.017	0.017	0.023	0.028	0.034
医疗卫生	0.064	0.089	0.082	0.100	0.095	每千人拥有执业（助理）医师数	0.018	0.018	0.036	0.031	0.032
						每千人拥有床位数	0.016	0.032	0.016	0.024	0.022
						婴儿死亡率	0.015	0.039	0.030	0.045	0.040
就业水平	0.049	0.095	0.113	0.093	0.093	城镇登记失业率	0.022	0.044	0.059	0.056	0.066
						新增就业人数	0.027	0.051	0.054	0.037	0.027

（一）城乡收入水平稳步提高

2021 年海西州城镇与农村居民人均可支配收入分别为 38819 元、17590 元，较 2018 年分别增长了 18.6%、27.9%，2018—2021 年，年均分别增长了 5.9%、8.5%。城乡差距不断缩小，城乡收入比从 2018 年的 2.38 降低到 2021 年的 2.21，如图 6-5 所示。

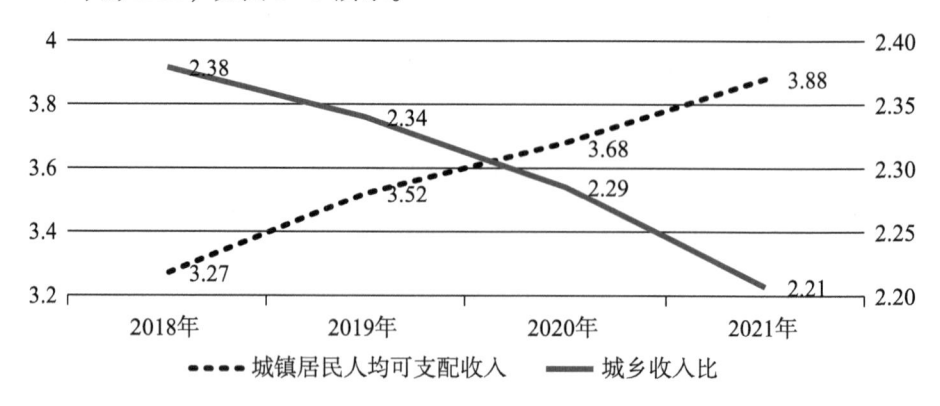

图 6-5　2018—2021 年海西州城镇居民人均可支配收入与城乡收入比变化（万元）

(二) 社会消费品零售总额逐渐恢复

2018—2021年，海西州社会消费品零售总额增长率分别为6.3%、6.4%、-14.6%、7.5%，如图6-6所示。2020年，受疫情影响，人流、物流、商品流通出现了较长时间停滞，体现在社会消费品零售总额的较大幅度下滑。但经过2021年的调整后，消费就出现了止跌回升，说明海西州刺激消费的工作成效明显。

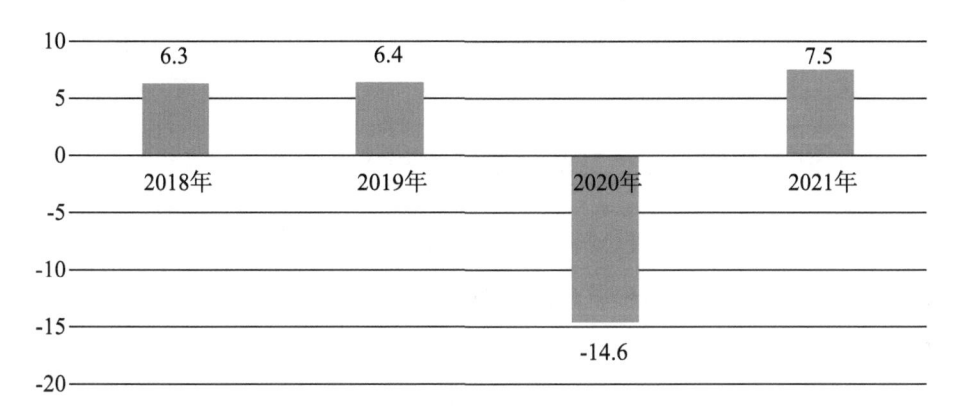

图6-6　2018—2021年海西州城社会消费品零售总额增长率变化（%）

(三) 常住人口城镇化率持续保持高位

2018—2021年，海西州常住人口城镇化率分别为76.17%、76.53%、76.56%、77.32%，2021年高于全省平均水平16.3个百分点。数据说明，海西州工业化水平较高，持续保持了较高的城镇化率，同时还能不断增长，稳定提升了农牧区劳动力转移就业。

(四) 养老保险参保率逐年提升

海西州按照兜底线、织密网、建机制的要求，逐步建成了覆盖全民、城乡统筹、权责清晰、保障适度、可持续的多层次社会保障体系。2021年，海西州参加城镇职工养老保险152745人，全州养老保险参保率为32.6%，比2018年高出6.1个百分点，年均增长2.0个百分点。

(五) 医疗保障资源增长乏力

2018—2021年，海西州每千人拥有执业（助理）医师数分别为3.11人、

3.57 人、3.45 人、3.48 人；每千人拥有床位数分别为 7.72 张/千人、6.35 张/千人、7 张/千人、6.9 张/千人。总体来看，医疗保障资源的增长幅度不大，且后续增长的动力不足。

（六）就业形势保持良好

2018—2021 年，海西州城镇登记失业率分别为 2.54%、2.00%、2.11%、1.77%；新增就业人数分别为 1.35 万人、1.36 万人、1.31 万人、1.28 万人。总体体看，失业率保持在合理可控范围内，且呈现出下降的趋势，新增就业人数虽然逐年有所减少，在新冠疫情的困难下也保持住了一定的规模，难能可贵。

二、海西州高品质生活的主要举措与成效

海西州集聚各项要素保障民生，扎实推动高品质生活创建，民生福祉切实得到了提升，通过坚持财政优先保障民生、扎实做好六稳六保工作、稳定推进就业教育医疗，提升人民幸福感获得感、脱贫攻坚成果不断巩固、民生保障切实得到加强。

（一）坚持财政优先保障民生，人民幸福感获得感提升

坚持让人民共享发展成果，全面提升人民群众获得感、幸福感。全面推动教育均衡发展，2018—2021 年，海西州教育支出超过 60 亿元，用于加强义务教育经费保障、标准化学校建设和现代职业教育体系建设，促进各类教育协调、均衡、优质发展；完善社会保障体系，社会保障和就业支出达 90 亿元，不断完善社会保障相关政策，努力补齐社会保障短板，社会保障制度覆盖面稳步扩大；下达就业专项补助资金超过 3 亿元，针对疫情影响，突出保障重点，为落实各项就业创业扶持政策提供了资金保障；下达城乡居民养老保险补助资金近 2 亿元，城乡困难群众基本生活得到切实保障；推进医疗卫生体制改革，全州卫生健康支出 50.9 亿元，全力支持医疗卫生事业发展，继续支持推进县域紧密型医疗服务共同体建设。加大对美丽城镇、美丽乡村建设的投入力度，用于农牧民居住条件改善、城镇集中供热配套设施建设等，有效提升海西城市形象，进一步加快柴达木城镇群建设；文体旅游传媒支出

13.8亿元，支持群艺馆、博物馆、文化馆和大型体育场馆的免费开放。

（二）扎实做好六稳六保工作，脱贫攻坚成果不断巩固

海西州认真贯彻习近平总书记重要讲话和指示精神，坚决贯彻省委省政府决策部署，统筹推进疫情防控和经济社会发展。认真贯彻落实稳产复工的27条政策措施和22条补充规定，制定海西州《应对疫情影响帮助企业稳产复工的政策措施》，颁布"暖企政策包"，抽调全州102名党员干部组成34个工作组入驻企业，着力解决企业复工复产中存在的困难。开展入企服务专项行动，为582家企业解决用工1823人。组织线上线下招聘活动162场次，达成就业意向9200人。不断强化生活物资保供能力，完成州级临时储备粮油1061吨和市县级临时储备粮油1150吨，储备牛、羊、猪肉410吨、蔬菜306吨。减免2400余家企业社会保险费3.04亿元，减免各项税金29.2亿元。有序开展脱贫攻坚"回头看""补针点睛"专项行动，高标准完成脱贫攻坚普查工作。落实省州财政专项扶贫资金2.9亿元，统筹涉农资金4.58亿元，安排扶贫项目171个，295个行政村每村产业发展资金达到100万元及以上。

（三）稳定推进就业教育医疗，民生保障切实得到加强

实施更加积极的就业政策，2018—2021年，海西州实现城镇新增就业6.74万人，农牧区劳动力转移就业43.37万人次，2021年，城镇登记失业率1.8%，高校毕业生就业率达到93%，均超额完成各年度目标任务。圆满完成第七次全国人口普查任务。强力推进"质量兴教"三年行动，教育发展各项指标均走在全省前列，顺利通过义务教育均衡发展国家复检验收，青柴职院2个现代学徒制试点专业通过国家评审。投资2.47亿元，实施教育项目28个，办学条件持续改善。率先在全省完成控辍保学任务，在全省建成中小学教育城域网、教育大数据中心，积极探索"智慧教育"新路径。争取抗疫特别国债1.19亿元，落实公共卫生项目10个，建成核酸检测实验室15个，海西州重大突发公共卫生事件防治能力显著提升。综合医改纵深推进，"互联网+医疗健康"破题开局，卫生健康服务能力持续提升。率先在青海省实现包虫病手术患者"清零"。加大困难群众救助力度，发放各类救助资金4987.9万元，

惠及困难群众7.1万人次。持续扩大养老服务供给，成功入选第五批居家和社区养老服务改革试点地区。全面完成农村牧区环境整治和"厕所革命"三年行动目标任务。5个高原美丽乡村、1713户农牧民居住条件改善工程完成建设任务；2000套城镇棚户区改造任务、28个城镇老旧小区改造任务全部开工建设；都兰县夏日哈镇高原美丽城镇建设任务有序推进。扎实开展"六清行动"，深化矛盾纠纷排查化解，扫黑除恶专项斗争圆满收官，法治海西、平安海西建设深入推进。

三、海西州高品质生活面临的主要问题与不足

海西州集聚各项要素保障民生，扎实推动高品质生活创建，取得了较好成效。同时也应清醒地认识到，在一切以人民为中心的发展征途上，海西州仍然面临着民生财政保持稳定难度增大、乡村振兴发展合力尚未形成、医疗资源还有待补充、职业技能培训质量有待提升、村庄垃圾污水处理存在短板等问题。

（一）收入支出匹配度低，民生财政稳定难度增大

一是收入组织困难加大。海西州地方财政收入一直处于低位运行，中央财政对部分项目支出从严从紧，对地方转移支付特别是专项转移支付下降。二是还本付息压力持续加大。从未来五年的还本付息测算结果来看，预计财政收入增加远远不能满足债务还本付息支出需求，偿债资金难以保证，财政可持续风险将进一步加剧。三是刚性支出需求逐年加大。近年来，随着国家和青海省民生保障政策的实施，养老、医疗等各类民生保障标准、保障范围不断提高和扩大，政策性"兜底"支出规模逐年扩大，以当前地方财力增长水平难以维系。

（二）横纵协调配合不力，乡村振兴发展合力尚未形成

脱贫攻坚和乡村振兴衔接工作有待强化，乡村振兴领导小组各成员单位之间、各地区各单位之间协调配合不够密切，上下协调、左右衔接、内外联动的协作机制尚未形成。在适度规模经营有待加强，农牧业生产成本高企、

比较效益低，农牧民转移就业空间收窄的情况下，乡村振兴发展未形成合力的情况将直接加大农牧民持续增收的难度。

（三）医疗软硬件均存在短板，医疗资源还有待补充

海西州卫生资源总量不足，优质资源短缺，基础设施滞后，人才短板突出，医疗卫生服务整体水平和效率不高。突出表现在：健康教育和预防保健工作不能很好地适应当前新形势的需要，群众卫生健康意识不强，健康行为养成存在一定差距；鼠疫等传统地方病威胁依然存在，传染病防治形势依然严峻，慢性病、高原病等影响群众健康，需要以更优化、完善的政策措施积极加以应对；公共卫生应急管理体系建设不完善，基础相对滞后、技术力量不足、防控能力不强，防病治病任务仍然艰巨繁重；公立医疗机构人员不足，尤其是高层次学科带头人缺乏；基层卫生人员结构不合理，基层卫生服务能力有待进一步提升。

（四）职业技能培训质量不足，就业矛盾依然突出

因自然条件、生活环境、社会和政策环境的差距，优秀高技能培训师资难以引进，职业技能培训认可度不高，培训质量有待提升。同时，培训政策工种限制多，培训对象要求严，一定程度上限制了企业在岗职工技能提升能力和新兴产业对技术工人的培训能力，就业供需的结构性矛盾仍然突出。

（五）宣传实施不规范，村庄垃圾污水处理存在短板

一是政策宣传不到位，村庄清洁行动不到位，群众主体作用发挥不够，卫生死角未清除。部分群众仍然存在遗风陋俗思想，对村庄综合整治内容一知半解、主动性、积极性不高。二是垃圾收运和村庄保洁管理不规范，环境卫生基础设施配备还不齐全，村镇垃圾清运设备、中转设施短缺的情况仍然存在。三是无法对未及时清运的垃圾进行封闭管理，定期消毒。

第五节　海西州持续深入推进"一优两高"战略的对策建议

未来五年乃至更长一段时间，是海西转型升级、大有可为的重要战略机

遇期，事关长远，至关重要。要实现州第十三次党代会制定的"生态环境显著改善，柴达木地区更有颜值；发展动能显著增强，柴达木人民更有底气；生活品质显著提高，柴达木民生更有温度；治理效能显著提升，柴达木社会更有秩序；党的建设显著加强，柴达木发展更有保障"目标，必须持续深化"一优两高"战略，全面建设社会主义现代化新海西。

一、夯实土地矿产资源管理，不断提升发展资源保障

（一）严格落实三条控制线

加强规划评估、灾害和风险评估工作，督促海西州7个地区加快工作进度，加快重大问题专题研究，配合全州7个地区逐步完善专题研究成果。按照《关于在全省国土空间规划中统筹划定落实三条控制线的实施意见》，在原有生态保护红线划定及永久基本农田划定工作基础上加大与省级主管部门的衔接力度。

（二）做好建设项目的申报、用地预审、报批及供地工作

优先保障重大项目用地计划，确保项目及时落地。全力推进增减挂钩项目实施进度，继续加大批而未供处置力度，积极协调各相关部门，尽快进行项目布局调整，重新落实项目，主动做好土地供应工作，在建设项目转用时把好关。

（三）继续加大废弃矿山的恢复治理力度

督促企业按照"边开发、边治理"的原则，积极开展矿山环境恢复治理工作。继续做好绿色矿山申报、实地核查工作。加快推进全州绿色矿山建设工作，重点督促格尔木市、都兰县、大柴旦行委3个国家级绿色矿业发展示范区建设。

（四）进一步强化监督管理职责

加强矿山企业矿业权信息公示系统的填报工作，全面深入了解各矿业权的基本情况，对发现有问题的矿山企业及时提出整改建议，进行追踪整改。进一步加强与自然资源部、省自然资源厅协调对接，争取省基金项目向海西

倾斜，继续加大地质勘查投资力度。

二、坚持狠抓环境治理修复，推动生态环保综合整治

（一）坚持减排修复两手抓

一手抓污染物减排、环境治理、源头防控，另一手抓大力推动生态保护与修复，推动山水林田湖草沙系统治理，加大对生态保护的监管力度，努力扩大生态空间和生态容量。

（二）持续推进排污权、用能权、用水权、碳排放权市场化交易

通过市场化的产权交易，优化资源配置，继续将相关指标作为约束性指标，分解落实到各地区，建立科学合理的考核评价体系，激发各地区、企业保护环境内生动力，促进环境质量改善和相关工作落实。

（三）强化新污染防治

把新污染物治理成效纳入以防范生态环境风险和改善生态环境质量为目标的全生命周期环境管理，以风险评估为起点，将风险管理理念贯穿新污染管理全流程，逐步实现新污染防治科学化、精准化、系统化。

（四）推动木里矿区生态环境综合整治

聚焦《木里矿区以及祁连山南麓青海片区生态环境综合整治三年行动方案》的政治性、方向性、原则性、指令性、行动性要求，准确把握精神实质，切实抓好贯彻落实，长计划、短安排，以点带面，高质量推进综合整治工作，守好筑牢祁连山国家生态安全屏障。

三、继续增强生态环保意识，营造绿色生产生活氛围

（一）形成社会面监督机制

充分发挥各类媒体作用，大力宣传环保工作先进典型，及时曝光突出环境问题及整改情况，加大环境信息公开力度，健全环境决策公众参与机制，完善监督举报、环境公益诉讼等机制，鼓励和引导环保社会组织和公众参与环境污染监督治理，为人民群众创造良好生产生活环境。

（二）强化各类活动宣传引导作用

持续开展"6.5"环境日宣传，组织环保进校园、进农村专题讲座等系列宣传活动，组织知名网络"大V"、法律顾问及"环保四员"开展"十加百"网络媒体宣传活动，营造绿色生产生活氛围。

四、充分发挥盐湖资源优势，开放创新融入国家战略

（一）巩固全国最大的钾肥生产基地地位

加快钾资源向精细化、技术含量高、高附加值方向发展，构建钾盐资源循环利用产业链。围绕盐湖资源综合开发利用，攻克以氯化镁脱水为代表的"卡脖子"技术、有效突破产业瓶颈，推进盐湖化工向下游精深加工、精细化工领域拓展。

（二）推动稀有资源高效开发

重点发展镁系合金，建设镁质建材原料生产基地。优化卤水提锂工艺，继续扩大钠资源的产业化利用，推进硼化工产业发展中心建设，注重盐湖稀散元素开发。以平衡利用盐湖化工副产氯气、氯化氢气体为重点，建成聚氯乙烯生产加工基地。

（三）强化盐湖资源高质量外向型发展

以共建"一带一路"为契机，深入推进国际创新与产业合作，积极对接全球创新资源，鼓励外商投资战略性新兴产业，加快打造国际合作新平台，推动重点产业依托自身优势拓展全球产业链，提升开放合作水平。大力实施"走出去"战略，加大钾肥、金属锂、PVC等产品出口量，提升并稳定产量品质。

五、加快消纳外送双向调节，推动清洁能源产业发展

（一）打造第二个千万千瓦级发电基地

积极向国家有关部委，省直相关委局汇报衔接，尽早推动海西州第二个千万千瓦级新能源发电基地规划工作。利用有利条件努力争取政策倾斜支持，

出台具体配套扶持政策，形成有利于产业发展的政策驱动和保障机制。

（二）全面抓好重点项目建设

继续做好已批在建项目建设进度，确保项目按期建成投运，在已规划园区和实施项目的基础上，合理布局一批新能源项目，加快补全新能源产业体系，继续办好绿色发展高峰论坛等重大节会，全力打造柴达木盆地光伏走廊。

（三）全面提升电力外送能力

积极配合省能源局推动第二条清洁能源外送通道相关工作，补齐电网外送短板。加大清洁能源就地消纳能力，不断降低企业用电成本，鼓励电能替代化石能源消费，积极推广新能源汽车、增加居民清洁用电、改变生活方式，实现生产企业和消纳企业的良性循环，产销互补。

（四）加大储能和调峰电源建设

依托大体量新能源装机，积极争取建设核电项目，作为全州基荷、调峰电源，同时，争取国家级储能研究实验室落户海西，助推海西州储能产业发展，补齐调峰短板，优化清洁能源电力上网环境，提高清洁能源电力外送稳定性。

六、促进项目落地降低成本，持续加强经济运行保障

（一）扶持中小微企业

对全州重点培育的中小微企及现有达到一定规模的企业为重点，筛选一批符合国家产业政策、成长性好的企业作为"小升规"重点培育对象，有计划地推进中小企业升规入统。紧盯工业项目投资，协调在建项目建设进度，确保建成企业如期投产，并引导新投产项目加大生产力度，形成最大产出效益。

（二）加大招商引资力度

重点围绕产业链薄弱链条进行招商引资，实现补链延链强链，全力推进招商引资项目落地，加大项目谋划和推进力度，进一步推动一批项目落地见效、投产见效、转型见效，尽快形成工业经济增长点，为全州经济持续发展注入动力。

（三）降低企业运行成本

进一步清理涉企收费，实施涉企收费目录清单管理，降低各类企业制度性交易成本；降低企业物流成本，进一步优化铁路运价管理机制，用好一口价、批量议价的政策优势，扩大对零担货运快运和管内货运市场的扶植，推进实施工业产品公路运输绿色通道政策，鼓励有条件的企业先行先试"零库存"，降低仓储物流环节成本。

七、着力稳定固定资产投资，加快提振消费市场信心

（一）加大支持民营企业

做好民营企业纾困解难工作，高效实施"一企一策"，有针对性地解决受疫情影响产生的各项困难，特别是有发展潜力的中小微项目，帮助项目单位解决贷款难、融资难、融资贵的问题。

（二）持续推动"放管服"改革

围绕培育高质量增长点、营造公平有序市场环境、便捷高效政务环境等，进一步简政放权、改进监管服务和政务服务，积极谋划申报一批基础设施等民生建设项目，争取国家更多资金支持，全面增强民间投资活力。

（三）不断激活消费市场

加快发展现代服务业，加大对第三产业的扶持力度，落实落细国家及省州出台的一系列优惠措施，大力培育服务业新产业、新业态、新模式。支持传统服务产业改造升级，全力推进文旅融合、全域旅游等模式。在重点关注石油及制品类和煤炭及制品类企业经营情况的同时，提振城乡居民消费信心，进一步释放消费潜力，激活城乡居民消费市场。

八、重基础抓项目打通渠道，融入双循环新发展格局

（一）加强项目建设组织领导

建立"省州联动，向上争取以省为主、建设实施以州为主"的工作方针，成立由州政府主要领导为组长的国家物流枢纽建设工作领导小组，由常务副

州长为主任的国家物流枢纽委员会和工作机构筹委办，加快成立格尔木国家物流枢纽管理委员会，注册成立国家物流枢纽开发建设有限公司，形成省、州、市"三级联动、同频发力"的建设工作格局。

（二）加快建设功能设施

充分利用西亚、中亚、南亚货物通过陆港形成大物流的机遇，加快陆港建设，为格尔木下一步国际货物的集拼、中转创造条件，集合本地区产业优势，适时配套建设保税物流中心或综合保税区，做大做强陆港。

（三）抓重点项目建设

实现通道物流产业高质量发展，重大项目既是支撑点，又是落脚点。国家物流枢纽要将项目建设与完善功能、打造平台、发展产业有机结合，紧盯重大战略谋项目、强化招商引资引项目、面向市场需求建项目，通过项目建设为业务运营提供载体，为产业发展提供平台，为市场拓展提供抓手。

（四）推动建设国际班列贸易通道

依托格尔木进入中亚、西亚、南亚及欧洲地中海国家的战略通道优势，开行格尔木至加德满都公铁联运班列，开行格尔木至阿拉山口至中亚的铁路运输班列，通过格尔木国家物流枢纽货物集散、存储、分拨、转运功能，形成规模化运输，汇集全国各地的生活及生产资料，在格尔木国家物流枢纽港实现集结、整合、编组、发运。

九、重点培育壮大绿色经济，大力促进产业融合发展

（一）积极培育新经济新业态

积极培育新能源、生态旅游、特色生物、节能环保等潜力型产业，打造高质量发展绿色增长点。全面优化能源结构，推动能源清洁低碳安全高效利用，探索光伏治沙有效途径，建设全国光伏治沙示范区。

（二）发展壮大特色农牧业

依托柴达木特色生物资源和品牌，积极发展枸杞、沙棘、藜麦、畜产品等精深加工产业。顺应产业融合发展趋势，不断创新产业与产业、产业与技

术等多元化融合发展模式,挖掘产业融合发展的内生动力。

(三)推动产业数字化进程

加强公用信息平台建设,推动数字经济和实体经济的深度融合,加快传统产业数字化改造,深入推进智能制造、工业互联网、数字农牧业,培育智慧物流、跨境电商、数字文旅、在线经济等新业态新模式。全面推动生产性服务业向专业化和价值链高端延伸,重点在研发设计服务、技术转移服务、创业孵化、科技咨询服务等领域,建立健全科技服务产业链,培育一批科技服务新业态知名品牌,打造格尔木、德令哈两个现代服务业示范区。

十、全面接续乡村振兴战略,增强乡村内生发展动力

(一)强化农牧科技下乡入户

抓好省级示范试点村(场)建设,全面总结乡村振兴示范试点村(场)建设经验,总结提炼2—3个不同类型的可复制、可推广的乡村建设模式。统筹县域城镇和村庄规划建设,实施村庄基础设施建设工程,持续推动农牧区水、电、路、网等基础设施提档升级。

(二)强化农村环境治理

启动新一轮农村人居环境整治,因地制宜完善农村牧区厕所建设模式,开展村庄清洁行动。加快无规定动物疫病区建设,重点建设乡镇畜牧兽医站、病死畜禽无害化收集处理场等项目。

(三)推动农村新型经营主体建设

扶持和发展龙头企业引领、新型经营主体支撑、农牧民参与的产业联合体,实现优势互补,促进多种形式规模的经营协调发展,提升新型经营主体规模化经营水平。扶持鼓励农民工创业,引导大中专毕业生等入乡创业,发掘创业能人,发展特色种植业、规模养殖业、加工流通业、乡村服务业。加快特色农畜产品市场体系建设,大力推进平台经济发展。评选和表彰"十佳农牧民致富带头人""十佳专业合作社"等"四个十佳"本土人才培育工程。

十一、强化预算支出执行管理，提升民生财政投入保障

（一）提升财政使用效能

坚决落实"积极的财政政策要更加积极有为"要求，强化"过紧日子"和"以收定支"理念，严控出台新增支出政策，大力整合各类低效、无效资金，全面压减年终结余结转资金规模，集中财力抓"六保"促"六稳"。

（二）强化预算监督执行

督促各地区和各预算部门切实落实预算执行主体责任，加大内部协调沟通力度，强化项目支出管理，及时跟进项目施工进度，及时发挥财政资金使用效益。加强财政资源统筹，加强中期财政规划管理，增强财力保障；深化预算管理制度改革，强化对预算编制的监督指导；深化绩效管理改革，将绩效理念和方法融入预算编制、执行和监督全过程，推进预算和绩效管理一体化；推进财政支出标准化，强化预算约束和绩效管理。

（三）充分发挥税收功能

密切关注经济运行走势，海西州财税部门将不折不扣落实落细减税降费政策，依法依规征收税费，切实做到应收尽收、应免尽免、应减尽减，保证完成在民生领域的财政投入目标，切实让人民群众共享发展成果。

十二、着力优化空间布局规划，加快推动新型城镇化建设

（一）优化城市功能布局

突出规划引领作用，优化国土空间开发保护格局，按照集约适度、绿色发展的要求，落实生态保护红线、永久基本农田、城镇开发边界三条控制线，科学有序布局生态、生产、生活空间。

（二）强化基础设施建设

加快推进市政公用设施安全隐患排查工作，集中整治存在的重大风险隐患。优化提升电力、通信、公共交通等基础水平。持续推进道路修复提升，加大城区道路维修管护、园林绿化养护、亮化设施维护、老旧小区改造等内

容的资金投入力度。持续推动农牧区水、电、路、网等基础设施提档升级。

（三）融入高原美丽城镇示范省建设

全力推动格尔木市省部共建高原美丽城镇示范省试点工作，谋划实施一批重点示范工程，建立健全试点工作体制机制、行动框架，为开放型样板城市建设奠定基础。贯彻落实好《海西州乡村振兴战略实施规划（2019—2022年)》，抓好4个省级示范试点村（场）建设。努力争取美丽城镇建设项目，积极申报国家级、省级特色小镇，加快城镇环境综合整治工作，补齐公共服务基础设施短板。以格尔木智慧城管为样板，推进海西州智慧城管平台建设，全面提高城镇科学化、精细化、智能化管理水平。

第七章　海南州实施"一优两高"战略评价研究

打造生态文明高地是习近平总书记对青海的政治嘱托,是海南服务全国全省大局的"国之大者",是实现高质量发展的现实之需和"安身立命"的根基依托。在青海省全面实施"一优两高"战略的进程中,海南州高质量推进生态保护和环境治理,加快文化旅游及服务业深度融合,推动现代生态农牧业转型升级,积极发展大数据信息技术产业,千方百计补齐民生短板,深入实施城镇带动和乡村振兴战略,持续加强基础设施建设,努力办好人民满意的教育,优化医疗卫生服务,提高社会保障能力,"一优两高"战略取得了重要成效。

本章聚焦生态保护优先、经济高质量发展和人民生活高品质核心指标,在深入海南州调研的基础上,采用定量与定性相结合的方法,对海南州2018—2021年四年间的各项指标变化情况进行评价,对海南州全面贯彻落实"一优两高"战略部署中存在的问题和困难进行了梳理,并提出了相应的对策建议。

第一节　海南州"一优两高"战略实施情况的总体评价

"一优两高"战略实施以来,海南州坚决贯彻落实习近平总书记对青海发展的重大要求,围绕"国之大者""省之要情",从自身优势出发,不断推动生态保护与修复,积极发展清洁能源、生态畜牧业、生态旅游等产业,强化为民意识,尽最大努力让人民群众享受美好生活,最大限度地提高人民群众幸福指数，逐步打造人与和谐自然共生的发展模式。模型数据显示，海南州2018—2021年"一优两高"战略实施评价指数分别为1.688、1.803、1.899、1.942，逐年增长证明了海南州在"一优两高"战略提出后，贯彻实施的成效明显，生态经济社会各方面发展取得了较好的成效。

表7-1 海南州"一优两高"战略实施评价指数表

一级指标	指标权重	指标值			
		2018年	2019年	2020年	2021年
生态保护优先	0.358	0.614	0.662	0.680	0.602
高质量发展	0.328	0.505	0.515	0.543	0.570
高品质生活	0.314	0.569	0.626	0.676	0.771

在生态保护优先方面，2018—2021年，海南州生态保护优先指数分别为0.614、0.662、0.680、0.602，如表7-1所示。说明海南州在生态保护方面持续发力，各项措施实施得当，但由于各项工作已经进入深水区，难度增大，且受新冠疫情影响，2021年生态环境质量改善有所减缓。

在高质量发展方面，2018—2021年，海南州高质量发展指数分别为0.505、0.515、0.543、0.570，如表7-1所示。说明海南州经济高质量发展持续进步，以清洁能源为引领的各项产业快速发展，带动了各项经济数据的稳步提升，发展的成就巨大、空间广阔。

在高品质生活方面，2018—2021年，海南州高品质生活指数分别为0.569、0.626、0.676、0.771，如表7-1所示。说明海南州通过将发展成果分享，更好地满足了人民群众多样化、多层次、多方面的需求，各族人民的生活品质均稳定提升。

第二节 海南州生态保护优先指标评价及分析

自"一优两高"战略实施以来，海南州切实提高政治站位，深入贯彻落实习近平生态文明思想和全国全省生态环境保护工作会议精神，牢记习近平总书记"扎扎实实推进生态环境保护"的嘱托，坚守"绿水青山就是金山银山"理念，勇于担当、主动作为，以整改中央环保督察反馈问题为重点，聚焦打好污染防治攻坚标志性战役，统筹推进重点流域、重点区域和重点行业污染治理，着力改善海南州生态环境质量，以实际行动做奋力推进"一优两高"的排头兵，围绕"蓝天、碧水、净土"目标，全力打赢污染防治攻坚标志性战役，海南州生态环境质量进一步改善。

一、海南州生态保护优先指标评价

根据对2018—2021年海南州生态保护优先评价指标数据的收集与测算，得到海南州"生态保护优先"评价指数表，如表7-2所示。从二级指标来看，"生态保护与治理"在2018—2021年持续提升，但在2021年有所回落，2018年为0.190，2020年峰值为0.270，2021年回落到0.235；"环境质量"虽有所波动，还是保持着上升趋势，2021年为0.143，高于2018年的0.137；"能源利用效率"有所降低，从2018年的0.287降低到了2021年的0.224，一方面是由于2018年时清洁能源发电量占比已经达到了100%，再无法上升；另一方面则是能耗降低的速率有所减缓，实际说明了海南州在能源利用方面效率一直处于高位，要更进一步发展难度更大。总体来看，海南州在"生态保护优先"方面本身具有良好的基础，走在了全省前列，但正处于突破期，需要更好统筹环境保护与经济社会发展，继续在生态保护优先方面取得更大成效。

表7-2 海南州"生态保护优先"评价指数

二级指标	指标权重	指标值（年）				三级指标	指标权重	指标值（年）			
		2018	2019	2020	2021			2018	2019	2020	2021
生态保护与治理	0.126	0.190	0.268	0.270	0.235	草原综合植被覆盖度	0.024	0.048	0.072	0.065	0.067
						森林覆盖率	0.033	0.066	0.099	0.091	0.091
						沙化土地治理面积	0.038	0.076	0.097	0.114	0.076
环境质量	0.100	0.137	0.132	0.161	0.143	饮用水水源达到或优于Ⅲ类比例	0.037	0.074	0.074	0.074	0.074
						空气质量优良天数比例	0.029	0.063	0.058	0.087	0.069

续表

二级指标	指标权重	指标值（年）				三级指标	指标权重	指标值（年）			
		2018	2019	2020	2021			2018	2019	2020	2021
能源利用效率	0.117	0.287	0.262	0.249	0.224	万元 GDP 能耗降低率	0.038	0.114	0.114	0.076	0.076
						主要污染物人均排放量	0.025	0.075	0.050	0.075	0.050
						清洁能源发电量占比	0.049	0.098	0.098	0.098	0.098

（一）草原综合植被覆盖度略微上升

2018—2021 年，海南州草原综合植被覆盖度分别为 56.26%、57.3%、56.99%、57.10%，如图 7-1 所示。从数据来看，2019 年是最大值，明显有些波动，背后的原因是光伏产业的大量投运使部分草原被遮盖，但因为光伏板具有降风速、阻蒸发的作用，将有效促进荒漠生态恢复。未来，海南州的草原综合植被覆盖度会随着光伏产业的进一步发展而逐步上升。

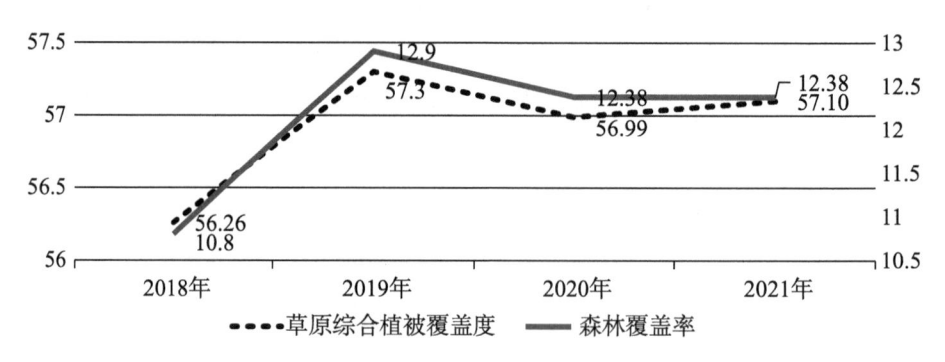

图 7-1 2018—2021 年海南州草原综合植被覆盖度与森林覆盖率变化（%）

（二）森林覆盖率逐步上升

海南州立足三江源、青海湖、黄河流域三大重点生态圈，全州生态保护和治理力度不断加大，土地沙化总体实现了从扩展到缩减的历史性转变，2018—2021 年，海南州沙化土地治理面积分别为 30.18 万亩、74.16 万亩、108.90 万亩、30.90 万亩，累计量持续增长。1500 余亩的各类苗木筑起"绿色屏障"，海南州森林覆盖率从 2018 年的 10.8% 上升到了 2021 年的 12.38%，如图 7-1 所示。

(三) 饮用水水源质量持续稳定

2021年底，海南州总用水量2.6286亿立方米，全州重要江河湖泊水功能区水质达标率100%，农田灌溉水有效利用系数0.4746。2018—2021年，海南州黄河出境断面水质保持在Ⅱ类以上，饮用水水源质量保持稳定，县级以上城镇集中式饮用水水源水质达到或优于Ⅲ类比例均为100%。

(四) 空气质量保持优良

海南州持续打好大气污染防治攻坚战，2018—2021年，全州主要城市空气质量优良天数比例为97.7%、97.4%、99.2%、98.1%，空气质量保持优良的同时略有下降，如图7-2所示。细颗粒物（PM2.5）浓度大幅下降，2018—2020年，下降比例分别为43.3%、33.3%、36.7%。

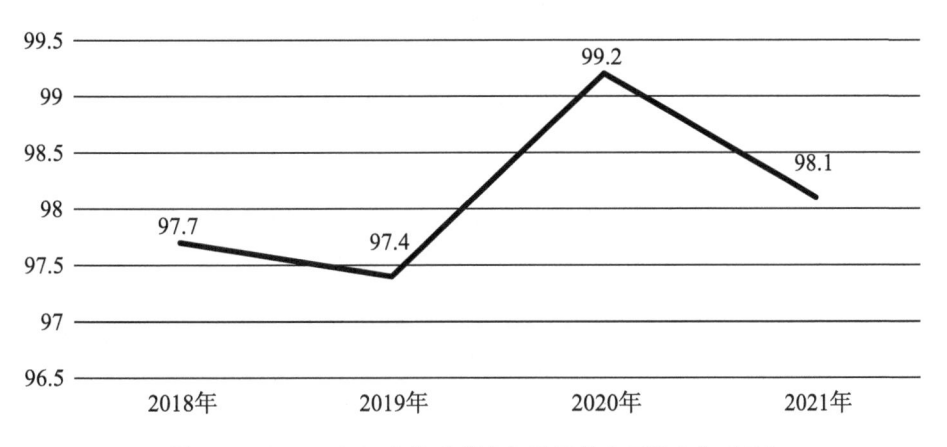

图7-2 2018—2021年海南州空气质量优良天数变化（%）

(五) 清洁能源发电量持续100%

海南州全力推进清洁能源戈壁基地建设，着力打造水、光、风、地热、储能"五位一体"清洁能源产业高地。2021年底，海南州已建成和在建清洁能源装机容量2554万千瓦，占全省装机容量的69%，规划的609平方公里的光伏园区内，已建成和在建345平方公里。2018—2021年，全州清洁能源发电量持续100%，形成了"全国清洁能源看青海，青海清洁能源看海南"的靓丽名片。

二、海南州生态保护优先的主要举措与成效

自"一优两高"战略实施以来,海南州坚持把保护生态作为长远之计,围绕三江源、黄河谷地、青海湖流域三大区域,着力推进"八大生态工程",构建"五大生态屏障",落实"五大生态行动",自治州整体生态环境质量逐年改善,可持续发展能力不断增强,生态文明建设取得新成效。

(一)全面加强环境执法监管,环保督察整改有序推进

海南州坚持"源头严防、过程严管、后果严惩"环境执法监管总要求,积极按照环保督察反馈问题全面整改,环保当中新老问题得到有效解决。

1. 深入开展专项整治行动

开展"双随机、一公开"、环境执法大练兵、病险尾矿库和"头顶库"专项整治、工业企业达标排放、涉重金属企业执法检查等专项活动,有效防范了环境风险。2017—2020年共查处违法企业超过250家,罚款1022.2万元。

2. 大力改革环评审批制度

落实"三个一批"环评审批正面清单,开辟"绿色审批"通道,提升环评审批时效,优化提升营商环境,助推投资"审批破冰"工程,采取网上受理、邮寄送达等方式强化服务指导,实施"线上审查"和"不见面"审批,将环评审批正面清单44类项目审批时限压缩至3—5个工作日。生态环境监测监察执法垂直管理制度改革稳步推进,贵德、贵南、同德、兴海四县生态环境综合行政执法大队已挂牌,财务资产清查核算、人员划转正在有序开展。

3. 扎实推进中央环保督察问题整改

坚持从实际出发,瞄准靶向,精准发力,加大督办力度,全力推进督察整改工作。2020年底,第一轮中央环保督察反馈的10项问题中,已完成整改9项,其中5项已销号,4项待销号,其余1项正在整改中;其间交办的103件信访案件,已全部办结,办结率100%,且不存在反弹现象。第二轮中央生态环境保护督察反馈的13项问题中,已整改完成4项(其中,青海湖专项2项),其余问题正在有序整改中;其间交办的47件信访案件,已办结44件,阶段性办结3件。一批生态环境历史遗留老旧问题得到解决,有效预防了新

问题的发生。

(二)积极推进污染防治攻坚,各项环境指标持续向好

海南州坚持污染防治与生态保护协同并重,全面落实污染防治各项行动计划,空气、地表水、土壤等环境指标持续向好。

1. 打好"蓝天保卫战"

认真实施《青海省大气污染防治条例》,印发《海南州打赢蓝天保卫战三年行动实施方案(2018—2020年)》,以州府所在地城镇为重点,落实"抑尘、减煤、控车、治企、增绿"措施,狠抓颗粒物和氮氧化物控制,突出抓好建筑工地、道路扬尘管控、秸秆禁烧、餐饮油烟、挥发性有机物治理等工作,深入推进"散乱污"企业、散煤、机动车尾气等污染治理,持续实施燃煤小锅炉淘汰工作。2020年,全州环境空气质量优良率比例达99.2%,超出"十三五"规划指标80%达19.2个百分点。

2. 打好"碧水保卫战"

全面建立河湖长制,所有河流、湖泊、水库实现全覆盖。制定并落实各年度水污染防治工作方案,持续推进重点工程实施,开展水污染防治,坚持"一个水源地、一套方案、一抓到底",落实"划、立、治"任务,全面加强对全州8个县级及以上集中式饮用水水源地监管工作,确保饮用水安全,完成3个"千吨万人"水源地保护区划定报告编制工作。2018年以来,全州水环境质量保持优良,地表水水质优良率(达到或优于Ⅲ类)达到100%,黄河干流唐乃亥断面水质保持Ⅰ类(除溶解氧外),龙羊峡入水口、湖心及贵德等断面水质保持Ⅰ类;8个县级及以上集中式饮用水水源地水质达到或优于Ⅲ类标准比例为100%。地下水水质总体保持稳定。

3. 打好"净土保卫战"

制订落实《土壤污染防治工作方案》《全州危险废物规范化管理督查考核实施方案》《海南州固体废物与化学品环境管理工作要点》,建立污染地块部门联合监管制,建立危废重点监管对象动态名单,强化执法检查,严格危险废物管控,完成加油站地下油罐防渗改造、农用地土壤污染状况详查工作,大力开展绿色矿山建设,加大"禁塑"力度。争取落实中央土壤污染治理专

项资金6140万元，实施共和县兴海县和同德县土壤生态修复治理、污染调查项目，全州土壤环境污染风险得到全面管控，农用地土壤环境状况保持洁净。持续开展涉重金属重点行业企业排查整治，加强涉重金属行业污染防控，严格环境准入，防止耕地污染。四项主要污染物排放量均控制在"十三五"目标以内。

（三）大力推动污染总量减排，人居环境质量稳定提升

海南州严格对照全省下达的总量减排指标，严控污染物排放，全面落实各项治理项目，有效提升了人居环境质量。

1. 大力严控污染物排放

以推进大气、水污染防治减排工程为重点，全面落实水环境治理项目。加快建设共和县污水处理厂二期项目、环湖南岸污水处理厂项目，推进黑马河、倒淌河镇污水管网建设，龙羊峡镇污水处理厂投入运行，完成贵德县、贵南县污水处理厂二期项目验收，加大水污染防治的监管、监测力度等措施。省级下达海南州的"十三五"总量减排目标任务即：到2020年，四项主要污染物化学需氧量、氨氮、二氧化硫、氮氧化物较2015年分别削减比例为-9%、-9%、4%、-1%，已全部完成。

2. 大力推进生态项目建设

坚持问题和目标双导向，大力有序推进生态环境保护项目建设。2019年下达的1.48亿项目（9个）顺利推进，包括投资972万元的共和县大气污染防治项目，投资670万元的2020年共和县大气污染防治项目，投资3600万元的青海湖南岸黑马河及周边水污染综合治理和水环境管理工程项目，投资3600万元贵德县河阴镇水污染防治与水生态修复项目等。

3. 全面完成第二次全国污染源普查

顺利完成第二次全国污染源普查工作，进一步完善了全州污染源名录库，全面精准掌握了全州污染物产生、排放和处理情况，为全州生态环境保护和经济社会发展提供了基础研究资料。此项工作顺利通过省级验收，被评定为"优秀"等次，州生态环境局、共和县生态环境局被国务院污染源普查办评为"表现突出集体"。

4. 扎实开展农村人居环境整治

围绕"乡村人居环境整治攻坚战",2017—2020 年在 236 个村实施了农村环境综合整治项目。开展农村污水治理试点示范工作,全州生活污水规范化处理的村达 7.04%,全面建立农牧区环境卫生保洁机制,全州生活垃圾规范化处置的村占 86.4%。启动化肥、农药减量增效试点行动,全州化肥、农药使用量减少 20% 以上。强化规模养殖场污染治理监管,推进畜禽养殖粪污无害化处理和资源化利用。共和、兴海、贵南、同德 4 县对 2017 年印发的禁养区划定方案作出调整,新的禁养区划定调整方案已经县级人民政府审核印发,取消无法律依据的禁养区 12 个,取消无法律依据的禁养区面积 637.09 平方公里。深入开展农牧区人居环境整治,指导各县完成 2 个乡镇 46 个村省级生态文明示范创建评审工作,生态文明示范创建活动已成为推动生态文明建设的有效抓手。

(四)持续推动清洁能源发展,能源利用效率明显提高

近年来,海南州着力推动经济发展转型升级,不断推进清洁能源产业发展,清洁能源装机容量占比超过全省一半,能源利用效率明显提升。

1. 产业布局逐步显现

坚持高位起步和持续发展理念,明确全州清洁能源产业发展的思路、目标、布局和重点,修编完成《海南州千万千瓦级新能源基地(一区两园)开发建设规划》,规划占地总面积达到 4509.6 平方公里,总装机容量达到 23025 兆瓦。先后编制完成了《海南州分散式风电发展规划》、《海南州"十四五"清洁能源发展规划》和《海南州氢能总体发展规划》。

2. 园区基础设施不断完善

近年来,海南州累计投资 2140 万元新建水利配套工程,投资 2.61 亿元建成园区柏油交通路网 147 公里,投资 3437 万元建成园区防风林带 134 公里 6250 亩,栽植各类苗木 104 万株,达到了草原含水量大大增加、土地荒漠化有效遏制、生态环保效益不断显现的目标。

3. 电力网架结构不断完善

总投资 223 亿元的世界首条 100% 的清洁能源外送通道青海—河南特高压

±800 直流输电工程已全线贯通。直流工程已启动双极低端系统供电,工程建设取得重大里程进展。工程全面投产后每年可向河南输电 400 亿千瓦时。园区已累计投资 76 亿元,建成 110 千伏升压站 17 座、330 千伏汇集站 10 座、750 千伏双回路变电站 3 座。

(五)深化规划编制教育宣传,和谐发展理念深入人心

海南州持续开展环保宣传教育,不断推动规划编制工作,全社会参与生态环境保护的自觉性大幅度提升,人与自然和谐发展的理念更加深入人心。

1. 严格落实规划编制工作

成立"海南州重点流域生态环境保护'十四五'规划编制工作领导小组",坚持问题导向、目标导向和结果导向,扎实做好"两项规划"编制工作,努力提升全州生态环境治理体系和治理能力现代化水平,全州谋划"十四五"期间生态环境保护建设项目 5 大类 98 个,总投资达 38.8 亿元。

2. 做好重要时间节点环保宣传

充分利用"环湖赛""六五"世界环境日等重要时间节点,联合相关部门全方位、多层次广泛开展环境保护宣传。积极配合开展"保护青海湖,我是志愿者"主题宣传教育实践活动,大力弘扬"美、净、好"青海湖形象打造。认真开展环保"七五"普法活动、不断提高广大群众依法维护生态权益的自觉性。

3. 落实例行新闻发布会制度

组建新闻发言人队伍,每季度召开新闻发布会,及时通报全州环境质量状况和生态环境保护工作,自觉接受媒体监督。利用州电视台"党风政风行风"走进直播间栏目,介绍全州生态环境保护工作,宣传解读环境保护基本政策及法律法规。

三、海南州生态保护优先面临的主要问题与不足

自"一优两高"战略实施以来,海南州坚持生态保护优先毫不动摇,生态环境质量总体保持稳定,但随着国际国内经济发展形势不确定性增强,城

镇化速度不断加快，以生态保护促发展、以发展助推生态保护的压力越来越大，全州生态环境保护工作仍然存在一些短板不足。

（一）保护和发展的关系难把握，生态价值实现难度大

近年来，海南州经济社会发展迅速，对土地、砂石等自然资源的需求量日益增加，但土地指标远远保证不了项目建设的需求，再加上还要按照生态环境保护的要求合理设置、限制砂石资源开采，又要保障项目建设需求，在这些问题的统筹兼顾上办法不多，思路不宽。同时，农牧区生态环境保护基础设施不足，生活污水乱排、生活垃圾乱倒乱堆的问题依然突出，生活垃圾分类处置和资源化利用新技术宣传推广运用滞后，这使生态环境承载压力倒逼生产方式转变的任务艰巨而紧迫，生态保护与生产方式转变、生态产业与经济转型升级面临严峻挑战。

（二）自然环境脆弱，局部生态环境问题较为突出

总体来看，海南州水、土、气生态环境质量达标稳定状态，但是局部地区生态环境问题仍然较为突出，如沿黄谷地水土流失较为严重，个别区域草原鼠害泛滥，部分湿地萎缩退化等，且部分地区保护规划滞后，重大生态项目储备不足，这些问题严重威胁着"中华水塔"及青海湖国家生态安全屏障，难以长期保障"一江清水向东流"。尤其是生态保护方面的资金筹措严重依赖国家转移支付，且因地处高原、环境脆弱等影响，生态项目和环保设备运维等成本较高，彻底解决局部生态环境问题仍面临较大资金压力。

（三）执法监察能力尚存差距，生态环境保护能力建设滞后

海南州自然资源局无执法机构和执法人员，尤其是规划执法人员不足，各县自然资源局虽然都成立了执法大队，但都存在执法人员不足、人员素质参差不齐的问题，加之卫片执法检查点多、线长、面广，违法用地、非法采矿查处难度大，自然资源执法监察工作还需进一步加强。总体来看，生态环境保护能力建设滞后，干部队伍素质、人员编制和专业力量与当前生态环境保护繁重的任务不相适应。

（四）人员经费保障不足，自然资源确权登记任务艰巨

根据国家及省级要求，对土地、林地、草原、荒地、河流、矿山等自然资源全要素全部进行登记，工作量大，受人员、经费等因素制约，工作推进难度大。国土空间规划编制管理业务人员紧缺，特别是乡镇级空间规划管理专业人员空白。根据自然资源部、省自然资源厅要求，全州36个乡镇422个村要编制"多规合一"的空间规划，仅36个乡镇就需编制经费1800多万元，州县财政拮据，难以负担编制经费。

第三节　海南州高质量发展指标评价及分析

自"一优两高"战略实施以来，海南州坚持稳中求进工作总基调，积极践行新发展理念，围绕"四地"建设，新能源产业、生态畜牧业、沿黄旅游业等产业不断发展，围绕扩大有效投资等方面，抓重点、补短板、强弱项，重点项目支撑作用显著增强，投资"引擎"持续发力，基础设施建设迈上新台阶，全州经济总量不断扩大，产业结构更加优化，经济活力不断被激活，高质量发展取得了新成就。

一、海南州高质量发展指标评价

根据对2018—2021年海南州高质量发展评价指标数据的收集与测算，得到海南州"高质量发展"评价指数表，如表7-3所示。从二级指标来看，"经济运行效率"和"创新能力"保持了增长的趋势，2018—2021年分别从0.136、0.053增长到0.195、0.078；"经济运行稳定性"四年间的指数分别为0.316、0.311、0.288、0.297，虽然相对稳定，但还是出现了一定的下滑，主要原因是新冠疫情引发的投资和消费迟滞。总体来看，海南州依托资源禀赋，高质量发展相对稳定，经济运行效率和创新能力迈上了新台阶。

表7-3 海南州"高质量发展"评价指数

二级指标	指标权重	指标值（年）				三级指标	指标权重	指标值（年）			
		2018	2019	2020	2021			2018	2019	2020	2021
经济运行稳定性	0.124	0.316	0.311	0.288	0.297	人均GDP	0.049	0.098	0.115	0.115	0.147
						居民消费价格指数	0.018	0.049	0.049	0.054	0.036
						规模以上工业增加值增长率	0.040	0.120	0.097	0.085	0.080
						第三产业增加值占GDP比重	0.017	0.050	0.051	0.034	0.034
经济运行效率	0.107	0.136	0.152	0.191	0.195	地方公共财政预算收入增长率	0.025	0.050	0.054	0.075	0.066
						单位面积土地产出GDP	0.043	0.086	0.098	0.116	0.129
创新能力	0.026	0.053	0.052	0.065	0.078	规模以上工业增加值中战略性新兴产业增加值占比	0.026	0.053	0.052	0.065	0.078

（一）人均GDP稳步提升

2018—2021年，海南州人均GDP分别为3.33万元/人/年、3.66万元/人/年、3.67万元/人/年、4.31万元/人/年，年均增长9.0%，2021年比2018年增长了29.4%，如图7-3所示。海南州2021年常住人口44.84万人，较2018年下降了5.9%。人均GDP增长速度是人口下降比例的近6倍，说明海南州在经济发展方面兼顾了总量与效率。

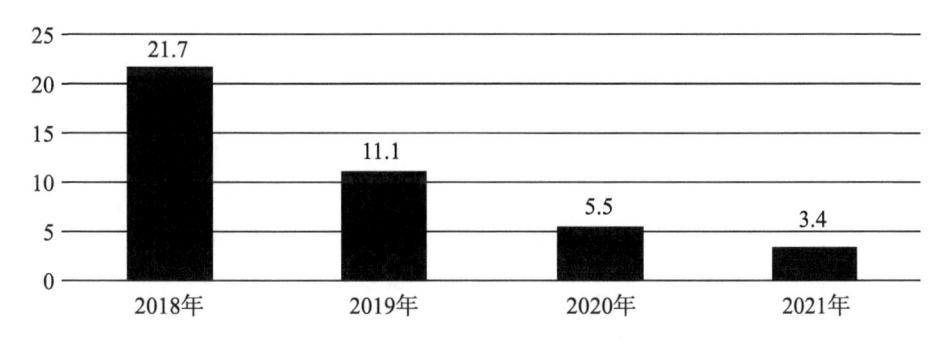

图7-3 2018—2021年海南州人均GDP变化（万元/人/年）

（二）规模以上工业增加值增长率持续下滑

2018—2021年，海南州规模以上工业增加值增长率分别为21.7%、11.1%、5.5%、3.4%，如图7-4所示。新能源行业增加值是海南州规模以上工业增加值的主要份额，近年来，随着国家新能源补贴的退坡和取消，各新能源企业集中在2018—2020年快速建设布局，争取在"平价时代"到来之前享受最后的政策红利，因此，海南州规模以上工业增加值出现了持续的下滑。

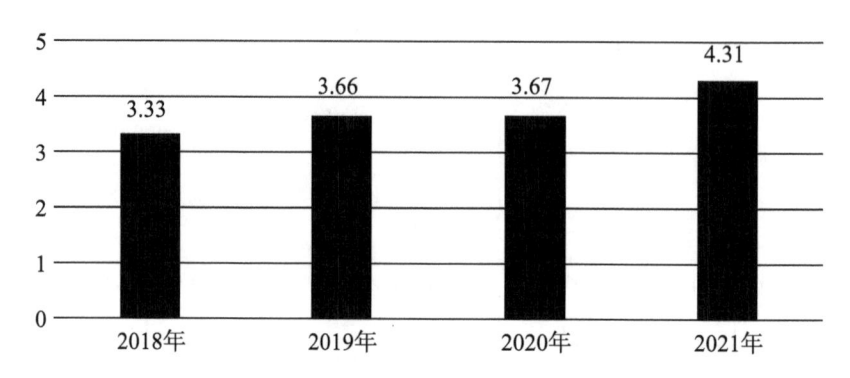

图7-4　2018—2021年海南州规模以上工业增加值增长率变化（%）

（三）第三产业增加值占GDP比重相对稳定

2018—2021年，海南州第三产业增加值占GDP比重分别为32.6%、32.7%、31.5%、31.5%。虽然在新冠疫情的影响下，三产的占比有所下滑，但幅度不大，且2021年与2020年持平，影响已经趋于平缓。随着疫情防控与经济社会发展统筹工作更科学、更具效率，第三产业有望继续恢复增长势头。

（四）地方公共财政预算收入波动较大

2018—2021年，海南州地方公共财政预算收入增长率分别为1.3%、6.5%、34.7%、22.5%。保持了较好的增长趋势，且增长的幅度较大，这也主要得益于新能源产业的集中喷涌式发展，由此带来的税收，为地方政府获取更多发展所需的资金提供了重要的蓄水池。

（五）战略性新兴产业增加值占比不断上升

2018—2021年，海南州规模以上工业增加值中战略性新兴产业增加值占比分别为 42.6%、42.2%、48.7%、55.0%，年均增长 4.1 个百分点。作为经济社会发展相对滞后的州县，取得这份成绩单难能可贵，一方面，新能源、新材料、生物医药、装备制造的产业蓬勃发展，另一方面，还得益于大数据对这些产业发展形成了放大倍增效应。

二、海南州高质量发展的主要举措与成效

自"一优两高"战略实施以来，海南州坚持把调整结构作为主攻方向、把项目投资作为重中之重、把改革创新作为强大引擎，持续推动供给侧结构性改革，注重提升经济发展质量，全州经济总量不断扩大，产业结构更加优化，经济活力不断被激活，创新驱动力持续提升。

（一）充分发挥清洁能源资源富集优势，清洁能源发展全省领先

近年来，海南州借助青海清洁能源装机容量占全国的 10%，全州清洁能源装机容量占全省一半以上的发展优势，积极构建清洁能源发展新格局，努力推动海南州成为全国最大的清洁能源基地，成为践行习近平生态文明思想的实践基地。重点围绕建设三个"千万千瓦级"清洁能源主力基地为目标，紧紧抓住建设国家清洁能源示范省的重大机遇，继续在扩容增容上下功夫，新能源突破千万千瓦级规模大关，占比超过全省一半；±800 千伏特高压直流输电工程全线贯通，累计向江苏及省内有关企业输送清洁电能超过 100 亿千瓦时。2021 年，海南州依托丰富的地热资源，建成供热面积 22 万平方米的地热清洁供暖工程，实现 24 小时不间断供热，达到供热成本下降、供热质量提升的效果。同时，装机 300 千瓦的干热岩试验性项目成功发电并网。海南州将"三江源"生态保护概念引入清洁能源领域，在荒漠和半荒漠化地区，提出实施"绿电三江源"工程设想，在全力做好青豫直流二期电源基地建设、第一批国家大型风电光伏基地基础上，打造水、光、风、地热、储能"五位一体"清洁能源产业高地发展格局，并与建设国际生态旅游目的地、绿色有机农畜产品输出地和大数据云计算产业集聚区深度融合，推动绿色、低碳、循环产业链构建，努力实现在打造清洁能源高地建设中走在全省前列。

（二）深化农牧业供给侧结构性改革，生态农牧业活力不断释放

近年来，海南州加快转变农牧业发展方式，深化农牧业供给侧结构性改革，有效应对农牧业发展面临的风险挑战，释放出农牧业发展新活力。重点围绕建设全省现代生态畜牧业发展示范区和"再造一个畜牧业大州"目标，紧紧抓住建设绿色有机农畜产品示范省的重大机遇，加快建设环湖、沿黄和南部高寒牧区三大现代生态农牧业经济带，全力推进牦牛、藏羊、青稞和油菜"四大产业"联盟示范区建设，有力地推动草地生态有机畜牧业迈入了新"牧"道。组建以家庭农牧场为引领的合作经济组织2155家，培育农牧业龙头企业55家，依托全国草地生态畜牧业试验区建设，已完成23家生态畜牧业专业合作社股份制改造，31家生态畜牧业专业合作社股份制改造工作正在有序推进，打造牦牛藏羊标准化养殖基地15个、生态牧场13个，"高原、绿色、有机"品牌建设有了质的提升。2021年，全州新建各类合作经济组织136家，其中合作社41家、家庭农牧场95家；申报认定省级示范社31家、省级家庭农牧场22家。围绕养殖业调整种植业结构，积极探索建立种养结合、草畜联动和草畜肥循环利用发展新模式，利用以"三增三适"为核心的养殖模式，集中力量打造了牦牛、藏羊产业科研基地2个、优质高效养殖技术示范点10个。持续推进牦牛藏羊高效养殖技术，推行暖季放牧冷季补饲+高效养殖的舍饲半舍饲养殖模式，全州高效养殖比例达78%，逐步实现农牧业由数量型发展向质量型发展转变。龙羊峡成功入围第三批中国特色农产品优势区，海南州国家可持续发展议程创新示范区建设得到科技部支持。

（三）深入实施"旅游兴州"战略，文旅新篇章逐步绘就

近年来，海南州全力推进符合州情实际、具有地域特色的文化旅游产业，依托民族文化、名胜古迹、生态资源等特色旅游资源，高起点规划，大手笔运作，全方位宣传，推进文化生态旅游资源深度融合。大力发展全域旅游、大众旅游、智慧旅游、乡村旅游和生态探险旅游，全面拓展"旅游+"业态，叫响海南州文化旅游品牌。重点围绕建成全省全域旅游示范区目标，紧紧抓住建设国家公园示范省的重大机遇，与省文化和旅游厅签署"共建省级黄河

生态文化旅游带"协议，致力于完善青海湖—龙羊峡—贵德县"三点一线"旅游精品线路，打造"一湖一河"生态旅游新品牌。大力提升青海湖、龙羊峡等重点生态旅游景区品质，提高生态旅游产品、景区开发和经营管理标准，推出一批生态体验、生态科普、生态体育、自然教育等精品线路，鼓励发展冬季旅游、冰雪旅游。提升加快实施黄河综合生态景区等重点旅游项目，加快贵德黄河景观廊道、黄河文化公园宗日遗址等文旅项目建设，提升旅游景区综合承载能力。积极争取国家服务业资金支持的基础上，投入州级财政资金1000万元，扶持做强一批星级酒店和特色农家乐，集中力量打造一批融"乡景、乡味、乡愁"为一体的乡村旅游品牌。同时，广泛开展群众性文化活动，"圣洁海南"文旅品牌持续放大提升。

（四）坚持以项目投资推动基础设施建设，城乡提速发展步入新轨道

以实施乡村振兴战略为抓手，坚持规划先行，加大资金投入，强化项目建设，城乡基础条件加快改善。"一优两高"战略实施以来，实施天然气利用、城镇道路、污水管网、供热供水、垃圾处理等153个市政公用设施建设项目，龙羊峡省级特色小镇和河卡等5个高原美丽城镇，以及全州124个高原美丽乡村全面建成，恰卜恰经济发达镇行政管理体制改革试点工作稳步推进，以五县县城为主的一批特色城镇蓬勃兴起，共和、贵德撤县设市步伐加快。贵德县国家级卫生县城成功创建，贵德县国家级、共和县省级农村污水治理试点项目基本建成。贵德通用机场建设稳步推进，青海湖机场建设进入实质性阶段，扎倒高速、倒淌河至大水桥改线和三贵、兴同公路实现通车，塘格木至切吉公路等一批重大项目开工建设，所有乡镇和行政村道路通畅率均达到100%。哇洪水库、尕干水库等重点水利工程加快实施，恰卜恰城镇应急供水工程以及贵德县拉西瓦灌溉干渠全面建成通水，城乡居民吃水难和农牧民群众灌溉难的问题从根本上得到缓解。423个行政村20兆光纤全部通达，所有建制村移动信号实现全覆盖，全州通信通电水平持续提升。

（五）强化改革创新引领作用，转换发展动能注入新活力

纵深推进"放管服"改革，不断加大简政放权力度。2017年以来，州一

级取消、下放和调整行政审批事项403项，动态调整权责清单19831项，绘制行政流程图1910张，梳理审核行政审批中介服务事项84项，建立公布192项双随机抽查事项清单。州县政府部门1921项事项入驻政务服务大厅，行政许可事项网上可办率达70%以上，全国一体化在线政务服务平台建设事项对接走在全省前列。全面落实国家减税降费政策，累计减免各类税费1.7亿元。持续深化商事制度改革，推进全程电子和网上审批，实行"一址多照""一照多址"等改革措施，企业开办时间由8.5个工作日压缩到3个工作日，进一步激发了市场主体活力，全州累计新增各类市场主体20259户，比"十二五"末增长41.2%。继续深化国资国企改革，组建国有投资运营集团公司及交通旅游、水利发展、城市建设3家投资公司，国有经济活力和抗风险能力进一步增强。坚持抓引进与强协作并举、优环境与扩开放并重，高规格举办大数据应用、甘草、三文鱼、牦牛产业等面向国内外的大型产业发展论坛，积极组织企业参加青洽会、藏毯展、香港商品大集等展销推介会，引进省外到位资金超过90亿元。以江苏省为代表的对援地区和单位累计落实资金超过12亿元，对口援建机制日益完善，经济、技术、智力等援助与合作成效显著。

三、海南州高质量发展面临的主要问题与不足

在百年未有之大变局的形势下，外部经济形势变幻莫测，持续推动经济高质量发展，海南州还面临一些问题，主要包括经济发展面临较大压力、基础设施建设存在短板、产业发展层次较低、第三产业发展较为落后、财政支出形势严峻等。

（一）投资驱动模式难以改变，经济发展面临较大压力

近年来，海南州经济实力逐步增强，但仍然面临较大的"量的积累"和"质的提高"双重压力。总体来看，全州经济结构单一，产业层次不高，尤其是第一产业不优、第二产业不强、第三产业比重低的局面仍未改变。投资增长结构性矛盾依然突出，主要依靠新能源拉动投资增长的局面仍在持续，多元化投融资体系尚未真正形成，投资增长支撑和后劲依然不足。生态环境承载压力倒逼生产方式转变的任务艰巨而紧迫，生态保护与生产方式转变、生

态产业与经济转型升级面临严峻挑战。

（二）基础设施建设存在短板，城乡差距难以缩小

在政策性新能源投资的带动下，全州全社会固定资产投资高速增长。但是，全州的基础设施投资仍存在很多短板，可持续投入机制尚未建立。城镇化水平还不高，农田灌溉设施还不够健全，农村机械化水平还有待进一步提高，农畜产品物流设施仍需改善。县域经济培育难度大，基础设施尚有不少短板，要素和资源保障不足，城乡间发展差距仍然较大。

（三）各项要素保障不足，产业发展层次较低

海南州积极布局、引进、发展产业已取得了一定的成效，但产业还处在较低的层次。高技术人才短缺，民营经济企业数量少，企业研发投入不足，导致创新能力偏弱；融资环境趋紧，项目储备贫瘠，企业投资意愿不强，加大了招商引资难度；流通基础设施建设滞后，社会消费增长后劲不足；国有资产监管水平不高，国有企业规模较小，抗风险能力不强，使品牌影响力难以扩大，市场竞争优势难以增强。总体来看，海南州产业链供应链价值链较短，影响了产业的进一步发展。

（四）第三产业发展落后，经济转型后劲不足

海南州第三产业增加值占GDP的比重在逐年增加，但是全州限额以上批发和零售业、住宿餐饮业企业数量较少，企业规模不大。文旅资源开发不够、缺乏长远规划、文化旅游配套基础设施仍比较落后。交通、饭店旅业、文旅信息化等还有很大提升空间。城乡商贸流通体系不够健全，新兴服务业发展滞后，消费外流现象较严重，消费在拉动经济增长方面贡献较小。

（五）财政收支压力增大，财政平衡形势严峻

自新冠疫情发生以来，中央财政对地方的转移支付增量放缓。由于项目前期准备不充分，致使项目无法落地、项目无法竣工验收和项目施工进度缓慢，造成项目资金无法实现支出。财政难以做到全流程监管，管理还存在许多"盲点"。部门之间衔接协调不够，工作不扎实，致使支出率低下，收支平衡更加艰难，财政困难问题将进一步显现。

第四节 海南州高品质生活指标评价及分析

海南州坚持"以人民为中心"思想,始终关切民生问题,积极构建和谐共享的经济社会发展方式,各类民生工程进展顺利,在教育、医疗、就业、社保、养老、住房等领域不断取得新发展,全州人民生活品质迈上了新台阶。

一、海南州高品质生活指标评价

根据对2018—2021年海南州高品质生活评价指标数据的收集与测算,得到海南州"高品质生活"评价指数表,如表7-4所示。从二级指标来看,"收入水平""消费水平""居住状况""社会保障""医疗卫生""就业水平"六项均获得了持续且明显的提升,分别从2018年的0.094、0.159、0.052、0.052、0.097、0.115增长到了2021年的0.141、0.194、0.078、0.078、0.120、0.159,其中,"收入水平""居住状况""社会保障"三项均增长了50%。总体来看,海南州在夯实人民幸福的社会发展方面收获了丰硕的成果,创造高品质生活成就显著。

表7-4 海南州"高品质生活"评价指数

二级指标	指标权重	指标值（年）				三级指标	指标权重	指标值（年）			
		2018	2019	2020	2021			2018	2019	2020	2021
收入水平	0.047	0.094	0.111	0.124	0.141	城镇居民人均可支配收入	0.024	0.048	0.058	0.064	0.072
						农村居民人均可支配收入	0.023	0.046	0.054	0.060	0.069
消费水平	0.067	0.159	0.160	0.171	0.194	居民人均消费性支出	0.022	0.044	0.051	0.058	0.066
						恩格尔系数	0.023	0.050	0.046	0.069	0.062
						社会消费品零售总额增长率	0.022	0.065	0.063	0.044	0.066
居住状况	0.026	0.052	0.060	0.071	0.078	常住人口城镇化率	0.026	0.052	0.060	0.071	0.078
社会保障	0.026	0.052	0.058	0.078	0.078	养老保险参保率	0.026	0.052	0.058	0.078	0.078

续表

二级指标	指标权重	指标值（年）				三级指标	指标权重	指标值（年）			
		2018	2019	2020	2021			2018	2019	2020	2021
医疗卫生	0.092	0.097	0.094	0.096	0.120	每千人拥有床位数	0.021	0.048	0.056	0.042	0.063
						婴儿死亡率	0.019	0.049	0.038	0.054	0.057
就业水平	0.056	0.115	0.142	0.136	0.159	城镇登记失业率	0.024	0.048	0.066	0.072	0.063
						新增就业人数	0.032	0.067	0.077	0.064	0.096

（一）城乡收入水平稳步提高

2021年海南州城镇与农村居民人均可支配收入分别为36503元、14613元，较2018年分别增长了18.6%、27.8%，四年间年均分别增长了5.9%、8.5%。2018—2021年，城乡收入比分别为2.69、2.65、2.58、2.50，城乡差距逐年缩小，如图7-5所示。

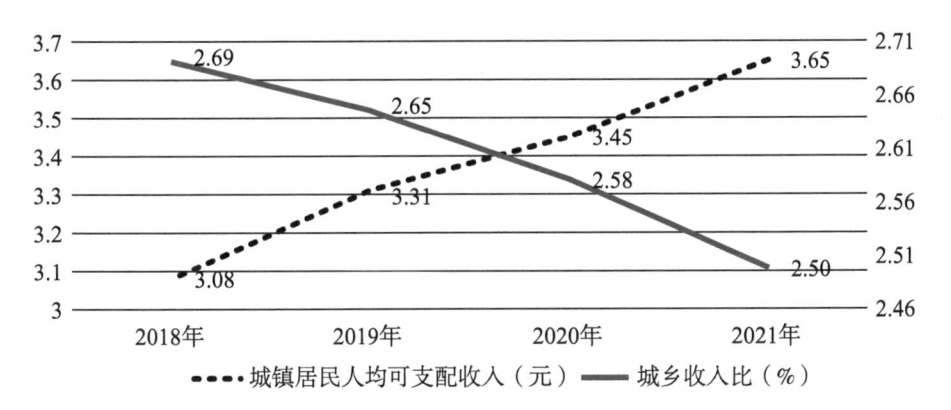

图7-5 2018—2021年海南州城镇居民人均可支配收入与城乡收入比变化

（二）居民人均消费性支出稳定增长

2018—2021年，海南州居民人均消费性支出分别为11953元、13180元、14339元、15818元，年均增长9.8%，如图7-6所示。海南州人均消费支出的稳定增长说明了居民生活水平和质量获得了有效提升，拉动经济的直接影响十分积极。

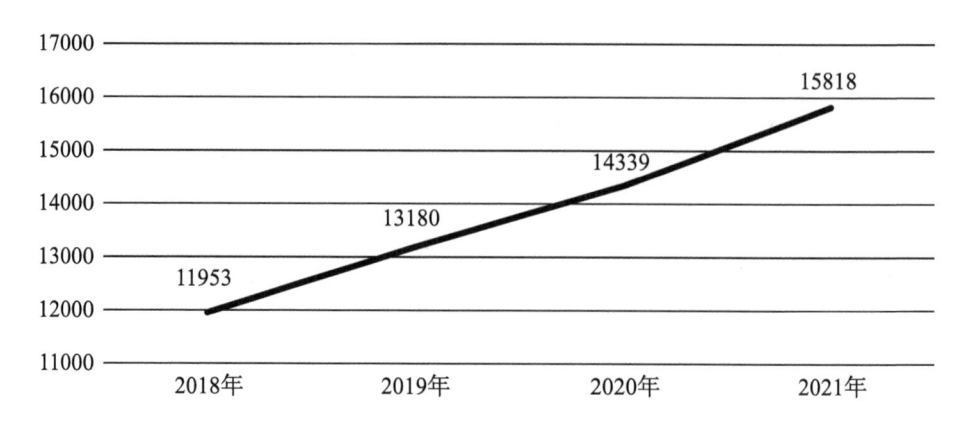

图 7-6　2018—2021 年海南州居民人均消费性支出变化（元）

（三）常住人口城镇化率增长较快

2018—2021 年，海南州常住人口城镇化率分别为 38.5%、39.4%、40.8%、41.6%，年均增长超过 1 个百分点。海南州农牧业相对发达，城镇化率保持了较为快速的增长，说明最近几年的农牧区劳动力转移工作扎实有效，同时，城镇公共服务质量获得了明显提升。

（四）医疗卫生水平仍需提升

2018—2021 年，海南州每千人拥有床位数分别为 6.7 张/千人、7.4 张/千人、6.1 张/千人、8.1 张/千人，有一定的增长；2021 年，每千人拥有执业（助理）医师数和为 3.11 人，较 2018 年增长了 0.52 人。总体来看，海南州医疗卫生水平有一定提升，但幅度不大，仍需不断建设。

（五）就业形势保持良好

2018—2021 年，城镇登记失业率分别为 3.2%、2.5%、2.3%、2.6%；新增就业人数分别为 0.21 万人、0.24 万人、0.20 万人、0.30 万人。总体来看，失业率保持在合理可控范围内，新增就业人数有增长的趋势，说明海南州较好地落实了国家劳动就业政策，居民就业工作状况良好。

二、海南州高品质生活的主要举措与成效

自"一优两高"战略实施以来，海南州坚持"以人民为中心"思想，倾

力关注民生事业，通过扎实推进精准扶贫专项、坚持完善社会保障机制、积极推动各项要素保障、深化改革增强重点供给，在教育、医疗、就业、社保、养老、住房等领域不断取得新发展，社会保障能力明显提升、有力推动社会大局稳定、就业创业形势稳中向好、教育医疗质量稳步提升。

（一）扎实推进精准扶贫专项，社会保障能力明显提升

坚决贯彻落实习近平总书记"不获全胜、决不收兵"重大要求，坚持将80%以上的财政资金投向民生领域，扎实开展"九个一批"和"十个行业"精准扶贫专项行动，农牧区基础设施不断健全完善，群众行路难、吃水难、用电难、住房难、上学难、就医难、通信难等问题得到切实解决，农牧区文化服务、社会保障实现全覆盖，城乡面貌发生翻天覆地变化，群众生产生活条件得到前所未有改善。积极发挥城乡居民养老保险兜底保障作用，全面落实贫困人口养老保险费代缴政策，城乡居民贫困人员养老保险参保率为100%。如期实现了5个县脱贫摘帽和173个贫困村、5.3万贫困人口退出任务，全州绝对贫困"清零"目标实现，脱贫攻坚取得了决定性成效。推进全民参保计划，深入开展建筑业参加工伤保险"同舟"计划，在非公经济领域和灵活就业群体上开新源、挖潜力，扩面征缴工作稳步推进，基本养老保险已覆盖全州企业职工、城镇个体工商户、自由职业者等灵活就业人员和城乡居民。逐步提高养老保险待遇，机关事业单位退休人员养老金实现"三连增"，城乡居民基本养老保险待遇实现"四连增"，企业退休人员基本养老金实现"十六连增"，工伤职工定期待遇实现"九增长"，社会化发放率均为100%。依托"金保工程"网络优势，加快推进"互联网+社保"经办模式，充分利用"青海人社通"收集 App 等形式开展养老保险待遇领取资格认证。

（二）坚持完善社会保障机制，有力推动社会大局稳定

全面贯彻落实中央治藏方略和重要原则，深入推进民族团结进步先进区创建活动，海南州各族干部群众"五个认同""三个离不开"意识显著增强，社会主义新型民族关系不断巩固发展，自治州连续4年获得全省民族团结进步专项考核优秀地区，2017年成功创建全国民族团结进步示范州。紧紧抓住

寺院管理这个"重点",扎实推进寺院水电路房等"八有三通一无"工程,全州宗教人员医保实现全覆盖,寺院基础建设和社会保障水平明显提升。充分发挥藏传佛教僧人培训中心作用,积极举办各类民族宗教政策和法律法规教育培训班,并通过组织优秀宗教人员赴内地考察学习,集中表彰"五好"寺院、"三好"僧人和优秀阿訇,使广大宗教教职人员守法持戒意识明显增强。同时,支持发展藏文化信息事业,全球首个"云藏"藏文搜索引擎开通运行,牢牢抓住了涉藏地区意识形态工作的领导权。以深入推进"平安海南""法治海南"建设为目标,进一步加强基层综治维稳工作,整合村警、草原管护员、护林员力量,形成"生产是值勤、放牧是巡逻、人人是哨兵、村村是堡垒、处处有防范"的群防群治长效机制体系。坚持依法治理与改善民生齐推共进,持续实施以"治贫、治乱、治弱"为重点的社会综合治理,推进以"村规民约""居民公约""寺规僧约"为抓手的基层民主自治建设,贵南县成为全国乡村治理体系建设首批试点示范县,着力打造民族地区基层社会治理的样板工程、示范工程。

(三)积极推动各项要素保障,就业创业形势稳中向好

2018年以来,海南州就业创业工作主动适应经济新常态,稳中求进、力求精准,着力在强化措施、突出成效上下功夫,就业形势持续保持稳定。2020年底,城镇累计新增就业11136人,城镇登记失业率控制在3.5%以内。一是实施更加积极的就业创业政策。结合州情实际,加强制度顶层设计,先后制定下发了《关于进一步做好当前和今后一段时期就业创业工作的实施意见》等政策文件,解决了就业政策不系统、碎片化的问题,落实困难企业稳岗返还工作,就业政策体系日趋完善。2017年以来,累计筹集就业专项资金2.93亿元,全部用于就业创业扶持政策的落实,惠及城乡劳动力超过6万人次。二是大力促进重点群体就业。全面落实各级党委、政府关于做好疫情防控工作决策部署,积极化解疫情影响,先后制定下发了《关于进一步做好当前和今后一段时期就业创业工作的实施意见》《关于疫情防控期间促进农牧民转移就业的通知》等政策文件,围绕高校毕业生、返乡创业农民工等就业困难群体,有针对性地开展"就业援助月""春风行动"等公共就业服务活动,

重点开发一批道路养护、农村保洁、基层维稳等公益性扶贫岗位，实现零就业家庭动态清零。三是千方百计拓宽就业渠道。以对口支援工作为契机，持续推进劳务协作向纵深发展，促进农牧区劳动力跨省转移社会就业。积极打造"五彩藏绣""雪域塔贤石雕""岗拉美朵民族服饰""贵南县民族歌舞""贵德农庄""高原生态酩馏酒"等具有涉藏地区特色的劳务品牌，促进涉藏地区劳动力就近就地转移就业。

（四）深化改革增强重点供给，教育医疗质量稳步提升

深入实施教育布局优化、民族教育转型提质、教育阻断贫困代际传递"三大工程"，全面落实15年免费教育，教育基本公共服务均等化加快推进，九年义务教育巩固率及高中阶段毛入学率均创新高。坚持实施教育"走出去"战略，率先在涉藏地区走出了一条就地均衡提升和内地办班提质"两条腿走路"的教育发展新路子。成功举办全国涉藏地区职业教育经验交流发展大会，以及全国控辍保学暨农村学校建设工作推进会现场观摩活动，自治州教育事业发展，特别是控辍保学继续走在全省乃至全国涉藏地区前列。加强公立医院治理体系建设，公立医院标准化、专业化和精细化管理抓实落细，实现全州二级以上公立医院现代管理制度制定、运行"全覆盖"。"按病种付费"改革全面实施，医疗费用不合理增长态势得到有效遏制。医联体、专科联盟和县域医共体建设扎实推进，医共体内"一体化管理、一体化运营和连续性服务"目标基本实现，全州已组建多种形式的医疗联合体17个，实现州、县、乡三级医联体建设"全覆盖"，医药卫生体制改革得到持续深化。加快构建"功能完善、服务优质、运行高效"的基层医疗卫生服务体系建设，以深入开展"优质服务基层行"活动为侧重点，充分发挥县级主体责任，组织落实乡镇卫生院能力提升自评自建工作，足额落实基层支出运转经费保障，积极推进基层机构"公益一类保障、公益二类管理"运行机制，基层解决常见病、多发病和危重症鉴别能力显著提升。

三、海南州高品质生活面临的主要问题与不足

经过全州上下努力，面对相对落后的经济发展环境，海南州在创造高品

质生活方面的成绩有目共睹，也来之不易。随着经济转型升级、新旧动能转换的需求愈发迫切，海南州不断推动人民生活走向更高品质，但同时还面临着基层人社业务保障匮乏、城乡居民养老保险待遇享受年限亟须调整、医疗卫生资源供给不平衡、教育水平总体较为落后等问题与挑战。

（一）基层人员编制培训不足，基层人社业务保障不力

一是基层人社业务工作人员编制紧缺。乡镇就业社会保障服务站无人员编制和专项工作经费，大部分工作由临聘人员兼职，每年经手收缴的保费近亿元，导致社保基金、就业资金监管难度大，安全风险高。二是基层就业社保服务平台建设滞后。就业社保日常工作与乡镇（社区）合署办公，服务平台标准化、信息化、专业化建设难度大、进度滞后。三是各县无技能实训基地。县级就业服务部门人员编制平均为5人，工作人员少，农牧民居住分散，人员组织难度较大，培训质量难以保证。

（二）城乡居民人均寿命存在差异，养老保险待遇仍需完善

海南州农牧民群众长期居住在3000米以上的高海拔涉藏地区，人居环境恶劣，人均寿命在69.3岁左右，比全国平均寿命小6岁，而城乡居民享受养老待遇年龄均为60岁，与同等享受职工养老待遇的男职工55周岁和女职工50周岁相比分别高5岁、10岁，退休后享受待遇时间短，影响了居民养老服务的获得感，造成了新的不平衡。

（三）医疗资源整体匮乏，卫生资源供给不平衡

海南州优质医疗资源供需矛盾依然突出，优质医疗资源短缺，特别是基层医疗服务人才匮乏，医疗设备利用率不高，现有医疗资源仍然无法满足群众日益增长的医疗卫生服务需求。全州高寒缺氧，自然条件艰苦，慢性高原性疾病发病率较高，重大传染性疾病防控形势依然严峻。广大群众，特别是农牧民健康素养水平偏低。医养结合工作受配套政策、资金、编制等多重因素的制约，全州没有公立医养结合机构，现有的民办医养结合机构，容纳能力有限，服务能力较弱，难以满足医养结合需求。

（四）教育水平总体较为落后，教育后劲发展不足

各县之间、城乡之间、学校之间教育普及、教学质量方面差距仍然较大，"乡村弱""城镇挤""大班额"问题依然存在。教师学历层次低、专业不对口、业务水平普遍较低的问题依然突出。教育教学质量整体水平不高，教育发展后劲不足仍然是贫困代际传递的主要原因。

第五节 海南州持续深入推进"一优两高"战略的对策建议

海南州以习近平总书记对青海工作重大要求为指引，把握"三个最大"省情定位和"三个更加重要"战略定位，坚持稳中求进工作总基调，坚定"疫情要防住，经济要稳住，发展要安全"目标，与时俱进落实省委"一优两高"重大战略部署，以造福人民为目标，以高质量发展为路径，以改革开放为动力，以"四大产业"为牵引，打造生态文明高地，推进泛共和盆地崛起，创造人民更加幸福美好新生活，努力"实现一个崛起、力争两个突破、打造三个样板、推动四个走在前列、促进五个显著提升"的目标。

一、加大污染防治攻坚力度，全面提升人居环境质量

（一）坚持把生态文明理念融入自然资源工作

以习近平总书记在黄河流域生态保护和高质量发展座谈会上的重要讲话精神为遵循，坚持方向不变、力度不减，坚持精准治污、科学治污、依法治污，坚决打好污染防治攻坚战。牢固树立"绿水青山就是金山银山"理念，坚持节约资源和保护环境基本国策，持续推进生态文明建设。

（二）持续抓好污染防治工作

在高质量编制符合州情实际的"十四五"生态环境保护规划和重点流域规划基础上，持续抓好污染防治工作。加快落实水、大气、土壤年度污染防治工作方案，着力推进水污染防治和水生态综合治理工程，加强移动源污染

管控、机动车排放检测管理，稳妥推进煤烟型污染治理。

（三）推动项目建设目标任务完成

深入开展涉重金属行业企业排查、"全域无垃圾"试点工作、农牧区人居环境整治。扎实推进生态环境领域项目建设。严格执行州局对各县局项目建设约谈纪要制度，强化调度，一项一项盯前期、盯开工、盯实物量，确保按照年度计划，全面完成项目建设目标任务。

二、加强生态文明宣传教育，强化生态保护优先氛围

（一）切实加大习近平生态文明思想宣传

讲好美丽中国"海南故事"，不断提升广大群众环境获得感、幸福感。环境保护相关部门要以开放的心态及时回应社会关心的热点问题，积极推进面向公众的环境宣传教育。

（二）创新开展丰富多彩的全民生态文明宣传教育活动

增强环境新闻主流渠道传播影响的能力，充分驾驭新兴媒体为环保服务的能力。构筑网络、动漫和文字、影视相结合的创新宣传模式，制度化、多元化、系列化地进行全方位、持久性宣传教育。

（三）持续开展环保宣传教育

通过扎实持续的宣传教育，促进保护生态环境、建设生态文明、建设美丽海南的理念深入人心，并转化为人们在日常工作和生活中的自觉行动，让人们自觉自愿地履行保护生态环境的责任和义务。

三、持续环保督察问题整改，扎实推进生态修复治理

（一）推进重点领域环境问题整治工作

持续推进矿产资源开发等重点领域生态环境问题排查整治工作，结合中央环保督察反馈问题整改和卫片执法检查工作，协调州委、州政府督查室及州直相关部门督促各县严格按照《海南州矿产资源开发等重点领域生态环境问题排查整治工作方案》开展整治工作，确保整治工作按期保质保量完成。

（二）加大非法违规处置力度

对非法开采、乱挖乱采、越界开采等各类违法违规行为继续保持高压态势，加大查处力度，确保违法现象不反弹。

（三）做好矿山地质环境生态修复工作

积极推进绿色勘查和绿色矿山建设，督促历史遗留矿山生态修复项目各项工作。做好地质灾害防治，督促各地政府要充分发挥地质灾害防治工作第一责任人主体作用，建立群防群治体系，切实做好地质灾害防治工作。

四、加强运行保障机制建设，扎实推动生态环保改革

（一）争取资金、人力、设备等保障资源

加强与国家和省际层面协调沟通，争取资金及人力不断健全生态环保运行保障机制。重点巩固退化草地治理、封山育林、水土保持、黑土滩治理等工程，降低因鼠害繁殖快、迁徙性强等生物特性引发的鼠害防治风险，及时更新森林、草原防火设施、设备，增加造林后期人员与设备管护资金，提升造林保存率。

（二）推进重点领域改革

扎实推进生态环境监测执法管理体制改革，深入推进"放管服"改革，助力"六稳""六保"，积极协助自然资源部门推进生态保护红线方案调整优化评估。积极推进国有建设用地二级市场建设，完成"不动产登记＋互联网"平台建设，全面实现平台试运行。

（三）深入推进自然资源确权登记工作

全面完成农村宅基地和集体建设用地确权登记工作，督促各县自然资源局尽快报告政府制定印发不动产登记历史遗留问题解决办法。

五、加快推进绿色农牧业发展，促进第一、第二、第三产业融合发展

（一）大力培育绿色有机农牧业

紧紧围绕省部共建绿色有机农畜产品示范省，做大做强牦牛、藏羊、青

稞、油菜特色优势产业基地，推行绿色有机农畜产品认证和标准化种养殖，扩大牦牛藏羊原产地可追溯覆盖面。坚持以农业围绕畜牧业，畜牧业引领种植业的结构调整思路，合理调整粮经饲三元结构，扩大沿黄河谷地带饲用玉米种植面积，环湖、南部高寒地区推广种植优质高产燕麦，形成多元化种植格局，提升土地产出效益。

（二）大力推动农牧结合、草畜联动、种养循环

立足资源优势打造各具特色的农牧业全产业链，建立健全农牧民分享产业链增值收益机制，形成有竞争力的产业集群，建设一批现代农牧业产业园、产业融合发展示范园、产业化联合体、农牧区双创基地，促进生产要素集聚化、涉农企业集群化、优势产业集约化。推动农牧业与工业、旅游业、服务业、餐饮业联动融合，构建和延伸"接二连三"的产业链和价值链。

六、改善数字经济发展环境，重点加快产业融合步伐

（一）加大大数据产业推介力度

在北京市、青海省高质量举办海南州大数据产业发展推介和高峰论坛，引进企业，积极促进合作交流，提高信息化项目精准对接，助推大数据产业发展。

（二）夯实新型信息基础设施

加快推进5G网络配套设施建设，充分满足垂直行业应用发展对承载网能力增长的需求，推动5G信息服务模式创新应用。积极争取西宁国际互联网数据专用通道建设项目延伸至海南，推进大数据产业发展。持续推进海南州大数据产业园二期、三期（一期）项目建设，助推海南州数字经济快速发展。

（三）打造高原新兴产业新格局

依托海南州大数据产业园，打造海南州"高载能、高清洁、高质量"新型产业高地，立足海南清洁能源绝对优势，坚持以建设"大数据储备"和"大数据灾备"全国中心为目标，积极构建"东数西算""东数西储"的数据产业战略布局，为建成100%自主知识产权和100%清洁能源支撑的"青藏高

原大数据产业区域中心"奠定基础。

（四）继续强化无线电频率、台站管理

加大电磁环境测试和无线电台站干扰协调运行，提升基站数据电子交互系统应用能力，推动3G退网、5G用频，建立干扰处置协调机制，优化5G基站布局，推进网络建设。

七、扎实推进政府性债务管理，着力防范金融领域风险

（一）坚持防风险与促发展并举

牢牢守住防范化解政府性债务风险底线，严格地方政府债务限额管理和预算管理，统筹安排预算资金和再融资债券偿还到期政府债务本息。严格控制隐性债务增量，逐步压减隐性债务存量，不断强化各级党委和政府管控政府性债务规模、化解隐性债务的责任主体，牢固树立底线思维和红线意识，强化债券项目库管理，拓展专项债券项目融资渠道。

（二）动态监测隐性债务情况

继续实行全州隐性债务数据监测月报制，动态监测隐性债务存量化解进展及新增隐性债务情况，督导各县、州直各部门把握隐性债务存量化解节奏和力度，按时完成年度化解任务，切实防范化解地方政府债务和隐性债务风险。

（三）强化金融风险平台监管

加大对辖内融资担保公司、小额贷款公司等"七类"机构的有效监管，按照市场化运作方式，积极引导和支持融资担保、小贷类公司的筹（组）建。建立长效机制，加大防范和处置非法集资宣传教育，持续加大防范和处置非法集资专项整治力度，有效防范和处置非法集资。

八、积极构建新型政商关系，不断提升招商引资能力

（一）加快推进已签约项目建设进程

认真落实项目责任制，从时间、责任、制度等方面，抓好项目的跟踪服

务和管理。紧紧围绕生态农牧业、新型清洁能源、文化旅游和服务业、大数据产业发展，在扎实开展招商项目的前期谋划、征集、筛选、评估、论证和包装的基础上，加快谋划储备一批产业补链、功能配套、循环利用、带动力强的大项目、好项目。

（二）创新招商方式方法

通过网络招商、以商招商、委托招商、点对点招商小分队招商的方式，多视野、全方位对外开展宣传推介，进一步树立海南州对外开放的新形象。用好用足国家共建"一带一路"倡议、东西部扶贫协作、对口支援机遇，进一步扩大对外互访和经贸合作，引导和支持州内企业广泛参与国内外经贸交流活动，充分利用"青洽会""西博会""消博会""广交会"等省内外重大经贸活动，进一步扩大对外经济协作的水平和成效。

（三）利用好各类高端交流活动

超前谋划、精心组织筹备参加各年度"青洽会"，力求在客商邀请、参展展销、项目签约、对外影响等方面取得新突破。高水平高规格举办好青海大数据高峰论坛、酸奶文化艺术节，共促产业对接、共商发展大计，做好各类签约项目和意向性项目的跟踪服务。

九、发挥财政资金使用效益，持续提升民生保障水平

（一）调整优化财政支出结构

围绕政府为民办实事项目，发挥财政资金的保障作用，进一步调整优化支出结构，落实积极的就业政策，全面落实学生资助政策经费保障，动态调整养老金标准，合理调整城乡居民基本医疗保险筹资水平和结构。

（二）强化财政分类支持用途

继续支持医药卫生体制改革，事业单位分类等重点改革事项。支持完善公共文化服务体系，实施文化惠民工程，促进文旅体育融合发展。加强生态环境领域等基建投资项目，充分发挥财政资金使用效益。继续做好扶持政策，促进中小企业健康有序发展。

十、增加民生领域专项投入，增强基层社会保障力量

(一) 增加基层岗位编制

针对县、乡镇两级民生和社会保障工作人员不足，严重制约正常工作顺利开展的实际问题，建议出台相关政策，增加涉藏地区基层就业、社保等部门的编制和岗位，稳定基层工作队伍，调动从业人员工作积极性。

(二) 设立社保专项资金

针对基层就业社保服务平台建设滞后的问题，设立涉藏地区就业和社会保障设施专项资金，在全州36个乡镇新建就业和社会保障服务平台，每个服务平台投资150万元，合计5400万元。将城乡居民养老保险享受待遇年龄提前5年，由目前的男性60岁提前至55岁，女性55岁提前至50岁。

(三) 加强实训基地建设

针对各县没有技能实训基地的问题，将实训基地后期管理运行资金纳入地方财政预算，为各县进一步统筹力量，集中人财物进行高质量培训奠定坚实基础。

十一、围绕重点加强均衡建设，全面提升教育医疗水平

(一) 促进教育发展均衡化

以强化幼儿教师队伍建设为关键，不断改善幼儿教师待遇，提升保教水平，提高学前教育发展水平。以推进义务教育由基本均衡向优质均衡升级为重点，着力破解"城镇挤、乡村弱"问题，加快缩小城乡教育差距。以推动教育内涵式发展为目标，不断提高高中教育教学质量，积极建设示范学校。以提升办学层次为突破，积极建设高职学院，不断提升地区职业教育发展水平。

(二) 推动医疗建设平衡化

聚焦重点健康因素、重点人群和重大疾病，坚持问题导向和目标导向，深化医药卫生体制改革。促进县乡一体、乡村一体，做实、做细县域紧密型

医疗服务共同体建设，促进公立医院高质量发展，充分发挥医疗保障效应，扎实推进以按病种付费为主的多元复合式医保支付方式改革，加快推进"互联网＋医疗健康"发展。切实提高重大疾病综合防控能力。提升贫困地区县级医院医疗服务能力，优化卫生健康服务管理，着力构建优质高效医疗服务体系，重点加强儿科、麻醉、精神等薄弱专科服务体系建设。

十二、不断深化住房制度改革，确保住房保障体系构建

（一）全力实施好棚户区改造任务

按照"四个同步"的要求，加大配套基础设施建设力度，严格工程质量安全监管，完成老旧小区综合整治项目任务，使城镇内的老旧小区从节能改造、设施配套、环境整治等方面全面提升，确保按期保质完工并交付使用。

（二）进一步完善公租房运营政策和措施

结合城镇住房制度改革以及各地实际情况，扩大保障范围，动态调整保障条件和标准，加大对重点群体、重点困难职工的精准保障力度，提高公租房分配入住率。建立租购并举、市场配置与政府保障相结合的住房制度，力求达到对公租房实施专业化、社会化的管理。

（三）认真落实"稳房价、稳预期"的主体责任

促进房地产开发企业转型发展，鼓励房地产企业参与重点小城镇开发建设，积极化解商业地产库存，不断规范全州房地产市场秩序。贯彻落实好《青海省物业管理条例》，开展执法检查，规范业委会工作，提升物业管理服务水平。

第八章 海北州实施"一优两高"战略评价研究

"一优两高"战略实施以来,海北州坚持以习近平新时代中国特色社会主义思想为指导,按照青海省区域发展战略以及打造生态文明高地引领高质量发展、创造高品质生活、奋力谱写新青海建设的海北篇章的战略目标,以生态建设为引领,以高质量发展为主题,以创造高品质生活为目标,厚植绿色转型发展的根基,筑牢产业融合发展的支撑,凝聚引领高质量发展的力量,积极打造青海省生态文明高地、绿色有机农畜产品输出引领区、生态旅游发展示范区、清洁能源生产利用推进区和现代服务业发展区,"一优两高"战略取得了令人瞩目的辉煌成就,绘就了一幅波澜壮阔的发展画卷。

本章聚焦生态保护、经济高质量发展和人民生活高品质核心指标,在对海北州2018—2021年四年间的各项指标变化情况进行评价的基础上,定量与定性相结合,对海北州坚持生态保护优先,推动经济高质量发展和人民高品质生活进行了分析,并结合调研,对海北州全面贯彻落实"一优两高"战略部署中存在的问题和困难进行了梳理,提出了相应的对策建议。

第一节 海北州"一优两高"战略实施情况的总体评价

自"一优两高"战略实施以来,海北州坚持以人民为中心的发展理念,发挥特色优势,提升发展质量,加快培育绿色产业,大力发展生态经济,全力促进循环经济,生态文明建设和供给侧结构性改革成效显著,"四地建设"蹄疾步稳,经济综合实力大幅提升,发展的后劲不断增强,发展成果更多惠及人民,富裕文明和谐美丽幸福海北建设取得显著成就。总体来看,海北州2018—2021年"一优两高"战略实施评价指数分别为2.02、2.588、2.558、2.745,四年间增加了0.725,说明海北州在"一优两高"战略实施中,生态保护、高质量发展和人民生活品质改善等方面取得可量化的显著成绩。

表8-1 海北州"一优两高"战略实施评价指数

一级指标	指标权重	指标值			
		2018年	2019年	2020年	2021年
生态保护优先	0.398	0.829	0.960	1.024	1.085
高质量发展	0.286	0.476	0.804	0.688	0.790
高品质生活	0.316	0.715	0.824	0.846	0.870

生态保护优先方面,2018—2021年,海北州生态保护优先指数分别为0.829、0.960、1.024、1.085,如表8-1所示,四年间指数增长0.256。说明海北州立足全省"一屏两带"生态安全格局的重要组成部分,乃至我国西部重要的生态安全屏障的重要生态地位,加大生态保护力度,在生态保护优先方面取得了良好成绩。

高质量发展方面,2018—2021年,海北州经济高质量发展指数分别为0.476、0.804、0.688、0.790,如表8-1所示。说明海北州经济发展质量提升速度较快,四年间指数增长0.314,在生态保护优先、高质量发展、高品质生活三大一级指标中增长幅度最大。受到新冠疫情影响,2020年指数有所回落,但2021年已经展现较快恢复势头,如图8-1所示。

高品质生活方面,2018—2021年,全州人民群众高品质生活指数分别为0.715、0.824、0.846、0.870,呈逐年增长态势,如图8-1所示。说明海北州人民群众生活品质得到持续改善,四年间指数增长0.155,体现出海北州顶住众多不确定因素影响的压力,在保障和改善民生,不断满足人民群众对美好生活的向往方面做出的努力。

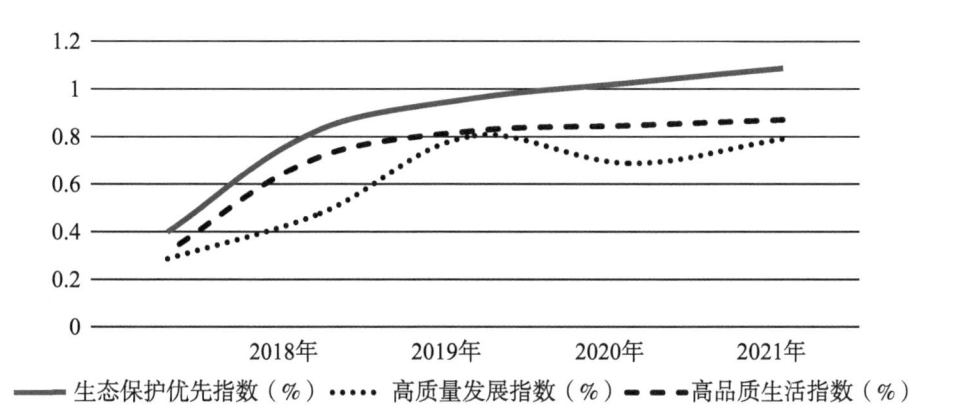

图 8-1　2018—2021 年海北州一级指标指数变动趋势

第二节　海北州生态保护优先指数评价及分析

自"一优两高"战略实施以来，海北州全面贯彻习近平生态文明思想，扎实落实习近平总书记提出的保护好青海生态环境，是"国之大者"的重大要求，坚持"三个最大"省情定位，深刻认识海北州重要生态地位，牢固树立"绿水青山就是金山银山"理念，将生态保护作为最大的责任，切实保护好地球第三极生态，持续厚植生态发展底色。

一、海北州生态保护优先指标分析

海北州生态保护优先评价主要围绕"山更青、天更蓝、水更清、土更净、环境更安全"五大内容，从生态工程与建设、资源保护、环境保护、能源利用效率等方面对 2018—2021 年生态保护优先战略实施情况进行了分析。具体来看，四项二级指标多数呈现出增长向好趋势，重点生态保护力度加大，环境治理水平不断提升，能源利用效率大幅提高，如表 8-2 所示。

表 8-2 海北州"生态保护优先"评价指数

二级指标	指标权重	指标值（年）				三级指标	指标权重	指标值（年）			
		2018	2019	2020	2021			2018	2019	2020	2021
生态工程与建设	0.068	0.164	0.204	0.172	0.183	重点生态工程投资额	0.037	0.074	0.111	0.110	0.108
						国土绿化任务完成率	0.031	0.090	0.093	0.062	0.075
资源保护	0.124	0.254	0.294	0.354	0.340	草原综合植被覆盖度	0.034	0.068	0.097	0.098	0.102
						治理退化草原面积	0.044	0.094	0.088	0.132	0.100
						禽畜养殖废弃物资源化利用率	0.046	0.092	0.109	0.123	0.138
环境保护	0.136	0.272	0.308	0.345	0.352	城镇污水处理率	0.037	0.074	0.081	0.101	0.111
						垃圾无害化处理率	0.032	0.064	0.077	0.084	0.096
						重要及一般江河湖泊水功能区水质达标率	0.041	0.082	0.082	0.082	0.082
						空气质量优良天数比例	0.026	0.052	0.068	0.078	0.063
能源利用效率	0.070	0.140	0.154	0.153	0.210	单位生产总值能源消耗	0.032	0.064	0.071	0.073	0.096
						清洁能源发电量占比	0.038	0.076	0.084	0.080	0.114

（一）生态工程建设与资源保护成绩显著

2018—2021 年，海北州高度重视重点生态工程建设，四年间，重点生态工程投资额分别为 6300 万元、9248 万元、9178 万元、9027 万元，2020 年以来，即使受经济下行等因素影响，投资额仍稳定在 9000 万元以上。实施草原有害生物防控、沙化退化治理、划区轮牧等项目，保护修复草原 1049.65 万亩，草原综合植被覆盖度逐年增加，累计完成天然林保护工程管护面积 455.65 万亩，国家重点公益林管护面积 490.65 万亩，如图 8-2 所示；全面落实森林草原防火与林业有害生物防治责任制，林业和草原有害生物防治面积有序增加，有力地保障了森林和草原资源的安全和森林健康生长；强化湿地保护修复，启动国家湿地公园奖励试点，海北州荣获"全国绿化先进地区"称号，禽畜养殖废弃物资源化利用率由 2018 年的 60% 上升到 2021 年的 82%，全州生态系统结构总体上向良性方向发展，冬季饲草贮备能力增强，有效缓解了过度放牧，为区域社会经济协调与可持续发展提供良好的环境基础。

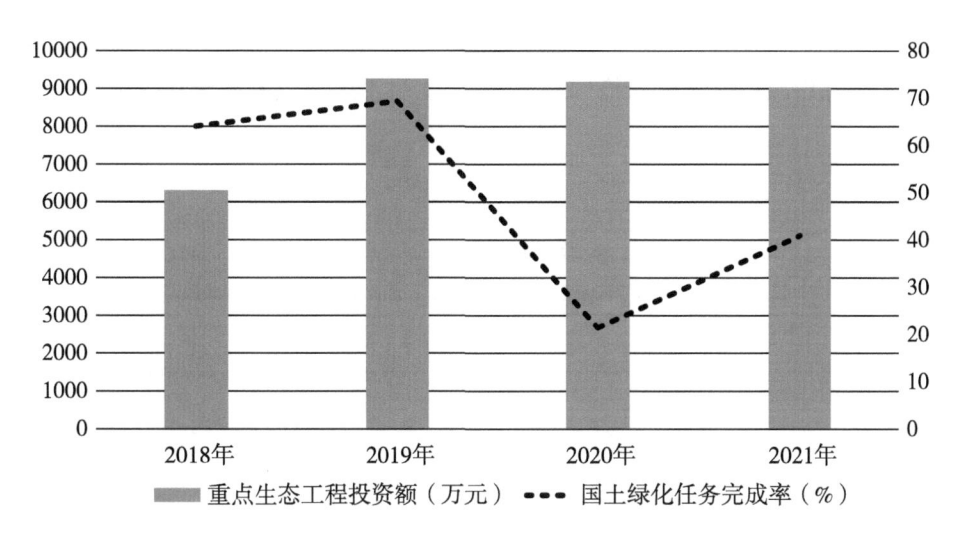

图 8-2 2018—2021 年海北州生态工程与建设情况

(二) 环境质量持续改善

2021 年全州空气优良天数 95.9%，PM2.5 为 21 微克/立方米，重要及一般江河湖泊水功能区水质达标率 100%，垃圾无害化处理率达到 96% 以上，城镇生活垃圾处理率达到 97%，城镇污水处理率逐年上升；规范建成 4 个县城 214 个农村饮用水水源地，全州城乡饮用水水源地水质达到或优于Ⅲ类的比例为 100%；湟水河海北段排污口排查、污染源溯源及整治工作有效开展；全面落实"河湖长制"，持续加大涉河"四乱"问题排查整治力度。全州淘汰高排放"老旧车"367 辆，办理新能源汽车号牌共 56 副，见图 8-3。

(三) 降碳减排取得实效

2018—2021 年，海北州有序开展降碳减排工作，能源消耗不断降低，四年间每单位生产总值降低 0.2474 个能耗，清洁能源发电量占比稳步增加，四年间增加 5.63 个百分点，见图 8-4，截至 2019 年底，单位 GDP 二氧化碳排放同比下降 21.49%。在碳排放方面，海北州青海宁北发电有限责任公司唐湖分公司已融入全国碳排放权交易市场，并完成第一个履约周期碳排放配额清缴工作，积极配合全省做好碳排放核查和碳排放权交易工作。稳步开展推动发电重点排放单位开展碳排放监管工作，印发了《关于认真做好海北州 2022

年企业温室气体排放报告管理相关重点工作的通知》，唐湖分公司定期报送《关于环保设施运行情况的报告》，结合海北州污染源监控平台进行碳排放数据核查。

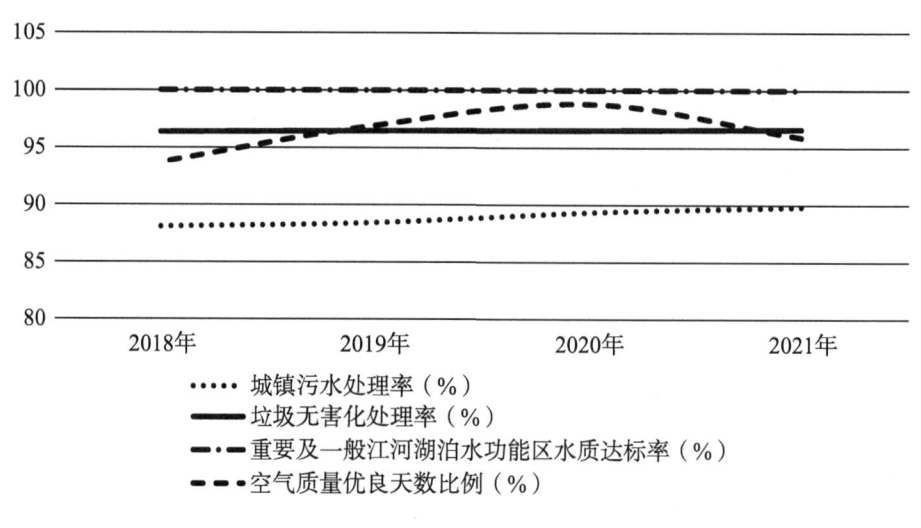

图 8-3　2018—2021 年海北州环境保护指标情况

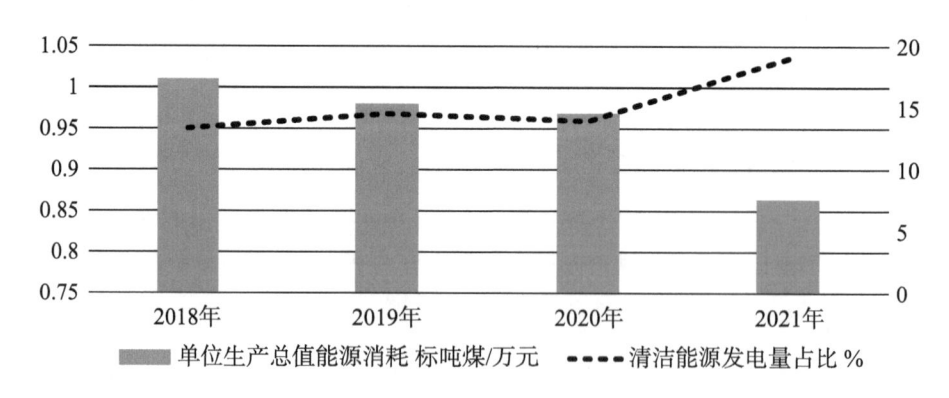

图 8-4　2018—2021 年海北州能源利用效率指标情况

二、海北州生态保护优先的主要举措与成效

自"一优两高"战略实施以来，海北州深入学习习近平总书记重要讲话精神，严格落实中央、省、州关于生态文明建设和生态环境保护的重大决策部署，推进生态文明建设、强化生态保护，不断创新思路、落实工作举措，

深入实施"生态立州"战略,打造生态文明高地,持续改善生态环境,加大环境执法力度,着力守住"生态环境只能变好不能变坏"的底线,有效支撑了全州向高质量发展、高品质生活发展阶段迈进。

(一)生态环保投入不断加强,生态价值有效实现

实施退耕还林、退牧还草、草原生态修复等生态工程,2018—2021年累计投入重点生态工程投资33753万元。加快推进"祁连山山水林田湖草"生态保护与修复试点项目建设,不断总结提炼"海北模式、青海经验",累计完成工程量投资13.71亿元。生态环境质量持续提升,山水林田湖草冰沙生态功能稳定恢复,环境风险实现全面管控,生态环境安全得到有效保障,人民对优美生态环境的需要得到基本满足,达到国家生态文明建设示范区指标要求。生态潜力有效释放,生态价值充分实现。

(二)生态环保机制持续完善,生态环境治理能力有效提升

坚持系统谋划,加强顶层设计,建立生态保护长效机制15项,健全完善生态文明考核评价机制,全面落实河湖长责任制,先后制定印发《海北州生态文明建设规划》《海北州生态环境保护工作责任清单》《海北州建设生态文明高地分工方案》《海北州绿色发展指标体系》《海北藏族自治州人民代表大会常务委员会关于进一步依法加强野生动物保护工作的决定》等一系列制度、规划,构建了体系完备、涵盖周延、健全完善的机制体系,为国家和省级生态环境保护重大决策部署落实落地提供了制度保证。通过立法推进生态环境保护力度,生态领域地方性法规增加到6部,《海北州生态环境保护与修复条例》《海北州湿地保护条例》正在起草编制。与生态环境部规划院、中国环境科学院、青海省环科院等10多家技术队伍签订战略框架协议,共同为海北生态环境把脉问诊、开方治病,协同解决了一些影响生态环境质量的突出问题。

(三)林草建设稳步推进,科技支撑能力不断增强

制定完善措施、强化工作落实,扎实推进了国土绿化、祁连山国家公园示范省建设。全州新建林木良种生产基地1处,小叶杨种质资源库1处,初步形成了以国家建设林木良种生产基地为骨干,非基地生产为补充,以市场

化运作为手段的林木种子生产和供应体系。积极推进国有林区管护站建设，完成22个国有林场管护站基础设施改造任务。林业和草原灾害防控基础设施建设不断加大，新建森林防火智能监控系统16处。在全州开展了草原生产能力、生态环境状况等方面的监测工作，提交年度草地生态监测数据统计册，初步建立了覆盖全州草地的动态监测体系；草原鼠虫害预测预报系统和监测队伍在逐步完善，预警系统初步建立；利用肉毒素防治鼠害、生物防治草原毛虫等技术得到全面推广应用，积极推广了黑土滩治理技术，积累了治理、改良退化草地的经验；草原防护能力建设得到提升，建成州级草原防火物资储备库1个，县级草原防火物资站4个。

（四）水生态建设工程扎实推进，水生态文明建设取得新成效

把"饮水思源""用水护源"作为水利发展重点，加快实施水安全保障工程，中小河流防洪能力得到新提升。建立水资源管理新机制，推进节水型社会建设，水生态文明城市试点建设顺利通过水利部和省政府验收，累计投入18.29亿元实施了137项工程，构建了水源涵养、水生态保护等6大体系，开展了矿山治理与水污染防治等九项建设行动。开展水环境治理，实施水源地保护工程、小流域治理以及水土保持综合治理等工程。发起"拯救湟鱼"行动，完成刚察县湟鱼洄游通道及湟鱼保护水生态教育基地建设，水生态环境保护与修复进一步加强，建立了以党政主要负责同志为总河湖长的"河湖长制"，2021年，境内9个全国重要江河湖泊水功能区和3个一般水功能区水质全面达到Ⅱ类以上，每年为黄河中下游及河西走廊提供了43亿立方米的清洁水源。

（五）修复与整治行动有序推进，生态环境得到充分改善

2018年以来，海北州全力打好蓝天、碧水、净土保卫战，治理祁连山自然保护区面积30945亩，完成青海湖北岸28处砂石料坑恢复治理，开展热水、默勒等重点矿区历史遗留环境问题整治；严格实施《木里矿区江仓一号井及祁连山南麓海北片区生态环境综合整治三年行动方案》，全面摸清全州煤矿关闭、运营及退出底数；持续推进中央环保督察反馈问题整改和回头看。

水环境和大气环境质量稳中向好，土壤污染治理取得较大进展。空气质量持续向好，严格落实"抑尘、减煤、控车、治企、增绿"措施，落实网格化监管，狠抓城市建筑施工和道路扬尘防控专项整治，实施建筑施工项目开复工联审联批，强化执法检查、督察落实，督促施工项目落实抑尘措施；完成禁燃区划定，开展重点行业无组织排放深度治理；完成非道路移动机械环保编码登记工作，建设机动车尾气遥感监测系统。

三、海北州生态保护优先面临的主要问题与不足

总体来看，海北州在生态保护方面做了大量行之有效的工作，取得了实质性的进展，但生态环境质量持续改善的任务依然艰巨，存在一些困难与短板。

（一）推动生态文明建设的理念认识不足，工作执行仍存在阻力

近年来，各级各部门在抓生态环保的意识和站位在不断提高，但在如何更好实现生态这一最大价值、最大潜力、推动更高质量的发展上，还有一定的潜力待开发。另外，由于相关监管部门机构编制紧缺，执法力量较弱，人员能力与新形势新任务新要求还有差距。专业人员严重缺乏，科技支撑能力不足，环境管理、监测、监察、应急、信息、科研、宣教等基础能力建设存在不少短板，环保队伍在数量和综合素质方面有待进一步加强。以水利工作为例，全州各级水行政执法人员大多是从事水利工程技术或其他部门的工作人员，在水行政执法工作以及水事违法案件查处过程中，容易造成案件认定、证据收集、执法程序等方面的缺陷。山洪灾害监测预警设施缺乏专业人员进行定期维护，部分监测站点因设施损坏或通信故障，不能充分发挥监测预警作用。

（二）生态保护治理主体责任意识不强，生态修复治理进展缓慢

受近年经济下行压力加大影响，肩负污染防治主体责任的企业，履行环境治理主体责任不到位，在环境保护管理和污染治理上思想认识和重视程度有所松劲懈怠，污染治理和科学管理水平提升缓慢，升级改造积极性不高，

投入力度有所下降,生态环境恢复治理方案不精准、不科学,生态修复治理进度较为迟缓,治污设施不稳定运行情况仍有发生。有的企业环保主体责任和法治意识淡薄,环境保护内部管理制度落实不到位,污染防治设施与生产设施匹配性不强,超标排放等环境违法行为也有发生。

(三)生态环境保护制度体系不健全,社会参与度低

社会参与生态环境保护的机制不完善,参与渠道不宽,方式还比较单一,环境保护市场化程度仍然滞后,环境污染第三方治理体系还不完善,吸引社会资金进入生态环境治理领域的体制机制和政策措施还不明晰。全社会崇尚生态文明的氛围营造不足,群众对生态环境保护问题关注多、举报多,但自我约束、自我监督意识还不强,切合实际主动参与生态环境保护的具体行动较少,垃圾污水随意抛洒倾倒等行为仍较普遍,简约适度、绿色低碳的生活方式和社会风尚还未完全形成。另外,在充分发挥群众主体作用、加强生态敏感区域、生态治理区域联防联控上还没有形成长管长严的长效机制,矿产资源开采、生态治理修复等领域制度建设还需要进一步健全完善。建设单位项目谋划不实,前期工作推进不扎实,设计单位编制的实施方案质量不高,导致项目在实施过程中无法落地,在项目实施过程中,某些具体问题缺少可参考的法律法规,导致一些工作进度滞后。

(四)环境基础设施薄弱,局部环境改善压力大

随着大量农村牧区人口向城区、重点乡镇集聚,城市生产生活污水和垃圾集中产生排放量持续增加。海北州虽然积极争取项目、投入大量资金新建了污水处理、垃圾处理、医疗废物处置等环境基础设施。但污染防治基础工作薄弱,因环境基础设施建设底子薄、欠账多,加之各县财力有限,环保基础设施建设不平衡,现有的基础设施满足不了新形势下生态环境保护的需要,并受技术、管理因素影响,存在运行不稳定的情况,局部环境质量改善的压力仍较大。受高原水生态系统脆弱特征影响,各流域河流普遍存在抗干扰能力小、水生态系统退化、水体自净能力弱,污水处理设施建设滞后,城镇污水处理能力标准跟不上发展需要,处理技术水土不服问题普遍,农村生活污

水处理刚起步，水环境保护和污染治理任务重难度大。

第三节 海北州高质量发展评价及分析

"一优两高"战略实施以来，海北州坚持把创新摆在发展全局的核心位置，加大产业结构调整力度，蹚出生态文明引领、资源高效利用、推动新旧动能接续转换、产业相互融合的科技、低碳、绿色产业转型升级之路，逐步构建新时代现代产业体系，加快打造绿色转型发展示范区，全州经济质量效益和核心竞争力全面提高。

一、海北州高质量发展指标分析

2018—2021年，海北州经济运行平稳，经济保持中高速高质量增长趋势，2021年全州地区生产总值突破100亿元，较2018年增长16.87亿元，经济结构持续优化，固定资产投资增速加快，主要经济指标呈向好态势，过半数指标增速上升到全省前中段，经济高质量发展局面得到稳固。

表8-3 海北州"高质量发展"评价指数

二级指标	指标权重	指标值（年）				三级指标	指标权重	指标值（年）			
		2018	2019	2020	2021			2018	2019	2020	2021
产业发展	0.096	0.192	0.252	0.270	0.288	集体经济年度收益10万元以上的行政村占比	0.038	0.076	0.114	0.114	0.114
						文化旅游产业营业收入	0.058	0.116	0.138	0.156	0.174
经济发展	0.190	0.284	0.552	0.418	0.502	固定资产投资额增长率	0.029	0.058	0.086	0.087	0.083
						社会消费品零售总额增长率	0.024	0.068	0.067	0.048	0.072
						争取和使用对口援青资金额	0.022	0.044	0.054	0.053	0.066
						年度旅游业收入增长率	0.038	0.114	0.114	0.076	0.101
						农业科技园产值增幅	0.038	0.114	0.114	0.076	0.094
						新型农业经营主体数量	0.039	0.117	0.117	0.078	0.086

2021年以来，在全州的努力下经济下行压力得到初步遏制。目前，经济发展各项指标正在逐步恢复，全州紧扣高质量发展目标，坚持稳中求进，经济发展呈现向好趋势。产业"四地"建设取得实质性进展。

(一) 经济运行稳中趋优

近年来，海北州围绕供给侧结构性改革主线，调结构、稳投资、促增长，扎实推进经济转型，经济发展企稳向好，三次产业融合发展，确保了"一优两高"战略的深入实施，科技对经济发展的支撑作用日益增强，草地生态畜牧业发展成效明显，工业落后产能逐步淘汰，新兴产业发展加快，国家全域旅游示范区创建全面推进，各类服务业稳步发展。全州经济经过深度调整已探底回升，2020年地区生产总值在疫情严重冲击的情况下实现正增长，2021年，实现地区生产总值100.4亿元，同比增长3.2%，见图8-5。通过对海北州高质量发展指数的评价，两个二级指标指数增长速度较快，特别是经济发展指标指数四年间增长76.8%，产业发展指数由2018年的0.192上升到2021年的0.288，增长了0.096，经济发展指数由2018年的0.284上升到2021年的0.502，增长了0.218，共同拉动二级指标指数增长。

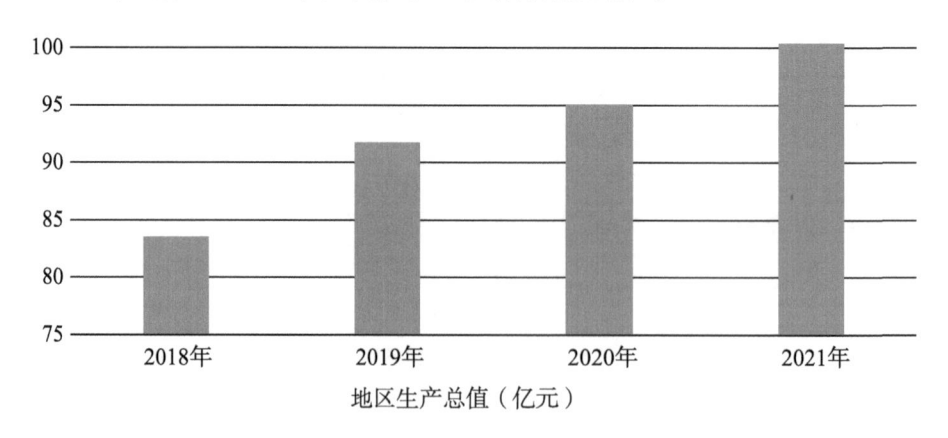

图8-5 2018—2021年海北州地区生产总值

(二) 固定资产投资不断升级

2021年，全州完成固定资产投资额43.23亿元，比上年增长7.2%。其中，三次产业投资均实现正增长，第一产业投资2.95亿元、增长17.1%，第二产业投资10.59亿元、增长19.3%,第三产业投资29.7亿元、增长2.6%,三次产业投资比由2018年的6.9∶15.9∶77.2调整为6.8∶24.5∶68.7。其中,500万元以上项目421个,完成项目投资40.84亿元,比上年增长10.3%,其中亿元以上投资项目29个,完成投资18.81亿元、增长35.3%。投资项目建设水平不断提升,补短板、强弱项成效明显,投资趋势不断呈现积极变化。

(三)消费能力逐步提升

2018年以来,随着海北州经济高速发展,生产能力逐步强大,海北州城乡居民收入的稳步增长,为促进消费提供了有力支撑。2021年,全州人均生活消费支出15942元,较2020年增加2018元,增长幅度为14.5%。全州居民消费呈现生存性消费比重下降,消费格局逐步转变的特点,城镇居民更加注重生活环境、身心健康、愿意花更多的钱用于购买首饰及享受品质服务。农村居民消费则更偏重医疗保健、教育文化娱乐、居住,居民生活消费中,用于"吃穿"方面的生存性消费支出占比呈下降趋势,城乡恩格尔系数呈现下降趋势。

二、海北州高质量发展的主要举措与成效

"一优两高"战略实施以来,海北州坚持以习近平新时代中国特色社会主义思想为目标,推动"一优两高"战略深入实施,以生态文明理念统领经济高质量发展,城乡居民收入情况好于预期,生活质量明显改善。

(一)加快推进农牧业供给侧结构性改革,绿色产业体系逐步构建

"一优两高"战略实施以来,海北州农牧业生产及经济保持了绿色、优质、高效的良好态势,农牧业的内生动力被有效激发,促进了农牧业增产、农牧民持续增收、农牧区全面发展,全国草地生态畜牧业示范区和国家现代农业示范区建设扎实推进。产业布局持续优化,2018—2021年,全州农牧业增加值分别达到22.87亿元、26.04亿元、29.61亿元、30.31亿元。2021年,全州农作物播种面积85.13万亩,牛存栏93.03万头,羊存栏300.01万只,

生猪存栏0.67万头,家禽存栏1.81万只。全年全州牛羊出栏140.02万头/只,各类肉产量5.02万吨。农用残膜回收率达到90%以上,秸秆综合利用率达到85%以上,粪污资源化利用率达到75%以上,藏羊、牦牛、青稞、油菜、草产业振兴工程深入实施。祁连全境、刚察西部两乡通过农业农村部有机畜牧业生产基地认证,祁连县成为全省牦牛产业发展先行县,刚察县成为国家农业可持续发展试验示范区。门源、海晏国家级现代农业示范区和祁连、刚察省级现代农业示范区建设稳步推进。藏羊牦牛优良畜种遗传资源保护取得新成效,优良畜种种业建设成效明显;食用菌、蕨麻、中藏药、肉牛肉羊等特色种养业蓬勃发展。农牧业新型经营主体培育效果良好,组建生态畜牧业股份制合作社21家,培育专业合作社636家、规模化养殖场194家,农牧业产业化龙头企业达到46家。深入推进第一、第二、第三产业融合发展,成功创建国家首批农村产业融合发展示范园,农畜产品加工转化率达到60%。

(二)工业经济平稳转型,企业活力充分释放

"一优两高"战略实施以来,海北州实施工业"五转"战略,大力培育"五新"产业,新增规模以上工业企业18户,培育成长型中小微企业200余户,工业经济在艰难转型中平稳运行。2020年,规模以上工业增加值增长9.6%,扭转工业生产长期负增长态势,处于全省领跑位置。2021年,规模以上工业增加值有所下降,但下降幅度不大,且轻工业增加值增长54.7%。农畜产品加工业优先发展,政策支持和资金扶持有序加大,一批以农畜产品加工转化为龙头的企业初具规模。传统产业绿色化加快改造,产业准入负面清单制度严格执行,煤炭行业化解过剩产能78万吨;西海煤炭先锋煤矿、博海煤炭振兴煤矿升级改造启动,小八宝石棉矿等139处矿山完成生态环境治理。海北有机肥产业联盟组建成立。大力培育新兴产业,新能源产业发展步伐加快,海晏县天然气利用工程顺利推进。

(三)现代服务业加快发展,全域旅游示范区初具雏形

"一优两高"战略实施以来,海北州加快发展现代服务业,2021年,全州批发零售和住宿餐饮业增加值5.38亿元,比2020年增长4.9%;交通运

输、仓储和邮政业增加值 3.25 亿元、增长 27.7%；金融业增加值 5.47 亿元、增长 0.7%；房地产业增加值 2.89 亿元、增长 4.2%。祁连县、刚察县成功创建首批国家全域旅游示范区，门源县、海晏县成功创建首批省级全域旅游示范区，祁连阿咪东索旅游区成功晋级 AAAAA 级景区，高原海滨藏城成功创建 AAAA 级旅游景区；青海湖生态博物馆建成运行。实施岗什卡雪峰、仙米国家森林公园、门源油菜花海等重点景点旅游基础设施建设，建成全国特色景观名镇 2 个，国家级乡村旅游重点村 4 个、省级乡村旅游重点村 20 个。海北州荣获 2019 年度美丽文旅扶贫城市；优化调整商业布局，实施农贸市场、商业街、美食城等改造提升项目，实施"电子商务进农村""放心肉""放心粮油"等工程，新培育限额以上企业 20 家，鼓励社会资本投入达 1.3 亿元，新建和改造各类交易市场 13 个。国投公司、旅投公司组建运行。

（四）深入实施创新驱动发展战略，科技创新能力全面提升

"一优两高"战略实施以来，海北州坚持科技立州、科技强州，深入实施创新驱动发展战略，坚持把科技创新放在发展全局的首要位置，科技体制机制改革在重要领域和关键环节取得重大突破和决定性成果，建立起了适应全州经济社会发展的区域科技创新体系。一是深入实施科技创新五大行动，以关键领域的技术突破和技术进步为重点，提升全州科技创新能力，为经济社会高质量发展提供科技支撑和引领。二是建立稳定的财政科技投入增长机制，加强对重大科技专项的支持。三是加快数字经济发展，依托"新基建"项目实施，加快 5G 技术应用。以"数字政府"创新应用为引领，对全州各领域、行业实施数字化改造，提高政府决策数字化、社会治理精准化、公共服务便捷化水平，努力将数字经济打造成为牵引全州高质量、可持续发展的引擎。四是大力发展科技服务业，提高科技服务专业化、社会化水平。截至 2022 年，实施各类科技项目 30 余项，取得各类科研成果 30 余项，争取各级科技投入 5000 余万元，撬动社会投资超过 1.5 亿元。全州各农牧科技园区创新发展模式，持续改造提升园区内企业生产运行及产能，初步建立了农牧业科技集成示范平台、农牧业科技企业孵化基地、农牧业技术培训推广平台，有效带动农牧业产业化、规模化、专业化发展。

（五）对标产业"四地"促转型，各类项目扎实落实

2021年以来，海北州深入贯彻落实习近平总书记提出的加快"四地"建设的重大要求，立足打造绿色有机农畜产品输出引领区，高原生态农牧业发展稳中有进。以提振五大主导产业为引领，深入推进绿色有机农牧业发展，化肥农药减量增效占总播种面积的37%，青稞持续稳产丰收，油菜良种化程度达98%以上，一年生饲草种植面积稳定在20万亩以上，65.2万只牦牛藏羊实现质量安全可追溯。立足打造生态旅游发展示范区，特色文旅产业发展企稳向好。突出绿色、红色两个重点，持续推进全域旅游示范区创建，祁连阿咪东索成功创建国家5A级旅游景区，金银滩—原子城景区进入国家5A级旅游景区创建名单，门源照壁山成为国内知名网红打卡地。完成旅游投资12.3亿元，门源全域旅游游客服务中心、祁连小拉洞基础设施等项目建成。立足打造清洁能源生产利用推进区，新能源产业发展稳步前进。光伏发展取得突破，四县全部列入全国整县屋顶分布式光伏开发试点县，刚察320万千瓦"源网荷储"一体化项目落地。风电实现破零，刚察县沙柳河东49.5兆瓦集中式风电、海晏县100兆瓦集中式风电等项目相继并网发电。推进电力输出通道建设与能源消费革命，刚察县圣湖、热水和祁连县八宝三项330千伏输变电工程取得核准，海晏县天然气利用和门源县清洁供暖工程顺利推进。

三、海北州高质量发展面临的主要问题与不足

根据评价和实地调研情况，海北州高质量发展的成绩来之不易，但是目前的发展仍存在一些困难和问题，集中表现为产业基础薄弱、经济增长仍主要依靠固定资产投资拉动，传统优势行业生产力下降问题依然存在，民间投资乏力、新型服务业发展滞后等。

（一）新旧动能转换不快，产业转型升级慢

目前，海北州正处在转变发展方式、优化经济结构、转换增长动力的攻关期，结构性、体制性、周期性问题叠加，经济恢复基础尚不牢固，总体发

展水平较低。因为特殊的地理位置及生态环境条件，使发展受制因素多，工业园区发展规模受限，专业人才缺乏，设施配套起点不高，发展的软硬条件都十分不足，产业基础薄弱、层次不高问题明显。如数字经济发展方面缺乏专业技术人才，科技型企业数量少，促进工业和信息化融合有一定的困难，传统企业转型升级缓慢，加工转换能力弱，资源循环利用水平不高，生态经济市场不健全，环境约束不断强化，发展存在困难。

（二）第一、第二、第三产业融合程度低，产业收益不高

海北州第一、第二、第三产业融合程度不高，产业融合所带来的高收益无法实现最大化。第一产业中，具有附加值的初、深加工少，产业链条短。文化和旅游产业发展过程中，产业融合度不高，收益较低，旅游示范区中缺乏影响条件，专业人才匮乏，数字文旅工作滞后，境内缺乏完善的旅游服务综合体，无法有效提供景区、线路、交通、气象、安全、医疗急救等必要的信息和服务。交通设施水平低，许多工程建设时间长，项目功能不能及时发挥，这些因素都在一定程度上阻碍着第一、第二、第三产业的融合发展。另外，产业发展规划前瞻性不足，产品开发粗放，品牌意识不强，例如红色文化挖掘时，深度内涵和广度不够，知识性、趣味性不足，直接导致文旅产业吸引力不足，经济效益不高，发展受到限制。

（三）投资渠道单一，投资活力不足

从投资来看，政府性投资仍是投资的主要力量，但投资总量仍然很小，与省内其他市州比较，差距不断被拉大。投资结构亟待优化。目前，经济增长对政府投资的依赖度很高，且投资回报率不可观。尽管近年来民间投资有所增加，但投资活力不足，除服务业发展投资外，民间资本涉足领域不广，特别是在参与市政建设等公共服务领域的顾虑较多、积极性不高。工业园区基础设施较薄弱，基础设施存在短板，传统产业占比较大，科技含量不高，综合竞争力不足，缺乏创新驱动力量，对投资的吸引力非常弱。

（四）新兴服务产业种类缺乏，发展后劲弱

2018—2021年四年来，海北州现代服务业发展虽取得显著成绩，服务业

实现增加值占GDP的比重不断提高，但现代服务业发展水平远远低于全省平均水平。从结构上看，目前服务业中传统服务业比重较高，现代服务业发展严重不足。在服务业的各行业中，交通运输、仓储和邮政业，批发和零售业，住宿和餐饮业三大传统服务业增加值的比重为7.9%，而信息传输、计算机服务和软件业、科学研究技术服务、文化等现代服务业的比重仅为4.9%。现代服务业发展相对滞后的结构性矛盾比较突出，由于发展基础薄弱，对新兴产业发展的培育能力有限，生产性服务业和新兴服务业业态种类仍比较少，发展速度和形式不能满足各类市场主体的需要，成为海北经济高质量发展的重要制约因素。

第四节 海北州高品质生活指数评价及分析

"一优两高"战略实施以来，海北州践行以人为本的发展理念，聚焦"民生福祉"强保障，坚持把脱贫攻坚作为首要政治任务和第一民生工程，与全省全国人民一道全面建成小康社会。全州公共服务不断强化，就业增收成效明显，社会保障体系不断健全，人民群众最关注最急难愁盼的问题得到有效解决，居民的品质化、多元化生产生活需求不断得到满足，老百姓获得感、幸福感、安全感全面提升。

一、海北州高品质生活指标分析

从居民收入水平来看，2018—2021年，海北州城乡居民收入水平稳定增长，人均可支配收入指标增速较稳定，农村居民增速更快，社会保障、科教文卫事业发展取得长足进步。根据海北州高品质生活指数的测算结果，收入及消费水平指数四年间增长了0.019，居住状况指数增长了0.015，社会保障水平指数增长了0.003，医疗卫生水平指数增长了0.069，教育就业指数增长了0.049。城镇登记失业率、城镇新增就业人数指数在2020年以来有所下降，海北州在降低失业率、稳定就业方面的压力和挑战仍较为严峻，如表8-4所示。

表8-4 海北州"高品质生活"评价指数

二级指标	指标权重	指标值（年）				三级指标	指标权重	指标值（年）			
		2018	2019	2020	2021			2018	2019	2020	2021
收入及消费水平	0.050	0.131	0.144	0.117	0.150	居民人均可支配收入增长率	0.031	0.093	0.090	0.062	0.093
						公共文化人均文化事业费支出	0.019	0.038	0.054	0.055	0.057
居住状况	0.054	0.126	0.136	0.149	0.141	户籍人口城镇化率	0.019	0.045	0.038	0.057	0.053
						农牧区居住条件改善数	0.018	0.036	0.047	0.053	0.054
						棚户区改造工程完成数	0.017	0.045	0.051	0.039	0.034
社会保障水平	0.047	0.118	0.116	0.128	0.121	城乡居民基本养老保险参保人数	0.023	0.046	0.068	0.069	0.066
						城乡居民基本医疗保险参保率	0.024	0.072	0.048	0.059	0.055
医疗卫生水平	0.069	0.138	0.153	0.186	0.207	每千人拥有执业（助理）医师数	0.025	0.050	0.057	0.069	0.075
						每千人拥有床位数	0.025	0.050	0.054	0.075	0.075
						婴儿死亡率	0.019	0.038	0.042	0.042	0.057
教育就业	0.096	0.202	0.275	0.265	0.251	义务教育巩固率	0.019	0.038	0.047	0.050	0.057
						高中阶段毛入学率	0.019	0.038	0.054	0.057	0.057
						城镇登记失业率	0.032	0.064	0.096	0.092	0.085
						城镇新增就业人数	0.026	0.062	0.078	0.066	0.052

（一）城乡居民收入保持稳步增长

2018年以来，全州居民人均可支配收入由2018年的19314元增长到2021年的23735元，除2020年外，增速稳定在9%以上，其中。城镇居民人均可支配收入由2018年的31737元增长到2021年的37827元，农村居民人均可支配收入由2018年的12770增长到16351元，如图8-6所示。城乡收入差距进一步缩小，城乡收入比由2018年的2.48∶1下降到2021年的2.31∶1，缩小了0.17，但城乡收入绝对差距仍在扩大，2018年城乡绝对差距18967元，2021年已经达到21476元。2020年居民收入增速虽有所回落，但收入绝对量仍保持6.4%的增长，2021年已经逐步恢复至9.4%的增长速度。

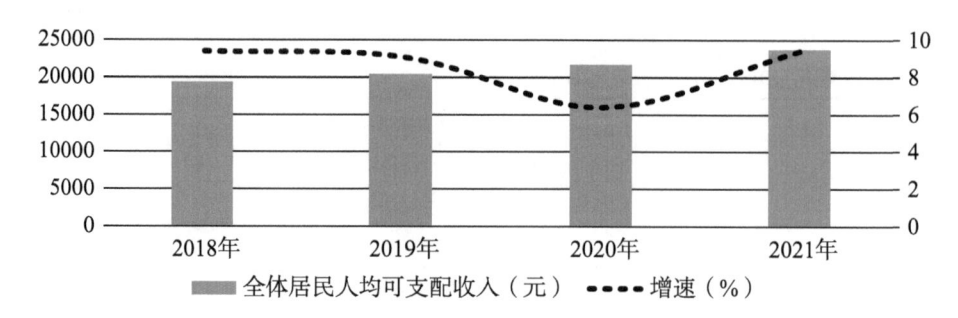

图8-6　2018—2021年海北州全体居民人均可支配收入与增速

（二）劳动力转移就业态势向好

2018—2021年，全州城镇新增就业人数分别为2029人、2280人、2095人、1886人，农牧区劳动力转移就业人数分别为5.08万人、4.68万人、4.71万人、4.77万人。2019年以来，年末城镇登记失业率控制在3%以下水平。2021年全州完成城镇新增就业计划的104.78%，农牧区劳动力转移就业计划的106.08%。就业困难人员实现再就业160人，完成计划的320%。失业人员实现再就业788人，完成计划的157.60%。全州城镇登记失业率为2.49%，就业形势持续保持平稳态势。

（三）各类教育协调发展

2021年全州学前三年毛入园率95.95，较2018年增长3.52个百分点。九年义务教育巩固率98.23%，较2018年增长3.99个百分点，高中阶段毛入学率95.63%，较2018年增长11.75个百分点，见图8-7。教育投入持续加大，2021年全州共发放各类资助金12855.07万元，受助学生111246人次；落实生源地信用助学贷款3695.245万元，受助学生5409人。

（四）公共卫生主要指标明显提高

截至2020年底，海北州人均预期寿命增至73.3岁，全州孕产妇和3岁以下儿童系统管理率均达到90%以上，高危孕产妇住院分娩率和孕前优生健康检查目标人群覆盖率均达到100%，婴儿死亡率控制在13.28‰，5岁以下儿童死亡率控制在 16.32‰。全州 65 岁以上老年人免费体检覆盖面达 91% 以上，健康管理率稳定保持在 80% 以上。居民健康素养水平提高到 20%。婴儿死亡率由 2018 年的 2.278% 下降到 2021 年的 0.613%，每千人拥有床位数由 4.2 张增长到 5.8 张，每千人拥有执业（助理）医师数由 2018 年的 1.87 人增长到 2.47 人，主要公共卫生供给指标呈现积极变化，如图 8-8 所示。

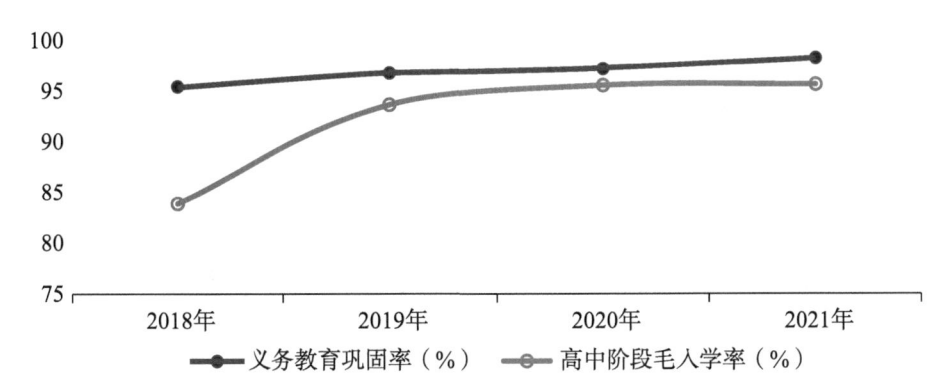

图 8-7 2018—2021 年海北州义务教育巩固率与高中阶段毛入学率

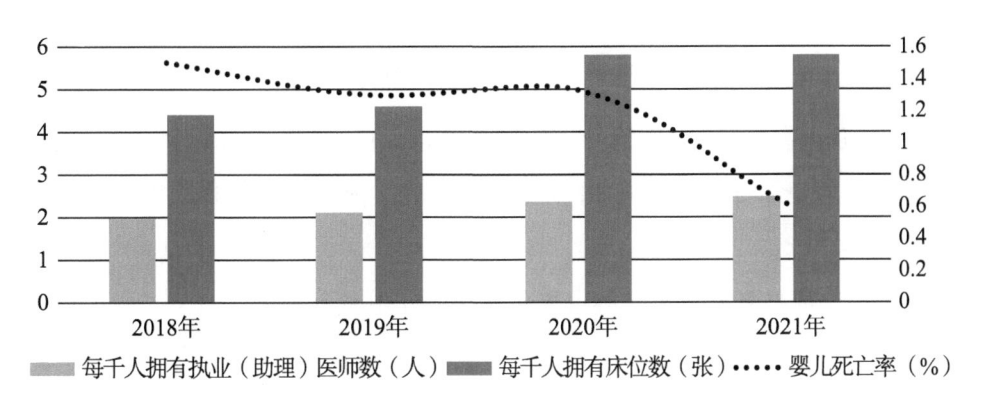

图 8-8 2018—2021 年海北州医疗卫生指标情况

（五）社会保障覆盖面不断扩大

近年来，海北州加快推进社会保险全覆盖，积极推动"全民参保登记计划"。更好维护各类参保人员跨地区、跨制度转移接续社保关系的合法权益，促进社会保险制度可持续发展，逐步实现养老保险全覆盖。城乡居民基本养老保险待遇确定和正常调整机制得到积极落实，农村居民的养老保障水平不断提高，参保居民共享经济社会发展成果，助力乡村振兴发展，城乡居民基础养老金标准不断提高，城乡老年居民的获得感、幸福感切实增强。2018—2021 年，全州实际参加城乡居民基本养老保险人数分别达 142041 人、156323 人、156840 人、155008 人，基本实现应保尽保，如图 8-9 所示。

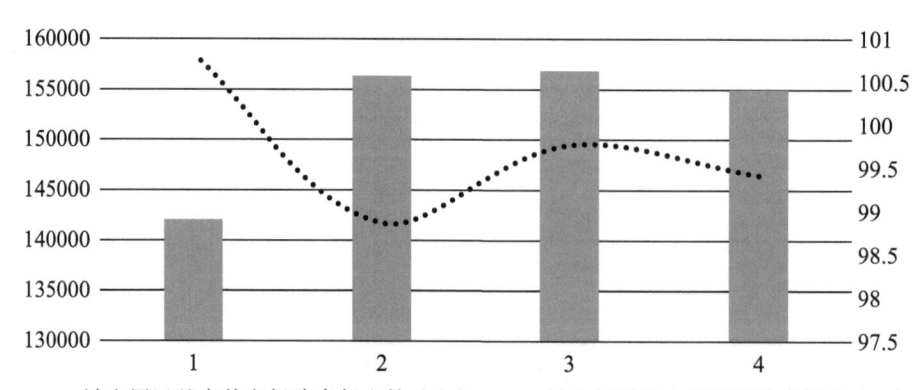

图 8-9 2018—2021 年海北州基本养老参保人数及医疗保险参保率变动情况

二、海北州创造高品质生活的主要举措与成效

"一优两高"战略实施以来，海北州坚持人民至上，持续增进民生福祉，坚持在发展中保障和改善民生，大力促进基本公共服务均等化，各项民生事业行稳致远。

（一）持续加大民生投入，资金保障作用有效发挥

近年来，海北州持续加大对民生领域的投入力度，不断提高民生保障水平。坚持小财政托起"大民生"，民生投入占财政支出的比重继续保持在 80% 以上，就业投入持续加大。2018—2021 年安排就业补助资金 37674.2 万元，其中，2018 年 9315 万元，2019 年 9315 万元，2020 年 9781 万元，2021 年 9263.2 万元。社会保障、教育、医疗卫生领域的资金投入均不同程度加大。2021 年，落实政府购买学前教育保教岗专项补助资金 768.39 万元，购买保教岗位 882 人，有效提升教师资源配备。落实公立医院改革补助资金 1843 万元、中藏医事业传承发展资金 177 万元、基本药物补助资金 280 万元。

（二）脱贫攻坚决战告捷，全面实现小康

海北州坚持把脱贫攻坚作为首要政治任务和第一民生工程，坚持精准扶贫、精准脱贫，提前两年实现整体脱贫摘帽目标，全州综合实力不断增强。聚焦脱贫攻坚，制定《海北州关于深化打赢脱贫攻坚战三年行动计划的实施意见》及相关配套设施，针对贫困村、建档立卡贫困人口精准施策、精准发力。加强产业扶贫，重点扶持特色种养殖、农畜产品加工和旅游资源开发等产业，形成了文化、旅游、电子商务融合发展的扶贫新模式。加大深度贫困地区帮扶力度，实施门源县深度贫困地区脱贫攻坚三年行动计划。坚持扶贫和扶志、扶智相结合，设立"贫困户脱贫帮困先锋奖"，群众脱贫致富动力增强。祁连县健康扶贫工作获得国家通报表扬；2018年底全州四县全部实现脱贫摘帽，2020年全州脱贫人口人均可支配收入达到13922元。

（三）持续增加城乡居民收入，就业保障成效明显

近年来，海北州把扎实做好"稳就业、保居民就业"工作放在突出位置，强化稳就业工作保障，精准施策，通过实施就业优先战略，大力推动大众创业、万众创新，统筹推进高校毕业生等重点群体就业、促进就业规模持续扩大，就业结构更加合理，就业局势持续稳定，城镇登记失业率控制在3.5%以内。"双创"工作有序开展，积极举办全州创新创业大赛，就业技能实训基地、创业孵化基地、"互联网+就业"信息化建设积极推进，为创新创业人才提供发展平台；扎实推动劳动力转移就业，农牧区转移人口劳动技能和就业率进一步提高；2021年，10078人享受了职业培训补贴、技能鉴定补贴、社会保险补贴、见习补贴。创业担保贷款优惠政策贯彻落实，对符合条件的创业人员及时提供创业贷款支持，共提供1325万元创业担保贷款扶持97名劳动者成功实现创业。

（四）加快城镇建设步伐，特色优势产业有效聚集

海北州高起点编制城市总体规划和新型城镇化总体规划，通过美丽城镇、特色旅游城、重点城镇建设，城镇规模扩大，城镇人口集聚，特色优势产业逐步向重点县镇聚集，产业支撑能力和服务能力大幅提升。祁连县"城市双修"建设成效显著；海北州制氧中心、重点城镇集中供热脱硫脱硝改造等项

目建成，城镇基础设施不断完善；实施城镇老旧小区、棚户区改造以及农牧民居住条件改善工程，人民群众居住条件明显改善。深入推进门源县、祁连县"多规合一"和海晏县"三规合一"试点；214个行政村和四县县域体系规划全部编制完成并实施。

（五）深入实施教育提质工程，各级教育均衡协调发展

海北州大力实施学前教育三年行动计划、义务教育改善提升、普通高中攻坚项目，支持推进现代职业教育质量和高等教育综合实力提升。坚持教育优先发展，办学条件不断改善，全州现有各级各类学校184所。其中小学31所，初中7所，普通高中4所，中等职业学校2所，特殊教育学校1所，幼儿园139所。学前教育公用经费补助标准生均达到1200元；落实各类教育补助资金4.5亿元，保障了各级各类学校正常运转，家庭困难学生全部得到资助；学前三年毛入园率、义务教育巩固率、高中阶段毛入学率均超过省定目标，持续开展"控辍保学"攻坚战，巩固提高义务教育普及水平。全力推进义务教育"双减"和"五项管理"工作。深入实施高中阶段教育普及攻坚计划，充分利用山东援青资源，开展高中办学水平督导评估工作，实施高中教学质量提升计划，努力构建学校特色鲜明、课程优质多样、资源开放共享、体制充满活力的普通高中教育体系。加快发展职业教育，制定和完善职业教育发展规划，两所职业学校着力在职业教育专业设置、课程安排、"双师型"教师队伍建设、实习实训、校企合作、产教融合上下功夫，加强职业教育特色专业建设，制订印发《海北州职业技术学校与海北州第一人民医院开展"医教协同"试点工作方案》，推动教育、医疗两大组团作用融合，提升职业教育办学水平和质量，提高学生的实践能力和就业、创业能力。

（六）有序推进健康海北战略，牢牢守护人民群众身体健康

海北州不断深化医药卫生体制改革，深入推进县域医共体建设，医疗服务质量得到有效提升；中藏医药事业全面发展，揭牌成立了海北鲁青中藏医康复医院；医疗卫生服务体系进一步完善，"健康海北"建设迈出坚实步伐；不断深化医药卫生体制改革，妇幼健康保障工作全面落实，基本公共卫生服

务项目和重大疾病防控工作全面推进，各类疫苗合格接种率达到95%以上，持续推进"优质服务基层行活动"，基本公共卫生服务均等化水平进一步提升。医养结合试点有效推进，9家二级公立医院设立老年病科、病房，30个县乡医疗机构与养老机构开展签约服务，签约服务率达到95%以上。落实政府对公立医院经费补偿相关政策，完善医务人员绩效工资制度。

（七）文体事业繁荣发展，群众精神需求有效满足

2020年，海北州实现公共文化服务体系、乡镇文化站、村级农牧书屋、村级综合文化服务中心、农牧民体育健身工程和全民健身工程全覆盖，州县电视台自办节目有效覆盖率达到92.3%，文化"进村入户"工程扎实推进，成立海北州县级文化馆图书馆总分馆制建设工作推进领导小组，推进图书馆总分馆制建设向纵深发展，助力"全民阅读"。群众的文化生活得到丰富和满足。2021年，全州人均体育场地面积达到3.01平方米。在省运会上，海北州取得19金27银的优异成绩；成功申报了青海省第一批民族手工艺品基地和"青绣"非遗工坊。积极推动文化产业发展提质工程，培育了规模以上文化企业3家；文化产业收入规模性增长，从2015年的5918.9万元增长到2020年的15093.51万元。2021年，全州完成旅游业总收入25.73亿元，同比增长20%。全方位开展文旅宣传活动。

（八）社会保障提质扩面，群众基本生活安全网更加牢固

海北州按照兜底线、织密网、建机制的要求，社会保障体系不断完善，城乡低保应保尽保，覆盖群体进一步扩大。社会救助工作成效显著，城乡低保标准到2020年初分别提高74%、95%。养老服务有序开展，为城镇社区困难老年人提供居家养老服务，为农牧区困难失能老年人提供代养服务，成功申报全国第四批居家和社区养老服务改革试点，投入试点资金8737万元。社会保障覆盖范围进一步扩大，2021年，全州城镇企业职工基本养老保险参保39494人，完成计划的105.77%，城乡居民基本养老保险参保155008人，完成计划的100%；工伤保险参保26842人，完成计划的100.39%；失业保险参保17631人，完成计划的104.21%。

三、海北州创造高品质生活面临的主要问题与不足

"一优两高"战略实施以来，海北州把增进民生福祉作为工作的出发点和落脚点，确保居民共享经济社会发展成果，助力乡村振兴发展，但是在发展中，发展不平衡不充分等问题仍较突出。

（一）就业保障不足，稳定就业难度与压力较大

随着海北州经济发展转型升级和产业结构的调整，新建扩建、重大投资项目拉动就业和第二产业吸纳就业能力放缓，产业转型升级刚刚起步，新产业、新业态产业处于培育发展期，吸纳就业能力不足，就业困难人员的就业就更加不稳定。由于信息化水平相对滞后，部门间的数据还不能完全实现共享，就业服务水平较低，不能有效满足劳动者需要，侵害劳动者权益的问题仍有发生，劳动关系协调难度日益加大。加上部分劳动力就业观念保守，缺乏对个人劳动技能的客观认识，同时，受环境、语言、异地就业生活成本较高等因素的影响，农牧区劳动力外出务工前顾虑较多，积极性不高。部分劳动者存在"福利依赖"思想，内生动力不足，存在"等低保、等补贴"现象，不愿自行外出就业。

（二）教育资源配置不均，发展不平衡问题突出

结合目前海北州发展现状，教育资源配置不均情况比较突出，一是学前教育发展不平衡不充分，乡村幼儿园办学条件薄弱，部分地区保教岗位报酬水平低，人员流失严重。二次是义务教育城乡之间、区域之间、校际发展不平衡，城镇挤、乡村弱的问题仍不同程度地存在，实现优质均衡发展目标任重道远。三是县域间高中教育资源配置不均衡，资源过剩与短缺问题并存，普通高中办学水平与群众的期望差距仍较大。四是师资队伍缺乏高层次、领军型人才，考核评价机制尚不健全，教科研引领教育教学提升品质的能力不足、水平较低，教师总量符合配备标准，但县域间配备不均衡与结构性缺编矛盾并存。五是州县尚未建立学校基础设施维护和设备到期更新保障机制，有相当数量学校的安防设施配备不全不齐，达不到要求的情况存在。

（三）医疗卫生资源有限，卫生健康服务质量和效率较低

目前，海北州各级医疗卫生机构普遍存在人员总量不足和人才缺乏的问题，其中，州县公立医院和乡镇卫生院等机构人才缺乏比较明显。县域紧密型医共体建设落地不实，紧密型医共体建设尚未建立有效的、可持续的协作关系，缺乏有效协调和激励机制。另外，由于受人才、资金、技术等因素的制约，全州"互联网＋医疗健康"信息化建设滞后，互联互通的医疗信息网尚未形成，碎片化、孤岛化现象依然存在，卫生健康信息系统未能实现互联互通、数据共享，无法满足人民群众个性化、智能化的卫生健康服务需求。各级医疗卫生机构卫生专业技术骨干和学科带头人较缺乏，医疗服务能力不强，服务水平有限。基层医疗机构诊疗水平普遍不高，诊疗服务有所下滑，城乡居民健康素养水平较低，城乡居民享受基本医疗和基本公共卫生服务的公平性和均等性较低，卫生健康服务与人民日益增长的健康需求不相适应的矛盾比较突出。现行突发公共卫生事件预警能力、应对能力和处置能力等方面存在短板，公共卫生基本应急物资储备体系不健全；重大疫情防控相关应急预案的操作性和针对性不强，信息化建设滞后、信息共享机制不健全，医疗救治及疫情防控的应急物资储备不足，应对突发性公共卫生危机的治理理念和体系有待健全。

（四）城乡人口流动性较大，准确掌握社会保障参保率存在困难

近年来，由于外出务工，农民工转移就业等原因，城乡居民人口流动性大，流动去向广，流动量大，个人外出务工灵活性强，参保方式灵活，因此很难掌握个人举家外出人员和大学生毕业后在外就业人数，人员去向和参保方式，从而在准确掌握城乡居民养老保险应参保人数上有一定的困难，故不能准确地计算出城乡居民参保率。

第五节　海北州持续深入推进"一优两高"战略的对策建议

面对新起点新征程新任务，海北要继续推进生态立州战略，围绕产业

"四地"建设，守好筑牢生态安全屏障，创新完善生态文明制度体系，加快推动产业转型升级，使经济发展有速度更有质量，坚持人民至上，持续增进民生福祉，在发展中保障和改善民生，持续推进"一优两高"战略深入实施，奋力谱写新青海建设的海北篇章。

一、深入推进生态治理保护，守好"蓝天、碧水、净土"阵地

（一）提升山水林田湖草冰沙系统治理能力

持续推进生态文明示范州创建、巩固水生态文明试点成果，扎实开展祁连山山水林田湖草生态保护修复试点、青海湖流域生态保护与环境综合治理等工程，谋划建设祁连山、环青海湖生态保护与建设二期工程，全力推动黄河流域生态保护，总结提炼系统治理的"海北模式"，为进一步提升生态保护建设成效提供经验。加大对青海湖流域生态环境保护，加强水土流失和生态清洁小流域建设，强化重点生态退化地区综合治理，推进林草植被保护和恢复、退牧还草、水土保持综合治理等项目建设。强化森林草原资源保护，精准提升森林草原质量。

（二）大力开展生物多样性保护

实施生物多样性保护工程，加强野生动植物保护，建设野生动物救护基地，重点对普氏原羚等濒危物种开展保护救助，加强青海湖北岸海晏县普氏原羚自然保护区建设，实施刚察县湟鱼洄游生态保护工程，落实第六次青海湖封湖育鱼行动，增加重点物种数量和栖息地面积，逐步建立符合海北实际的布局合理、类型齐全、层次清晰、重点突出、面积适宜的各类生物物种保护体系。建立生物多样性数据库，以生物多样性保护优先区域为重点，开展生态系统、物种、遗传资源及相关传统知识调查与评估。

（三）打好污染防治攻坚战

牢记"生态环境质量只能变好不能变坏"，围绕"蓝天、碧水、净土"坚决打好污染防治攻坚战，着力推进重点城镇大气污染防控、以湟水流域为重点的水环境综合治理、以污染场地和废弃矿山整治为重点的土壤污染治理

修复、以改善乡村人居环境为目标的农牧区环境综合整治和农业农村面源污染防治。加强大气环境保护。加强西海镇及各县县城、产业园区治理,突出颗粒物、臭氧等多污染物减排协同增效,以工程和管理措施相结合的方式,进一步强化重点区域污染治理,督促固定排放源企业安装烟气排放自动监控设施。不断通过努力让海北的天更蓝、空气更好。提升水环境治理成效。持续巩固水生态文明试点建设成果,统筹推进水环境保护、水生态修复、水污染治理。加强水源水、出厂水、末梢水的全过程管理;突出抓好青海湖流域、黑河流域和湟水流域治理,抓好饮用水水源地保护,保障水源水质稳定达标。加大城镇污水配套管网建设和老旧管网、雨污分流管网改造力度,提高城镇污水收集处理能力;加强工业园区废水集中处理设施建设,因地制宜建设乡镇污水处理设施。推进土壤污染防治。

(四)创新完善生态文明制度体系

全面建立资源高效利用制度、健全生态保护和修复制度。加快构建多元化生态补偿机制,积极推动草原、森林、湿地、荒漠等生态补偿全覆盖。健全草原生态系统保护补偿机制,落实好新一轮草原生态保护补助奖励政策,积极争取将草原、湿地全部纳入补助范围。探索路径、积累经验,提高生态补偿资金使用整体效益,加快建立与全州经济发展水平相适应的生态保护补偿机制。完善以矿业权退出为重点的生态补偿机制、村级河湖长制和林草长制工资报酬以及国家公园核心区居民易地搬迁补偿等政策。加快建立青海湖、祁连山等景观区生物资源多样性保护与价值转化机制。完善生态文明评价考核监管体系,健全生态文明建设考核评价机制,严明生态环境保护责任制度,健全生态环境损害赔偿制度和责任追究制度,以精准问责倒逼生态保护责任落实。

二、坚持科技创新是第一动力,为经济发展注入核心驱动力

(一)加大科技创新投入

发挥政府财政对科技投入的引导作用,进一步完善多元化、多渠道、多

层次的科技投入体系。建立稳定的财政科技投入增长机制，加强对重大科技专项的支持。优化财政对科技创新的投入方式，加大企业创新补助支持力度，充分发挥政府资金在科技投入中的引导作用，以政府财政投入撬动社会资金加大科技创新投入力度，增强政府引导资金的放大效应。积极争取国家和省加大对州上科技投入的扶持力度，增加科技投入总量，为推动科技进步、实现绿色发展提供稳定长效的资金保障，同时，鼓励社会资本投资科技创新领域，参与到政府各项创新计划中，为科技创新快速发展注入"强心针"。

（二）全面提升科技创新能力

以创新驱动发展战略为统领，加强科技创新能力建设，以重点领域的技术突破提升全州科技创新能力，为经济社会高质量发展提供科技支撑和引领。提升科技服务水平。始终坚持创新是引领发展的第一动力，坚持企业在创新中的主体地位，加快建立以企业为主体、市场为导向、产学研深度融合的技术创新体系。构建完善全州科技服务体系，深入推动产学研结合。深入实施"百项创新攻坚工程"，积极开展"双创"活动，不断加强技术改造、技术创新和技术攻关，推动传统产业改造提升和新兴特色产业培育壮大齐头并进。围绕特色产业、生态保护和州域经济发展，大力发展科技服务业，提高科技服务专业化、社会化水平。

（三）大力推进信息化建设

以信息化服务为手段，搭建州级科技信息综合服务平台。依托数字经济、平台经济，建设"互联网+农牧业"高原特色智慧农牧业大数据平台，加强科学普及工作，创新科普工作体制机制，建立完善科普社会动员机制和鼓励科技人员从事科普的激励机制。

三、高质量发展高原生态农牧业，夯实绿色农畜产品输出地建设基础

（一）优化产业布局夯实农牧业生产基础

坚持绿色兴农、质量兴农、品牌强农，优化产业结构布局，加快构建产

业生产经营体系，做大做强主导产业，做优做精特色种养殖业，加快产品高端化、产业链条化、企业园区化，确保粮食安全和重要农畜产品稳产保供，建设全省现代农牧业示范区、种养加一体化循环农牧业示范基地、牲畜良种生产推广基地、畜产品加工转化新型基地、全省畜产品重要供给和全国生态畜牧业示范基地。提升农牧业综合生产能力，改善生产条件，加大现代农牧业装备技术应用，推动农牧业生产向规模化、集约化、信息化转变，提高土地产出率、资源利用率和劳动生产率，提升综合生产能力。

(二) 推进绿色生态产业发展

依托部省共建绿色有机农畜产品示范省建设，积极创建特色农产品优势区，实施牦牛藏羊原产地可追溯体系建设。推进绿色农业增效行动，开展有机肥替代和农膜补偿试点。推进农牧业产地环境治理，整州推进农牧业废弃物资源化利用，建立有机肥加工还田循环发展机制，进一步提高农牧业生态服务能力。深入推进第一、第二、第三产业融合发展，拓展农牧业多种功能，发展乡村旅游业和休闲农牧业，优先发展农畜产品精深加工，延伸产业链、增加产品附加值，健全覆盖农产品采收、产地处理、储藏、加工、运输、销售等环节的冷链物流体系。加快形成产出高效、产品安全、资源节约、环境友好的现代农牧业发展新格局。

(三) 建立和完善农畜产品标准化生产

以新型农牧业经营主体和龙头企业为主体，把产前、产中和产后各环节纳入标准化管理，完善产地准出、市场准入衔接机制，实现优质农畜产品标准化生产。实行农畜产品追溯与农业农村重大创建认定、农业品牌推选、农业产品认证、农业展会等工作相关联制度，促进标准化管理贯彻到生产经营全过程。

(四) 加强农畜产品质量安全监管

积极推进龙头企业、生产基地、专业合作社等经营主体的追溯制度和推行食用农产品合格证制度，建立健全农畜产品质量标准体系和监测体系，强化质量监督，实施从生产、加工、储藏、运输到消费者餐桌的全程质量监控和服务,满足消费者对于优质和安全农畜产品的需求,确保城乡居民吃上安全、健康的农畜产品。

(五)加快培育区域特色优势品牌

结合区域特色实际,推进农畜产品产业化开发,创建一批国内知名品牌,加强对龙头企业技术指导,支持企业参加有机食品博览会、绿色食品博览会、农交会专展等活动,通过各种宣传形式,培育一批具有较高知名度、美誉度和较强市场竞争力的特色优势品牌,并探索对企业实行奖补政策,支持和鼓励企业对标认证,全力打造"拿得出手、走得出去"的优质农产品品牌。

四、大力发展新型绿色工业,促进产业发展转型升级

(一)积极发展特色轻工业

坚持绿色发展导向,重点围绕海晏国家农村产业融合发展示范园和门源生物产业园建设,构建完善覆盖饲养种植、生鲜加工、休闲食品、粮油加工为主的现代农牧特色产品精深加工链,着力在长链、补链、循环、融合上做文章,推进特色农牧业优势资源就地转化,形成规模化、标准化、集约化、高质化和品牌化的现代农牧产业集群。围绕青稞、油菜籽、牛羊肉、奶皮、蜂蜜、蕨麻等优质特色农畜产品,构建生鲜加工、休闲食品、粮油加工为主的农牧特色产品精深加工产业链和创新集群。提升发展油菜籽、高原特色牛羊肉精深加工、蜂产品等绿色生态农畜产品、乳制品开发、牛羊毛制品产业,巩固提升肉制品和粮油加工两大优势产业,推动粮油精深加工发展,进一步发展野生黄菇加工、半野生鹿产品开发以及蕨麻深加工等特色农畜产品加工业。

(二)加快发展清洁能源产业

紧跟国家清洁能源示范省建设步伐,把可再生能源利用作为海北州能源结构调整和煤炭消费替代的优先途径。结合资源禀赋和电网条件,结合区域清洁能源基地分布特点,在公共建筑较为集中地区利用工业园区、经济开发区、公共设施、居民住宅等屋顶稳步推动分布式光伏发电。充分利用具备条

件的农业设施、闲置场地等扩大利用规模，发展农光、牧光等形式的光伏应用。

（三）大力培育四大新兴产业

依托全省新一代信息技术产业发展总体布局，以海北州多家电子商务平台、社会信用体系管理平台为基础，着重在大数据产业、工业互联网、5G、信息安全四大领域发力，形成海北特色的新一代信息技术产业。以海北州现有农牧业副产资源为依托，以生物材料技术为支撑，一方面充分利用海北州资源特色和产业需求；另一方面尽量避免与省内其他园区、地区产生同质化竞争，探索发展生物基新材料和可循环冷链耗材加工两大方向。以现有农机装备、通用设备制造产业为基础，以海北州产业发展特色以及市场需求情况，以西宁及海西州冶金产业和西宁、海东地区金属新材料产业为支撑，主要从清洁能源装备、轻工农机装备、装备回收及资源化产业三个方面着手，形成具有产业链上下游联动、产业间横向耦合作用的装备制造产业。装备主要市场面向海北州清洁能源市场、海南州及周边农机市场，同时加快完善废旧装备的回收和资源化体系，初步实现装备领域循环化发展。围绕兰西城市群建设，加快步伐将海北州打造成"海西—西宁—海东"发展主轴线上重要的卫星城市。以服务产业发展为主要目的，加快仓储物流、文创设计与产品推介服务、科技研发与检测服务、金融服务、电子商务等生产性服务业向海北州聚集。提升生产性服务业在产业发展、经济增长和城镇化建设中的贡献。

五、大力发展特色文旅产业，优化文化旅游发展格局

（一）优化旅游产业布局

围绕构建"产业围绕旅游转、产品围绕旅游造、结构围绕旅游调、民生围绕旅游兴"的旅游发展体系，深入推动全域旅游发展，加快形成"两主、两副、两条旅游发展带、四大旅游片区、四个中心旅游城镇、五个旅游特色小镇"的发展格局。

（二）设计精品特色旅游线路

整合海北州生态资源、红色资源、民族文化资源，以青海省打造青海湖

和祁连山两个人文生态旅游景观廊道为契机,突出四县特色,进一步丰富景观内容,提升景区景点品质,着力打造旅游精品线路,带动全州旅游快速发展。突出地域特色,加强研学旅行基地建设,依托自然和文化遗产资源、红色教育资源和综合实践基地等,遴选建设一批安全适宜的中小学研学旅行基地,有针对性地开发自然类、历史类、地理类、生态类、人文类、体验类等多种类型的活动产品,打造示范性研学旅行精品线路。大幅提升旅游通行能力。

(三)加大文旅、文体综合设施建设力度

加快畅通重点景区连接线。持续推进旅游"厕所革命",更加注重人性化建设,探索建立厕所运营长效机制,推进市场多元供给和以商养厕、以商管厕、以商建厕,推动临街、临景单位厕所免费开放。合理发展高星级酒店,规范发展经济型酒店,鼓励发展特色主题酒店,培育一批商务连锁酒店、主题文化酒店、自驾车露营地、自行车营地、家庭旅馆、农(牧)家乐等多元化住宿接待设施。突出生态旅游特色,打造一批特色小镇。加大特色饮食、特色宴席开发力度,打造一批餐饮名店。

结合群众需要,改造提升现有体育场馆设施,实施乡村、社区全民健身设施提升工程,实现农牧区体育健身工程全覆盖。加强体育公园、绿道、健身步道、自行车道、健身中心、社区文体广场、社会足球场和民族体育场馆等"百姓健身房"建设。制订实施全民健身实施计划,深化体医融合、体教融合,创建特色体育项目学校,促进青少年体质健康和青少年体育发展。优化全民健身组织网络,推动全民健身智慧化发展,建设智慧健身大数据平台和智慧化体育设施,提升智慧化服务能力,实现资源整合、数据共享、互联互通。

(四)打造高原康养产业基地

立足海北州中藏蒙医及温泉等特色资源优势,结合我国社会对于康复养老产业的需求,围绕中藏药康复产业园建设,提升医疗服务和养生保健总体水平,推进与健康旅游的深度融合,同步带动藏药及康复器具制造、健康食品等关联产业发展，打造民族特色突出、健康产业生态完整的省级特色中藏医康复产业基地。依托康养基地，培育一批保健品研发企业与品牌。

六、稳定就业保障能力，持续促进居民增收

（一）实施就业优先战略

将稳定和扩大就业作为全州经济社会发展的优先目标，不断优化政策组合，拓展产业发展新空间，培育新的就业增长点，解决目前存在的吸纳就业能力不足问题。拓宽农牧区劳动力转移就业渠道，建立健全城乡劳动者平等就业制度，引导农牧区劳动力外出就业，就地就近就业。统筹做好各类群体就业，持续深化"放管服"改革，进一步优化营商环境，培育壮大市场主体，激发创新创业活力，提供丰富多元的就业岗位，促进创业带动就业和灵活就业。

（二）完善和落实稳就业政策措施

全面实施全民参保计划，稳步推进养老保险制度改革，统筹做好失业、工伤保险工作。落实规范和加强事业单位岗位管理工作，深化事业单位人事制度改革，提升人事管理服务的科学化水平。完善仲裁制度机制，创新办案指导方式，加强调裁衔接、裁审衔接，推进调解仲裁规范化、标准化、专业化和信息化建设。贯彻落实好保障农民工工资支付条例，组织实施保障农民工工资支付考核和综合治理考评，加强拖欠农民工工资"黑名单"管理。努力提升全州人社工作信息化水平，加快海北云就业服务平台二期建设，推进社会保障一卡通服务，加快电子社保卡的应用，深入推进全州政务服务水平。

（三）持续扩大中等收入群体

健全最低工资标准增长机制，建立健全促进农牧民持续增收的体制机制，完善再分配调节机制，规范农民工工资标准，适当提高给付水平，持续扩大中等收入群体。积极构建和谐劳动关系，防范化解劳动关系领域风险，抓好保障农民工工资支付、劳动人事争议调解仲裁和劳动保障监察工作。

七、发展更加公平教育，促进各级各类教育高质量发展

（一）推进学前教育普惠工程

规范办园行为，提高学前教育资源保障水平。根据人口规模、发展情况和幼儿园设置标准，统筹规划、合理布局幼儿园。鼓励公办民办并举，以农牧区幼儿园建设为重点扩大学前教育资源，强化内涵建设，推进政府购买学前教育服务，配齐配足幼儿园教职工和卫生保健人员、安保人员，基本建成广覆盖、保基本、有质量的学前教育公共服务体系，重点建设乡村幼儿园，办好乡镇中心幼儿园，不断改善幼儿园办园条件，逐步实现学前教育均衡发展。

（二）统筹协调义务教育资源配置

推进义务教育学校提档升级，对标国家标准，合理规划城镇学校，增加城镇学位供给，改善乡镇寄宿制学校办学条件，加快解决城镇大班额、乡村小规模学校和乡镇寄宿制学校建设，强化优质教育资源供给，深化义务教育课程改革，加快推进课程整合，强化跨学科学习，加强教育教学管理，打破学科知识壁垒。加强知识学习与学生经验、现实生活、社会实践之间的联系，打破学校的传统边界，提高课堂教学质量，增强学生解决实际问题的能力。推进义务教育校长教师定期交流轮岗，通过学校联盟、集团化办学、"线上线下""远程教育"等多种形式促进优质义务教育资源共享，继续推进教育强基固本。

（三）持续扩大高中教育资源供给

优化学校布局，着力解决普通高中"大班""大校"问题，加强普通高中学科发展共同体建设，扩大优质教育资源供给。推进高考综合改革，努力提升高中学校教育教学质量。根据教育发展趋势和人才需求变化，持续改进普通高中学校样态、教育教学、评价方式、学习方式。推动"一校一特色"建设，结合各自校史、文化和办学优势发展特色高中，探索建立相应的教学管理机制，构建学校特色鲜明、课程优质多样、资源开放共享、体制充满活

力的普通高中教育体系,提供多样的普通高中教育资源。

(四)发展实用性更强的职业教育

深化职普融通、产教融合、校企合作,增强职业技术教育适应性。推动政府、行业、企业深度参与学校管理和教育教学,强化校地融合、创新创业融合,积极招收初高中毕业未升学学生、退役军人、退役运动员、下岗职工、返乡农民工等接受中等职业教育。统筹规划中等职业教育发展,优化中等职业教育专业结构,整合州域内职业教育资源,逐步形成产教融合、校企合作、育训结合、健全多元的办学格局,实现中高职贯通培养。

(五)完善教育人才队伍建设

畅通全州教师职业发展通道,完善教师管理体制和待遇提升保障机制,建立教师培养、培训、考核、评估、奖惩机制,增强教师职业吸引力,尽可能解决教育人才的后顾之忧,结合专业需求,多层次、高标准优化教师队伍结构。建设海北州教师培训中心,提升培训硬件设施,推动教师培训规范发展。扎实推进教师培训,不断提高教师队伍整体素质和综合能力水平。

八、优化卫生健康服务资源,构建高效的医疗服务体系

(一)深入实施"健康海北2030"行动

坚持"大卫生、大健康"的发展理念,坚持以人民健康为中心的发展思想,抓紧补齐短板,以普及健康生活、优化健康服务、完善健康保障、建设健康环境、发展健康产业为重点,全面实施健康知识普及行动,扎实推进"健康海北"建设,将健康政策融入全局、健康服务贯穿全程、健康福祉惠及全民,全方位、全周期维护人民健康。加强基层卫生服务体系建设,重点加强医疗服务、医疗急救、突发公共卫生事件应急处置等工作,强化基本公共卫生服务管理,推进基本公共卫生服务均等化。加大地方病和重大传染病防控力度,完善传染病监测预警机制。持续改善医疗卫生基础设施。加强以城镇、边远农牧区为重点的全科医生服务团队建设。实施母婴安全和健康儿童计划。稳步推进医养结合,有效保障老年人健康。

（二）深化医药卫生体制改革

持续推进医学、医疗、医保、医药、医院联动改革系统集成，优化医疗机构布局和资源整合，强化州县乡医疗机构能力建设，构建优质高效的医疗服务体系，促进医疗服务能力提升。有序推进分级诊疗制度建设，构建基层医疗卫生机构与综合医院分工协作工作机制，建立成熟完善的分级诊疗制度，实现分级诊疗服务能力有效提升，形成基层首诊、双向转诊、上下联动的分级诊疗模式。推进中藏医药事业传承创新发展，加强州、县两级中藏医医院建设，建设一批示范中藏医馆，积极构建融预防保健、疾病治疗和康复于一体的中藏医药服务体系，提升服务内涵。巩固完善基本药物制度，全面推进药品采购"两票制"管理。高质量推进药品生产、流通、使用全流程改革，强化药品质量提升和合理使用，完善药品供应保障体系。进一步理顺医疗服务价格体系，推动完善医疗服务项目准入制度，加快审核新增医疗服务价格项目。深化医用耗材治理改革，减轻药品耗材费用负担。深入推进"放管服"综合改革，全力推进重点领域和关键环节改革取得新突破。

（三）补齐基层医疗卫生设施设备和人才队伍短板

持续实施基层卫生服务能力提升工程，开展基层医疗卫生机构标准化建设。着力提高基层医疗卫生机构综合服务能力，补齐基层医疗卫生机构办公阵地、设施设备短板。提高大型体育场馆、展览馆等公共设施建设标准，在相关设施新建或改建过程中充分考虑应急需求，具备快速转化为救治场所的基本条件。加强基层医疗卫生机构和队伍建设，加强急诊急救、儿科、康复、精神卫生、中藏医、老年医学等弱势学科建设。优化人才培养使用激励机制，搭建"送出去"和"引进来"的人才服务平台，健全引进高层次卫生人才"绿色通道"，探索高层次人才、急需紧缺人才职称直聘办法。完善符合行业特点的医务人员绩效分配、薪酬管理制度，体现医务人员技术劳务价值，激发广大医务人员工作活力。培育医德高尚、技术精湛、素质优良、甘于奉献的卫生健康专业人才及服务团队，完善医共体内人才柔性流动机制和人力资源统一管理模式，推动优质医疗资源向基层下沉。完善和推进山东与海北医学人才"一对一"培训机制,为海北培养本土性的学科带头人及服务团队,提高全州卫生健康事业人才队伍的综合素质和卫生健康服务能力。

(四) 广泛普及健康生活方式

以乡村振兴、生态保护为契机,加强以学校、车站、机场、景区、工地、社区、村镇、集贸市场、交通沿线等为重点的环境卫生综合整治,健全完善城乡环境卫生基础设施和长效管理机制,治理影响健康的危害因素,持续优化健康服务水平。普及农牧区卫生厕所,实现省级卫生乡镇(县城)全覆盖,提高国家级卫生乡镇比例、县城生活垃圾无害化处理率、村庄生活垃圾处理率,改善全州城乡环境卫生面貌和人居环境。创新健康知识传播渠道和形式,动员全社会共同关注各类健康活动,大力宣传分餐制、合理膳食、适量运动、戒烟限酒、心理平衡等健康科普知识,提高健康教育的针对性、精准性和实效性,全面提升人民群众文明健康素养,进一步改善社会环境和政策环境,逐步形成城乡居民科学健康观,不断提高健康水平。

九、持续提升社会保障水平,织牢织密民生安全网

(一) 实施全民参保计划

促进城乡居民养老保险适龄参保人员应保尽保,推进灵活就业人员等参加企业职工养老保险。推进医保支付制度改革,完善医保异地就医直接结算制度,优化医保跨省异地就医直接结算流程。调整完善城乡居民医保筹资机制,努力构建可持续的筹资机制,提高基本医保和大病保险保障水平。

(二) 完善社会保障制度体系

坚持"广覆盖、保基本、多层次、可持续"的基本方针,加快推进覆盖城乡居民的社会保障体系建设,逐步提高统筹层次,加大财政投入力度,稳步提升社会保障水平。将城乡各类劳动者和居民纳入相应的社会保障制度,追踪各类人群参保现状,做好断保人员续保工作。建立健全各项社会保障待遇与经济社会发展水平相适应的调整机制,逐步缩小城乡之间的待遇差距,全面推进社会保险制度改革,覆盖城乡居民的社会保险体系全面建成,建立

完善社会保险待遇正常调整机制，稳步提高统筹层次和保障水平，实现基金的安全可持续运行。

（三）发展普惠型养老服务和互助性养老

构建居家社区机构相协调、医养康养相结合的养老服务体系。坚持将发展居家和社区养老服务作为改善民生、增进福祉的重要内容，全面提升居家和社区养老综合服务能力，满足广大老人多层次、多样化的养老服务需求。全面放开养老服务市场，鼓励社会资本运营社区日间照料、老年活动中心等养老服务设施机构，探索个人利用居民住宅兴办小型社区养老机构。实施社区和居家适老化改造工程。加快推进农牧区养老和社会福利事业，积极开发老龄人力资源，发展银发经济。

（四）完善城镇住房保障制度

将城镇低收入住房困难家庭、新就业职工、外来务工人员、进城转户符合住房保障条件的新市民等群体纳入保障范围，加强住房保障。结合州情实际，建设以市场为主满足多层次需求，以政府为主提供基本保障的住房供应体系。探索建立农牧区贫困群体住房保障长效机制，多手段改善农牧民生活居住条件。

第九章　黄南州实施"一优两高"战略评价研究

黄南州为深入贯彻落实省委"一优两高"战略部署，结合自身优势，审时度势提出"建设山水黄南、高质量推进'三区建设'、积极探索形成'一核三治'黄南模式"的发展思路，始终坚持"绿水青山就是金山银山"理念，尊重自然、顺应自然、保护自然，为协力保护好"三江源"、用心守护"中华水塔"、共同呵护好地球"第三极"贡献了黄南力量。黄南州致力于打好生态有机牌和文化旅游牌，农牧、文旅等产业实现快速发展，基础设施建设水平极大改善，经济发展速度和综合实力明显增强。人民群众住房条件明显改善，创业就业成效显著，科教文卫等基础民生工作水平明显提高，人民生活整体水平得到较大改善。黄南州坚持生态保护优先，加快绿色发展，积极探索实践发展与保护、保护与民生良性互动互促，生态生产生活"三生"共赢的循环发展模式，走出了一条具有黄南特色的"一优两高"之路。

本章聚焦生态保护、经济高质量发展和人民高品质生活核心指标，在对黄南州2018—2021年四年间的各项指标变化情况进行评价的基础上，结合定量与定性相结合的方法，对黄南州坚持生态保护优先，推动经济高质量发展和人民群众高品质生活进行了分析，结合调研，对黄南州全面贯彻落实"一优两高"战略部署中存在的问题和困难进行了梳理，并提出了相应的对策建议。

第一节　黄南州"一优两高"战略实施情况的总体评价

"一优两高"战略实施以来，黄南州深入践行习近平生态文明思想，始终牢记"国之大者",按照青海省委省政府对黄南州作出的功能定位和指示要求,围绕产业"四地"建设,紧抓黄河流域生态保护与高质量发展等重大机遇,坚决扛牢保护生态重大政治责任,积极打造国家公园示范省融合区、黄河上游清洁水源涵养功能区、青海省林草覆盖度最高的绿色支撑区、青海牧区全域无废样板区、"两山"转化先行区、人与自然和谐共生示范区,荣获国家级生态文明建设示范区称号,以务实举措积极打造青海省生态有机畜牧业示范区、青海省文化旅游融合发展示范区、青海省涉藏地区社会治理示范区目标任务,成为推进经济高质量发展和高品质生活的重要抓手,为实现黄南州经济社会发展战略和迈向社会主义现代化目标提供了保障,全州生态保护成效显著,经济社会平稳发展,各项事业不断进步。经测算,黄南州2018—2021年"一优两高"战略实施评价指数分别为2.245、2.499、2.683、2.801,说明四年间黄南州在"一优两高"战略实施中,生态保护优先、经济高质量发展和人民生活品质改善等方面稳步提升,如表9-1所示。

表9-1 黄南州"一优两高"战略实施评价指数

一级指标	指标权重	指数值			
		2018年	2019年	2020年	2021年
生态保护优先	0.428	0.871	0.929	1.046	1.065
高质量发展	0.261	0.609	0.645	0.689	0.719
高品质生活	0.311	0.765	0.925	0.948	1.017

生态保护优先方面,如表9-1所示,2018—2021年,黄南州生态保护优先指数分别为0.871、0.929、1.046、1.065,年均增长6.93%。说明黄南州牢牢把握"三个最大"省情定位,在生态保护优先方面持续稳步发力,在推进打造生态文明高地建设方面取得较好成效。

高质量发展方面,如表9-1所示,2018—2021年,黄南州经济高质量发展指数分别为0.609、0.645、0.689、0.719,年均增长5.69%。说明黄南州经济发展质量持续平稳提升,2020年以来虽然受到新冠疫情影响,经济发展速度有所缓降,但总体发展形势平稳向好。

高品质生活方面,如表9-1所示,2018—2021年,黄南州人民群众高品质生活指数分别为0.765、0.925、0.948、1.017，年均增长9.96%。说明黄南州顶住了疫情冲击压力，积极增进民生福祉，能够实现好、维护好、发展好群众的最根本利益，各族人民生活品质明显改善。

总体来看，黄南州生态保护优先指标权重最大，高品质生活指标次之；高品质生活指数增速最快，生态保护优先指数增速次之。表明黄南州作为国家级重点生态功能区，生态保护地位尤为重要，创造高品质生活为推动落实"一优两高"战略部署发挥贡献最大。

第二节　黄南州生态保护优先指标评价与分析

黄南州深入践行习近平生态文明思想，始终牢记"国之大者"，坚决扛牢保护生态重大政治责任，遵循保护好黄南生态环境就是为全国全省做贡献的价值导向，对标省委、省政府生态文明"八个新高地"战略部署，奋力打造国家公园示范省融合区、黄河上游清洁水源涵养功能区、全省林草覆盖度最高的绿色支撑区、青海牧区全域无废样板区、"两山"转化先行区、人与自然和谐共生示范区目标任务，务实推进生态环境保护，被命名为国家级生态文明建设示范区，充分肯定了黄南州打造生态文明高地建设成果。

一、黄南州生态保护优先指标分析

根据对2018—2021年黄南州生态保护优先评价指标数据的收集与测算，得到黄南州"生态保护优先"评价指数表，如表9-2所示。2018—2021年，黄南州生态工程与建设指数从0.162持续增长为0.205，增加0.043，年均增长8.16%，资源保护指数从0.196持续增长为0.341，增加0.145，年均增长20.27%，环境保护指数从0.309持续增长为0.348，增加0.039，年均增长4.04%，能源利用效率指数从0.204下降为0.171，降低0.033，年均下降5.71%。环境保护占生态保护优先指标权重最大，资源保护指标权重次之。总的来看，生态保护优先指标中，资源保护指数增长最快，且占指标权重较大，为打造生态文明高地建设所作贡献较大。

表9-2 黄南州"生态保护优先"评价指数

二级指标	指标权重	指数值（年）				三级指标	指标权重	指数值（年）			
		2018	2019	2020	2021			2018	2019	2020	2021
生态工程与建设	0.081	0.162	0.170	0.186	0.205	重点生态工程投资额	0.043	0.086	0.094	0.110	0.129
						国土绿化任务完成率	0.038	0.076	0.076	0.076	0.076
资源保护	0.124	0.196	0.261	0.354	0.341	草原综合植被覆盖度	0.033	0.066	0.072	0.097	0.099
						治理退化草原面积	0.044	0.036	0.088	0.132	0.101
						畜禽养殖废弃物资源化利用率	0.047	0.094	0.100	0.125	0.141
环境保护	0.142	0.309	0.321	0.344	0.348	城镇污水处理率	0.032	0.064	0.069	0.079	0.096
						垃圾无害化处理率	0.032	0.064	0.065	0.085	0.096
						重要及一般江河湖泊水功能区水质达标率	0.047	0.094	0.094	0.094	0.094
						空气质量优良天数比例	0.031	0.087	0.093	0.087	0.062
能源利用效率	0.081	0.204	0.177	0.162	0.171	单位生产总值能源消耗	0.042	0.126	0.099	0.084	0.093
						清洁能源发电量占比	0.039	0.078	0.078	0.078	0.078

（一）生态工程与建设持续加强

黄南州坚持保护优先、自然恢复为主，实施重要生态系统保护工程，统筹推进山水林田湖草系统治理，实施退牧还草、退耕还林草、防护林、重点公益林、水源涵养林、湖泊、湿地保护与建设、水土保持、生物多样性保护等专项工程，建设生态安全屏障。2018—2021年，重点生态工程投资额指数从0.086持续增长为0.129，每年国土绿化任务完成率均为100%，指数为0.076。说明黄南州持续加大生态工程建设力度，为打造"山水黄南"提供了充分保障。

（二）资源保护成效明显

黄南州对国土资源进行综合整治，加强矿产资源开发集中地区地质环境治理和生态修复，全面实行草畜平衡，草原禁牧累计1341万亩，草原综合植被覆盖度达到68.65%，如图9-1所示。2018—2021年，草原综合植被覆盖度指数从0.066持续增长为0.099，治理退化草原面积指数从0.036增长为0.101，畜禽养殖废弃物资源化利用率指数从0.094持续增长为0.141。草原综合植被覆盖度、畜禽养殖废弃物资源化利用率在逐年稳步增长，治理退化的草原面积不断扩大，资源保护成效明显。

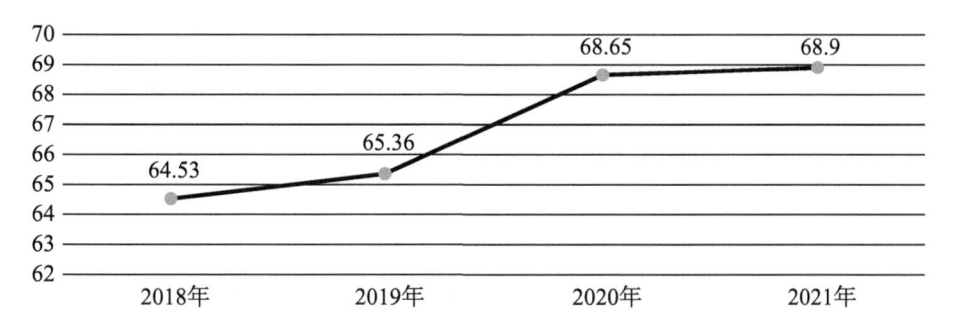

图9-1 2018—2021年黄南州草原综合植被覆盖率（%）

（三）生态环境质量总体改善

黄南州深入开展生态环境污染防治，推进历史遗留废弃矿山生态环境修复治理，开展城乡环境卫生综合整治行动，大力推广垃圾无害化处理技术，城镇污水处理率每年保持在87%以上，垃圾无害化处理率大幅上升，如图9-2所示。重要及一般江河湖泊水功能区水质达标率每年均能保持100%，空气质量优良天数比例虽有下降趋势，但每年依旧保持在96%以上。2018—2021年，城镇污水处理率指数和垃圾无害化处理率指数均从0.064持续增长为0.096，重要及一般江河湖泊水功能区水质达标率指数保持在0.094的较高水平，如表9-2所示，生态环境持续好转，环境保护成效显著。

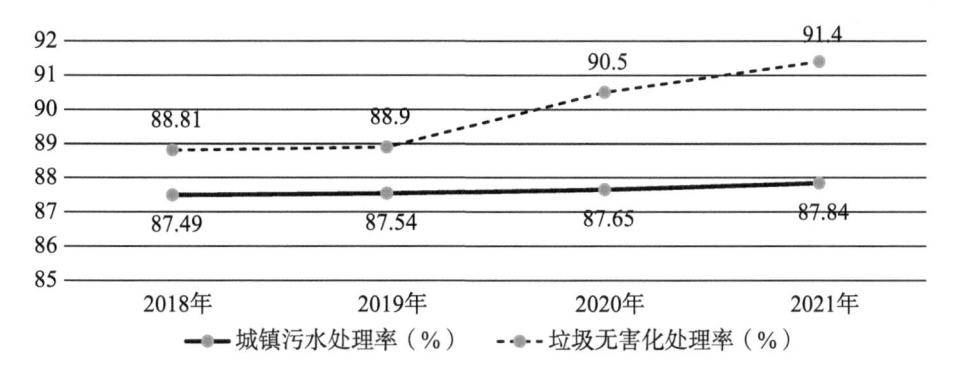

图9-2 2018—2021年黄南州城镇污水和垃圾无害化处理情况

（四）能源利用效率不高

黄南州围绕保障能源安全是能源转型变革战略方向，紧抓青海打造国家清洁能源产业高地等重大机遇，大力发展清洁能源产业，加快再生资源回收网点建设，不断加强可再生能源开发利用，实施集中供热清洁能源改造，推进散煤替代，有条件的地方推进煤改气、煤改电，逐步提高清洁取暖比重。但黄南州光伏、风电、水电等清洁能源项目工程实施相对滞后，电力基础设施薄弱，全州现有输电线路最高电压等级为110千伏，无高等级外送输出通道。2018—2021年，黄南州单位生产总值能源消耗指数从0.126下降为0.093，清洁能源发电量占比指数为0.078保持不变，能源利用效率指数从0.204下降为0.171，如表9-2所示，说明单位能耗直接影响能源利用效率，黄南州需进一步优化节能降耗措施，加大清洁能源利用率。

二、黄南州生态保护优先的主要举措与成效

自"一优两高"战略实施以来，黄南州始终牢记"国之大者"，坚持把生态保护放在筑牢国家生态安全屏障的突出位置，全面打造"山水黄南"品牌，协力保护"三江源"，用心守护"中华水塔"，增加优质生态产品供给，以坚定决心和务实举措不断满足人民日益增长的美好生态环境需要。黄南州被命名为国家级生态文明建设示范区，成为全省首个获此殊荣的自治州。

（一）着力构建制度保障体系，生态文明建设成效显著

黄南州坚持先行先试，建立健全以生态价值观念为准则的生态文化体系、以产业生态化和生态产业化为主体的生态经济体系、以改善生态环境质量为核心的目标责任体系、以治理体系和治理能力现代化为保障的生态文明制度体系、以生态系统良性循环和环境风险有效防控为重点的生态安全体系。编制"十四五"生态文明规划及黄河黄南流域生态保护和高质量发展、国家生态文明建设示范州等生态建设规划13项，出台生态文明高地建设、自然保护地体系示范州建设、城乡生活垃圾治理等行动方案4项，制定水资源保护条例，修订林木管护条例，启动不可降解塑料制品管理条例立法工作，"河湖长

制"持续巩固,"林草长制"全面推行,构建起了以总体规划为统领、专项规划为支点、工作方案为抓手、法规制度为保障的生态文明建设规划制度体系,为深入推进生态文明建设奠定了坚实基础。注重创新生态保护模式,全面提升生态系统质量和稳定性,不断提高生态产品供给能力,确保国家生态安全。黄南州坚持以节约优先、保护优先、自然恢复为主的策略来巩固提升三江源等区域生态治理成效,扎实推进三江源生态保护和建设工程、青海东部干旱山区生态屏障建设工程、国土绿化工程,全面提升自然生态系统稳定性和生态服务功能。黄南州生态文明建设成效显著,在全省率先被命名为国家级生态文明建设示范区。

（二）深入打好污染防治攻坚战,环境综合治理成效明显

在水环境治理方面,黄南州着力推进黄河、隆务河、泽曲河生态环境综合整治工作。严厉查处环境违法行为,拆除水源地保护区范围内的违规旅游设施,实施隆务河上游及扎毛水库生态保护工程,确保集中式饮用水源地水质安全,完成了李家峡良好湖泊保护建设项目,采用信息化手段对城镇污水处理厂运行开展24小时在线监测,确保了污水处理厂达标排放,治理中小河流113公里,境内主要流域监测的地表水集中式饮用水水源地和地下水集中式饮用水水源地水质达标率达100%。2021年,全州生活污水处理设施已实现了城市、县城全覆盖,建成城镇污水处理厂6座,日处理能力1.6万立方米,污水处理率达89.7%,生活污水处理成效明显。城市黑臭水体治理成效显著,城区黑臭水体消除率达到100%。在土壤环境方面,建立土壤专项资金项目库,实施土壤治理工程,解决了土壤污染问题,2018年以来,治理水土流失194.7平方公里,全州土壤环境质量基本达标,建立生态保护红线管控制度,使破坏严重的矿山生态环境得到有效遏制,关停非法采砂采矿企业,有效整治了矿山资源环境。在空气环境方面,依法关停排污严重的企业,降低了二氧化硫和氮氧化物排放量,严格控制燃煤质量,严禁废弃物露天焚烧,实施大气高效生态抑尘项目,PM10平均浓度和PM2.5下降明显,实施"一优两高"战略以来,黄南州空气质量持续改善,空气优良天数达标比例保持在全省前列。加大对固体废弃物的处理,2021年,建成28个生活垃圾填埋

场,日收集清运垃圾约346吨,处理方式基本上以填埋为主。大力推广垃圾无害化处理技术,建成了年处理能力1.8万吨的河南县生活垃圾资源化利用及无害化处置运营项目,垃圾无害化处理率达94.8%,彻底解决市县城区40公里以外乡村生活垃圾处理问题,城乡环境卫生综合整治成效明显。两轮次中央生态环保督察反馈问题整改全面清零,生态环境持续好转。

(三)全力抓好环境保护,生态安全屏障建设更加有力

加强国土空间用途管制和耕地保护,对生态保护红线进行合理评估和优化调整,开展跨省域调剂城乡建设用地增减挂钩工作,划定生态保护红线面积6484.55平方公里,占全州行政区面积的35.58%。对易地扶贫搬迁原宅基地进行复垦复绿,严守耕地保护红线,开展了永久基本农田储备区划定工作,实施高标准农田建设,清理不合格闲置用地,投资完成了青海东部黄河谷地百万亩土地开发整理重大项目尖扎县子项目工程。通过强化土地合理利用,优化土地资源配置,提高了全州节约集约利用土地水平。聚焦打造黄河、隆务河流域两条绿色长廊,大力实施三江源生态保护、重点区域生态保护修复等项目,积极推进三江源二期、天保二期等重大生态工程建设,大力开展国土绿化,2018年以来,年均新增植绿6万亩以上,森林覆盖率由19.22%提高到29.43%,植绿规模和速度引领全省。全面实行草畜平衡,草原禁牧1341万亩,草原综合植被覆盖度从2018年的64.53%增长到2021年的68.9%,高于全国全省平均水平。积极融入国家公园示范省建设,持续加大"七大国家自然公园"和"两个省级自然公园"保护建设力度,创造了一批国家森林乡村和省级森林城镇,融入国家公园示范省建设步伐加快,坎布拉世界地质公园申报工作进入国际申报阶段,生态资源监管水平明显提升。

(四)加强新时代生态文化培育和宣传,打造"山水黄南"良好品牌形象

积极组织学习宣传贯彻习近平生态文明思想,构建生态环境保护社会行动体系,加强生态文化普及教育和宣传,创办生态文化实践月、国家公园主题日活动,开展创建节约型社会活动,倡导简约适度、绿色低碳活动的生活方式,引导全社会树立人与自然和谐共生的理念,促进形成节约资源和保护

环境的生产生活方式，将生态优先要求切实转化为各族人民群众的思想自觉和行动自觉。在全省率先推行"林草长制"，建立健全四级河湖长制体系，落实生态保护公益性岗位 9647 个，成功打造高原美丽乡村 108 个、全国文明村镇 6 个，打造了全国绿化模范县、全国村庄清洁行动先进县、国家生态文明建设示范县等一批在全省全国拿得出、叫得响的生态文明建设样板，打造了天空蓝、河湖清、草原绿的"山水黄南"品牌形象。

三、黄南州生态保护优先面临的主要问题与不足

"一优两高"战略实施以来，黄南州虽然在打造"山水黄南"品牌形象方面成效显著，但生态保护与治理方面仍然存在一些问题和不足。

（一）生态环境脆弱，保护与发展的矛盾比较突出

黄南州生态环境脆弱，轻度以上水土流失面积 2745 平方公里，草原鼠虫害发生面积达 1458.6 万亩，全州 60% 的天然草原不同程度存在退化，其中中度以上草原退化面积 783.5 万亩，生态保护与建设任务重。根据国家主体功能区划分，黄南州大部分区域属于三江源核心区和限制开发区，一些涉及民生改善的道路、供水、供电等基础设施，以及关系到涉藏地区长远发展的国省道干线公路、输变电工程等项目，在国家层面协调落地难度大。

（二）思路举措不足，"两山理论"实践转化有差距

对群众的以山水林田湖草沙冰系统治理保护教育引导还有欠缺。部分环境监察、监测人员为非专业人员，人员素质参差不齐，从而降低了环境监测队伍整体素质和工作效率。政府各部门虽然能深刻认识到生态环境保护的重要性，明白最大责任在于保护生态的道理，但是在具体工作中还存在认识与实践有偏差的问题，虽然在积极打造"两山"转化先行区，但是在打通绿水青山向金山银山的转换实践中研究不够、思路不宽、方法不多、能力不足。

（三）基础设施滞后，城乡治污仍需攻坚

城镇乡村垃圾、污水处理设施建设滞后，如同仁市城区常住人口达 5 万人，市级污水处理厂、垃圾填埋场、垃圾中转站各 1 座，但有 3 个乡镇无垃

圾填埋场，村级无规范化垃圾和污水处理设施。各县城建成投运的生活污水处理厂，由于污水集纳管网配套建设跟不上，雨污合流和生活污水收集率不高，部分污水处理厂运行不理想。

（四）污染治理不到位，环境保护短板依然存在

部分建筑工地降尘措施落实不严格，渣土车全封闭管理工作不到位，存在偷运现象，扬尘治理任务重，采暖期锅炉烟尘污染依然存在。城镇污水管网欠账较多，污水收集系统和配套管网不完善，进水量不足，进水浓度偏低，乡镇饮用水水源地规范化建设进度缓慢，部分屠宰场污水处理设施运行不正常。规模养殖场粪污处理及资源化利用方面投入还不够，配套设施不健全不完善，个别小城镇和农村聚居点的生活污染物直接排入周边环境中，对土壤、水源造成不同程度的污染。

（五）地方财力薄弱，环保投入资金有欠缺

黄南州地方财力薄弱，生态环境保护任务与有限的财力支撑矛盾较为突出，"一优两高"战略实施以来，对生态环境保护的投入力度虽有加大，但与治理任务相比，仍然不足，环保历史欠账多，环保基础设施建设起点低、起步晚，绝大部分环保基础设施是在"十二五"期间建成的，受当时资金、技术、配套条件和气候环境等因素制约，已不适应现在的工作需求。

第三节 黄南州高质量发展指标评价及分析

"一优两高"战略实施以来，黄南州着力深化供给侧结构性改革，全力发展壮大特色优势鲜明、市场潜力巨大的绿色产业，统筹推动新兴产业和传统产业互动发展、融合发展，有效促进自身特色优势充分释放，稳步提升全州经济发展层次和核心竞争力。

一、黄南州高质量发展指标分析

根据对2018—2021年黄南州高质量发展评价指标数据的收集与测算，得

到黄南州"高质量发展"评价指数表，如表9-3所示。2018—2021年，黄南州经济高质量发展指数从0.609持续增长为0.719，年均增长5.7%。其中：产业发展指数从0.266持续增长到0.399，年均增长14.47%，集体经济年度收益10万元以上的行政村占比、民族手工业销售收入、文化旅游产业营业收入三个指标权重均相对较高，说明村集体经济、民族手工业、文旅产业对黄南州高质量发展贡献较大；经济发展指数从0.343下降到0.320，年均下降2.3%，争取和使用对口援青资金额指标在经济发展指标中所占权重最高，表明对口援青工作对促进黄南州经济持续发展发挥了重要作用，投资和消费对经济发展的贡献不明显。

表9-3 黄南州"高质量发展"评价指数

二级指标	指标权重	指数值（年）				三级指标	指标权重	指数值（年）			
		2018	2019	2020	2021			2018	2019	2020	2021
产业发展	0.133	0.266	0.306	0.377	0.399	集体经济年度收益10万元以上的行政村占比	0.048	0.096	0.108	0.138	0.144
						民族手工业销售收入	0.046	0.092	0.106	0.127	0.138
						文化旅游产业营业收入	0.039	0.078	0.091	0.112	0.117
经济发展	0.128	0.343	0.339	0.312	0.320	固定资产投资额增长率	0.032	0.096	0.085	0.084	0.064
						社会消费品零售总额增长率	0.026	0.075	0.072	0.052	0.078
						争取和使用对口援青资金额	0.038	0.076	0.087	0.100	0.114
						年度旅游业收入增长率	0.032	0.096	0.094	0.076	0.064

（一）集体经济逐步巩固壮大

黄南州积极培育新型职业农牧民和各类市场经营主体，发展新型农村集体经济，引导支持种养大户、家庭农牧场、农牧民专业合作社、产业化龙头企业、社会化服务组织等新型经营主体规范发展，扶持发展联合社，支持多种形式适度规模经营。2020年、2021年，集体经济年度收益10万元以上的行政村占比先后突破50%和60%，如图9-3所示，指数值从0.096持续增长到0.144，如表9-3所示。表明在产业"四地"牵引下，黄南州村集体经济在不断巩固壮大，在为民增收方面发挥了较大作用。

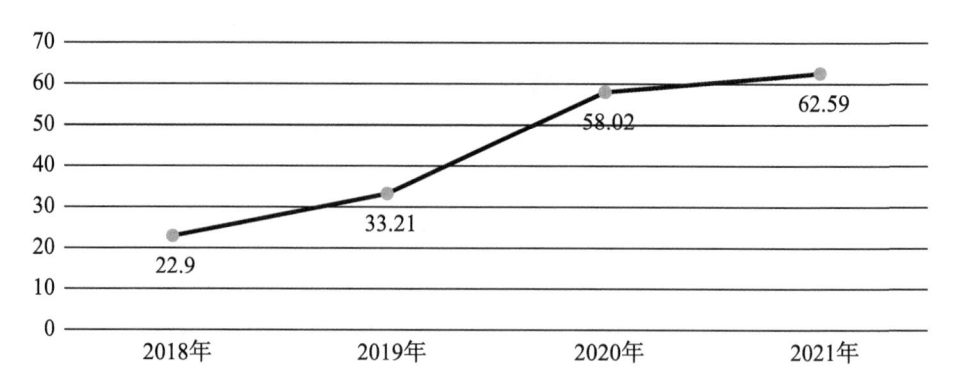

图9-3 2018—2021年黄南州集体经济年度收益10万元以上的行政村占比（%）

（二）文旅产业为高质量发展注入动力

黄南州着力打造青海省文化旅游融合发展示范区，积极创建国家全域旅游示范区、国家级特色小镇、乡村旅游示范村，依托文化和旅游产业，民族手工业快速发展，2021年实现民族手工业销售收入6.9亿元，比2018年增加1.14亿元，年均增长6.2%，民族手工业销售收入指数值从0.092持续增长到0.138；文化旅游产业营业收入从94659.2万元增长到130779.9万元，如图9-4所示，年均增长11.4%，指数值从0.078持续增长到0.117。单从旅游业收入指标来看，年度旅游业收入增长率指数从0.096降低为0.064，2018年和2019年，年度旅游业收入增长率保持在20%以上，年度旅游业收入增长率指数值在0.09以上，但2020年和2021年，旅游业收入增长率分别为10%和3.3%，降幅明显，年度旅游业收入增长率指数值降到了0.064，如表9-3所示，充分表明旅游支柱产业受疫情冲击较大，对黄南州经济发展的影响较为明显。

（三）对口援青工作机制发挥效用较大

黄南州在推动脱贫攻坚工作中，灵活有效运用东西部扶贫协作和对口援青机制，真金白银投，真情实意帮，真抓实干扶，聚焦深度贫困地区攻坚，着力补齐贫困村水、电、路、网等基础设施短板，瞄准特定贫困人口精准帮扶，注重扶贫与扶智相结合，充分发挥援青人才的专业特长优势，鼓励引导各类人才向基层一线流动、在基层一线创业，强力推进产业扶贫，实现了有质量、可持续的脱贫。2018—2021年，黄南州争取和使用对口援青资金额累计达4.26亿元，如表9-3所示，争取和使用对口援青资金额权重为0.038，指数值从0.076持续增长到0.114，对经济持续发展的贡献较大。

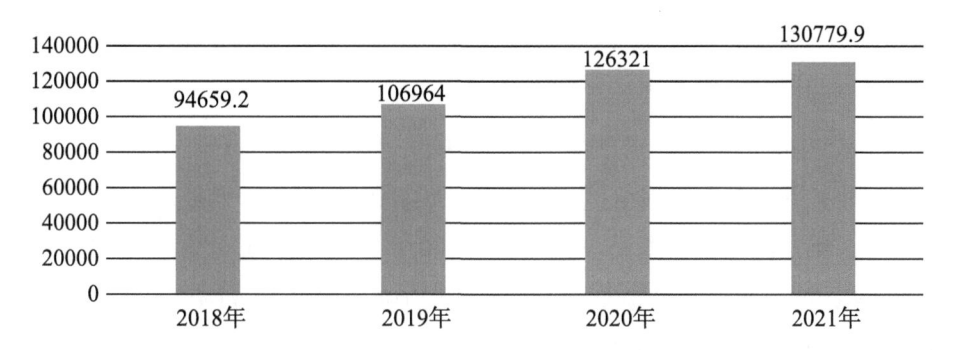

图9-4　2018—2021年黄南州文化旅游产业营业收入（万元）

（四）投资和消费后劲不足

投资和消费是拉动经济增长的重要指标。2018—2021年，黄南州地区生产总值从88.33亿元逐年增长到110.45亿元，但固定资产投资额增长率从18.2%降到7.2%，如图9-5所示，指数值从0.096下降到0.064，如表9-3所示。社会消费品零售总额增长率从2018年的6.9%下降到2020年的1%，指数值从0.075下降到0.052，2021年稍有回升。表明投资和消费对黄南州经济增长的拉动力明显不足。

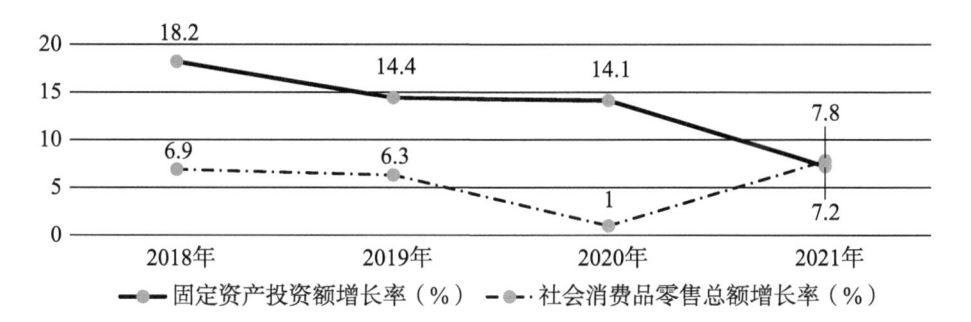

图9-5　2018—2021年黄南州固定资产投资额和全社会消费品零售总额增长情况

二、黄南州高质量发展的主要举措与成效

黄南州坚持以产业"四地"引领推动高质量发展，持续发展生态特色产业，着力增强高质量发展内生动力，综合实力实现重大跨越，为推动黄南州经济社会发展和迈向社会主义现代化目标提供了可靠保障。

（一）国民经济平稳健康发展，综合实力实现重大跨越

黄南州地区生产总值于2019年突破100亿元大关，2021年地区生产总值达到110.45亿元，比2018年增加22.12亿元，年均增长7.7%，如图9-6所示。其中：第一产业增加值30.83亿元，比2018年增加7.92亿元，年均增长10.4%，第二产业增加值25.73亿元，比2018年减少3.51亿元，年均增速为-4.2%；第三产业增加值53.89亿元，比2018年增加17.71亿元，年均增长14.2%。2018年三次产业结构为25.9：33.1：41，2021年三次产业结构为27.9：23.3：48.8，第三产业比重明显提升，为国民经济平稳健康发展贡献较大。2021年，黄南州地方财政公共预算收入达到4.86亿元，比2018年增加1.7亿元，地方财政公共预算支出110.21亿元，比2018年增加24.17亿元，社会消费品零售总额15.63亿元，比2018年增加4.54亿元。全州仅有的1家拥有进出口资格的企业，在2016年实现进出口零的突破，2021年实现进口约6万美元。黄南州主要经济指标运行平稳，综合实力实现重大跨越，圆满完成"两个翻一番"目标，成为青海省发展速度最快、综合实力提升最明显的地区。

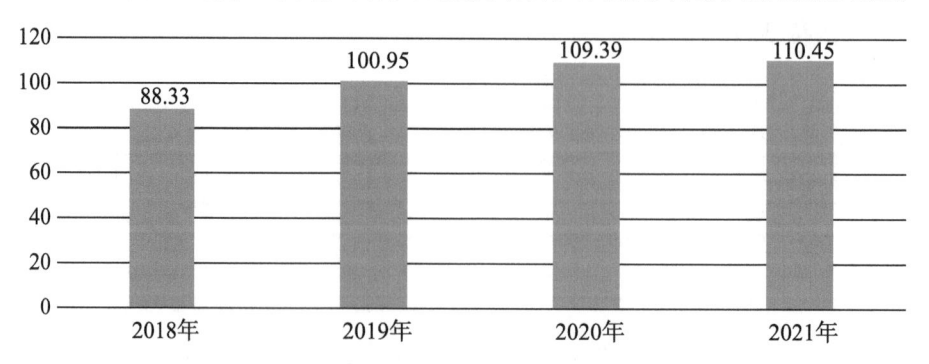

图9-6 2018—2021年黄南州地区生产总值（亿元）

（二）全力打造绿色有机农畜产品输出地，农牧业发展成就显著

《黄南州创建绿色有机农畜产品示范州三年行动方案》于2020年印发实施，积极探索出了产业、生产、技术、建设"四大模式"，构建了组织管理、质量标准、生产技术、生产认证、信息交流、配套服务、市场营销、政策扶持"八大体系"，成为农牧业高质量发展的有力抓手。黄南州有机认证天然草场面积2109.5万亩、牲畜180.66万头（只），成为全省首个天然草场牲畜有机认证全覆盖地区。农作物种子有机肥替代化肥实现全域覆盖，成功创建泽库国家级现代农业牦牛产业园和国家级扶贫产业园，创新推出的"拉格日"模式被农业农村部作为草地生态畜牧业生产经营方式改革典型在全国推广。在全省率先创建绿色有机农畜产品示范州，成为部省共建生态有机示范省的重要基地。不断加强科技应用推广、绿色产品培植和发展、市场组织培育和建设，加快生态有机品种特色化、生产标准化、经营集约化、产品优质化，生态畜牧业合作社达133家，牧民入社率、草场和牲畜整合率分别达89.1%、88.8%和91%。全州建成日光节能温室3900栋、畜棚1.27万栋，发展畜禽规模养殖场153家，打造"互联网＋"智慧农牧业大数据平台，培育标准化有机养殖示范场19处，选育优良畜种核心群54群。扶持发展农牧民合作社717家，精心打造了西北弘等一批知名有机品牌，培育国家地理标志产品20个，占全省总量的1/3，有机认证产品数量达到43个，占全省总量的1/4，培育省级区域公用品牌2个，打造绿色食品47个，"三品一标"建设走在全省前列，绿色农牧成为黄南州的金字招牌，在"青"字号农牧品牌建设中份量越来越重。全域实现牦牛藏羊可追溯试点工程信息可查询、源头可追溯的质量追溯体系。率先在全省探索建立食用农产品电子追溯合格证系统，形成省州县三级互联互通、共享共用的食用农产品承诺达标合格证体系。落实"藏粮于地、藏粮于技"战略，划定了6万亩粮食生产功能区，农业综合生产能力进一步提升。实施高标准农田2.3万亩，建成高效节水灌溉25.52万亩，主要农作物耕种收综合机械化率超过70%，农牧业现代化建设实现新提升。

（三）加快推进清洁能源高地建设，较好带动第二产业发展

"一优两高"战略实施以来，黄南州紧抓黄河流域生态保护与高质量发展和青海打造国家清洁能源产业高地等重大机遇，全力推动清洁能源产业发展，稳步推进工业经济提质增效。2018—2020 年，黄南州工业增加值分别为 14.23 亿元、17.05 亿元和 18.44 亿元，年均增速达 13.8%，其中，规模以上工业增加值分别为 12.38 亿元、14.45 亿元和 17.42 亿元，年均增速达 18.6%，增长速度较快。2021 年，黄南州规模以上电力生产企业完成增加值 114964.87 万元，占全部规模以上工业增加值的 80.6%。现有的尖扎滩 50 兆瓦光伏发电项目，自投运以来累计完成发电量 32962 万千瓦时，发电营业收入 29006.56 万元。正在实施的同仁市瓜什则乡 400MW "牧光储"综合一体化发电项目，总投资 23.005 亿元，建成后年发电量可达 8 亿千瓦时，按照 0.2277 元/度测算，销售年收入将达到 1.9 亿元。精心谋划水电、光伏、风能等互为补充的清洁能源产业布局，屋顶分布式光伏示范县项目和一批牧光互补发电等新能源项目加快实施，完成投资 11.2 亿元，全州清洁能源发电总装机容量达到 239 万千瓦①，清洁能源产业成为助推新旧动能转换、加快绿色发展的强大引擎。

（四）推动文化旅游融合发展，生态旅游目的地建设形成新局面

黄南州深入实施"一优两高"战略，坚持以"四地"建设为引领，积极创建"省级全域旅游示范区"。全州共创建旅游景区 15 家，乡村旅游重点村 13 个，星级乡村旅游接待点 67 个，国家级公园 7 处；人类非物质文化遗产代表作名录 2 项，国家级非物质文化遗产 8 项，非遗传习中心 126 家，非遗宣传展示点 78 个，州级以上非遗项目代表性传承人达 349 名，代表性传承人队伍不断壮大；有文物保护单位 412 处，其中国家级文物保护单位 4 处，省级文物保护单位 41 处；有工艺美术大师、民间工艺大师、民间工艺师 1037 名，工艺美术类人才总量持续增长。2019 年，黄南州正式设立为国家级热贡文化

---

① 《黄南藏族自治州政府工作报告》，黄南藏族自治州人民政府网，http://www.huangnan.gov.cn/html/contents/22/1060.html.

生态保护区，成功注册"唐卡艺术之都"商标，创造万幅唐卡展、千人同绘唐卡等5项世界纪录，启动实施唐卡区块链项目，带动文创产品产业链全面提升。不断加强了坎布拉等重点景区基础设施建设，打造一批乡村特色旅游景点，德吉村、热贡梦土庄园、噶达庄园等充满民族文化氛围和宁静质朴气质的乡村旅游接待点，陆续成为黄南州乡村旅游发展的典型范例和引领黄南乡村旅游发展的"领头雁"、旅游"打卡"地。组织开展热贡文化旅游节等一系列丰富多彩的文旅活动，举办国际唐卡艺术展暨世界唐卡艺术大会等多项大型宣传活动，推动"西域胜境·神韵黄南"品牌影响力极大提升。黄南州文化旅游从业人员共计达到4.17万人，2021年文旅产业营业收入达13.08亿元，比2018年增加3.61亿元，2018年、2019年旅游收入增速均超过20%，2020年即便受到疫情影响，旅游收入增速也突破了10%，文化旅游业已成为黄南州富民强州的新兴朝阳产业。

（五）加快推动乡村振兴，实现第一、第二、第三产业融合发展

黄南州紧紧围绕乡村产业振兴，不断促进乡村产业发展，引导和推动更多资本、技术、人才等要素向农牧区流动，充分调动广大农牧民的积极性和创造性，实现了第一、第二、第三产业融合发展，形成了现代农村牧区产业体系，保持了农牧区经济发展旺盛活力。不断以调整产业结构为抓手，加快粮经饲三元转变，开展化肥农药减量增效行动，稳定粮油种植面积，实施高标准农田建设1万亩，"四个万亩"（核桃、黄果、蔬菜、中藏药）特色种植基地初具规模，万头牛场和万头生猪两个规模养殖项目加快推进。扶持发展牦牛、奶牛、生猪、冷水鱼等畜禽养殖业，建成沿黄水产养殖带，打造省级"菜篮子"生产基地8个，形成了以泽库县"拉格日"有机畜牧业模式，河南县雪多牦牛区域品牌和良种畜繁育基地，同仁市、尖扎县休闲农牧业和乡村旅游融合发展的全州联动发展模式。发展牦牛生态畜牧业专业合作社（养殖场）61家、牦牛产品加工龙头企业5家，组建牦牛产业、农牧业技术服务和农畜产品营销3个联盟，辐射带动更多农牧民群众增收。创建全国唯一以牦牛藏羊为主的泽库县国家现代农业产业园，建成河南、尖扎全国一二三产业融合发展产业园，培育专业合作社648家，发展涉农龙头企业17家。把文化

旅游业作为战略性支柱产业，着力推动文化旅游融合发展，重点推进坎布拉生态旅游文化保护体验基地、同仁热贡艺术传承发展基地、沿黄高原休闲养生和昂拉千户庄园爱国主义教育基地等"五大基地"建设，乡村文化旅游产业发展前景广阔。倾力打造传统村落旅游精品线路，利用"旅游+""生态+"等模式，发展乡村休闲旅游产业，文化与旅游融合发展，建设高原美丽乡村105个，实施国家级传统村落项目29个，打造全国文明村镇6个，最美宜居村庄2个。① 近年来累计投资4200万元，扶持14个村发展乡村旅游业，带动6000余人持续增收。

（六）加大固定资产投资力度，基础设施短板加快补齐

"一优两高"战略实施以来，黄南州持续加强固定资产投资，实施各类建设项目2000余项，全州262个行政村水、电、路、通信、医疗卫生、文化等基础设施得到全面改善。2021年，全州建筑业企业达到21家，实现建筑业总产值6.1亿元，全州绿色建筑占新建建筑比例达100%。累计完成交通基础设施建设项目513项，总投资76.7亿元，农村公路建设投资累计达13亿元，新建改建农村公路3074公里。路网结构不断完善，G0611张汶高速同仁至赛尔龙段、S206隆务至街子旅游公路开工建设，G0611同仁南至西卜沙段高速公路、G310尖扎至共和公路、S308瓜什则至大角满段公路、马康公路等一批交通国省干线工程进展顺利，坎布拉景区旅游公路、S218河南县至鄂尔哈斯（甘青界）公路已顺利完工，牙同（牙什尕至同仁）高速、黄河干流防洪、李家峡南干渠、隆务河水生态治理一期等一批强基固本的项目建成投用，西成铁路黄南段、张汶高速同仁至赛尔龙段、国道310尖扎至贵德段、330千伏输变电、天然气入州、扎毛水库灌区、浪加水库等项目快速实施。全州通车里程达5834公里，所有乡镇实现三通（通路、通客车、通快递），所有行政村实现双通（通路、通客车），极大地改善了全州的交通基础设施水平，满足了地区群众不断增长的出行需求。累计完成货物运输量2155万吨，完成货物

---

① 黄南州以产业振兴促进乡村全面振兴 但仍存在一些问题需重点关注［EB/OL］. 黄南藏族自治州人民政府网，http：//www.huangnan.gov.cn/Html/Contents/18/7329.html, 2022 - 04 - 07/2022 - 12 - 01.

周转量 68.74 亿吨公里。深入推进高原美丽城镇建设，同仁撤县设市，并列入省部共建高原美丽城镇示范试点地区，唐卡艺术小镇、坎布拉运动休闲小镇稳步推进，老旧小区改造加快实施，全州城镇建成区面积达 18.88 平方公里，常住人口城镇化率达 42.58%，城乡面貌正在发生质的改变。

三、黄南州高质量发展面临的主要问题与不足

黄南州在贯彻落实"一优两高"战略以来，经济社会发展取得长足进步，但发展不充分、不平衡的短板和弱项仍较为突出，高质量发展的基础有待进一步夯实。

（一）要素配置不够合理，经济结构性矛盾仍然突出

经济结构单一，一产不壮、二产不强、三产不活。第一产业增长空间有限，特色农牧业规模小，规模化、集约化、产业化程度低。第二产业发展层次低，工业结构偏短，水电产业独大。建筑企业仅 18 家，当地企业占全州建筑业市场份额不足 10%，税收和劳务受限。第三产业基础薄弱，总量规模小，发展速度慢，非营利性服务业占主导地位，消费"外流"趋势加重。

（二）居民实际购买力下降，消费增长乏力

受新冠疫情影响，消费需求抑制明显，居民消费难以在短期恢复。居民家庭恩格尔系数从 2018 年的 33.88% 持续上升为 2021 年的 35.71%，居民家庭食物消费比例提高，预防性储蓄升高，文娱等消费比例下降，整体消费低迷。当前居民消费率依然受到居民消费能力（收入）和消费意愿（居民对未来不确定性和风险认知）的影响。限上企业数量少、比重低，对零售总额的拉动有限。

（三）传统产业转型升级缓慢，重点产业集群有待进一步发展壮大

生态有机畜牧业、文化旅游业等传统产业转型升级任务重，清洁能源产业发展相对滞后。生态有机畜牧业产供销产业链未完全形成，兽医、农牧等服务体系不全或向生产一线延伸不够，合作社规范化标准化程度不高，农牧业龙头企业带动力不强，产品附加值不高。文旅产业融合不深，旅游产业要

素市场不完善、不均衡，同仁唯热贡文化独尊，自然景点开发少，食宿配套不充分，农家乐发展慢，群众参与度低，旅游服务企业少。景区景点之间点线面关联不够，旅游线路设计外围不明朗、内线不清晰，未形成州域内外双循环格局。各市县园区建设起步晚、趋同化，在传统优势产业发展以及园区建设方面各自为阵、单打独斗，抱团发展、补位发展不够。电力基础设施薄弱，全州现有输电线路最高电压等级为110千伏，同仁330千伏输变电工程正在建设，无高等级外送输出通道，亟须建设330千伏、750千伏高等级输电线路以及特高压输电线路才能满足全州清洁能源发展需要。

（四）市场发育程度低，企业培育发展缓慢

由于中小微企业无法提供有效抵押物，缺乏技改资金或流动资金，原材料购进困难，产品供应不足，扩大市场规模缺乏足够资金支撑，中小微企业运行不稳定，人才留不住，技改扩能跟不上。行业服务企业不到位，融资难，营商环境不好。受资本、土地、管理、环境、市场、原材料、价格等生产要素和市场要素影响，企业创新孵化周期长，项目落地困难，市场主体发展缓慢，企业培育难度较大。受传统思想影响，中小微企业家族式经营或管理占比较高，尚未形成现代企业管理模式，向现代企业转型升级困难较大。

（五）对外开放水平不高，外向型经济发展不足

黄南州市场发育程度低、对外开放水平不高，经济外向度不高，外向型企业起步晚、基础差、数量少，对外贸易呈现面窄量少、交易稳定性差的特点。全州拥有进出口资格的企业仅1家，进出口额一直低位运行，在对接"一带一路"共建国家方面，企业带动能力弱。因为没有建立对外贸易担保公共平台，造成外向型企业融资贷款难，制约外向型服务贸易业的发展。

第四节 黄南州高品质生活指标评价及分析

"一优两高"战略实施以来，黄南州协调推进社会建设各项事业繁荣发展，始终把大部分财力用于民生投入，实施一大批惠民举措，不断增进民生

福祉，人民群众收入水平不断提升，消费需求更加品质化、多样化，社会保障持续改善，就业大局基本稳定，科教文卫等公共服务能力不断提升。

一、黄南州高品质生活指标分析

根据对2018—2021年黄南州高品质生活评价指标数据的收集与测算，得到黄南州"高品质生活"评价指数表，如表9-4所示。2018—2021年，黄南州高品质生活指数从0.765快速提升至1.017，年均增长9.9%。收入及消费水平指数、居住状况指数、社会保障水平指数、医疗卫生水平指数、教育就业指数均呈上升趋势，指数值分别增加0.027、0.046、0.248、0.079、0.052，增长率分别为5.9%、14.47%、14.47%、9.6%、8.7%。从指标权重来看，医疗卫生水平在高品质生活指标中所占权重最大，其次为教育和就业。从指数值来看，医疗卫生水平指数增加值最大，其次为教育和就业。这说明医疗卫生、教育和就业直接影响黄南州高品质生活质量，居住状况和社会保障水平在近年来也得到极大改善。

表9-4 黄南州"高品质生活"评价指数

二级指标	指标权重	指数值（年）				三级指标	指标权重	指数值（年）			
		2018	2019	2020	2021			2018	2019	2020	2021
收入及消费水平	0.063	0.144	0.149	0.149	0.171	全体居民人均可支配收入	0.014	0.028	0.033	0.037	0.042
						全体居民人均生活消费支出	0.015	0.030	0.035	0.037	0.045
						恩格尔系数	0.018	0.054	0.047	0.038	0.036
						公共文化人均文化事业费支出	0.016	0.032	0.034	0.037	0.048
居住状况	0.046	0.092	0.106	0.121	0.138	户籍人口城镇化率	0.022	0.044	0.047	0.061	0.066
						农牧区居住条件改善数	0.024	0.048	0.059	0.060	0.072
社会保障水平	0.048	0.096	0.144	0.144	0.144	城乡居民基本养老保险参保率	0.024	0.048	0.072	0.072	0.072
						城乡居民基本医疗保险参保率	0.024	0.048	0.072	0.072	0.072

续表

二级指标	指标权重	指数值（年）				三级指标	指标权重	指数值（年）			
		2018	2019	2020	2021			2018	2019	2020	2021
医疗卫生水平	0.116	0.250	0.303	0.309	0.329	人均预期寿命	0.028	0.056	0.059	0.066	0.084
						每千人拥有执业（助理）医师数	0.013	0.026	0.032	0.034	0.039
						每千人拥有床位数	0.013	0.039	0.026	0.029	0.034
						婴儿死亡率	0.014	0.033	0.042	0.035	0.028
教育就业	0.086	0.183	0.223	0.225	0.235	义务教育巩固率	0.036	0.072	0.090	0.094	0.108
						高中阶段毛入学率	0.019	0.038	0.044	0.056	0.057
						城镇登记失业率	0.015	0.036	0.043	0.045	0.030
						城镇新增就业人数	0.015	0.036	0.045	0.030	0.040

（一）居民收入水平明显提高

黄南州借助国家实施脱贫攻坚、乡村振兴等政策机遇，以及全省打造生态文明高地、打造产业"四地"等战略部署，深入推进"三区建设"，不断开发工作岗位。2021年，人均工资性收入10616元，同比增长11.5%；人均经营性净收入5363元，同比增长5%；人均财产性净收入703元，同比增长4.5%；人均转移性净收入3309元，同比增长9.3%。全州城镇常住居民人均可支配收入37093元，同比增长5.9%。其中：人均工资性收入24001元，同比增长5.1%；人均经营性净收入6796元，同比增长8%；人均财产性净收入1271元，同比增长14.7%；人均转移性净收入5024元，同比增长4.8%。全州农村常住居民人均可支配收入11679元，同比增长9.1%。其中：人均工资性收入4110元，同比增长19.3%；人均经营性净收入4667元，同比增长2.1%；人均财产性净收入427元，同比下降9.8%；人均转移性净收入2475元，同比增长11.5%。2018—2021年，全体居民人均可支配收入增加4743元，年均增长9.4%，全体居民人均可支配收入增长速度明显高于经济增速，指数值从0.028持续增长为0.042，增加了0.014，表明居民收入水平持续提高。

（二）城乡居民消费能力有限

2018—2021年，黄南州全体居民人均生活消费支出增加2790元，年均增长 8.1%，指数值从 0.03 增长为 0.045，增加 0.015，公共文化人均文化事业费支出从 55.75 元增长到 58 元，年均增长 1.3%，指数值从 0.032 增长为 0.048，增加 0.016，恩格尔系数从 33.88% 持续增长为 35.71%，增加 1.83 个百分点，系数值明显高于全国同期水平，指数值从 0.032 持续增长为 0.048。说明在这四年间，黄南州居民消费支出虽然在持续增加，但用于购买家庭最基本的食物消费在快速增加，用于其他方面享受生活的消费支出相应减少，居民消费能力受限，信心减弱。

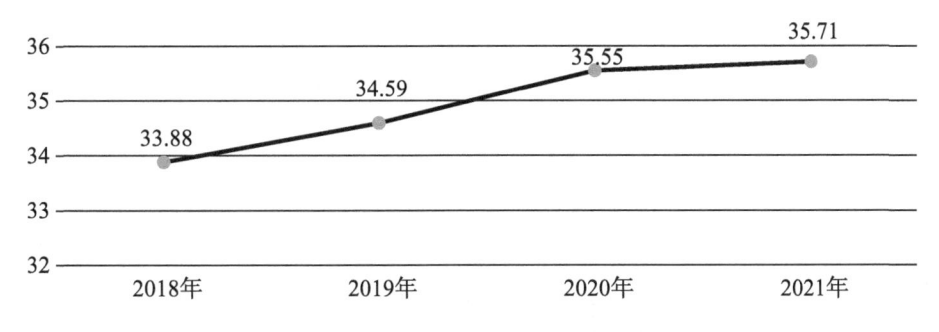

图 9-7　2018—2021 年黄南州恩格尔系数（%）

（三）城乡居民居住条件不断改善

黄南州有序推进城镇建设和乡村建设，实施抗震改造和危房改造、老旧小区改造等工程，积极推进高原美丽乡村和美丽城镇建设，2018—2021 年，常住人口城镇化率从 37.79% 提高到 42.58%，增加了 4.79 个百分点，如图 9-8 所示，指数值从 0.044 提高到 0.066，增加了 0.022；农牧区居住条件改善数累计 8365 户，指数值从 0.048 提高到 0.072，增加了 0.024，如表 9-4 所示。

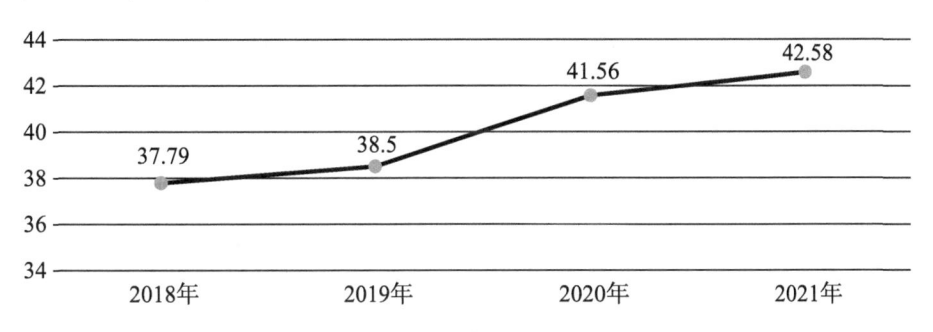

图 9-8　2018—2021 年黄南州城镇化率（%）

（四）基本社会保障实现全覆盖

黄南州深化医疗保障制度改革，加强医保政策宣传，全力推进全民参保工作，明确医保支付方式改革在保障群众获得优质医药服务、提高医保基金使用效率中所起的关键作用，逐步实现医保基金使用效率更高、医保管理更加精准、医疗支出补偿更合理，切实减轻了患者就医负担，助推医、保、患三方共赢。社会保障水平指数从0.096提高到0.144，增加0.048，截至2021年，城乡居民基本养老保险参保率和城乡居民基本医疗保险参保率均达100%，指数值均从0.048增长为0.072，如表9-4所示，养老和医疗保障实现全覆盖，为城乡居民实现高品质生活提供了有力保障。

（五）医疗卫生水平直接影响高品质生活质量

2018—2021年，如表9-4所示，黄南州医疗卫生水平指数从0.25提高到0.329，增加0.079，医疗卫生总体水平显著提升。其中：人均预期寿命从71.2岁提高到72.54岁，指数值从0.056提高到0.084，增加了0.028；每千人拥有执业（助理）医师数从1.74人增加为2.53人，指数值从0.026提高为0.039；每千人拥有床位数从5.89张降低为5.45张，指数值从0.039降低到0.034，下降0.005，婴儿死亡率从10.6‰下降为6.6‰，降幅明显。从指标权重来看，黄南州人均预期寿命权重为0.028，为医疗卫生水平指标中最高的，说明人均预期寿命直接反映黄南医疗卫生水平，而医疗卫生水平直接影响人民群众高品质生活。

（六）教育为就业大局发挥较大作用

教育和就业是民生之本，是人民改善生活的基本前提和基本途径，是党和国家时刻关注的民生大计。2018—2021年，黄南州教育就业指标权重仅次于医疗卫生水平指标，指数值从0.183持续增长为0.235，增加0.052，年均增长8.7%。高中阶段毛入学率、城镇新增就业人数两个指标的指数值分别增加0.019和0.004，增长率分别为14.5%和3.6%。城镇登记失业率为负向指标，指数值下降0.006。义务教育巩固率从95.22%持续提高到96.82%，增长1.6个百分点，指数值从0.072快速增长为0.108，年均增长14.5%。义务教育巩固率和高中阶段毛入学率指数值均为 14.5%，增长较快，且义务教育巩固率指标在教育就业指标中所占权重最大，达 0.036，比高中阶段毛入学率指标权重高出 0.017，比城镇登记失业率和城镇新增就业人数指标权重均高出 0.021，这充分表明黄南州教育事业发展为就业大局稳定作出很大贡献。

二、黄南州创造高品质生活的主要举措与成效

在创造高品质生活方面，黄南州坚持节用裕民，每年民生支出占财政总支出 80% 以上，住房、教育、文化、就业、医疗、养老等民生事业全面发展，基层群众获得感、幸福感、安全感极大提升。

（一）聚力脱贫攻坚，绝对贫困全面消除

黄南州实施"1+8+10"脱贫攻坚政策体系，累计投入扶贫资金 89.38 亿元，易地搬迁贫困群众 2.87 万人，105 个贫困村 5.01 万人脱贫，一市三县全部脱贫摘帽，书写了消除绝对贫困的新历史。在就业扶贫方面，灵活开发光伏扶贫、生态管护、服务保洁等公益性岗位，安排"两非户"稳定就业，通过产业扶贫，带动贫困人口持续增收。把教育扶贫作为阻断贫困代际传递的治本之策，修建校舍、易地扶贫搬迁安置点幼儿园等，加强教育基础设施建设，15 年免费教育政策惠及所有贫困家庭，仅 2019 年，2148 名辍学学生重返校园，"控辍保学"工作成效明显。把健康扶贫作为脱贫攻坚的重中之重，全州 261 个行政村村级卫生室实现全覆盖，贫困人口医疗、养老保险参保率达到 100%。

（二）建设多元化住房保障体系，城乡居民居住条件显著改善

黄南州按照"分类调控、因域施策"原则，分类安排新增建设用地计划和房地产供地计划，建立健全长效机制，促进房地产市场平稳健康发展。建立多主体供给、多渠道保障、租购并举的住房制度，发展共有产权住房。加大公租房保障力度，将符合条件的新就业无房职工、外来务工人员纳入保障范围，实现城镇住房困难群众应保尽保。实施农牧民居住条件改善工程、老旧小区综合整治工程，对农牧区房屋安全隐患进行排查整治，2021 年，投资

4662万元完成69个小区、3108户老旧小区改造，建设面积35.35万平方米。深入推进厕所革命，助力高原美丽乡村建设，认真落实"厕所革命"三年行动方案，改造、新建25243座卫生厕所，实现重点场所全覆盖、农牧民户用卫生厕所普及率85%以上。扎实保护传统村落，2020年6月，黄南州被财政部、住建部评为全国传统村落集中连片保护利用示范州，获得补助资金1.5亿元。投资2.44亿元，对同仁县多哇镇、河南县宁木特镇和泽库县王家乡等地实施高原美丽城镇建设工程。加快推进城镇污水处理项目，对污水处理能力、污水主管网进行再扩容提标改造，提升污水处理能力收集率。对州直公租房进行全面清理整顿，不断加强对新就业无房职工、城镇稳定就业外来务工人员等新市民群体的住房保障，有效缓解住房困难群众的住房难问题。

（三）不断优化教育体系，推动教育资源更加合理配置

黄南州不断健全学校家庭社会协同育人机制，提升教师教书育人能力素质，增强学生文明素养、社会责任意识、实践本领，重视青少年身体素质和心理健康教育。坚持教育公益性原则，深化教育改革，建立健全城乡一体化的学校布局、师资配置、经费保障、学校管理和督导评估机制，系统推进教育评估改革，完善学前教育、特殊教育等保障机制，让每个孩子都能享受公平而有质量的教育。发展更加充裕普惠优质的学前教育，推动义务教育均衡发展和城乡一体化，鼓励高中阶段学校多样化发展，提高黄南州中等职业技术学校的规模和质量，深化产教融合、校企合作，筹办热贡艺术学院。通过对全州各级各类学校教师进行音体美、普通话、"三科"教师培训，强化了教师队伍建设。认真落实15年免费教育政策，做到免费教育全覆盖，狠抓"控辍保学"工作，强化教育普及工程。2020年，学前教育毛入学率达到94.51%，义务教育适龄残疾儿童少年毛入学率达到96.2%，调整普职招生比例为62∶38。2018—2021年，义务教育巩固率从95.22%持续上升为96.82%，高中阶段毛入学率从77.91%持续上升为85.12%。通过强力推进义务教育均衡发展，县域内校际差距明显缩小。减调中小学校数量，将全州中小学数量由2017年的179所调整到113所，合理配置了教育资源，优化了教育布局，改善了办学条件。

（四）全力保障就业民生工作，人民收入水平稳步提高

黄南州全力抓好稳就业促创业，就业形势稳中向好，人民收入水平持续提高。2018—2021年转移农牧区劳动力就业分别为28678人次、21188人次、21636人次、21709人次，应往届高校毕业生总体就业率分别为87.31%、93%、91.42%、92%。以民生工程为抓手，紧密结合黄南州需求，组织开展城乡劳动力热贡艺术、烹饪、建筑工、挖掘机操作等专业技能培训，保障重点群体就业，尤其是2020年，加强了对劳务经纪人队伍的建设，发挥劳务经纪人就业引领作用，通过特色劳务品牌产业带动就业5万余人，依托全国54家线上平台免费进行技能培训，城乡劳动力技能培训实现了全覆盖。2021年，基本形成了"2+4+N"的劳务品牌带动就业模式，在做大做强"热贡艺术""瓜什则酸奶"省级劳务品牌的基础上，培育发展"同仁市黄果""河南县乐乐玛蒙族服饰和产品""泽库县人参果""尖扎县德吉村乡村旅游"四个劳务品牌，延伸辐射带动N个劳务品牌，做到全州四（市）县都有一个可以带动劳动力就业的劳务品牌，就地就近带动就业6万余人。2018年以来，黄南州城镇登记失业率均保持在2%以下的较低水平，全体居民人均可支配收入从15249元增加到19992元，年均增长9.4%，全体居民人均生活消费支出从10670元增加到13460元，年均增长8.1%，如图9-9所示。

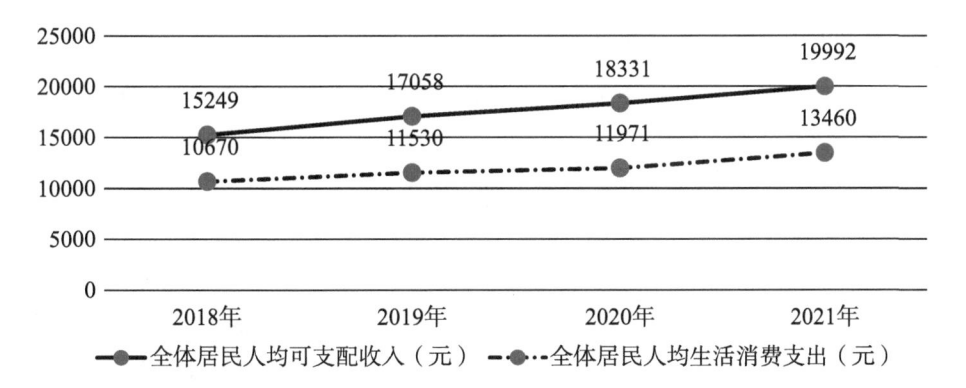

图9-9 2018—2021年黄南州全体居民人均收支情况

（五）不断健全现代文化产业体系，民族文化实现繁荣发展

黄南州坚持以社会主义核心价值观为引领，以改革创新为动力，以满足人民群众需求为宗旨，着力繁荣发展文艺创作生产，推动文化事业和文化产业发展，不断推动文化强州建设。大力弘扬"新青海精神"，推进公民道德建设，做强州级新型媒体，建强县级融媒体中心，实施文明创建工程，拓展新时代文明实践中心建设，持续加强家庭、家教、家风建设，社会文明程度不断提高。公共文化服务和广播电视网络覆盖城乡，率先实现乡镇、村社、寺院公共文化活动场所及健身器材全覆盖。不断规范发展热贡文化产业园区，推动热贡、草原两个区域文化产业带建设，加强坎布拉景区、热贡历史文化名城和黄河上游最美草原旅游区开发建设，打造同仁历史文化名城隆务老街、热贡文化一条街等文化特色鲜明街区，加快昂拉千户府历史文化保护和利用，挖掘红色文化资源。不断强化文艺创作能力及公共文化服务，州县文艺演出团深入基层乡镇、村社开展"戏曲进乡村""文艺轻骑兵下基层""图书下乡""非遗进景区"等演出活动，丰富和活跃了基层群众精神文化生活。有序开展文物非遗工作，实施国保单位隆务寺文物保护利用设施建设、省保单位文物修缮工程和隆务寺"智慧消防"等项目，积极申报黄南州热贡艺术博物馆升级国家二级博物馆，黄河南蒙古历史文化博物馆升级国家三级博物馆。强化非遗传承保护，截至2021年，黄南州拥有各级非遗项目累计达到730余项，各级非遗项目代表性传承人465名，其中：国家级15名，省级43名，州级171名，县级236名，全州各类州级工艺美术大师人数较2010年实现翻一番。

（六）持续推进健康黄南建设，卫生医疗事业发展水平显著提升

黄南州持续深化医药卫生体制改革，大力抓医疗、医保、医药"三医联动改革"，提高人均基本公共卫生服务经费标准。不断提高医疗卫生机构服务能力，持续加强州、县、乡、村四级卫生计生基础设施及配套服务设施建设，加大重大传染病和地方病防控力度。大力培养医疗卫生人才，不断加大急需紧缺和重点扶持专业高层次人才引进力度，加强全科医生培养，实行农牧区

订单定向免费培养医学专业学生。不断健全现代医院管理制度，引导各类资本进入医疗健康领域，发展"互联网+医疗"，推动全州医疗机构提档升级。始终以包虫病、鼠疫为重点，传染病及重大疾病防控工作扎实有效。2018—2021年，每千人拥有执业（助理）医师人数逐年增加，婴儿死亡率明显降低，人均预期寿命增加1.34岁，主要健康指标与全省平均水平的差距进一步缩小，如图9-10所示。积极整合医疗卫生资源，加快推进县域内紧密型医疗共同体建设，实施省县共建临床重点专科项目建设12个，依托对口援青，青南支医等优势资源，公立医院技术水平及救治能力不断加强，县域内就诊率达到86%以上。投入422万元，在黄南州人民医院建成全州全科医师实训基地，为全州各级医疗机构培养了一批实用性强、留得住、用得上的骨干人才，提升了黄南地区医护人员技术水平，健康黄南建设迈出坚实步伐。

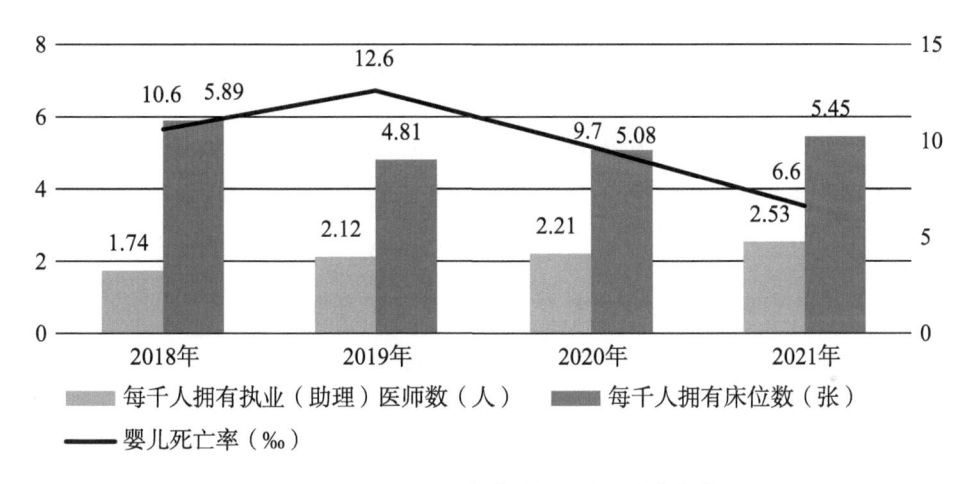

图9-10 2018—2021年黄南州医疗卫生指标情况

（七）不断完善社保体系，社会保障水平不断提高

为保障和改善民生，黄南州基本养老、基本医疗、失业保险、工伤保险、生育保险等参保覆盖面不断扩大，基本养老保险参保率和基本医疗保险参保率均为100%，社会保险保障水平不断提高。每年按时足额发放各项社会保险待遇，不断完善医保服务体系，基本医保、大病保险以及跨省异地就医结算基本实现"一站式"服务，实施失业保险援企稳岗"护航行动"，积极推进

落实"同舟计划",实现工伤保险信息管理新系统上线运行,建成全州各级社会保险经办部门全覆盖的"金保工程"信息网络,且运行平稳。健康黄南加快建设,行政村村级卫生室标准化建设实现全覆盖,州县乡三级远程诊疗系统基本建成,人民群众健康保障水平进一步提高。截至 2021 年,黄南州社会保障卡持卡人数达 26.9 万人,其中,三代卡持卡人数 19.6 万人,应用激活率达 70.74% 以上。城镇低保对象从 2018 年的 3892 户 6092 人下降为 2021 年的 3736 户 5763 人,农村低保对象从 2018 年的 12139 户 46634 人增加为 2021 年的 14658 户 55524 人,累计兑现城镇低保金 1.65 亿元,累计兑现农牧区低保金 7.53 亿元。2021 年,新开工工程建设项目工伤保险参保率达 100%,"人人有社保"目标基本实现。及时调整各项社保待遇,累计发放各项社会保险待遇达 7.5 亿元,发放率为 100%。

三、黄南州创造高品质生活面临的主要问题与不足

"一优两高"战略实施以来,黄南州多措并举为人民群众创造高品质生活,教育、就业、医疗、养老等基本民生事业发展成效显著,但与群众需求仍有差距。

(一)教育资源不均衡,教育水平与群众需求有差距

教师队伍数量不足,有的市县教师总量超编和专业教师不足问题并存,结构性缺编问题突出,教师队伍素质和教育教学质量有待提高,寄宿制学校后勤人员配备不足,管理难度较大,部分教育建设项目因选址问题、地质灾害、可研审查问题、用地争议等因素,进度缓慢。

(二)经济下行压力大,稳就业形势不容乐观

受新冠疫情和经济下行等多重因素影响,新增就业岗位减少,农牧区劳动力转移就业渠道受限制,转移就业困难较大。农牧民劳动技能培训质量不高,培训资源整合不够,培训后的就业率不高。企业选择性参保问题较为突出,一些高风险企业和小微企业普遍只缴纳工伤保险。欠薪问题日渐复杂,调节治理难度较大。高校毕业生就业困难,城乡大龄就业弱势群体就业压力

大。高层次人才选拔培养和引进方面缺乏突破性的思路和举措。

（三）财政压力较大，基本公共服务水平不高

黄南州财政底子薄、总量小，支出呈刚性增长，财政收支矛盾突出，财政资金调度困难，可用财力少，保障能力弱，财政供养人员较多、政府债务较高，财政负担和风险较大，制约了经济和社会发展。基层公共文化服务水平较低，人均文化事业费支出低于全国平均水平。基层劳动保障维权部门人员不足，对劳动关系领域矛盾纠纷的预见性不够，劳动关系领域矛盾纠纷多发。村集体经济发展不平衡，"破零"质量不高。基层乡镇留人难，留住人才更难，基层社会精细化治理有差距。

（四）医养社保工作质量不高，基本民生保障水平有待提升

医疗保险业务经办管理机制尚未理顺，除州级医保经办服务中心于2020年12月正式挂牌成立以外，市县级医保经办机构仍以人力资源和社会保障部门管理为主，在市县级医疗保险经办机构以人社部门管理为主、医保部门监督指导的"双重管理"工作模式下，医保经办力量薄弱，工作存在沟通难、管理难、落实难、推进慢等问题，影响医疗保障工作开展质量和进度。乡镇卫生院专业医生少，医疗设备闲置情况较为普遍。基层养老机构规范化建设和运转问题亟待解决。社保基层工作力量薄弱，经办工作业务流程还不适应人民群众要求，社会保险基金监管机制还不健全，面临较大风险，城乡居民主动参保意愿不强。

第五节　黄南州持续深入推进"一优两高"战略的对策建议

黄南州应持续深入推进"一优两高"战略实施，坚持以习近平新时代中国特色社会主义思想为指导，以省第十四次党代会精神和黄南州第十三次党代会精神为遵循，全面建设山水黄南，高质量推进"三区建设"，推动乡村全面振兴，打造共同富裕黄南样板。

一、扎实做好生态系统治理和保护，筑牢生态文明建设根基

（一）推动重要生态系统整体性保护

坚持山水林田湖草沙冰一体化保护和系统治理，进一步稳固三江源生态屏障，推动重要生态系统整体性保护。加快推进坎布拉世界地质公园申报工作，持续加强"七个国家公园"和"两个省级公园"保护建设，着力提升自然保护地管护水平，实施好黄河流域黄南段生态保护和高质量发展规划，加强源头治理和流域综合治理，实施水生态保护与修复重大工程，加强黄河尖扎段、隆务河、泽曲河、洮河等流域综合治理。加大沙漠化防治力度，加强矿山地质环境治理和生态修复，支持矿区发展接续替代生态产业，完整保护高寒典型山地生态系统，强化水生态环境保护与修复，稳步提升水源涵养功能。深入开展大规模国土绿化巩固提升行动，打造坎布拉至东果林场、麦秀林场至隆务峡两条绿色廊道。加强天然林草恢复、退化草原治理、鼠虫害防治、湿地保护修复、水土保持、沙化土地禁封保护。

（二）全力推动生物多样性保护

强化生物栖息地整体系统保护，实施生物多样性保护重大工程，加强监管，严格落实禁护衔接的管控政策，支持生态功能区人口逐步有序转移，推行草原森林河流湖泊休养生息。构建特有生物遗传资源保存体系，加强畜禽良种培育和林草种质资源保护，加大关键物种、珍稀濒危物种和旗舰物种的保护力度，确保其实现恢复性增长，促进生态系统良性循环。推进生物安全风险防范和应对，建立生物安全风险防控治理和野生动植物疫源疫病监测防控体系，加强防范外来物种入侵，强化生物多样性保护宣传教育，提高公众参与程度和保护意识。

（三）持续健全完善生态文明领域体制机制

健全统筹协调机制，深入推进生态文明体制改革，持续推进健全完善生态文明领域体制机制，健全自然资源资产产权制度，建设区域性资源环境权益交易市场，逐步构建排污权交易市场，推动建立水权交易平台，完善水权

配置交易制度，推进用能权交易。深化生态保护补偿制度改革，推动构建多元化生态补偿机制，健全草原生态系统保护补偿机制，推动湖水上涨淹没草场生态补偿，完善森林生态系统保护补偿机制，健全公益林管护和补偿标准动态调整机制，健全湿地、沙漠生态系统保护补偿机制。坚持把绿水青山作为"第四产业"来经营，研究建立生态产品价值核算体系，推动建立生态产品价值实现机制，建立重点生态功能区生物多样性保护和价值转化机制，探索搭建城市生态价值实现平台，拓宽生态产品交易渠道。

（四）让生态保护优先理念深入人心

持续深入实施生态保护优先战略，深刻把握青海省委"生态环境富养"的重大要求，讲明生态建设人人有责、保护环境人人尽责、绿色发展人人履责，使黄南的所有干部群众自觉成为生态文明宣传员、环境卫生管护员，使生态保护优先理念深入人心。加快建设"绿水青山就是金山银山实践基地"，充分展示环境保护和生态建设成就，开展普惠性生态文明展示和宣传教育。倡导简约适度、绿色低碳的生活方式，增加绿色产品和服务供给，大力推广绿色建材使用，加快既有建筑绿色化改造，建立一次性消费品限制使用制度和可再生产品推广使用制度，广泛提倡并形成文明健康、绿色节约、生态环保的生活理念。

二、科学有序应对气候变化，积极稳妥推动实现"双碳"目标

（一）科学用好"双碳"目标倒逼机制

应对气候变化，事关中华民族永续发展，事关人类前途命运。坚持以实现碳达峰碳中和为重点战略方向，构建应对气候变化与绿色发展、生态文明建设一体谋划、一体部署、一体推进、一体考核的新工作格局，积极构建人与自然的生命共同体。科学用好"双碳"目标倒逼机制，按照国家要求、基于省情和州情实际，系统筹划，实施碳排放总量和强度双控目标管控，坚决遏制"两高"项目盲目发展，从长远发展角度协调好推进碳达峰碳中和的节奏进度。

（二）统筹做好重点领域节能减排管理

加强绿色低碳科技创新支撑，建立科技核心区，重点推动新能源、新材料、循环利用、低碳减排领域科技创新，为全省实现碳达峰碳中和做好科技支撑。实施工业能效赶超行动，加强高能耗行业能耗管控，持续加强工业节能减排，推动零售、批发、餐饮、住宿、物流等企业建立绿色节能低碳运营管理流程机制和能源管理体系，持续加强商贸流通节能减排。强化重点用能单位节能减排管理，加强高耗能特种设备节能监管，构建安全、节能、环保三位一体的监管体系，强化重点用能设备节能减排管理。

（三）积极探索固碳增汇路径

实现碳达峰碳中和是一场广泛而深刻的经济社会系统性变革，立足黄南州能源资源禀赋，坚持把建设国家生态安全屏障、发挥大江大河水源涵养和调节气候功能作为完善全省安全格局的首要任务，强化国土空间规划和用途管控，科学运用碳库作用，发挥森林、草原、冰川、冻土、湿地、湖泊、土壤等固碳作用，提升碳汇转化能力，建立碳汇储备区，积极参与碳交易市场，建立相应固碳增汇研究和管理机构，持续推动生态环境保护修复，不断释放固碳增汇潜力。

三、持续加快产业"四地"建设，强化绿色发展牵引力

（一）全面推进绿色有机农畜产品输出地先行示范州建设

紧扣生态优先化，生产基地化、产业集群化和供应链条化"一优三化"发展思路，以青海省打造绿色有机农畜产品输出地为契机，着力构建有机畜牧业区、高效循环农牧业区、绿色特色种植区和沿黄产业融合发展带"三区一带"的发展格局，进一步提升绿色有机农畜产品输出地建设规模和效益。进一步加快可追溯体系建设，实现从养殖、加工到流通环节全程质量监控。不断加快和扩大基地化、产业化进程以及生产规模，形成以河南、泽库有机畜牧业示范园区为中心，辐射带动全州的有机农畜产品产业链。大力实施良种工程，建立欧拉型藏羊、雪多牦牛和藏羊品种选育和繁殖基地，确保品种

优良。积极引导和鼓励加工企业进行产品研发、技术改造、商标注册、地理标识等，扩大和提高品牌畜种覆盖面和影响力，进一步创建黄南州有机食品文化和品牌，高质量推进绿色有机农畜产品输出地先行示范州建设。

（二）全面打造全省文化旅游融合发展示范区

保护好、利用好热贡文化生态保护区国家级文化品牌资源，以生产性保护为方式传承壮大非遗项目，培育非遗项目保护延伸型文化创意产业。全面激活文旅核心区节点旅游，形成州内小循环和州外大循环的"双循环"旅游发展格局，加快文旅融合发展。深化管理体制改革创新，加强景区基础设施改造提升，扎实抓好景区软硬件建设及环境综合整治，推动重点景区提档升级。以坎布拉景区盘活提升、热贡文化历史名城景区打造为龙头，大力支持同仁唐卡艺术小镇、同仁历史文化名城、昂拉千户府、泽库和日石经墙等重点景区景点建设。大力发展自然生态游、民族文化游、高原健体康养游等新业态，积极培养旅游专业人才队伍。积极培育文化旅游市场主体，大力发展唐卡、堆绣、石刻、民族服饰、藏式家具等特色文化产业。支持文化骨干企业、各级工艺美术大师走出国门开展人文和民间交流，打造文化展示平台。高水平策划、高规格举办好唐卡绘制大赛、五彩神箭、那达慕等雅顿艺术节系列文化旅游活动，进一步打响"西域胜境·神韵黄南"品牌。落实各项文化旅游扶持政策，吸引社会资金参与文旅产业开发与经营，重点强化乡村旅游发展的市场主体作用和民间力量，形成文旅市场多元化民间资本投入机制，把乡村两级、美丽村镇、传统特色村落及其群众的积极性充分调动起来，实现民众参与，盘活市场，激励市场主体研发特色文旅产品，着力繁荣发展具有黄南特色的文艺精品创作生产。培育一批文化旅游企业群体，形成文化旅游亮点，以市场方法手段激活全州旅游市场。加快完善旅游服务基础设施，加强旅游管理人员、从业人员专业水平和实践能力培训，提升旅游服务质量。

（三）积极推进清洁能源产业发展

以青海省打造国家清洁能源产业高地为契机，开展绿色能源革命，打造具有规模优势、效率优势、市场优势的重要支柱产业，加快发展新能源制造产业，培育新能源产业集群。支持黄南州电力基础设施建设项目，重点安排同仁至瓜什则、同仁至尖扎滩、同仁到泽库（河南）、泽库至宁秀（和日、王家）330千伏输变电工程、尖扎滩和泽库750千伏输变电工程。支持开展黄河上游宁木特水电站前期工作，加快与甘肃省对接，协调甘肃省同意合用开发黄河上游106万千瓦宁木特水电站项目，早日开展项目前期工作。支持开展黄南至天津特高压输电前期工程，加快与天津市对接，开展黄南至天津特高压输电线路调研工作，推动前期研究论证工作，加快开工建设进度。

四、积极融入扩大内需战略，持续拉动经济增长

（一）持续增强投资拉动力

着力扩大有效投资，发挥投资促进经济发展的"压舱石"作用，为黄南州加快融入新发展格局夯实基础。统筹谋划储备交通、水利、能源、产业、民生等一批打基础、利长远的重大工程项目，对接好天津援建项目，深化投资审批制度改革，持续优化营商环境，深挖社会领域投资潜力，强化民间资本有效投资。确保在稳定扩大投资中保持经济增速。提升一批乡村基础设施建设项目，加强乡村客运站点建设，实现城乡公交一体化。加快推动水系连通工程建设，优化配置水资源，提升供水安全保障能力。进一步实施好传统村落保护建设项目，谋划实施蒙藏医药、和日石刻、红色教育等特色小镇，建成一批支撑特色小镇建设的基础设施、产业发展项目，促进城乡统筹发展。积极融入沿黄城镇群建设，走好产城融合、康养结合路子，促进产业和人口集聚。

（二）全面促进消费扩容升级

在新发展格局下，积极扩大消费市场规模，挖掘释放消费潜力，培育新的消费增长点，持续增强消费对经济高质量发展的基础性作用。促进消费扩容升级，稳定住房、家装、家电等居民传统大宗消费，鼓励消费金融、网络购物、绿色出行、社会养老、医疗保健等消费新模式新业态发展，支持家政、托育等服务消费，培育信息消费。积极开拓农牧区消费市场，大力培育发展

农牧区电商企业，推行电子商务向农牧区延伸覆盖，畅通城乡联动销售渠道。推行社区（街道）便民网点建设，活跃城乡商贸市场。

（三）增强服务型经济新动能

进一步调整优化产业结构，以数字经济为支撑，着力推动服务型经济高质量发展，支持生产性、生活性服务业品质化发展，充分发挥互联网作用，提升智能化生活水平。推动生产性服务业健康持续发展，健全强化现代物流体系，构建完善现代化金融服务体系，加快发展现代化科技服务业，创新支持现代化商务服务业，提升产业配套服务能力和竞争力。促进生活性服务业品质化发展，鼓励支持发展高品质健康服务业，拓展提升多样化文化服务业，健全完善家政服务体系和家政行业标准体系、监督体系并积极拓展家政服务业供给市场，打造差异化、特色化、便利化商贸服务业。深度推进互联网服务，探索推进城市运行"一网统管"，提升城市智能高效运行能力，加快乡村信息基础设施建设，大力推进数字乡村建设。

五、加强基础设施建设，持续推动城乡区域协调联动发展

（一）促进基础设施互联互通

加强交通基础设施建设，加快西成铁路过境段建设，加快建设黄南机场，构建"一纵三横"高速公路网骨架体系，实现县县通高速，推进同仁至甘肃夏河、河南县至甘肃玛曲等省际瓶颈路段建设，加快打通交界地区的"断头路"。加强水利基础设施建设，高质量实施隆务河水生态二期治理、中小流域治理、河道治理、国土绿化配水等水生态保护与修复工程，进一步提高水源涵养能力，大力实施黄河干流综合防洪工程、泽曲河、隆务河等防洪减灾工程。强化能源基础设施建设，建设同仁、泽库330千伏变电站，进一步提高电网运行的安全稳定性，因地制宜推进光伏发电，加快集中式光伏电站项目建设，发展分散式和分布式光伏发电，有序推进风力发电、地热资源的开发。加快天然气入州步伐，推动实现一市三县县城及重点城镇天然气利用。加快建设黄南州现代物流园区，加大物流业发展支持力度。

（二）加快推进新型城镇化建设

推进新型城镇化是加快实现现代化的必然选择和解决当前一些经济社会问题的重要举措。加快培育打造一批新兴城镇，强化打造重要节点城镇，推进创建各级特色小镇，积极培育特色小镇群落，加大奖补支持力度，推动特色小镇高效持续发展运营。开展城市更新行动，实施城市好品牌培育工程，加大国家历史文化名城名镇保护利用，塑造设计城镇多元特色风貌，加强城市生命线工程建设，提升城市应急储备、防洪排涝应对突发性安全生产事件的能力，增强城镇发展韧性，提升城镇发展品质和韧性。强化城镇精细化治理和建设，持续深化城镇管理体制改革大幅提升城镇治理效能，强化街道社区基层管理，提升公共服务职能完善城镇基本公共服务保障机制，完善安全风险排查和防控机制，推进健全城镇地上地下基础设施。

（三）加快推进乡村振兴战略实施

站在战略和全局的高度，充分认识农业农村优先发展的重要性，优先安排农村公共服务，推进城乡基本公共服务标准统一、制度并轨，实现从形式上的普惠向实质上的公平转变。推进农业绿色发展，优先满足"三农"要素配置。强化农村金融服务创新，把"三农"作为金融优先服务领域，充分发挥全省农牧业信贷担保体系职能作用，引导金融资金更多地服务"三农"。优先品牌创建，以品牌建设为引领，因地制宜发展多样性特色农业，倡导"一村一品""一乡一业"。优先保障"三农"资金投入，坚持把农业农村作为财政优先保障领域和金融优先服务领域，公共财政更大力度向"三农"倾斜。优先考虑"三农"干部配备，把优秀干部充实到"三农"战线，注重选拔熟悉"三农"工作的干部，充实各级党政班子。全面加强对村集体经济发展的领导和支持，采取"支部建在农村产业上，党员示范岗建在致富项目上"模式，充分发挥党组织在引领农村产业发展中的核心作用。

（四）加快推进城乡融合发展

加快要素流动，释放乡村潜能，让乡村变身城市"后花园"，统筹推进城乡融合发展。加快农牧民转移人口市民化进程，进一步深化户籍制度改革，持续维护进城落户农牧民土地、宅基地、集体收益分配等权益，保障随迁子女入学同城化待遇，为农牧民转移人口创造更多就业机会。进一步提升县城承载力，加快补齐县城配套短板弱项，推进县城环卫设施、公共服务设施扩能提标，加大基本公共服务设施投入，加快推进县城市政配套设施提档升级。依托县域特色产业、区位等优势，着力推进县域经济发展，打造宜居、韧性、创新、智慧、绿色、人文城镇，持续推进高原美丽城镇示范省建设。健全城乡融合发展体制机制，统筹新型城镇化与乡村振兴双轮驱动，依托城市群开展城乡融合发展试点示范，打造高品质农牧民生活服务圈，围绕让城镇生活更美好、乡村生活更富足发展目标，逐步缩小城乡发展差距。

六、加快培育外向型经济主体，提高开放合作水平

（一）加快外向型企业培育

加大培育发展文化旅游、节能环保等产业，抓好全省打造牦牛、青稞、油菜籽等"青字号"品牌政策机遇，积极鼓励发展牦牛、青稞、植物油等产业，优化全州经济结构，培育、发展生态水、藏式家具、藏香、民族手工艺品加工等若干外向型企业，增加出口产品的科技含量和附加值，探索建设农畜产品出口直销基地，提高境外经营能力和水平，力争将黄南州的有机畜牧业产品、生态水产品、热贡文化艺术品、民族特色加工业产品、蒙藏药等打入国际市场。鼓励具备条件的县（市）自主发展跨境电商。

（二）积极培育展会经济

积极举办世界唐卡大会等，形成展会经济，努力打造一批具有黄南特色的专业性、国际性展会，不断扩大国际知名度，提升黄南参与对外合作交流的层次和影响。大力支持企业参加"青洽会""津洽会""糖酒会""国际生态博览会"等国际国内展会，因地制宜打造热贡艺术节、生态水大会、中藏医药大会、有机农牧业发展大会等一批具有黄南特色的专业性、国际性展会，形成展会经济，不断扩大黄南州产品的国际认可度和知名度。

（三）营造良好发展环境

发挥优势，突出重点，促进对外交流合作，全面提升黄南对外开放水平。

坚持"非禁即入",除国家法律法规明令禁止外,所有领域都向外来投资者开放。坚持"特事特办、一事一议"的原则,用足用活国家政策,加大对外来投资企业的支持力度,对重大招商项目实行"一企一策"。

七、持续巩固增进民生福祉,提高人民群众生活质量

(一)巩固提升脱贫攻坚成果

做好与乡村振兴的有效衔接,健全防止返贫动态监测和帮扶机制。巩固提升易地搬迁成果,突出产业就业、教育医疗、基础设施后续巩固提升,多途径解决好搬迁群众产业就业、创收增收问题。加大扶贫龙头企业、合作社、小微企业扶贫项目贷款贴息支持力度,支持壮大集体产业。推进消费扶贫,进一步扩大扶贫产品认定规模。加大以工代赈实施力度,凝聚发展增收的正向共识。继续调整提高城乡居民医保筹资标准,促进医保基金可持续运行。落实社会临时救助制度,提高困境儿童、重度残疾人生活补助标准,健全农牧区留守儿童、妇女、老人、失独家庭关爱服务体系。全面提升防灾减灾能力建设,推进州县乡救灾物资储备库项目建设。

(二)着力促进城乡居民就业增收

强化落实各项就业创业政策,继续深入开展稳就业"四送活动",强化对高校毕业生、退役军人、农民工等重点群体就业帮扶。培育一批家庭工厂、手工作坊、乡村车间,促进乡村经济多元发展。实施大学生返乡创业工程,教育大学生转变就业观念,引导大学生到村"两委"、有机产业、文化旅游、农村电商等领域就业。加强就业创业、劳动技能方面的培训,进一步整合各类培训资源,提高培训的针对性、时效性。扎实开展职业技能提升行动,兑现惠农、扶贫政策,完善机关事业单位工资收入分配制度,健全增收机制,拓宽居民经营性收入和财产性收入渠道,进一步推动实现城乡居民增收。

(三)加强人居环境综合整治

深刻践行以人民为中心的发展思想,扎实推进人居环境综合整治。州县统筹配套资金,加大县城和重点城镇污水处理设施建设和管护,重点推进城

镇污水处理、雨污分流、提标扩能，加快开展污染土壤及地下水修复、农业节水灌溉等工程，提高水资源利用效率，加快农村人居环境整治，持续开展化肥农药减量增效行动，健全乡镇垃圾处理设施，强化危废物品全面安全管控，逐步健全县城（市域）生活垃圾分类制度，建设农牧区中小规模垃圾填埋场、中转站和收集站，解决好农牧区垃圾处理难问题。

八、完善提升社会治理水平，不断提高公共服务质量

（一）全面完善提升社会治理水平

完善提升"一核三治"社会治理"黄南模式"，持续提升人民群众安全感。树"支部核心"，强"三治共融"，使党支部成为本单位、本村（社区）一切工作的领导核心。充分调动群众积极性和创造性，搭建沟通交流平台，广泛开展共商共治共建。在城镇，重点加强小区物业规范化管理为重点的城市精细化管理。在农牧区，完善村规民约内容，拓展约束范围，强化监督执行，推动移风易俗向乡风文明更高层次转变。持续开展普法工作，提高全民法律意识和法治观念，引导群众自觉守法、遇事找法、解决问题靠法。搭建跨部门大数据平台，健全"综治中心＋网格化＋信息化"基层社会治理体系，打造数据驱动、人机协同的智能化治理新模式。

（二）提高教育和科技服务质量

全面贯彻党的教育方针，健全德智体美劳全面培养的教育体系，加快推进教育现代化。实施教师队伍优化整合工程，对全州各级各类学校在编在岗教师和临聘教师进行普查摸底，真实掌握学历、职称、教学能力等情况基础上，进行全面"洗牌"优化整合，健全教师职称聘任与教学成绩挂钩的动态调整机制。稳步推进教育布局调整工作实施，不断优化教育资源配置，推进城乡教育均衡发展，继续落实好15年教育资助政策，深化教育体制改革，加大异地办学力度，加快教育信息化建设，提升教育教学质量。加大科技创新投入力度，培育壮大创新主体建设，实施科技型中小企业孵育计划，大力实施黄南州国家农业科技园区建设，组建州县两级科技服务专业队伍，包乡到

村、合作社、田间地头开展科技服务。

(三) 提高医疗服务质量

坚持走中国特色卫生与健康发展道路,坚持正确的卫生与健康工作方针,以基层为重点,以改革创新为动力,预防为主,中西医并重,将健康融入所有政策,人民共建共享。深入推进健康青海行动,深化落实医疗、医药、医保、医养、医改"五医"联动改革,推动公立医院高质量发展,加快疾控机构改革,强化传染病防治和应急处置。加强医疗卫生援青合作,坚持"输血+造血"相结合,创新医疗援青载体模式,构建全方位、多渠道、立体化医疗卫生帮扶格局,让各族群众享受到更加优质便捷的医疗卫生服务。

(四) 提高养老和生育服务质量

守护老年人晚年幸福美满,让少年儿童茁壮成长,关乎千家万户的幸福和睦。党中央、国务院高度重视"一老一小"问题,已将积极应对人口老龄化上升为国家战略。一方面,要提高养老服务水平,坚持促进人口长期均衡发展,持续构建居家社区机构相协调、医养康养相结合的养老服务体系。另一方面要提高生育服务水平,完善生育政策配套措施,大力发展普惠托育服务。

第十章　玉树州实施"一优两高"战略评价研究

"一优两高"战略实施以来，玉树州紧紧抓住重大历史机遇和政策，坚守生态红线、维稳底线和发展主线，呈现生态恢复、经济发展、民生改善社会稳定的良好局面。"生态立州、绿色崛起"发展理念贯穿经济社会发展全过程，将高水平建设管理国家公园，深入开展"中华水塔"保护行动，人与自然和谐共生的气质更加凸显。以"四地"建设为引导，打造绿色有机农畜产品输出地主供区、国际生态旅游目的地首选区，经济发展质量不断提升。始终牢记习近平总书记建设"健康现代幸福新玉树"的重大要求，重点围绕强化基本公共服务，补齐农牧区基础设施短板，有效推进乡村振兴战略，共同富裕步伐不断加快。

本章以玉树州的"一优两高"战略实施进程为研究对象，以2018—2021年为评价时期，课题组根据玉树州实际情况和数据的可获得性试构建了评价"一优两高"发展的指标体系，旨在客观评价"一优两高"战略实施以来玉树州的主要做法和取得的成效，并分析发展中面临的短板制约，提出有针对性的对策建议。

第一节　玉树州"一优两高"战略实施情况的总体评价

"一优两高"战略实施以来，玉树州坚持践行生态安全、保护三江源、保护"中华水塔"的重大使命，立足自身的生态优势，实现生态良性循环、经济高质量发展、公共服务均等化水平不断提升、社会安定和谐，努力开创新时代玉树"两个越来越好"新局面。玉树州以三江源国家公园建设为引领，健全以国家公园为主的自然保护地管理体系，统筹山水林田湖草沙冰综合系统治理，筑牢生态安全屏障，确保"中华水塔"丰沛坚固。坚持新发展理念，努力破解发展动力与发展不平衡问题，积极处理人与自然和谐发展问题以及内在发展与外向型发展联动问题，着力优化营商环境，实现发展质量、结构、规模、速度、效益安全相统一。促进居民收入增长和经济增长基本同步，基本公共服务均等化水平明显提高，县域内教育教学资源布局不断优化，医药卫生体制改革持续深化，"四大传染病"攻坚成果得到巩固。饮用水安全问题"清零"，农牧区用水问题大幅度缓解，供电服务水平接近全省农村电网平均水平。公共安全体系不断健全，城市化管理服务精细化程度提升，为群众和游客提供了更加智能的信息服务、优质的旅游环境、多元的出行工具与安全的社会保障。总体来看，玉树州 2018—2021 年"一优两高"战略实施评价指数分别为 2.162、2.077、2.028、2.027，如表 10-1 所示，可见玉树州"一优两高"战略实施指标整体比较稳定，受新冠疫情及经济下行压力等因素的影响，指标整体出现小幅下跌。

表 10-1 玉树州"一优两高"战略实施评价指数

一级指标	指标权重	指标值			
		2018 年	2019 年	2020 年	2021 年
生态保护优先	0.468	1.075	1.153	1.041	1.128
高质量发展	0.228	0.381	0.309	0.357	0.338
高品质生活	0.304	0.706	0.615	0.630	0.561

生态保护优先方面，2018—2021 年，玉树州生态保护优先指数分别为 1.075、1.153、1.041、1.128，如表 10-1 所示，指数提升成效显著，从 2018 年的 1.075 提升至 2021 年的 1.128，提升比例为 4.9%，可见"一优两高"战略提出以来，玉树州有序践行生态保护优先战略，厚植生态优势，绿色生产生活方式推行成效显著。

高质量发展方面，2018—2021 年，玉树州经济高质量发展指数分别为 0.381、0.309、0.357、0.338，如表 10-1 所示。可见玉树州坚持生态保护优先战略，积极探索适合地区产业发展的高质量发展之路，区域经济协调发展步伐不断迈进。

高品质生活方面，2018—2021年，玉树州人民群众高品质生活指数分别为0.706、0.615、0.630、0.561，如表10-1所示，受新冠疫情等因素的影响，登记失业率有所上升，影响了高品质生活指标变动方向。从医疗卫生等指数来看，玉树州教育资源布局不断优化，医疗服务水平明显提升，基本公共服务均等化水平不断提高。

第二节 玉树州生态保护优先指标评价与分析

"一优两高"战略实施以来，玉树州以三江源国家公园体制试点建设为引导，草原、森林生态系统功能进一步增强，生物多样性不断丰富，水源涵养能力整体提高，统筹山水林田湖草沙系统治理，生态建设取得显著成效，林草资源总量不断增长，重要生态指标稳步提升。

一、玉树州生态保护优先指数评价

2018—2021年，从二级指标来看，除环境保护指标外，其余指标均呈现上升态势。在环境保护指标中，城镇污水处理率指标与空气质量优良天数比例指标出现明显波动，这两项指标的波动，充分说明了环境污染的治理与保护存在长期性、复杂性和艰巨性等特点，需要持之以恒、久久为功，既要打好环境治理与保护的攻坚战，又要打好持久战，应当针对指标下降的区域及原因分类施策，加大力度调整产业结构、能源结构等主要影响因素，促进环境保护与治理工作效能持续提升。

表10-2 玉树州"生态保护优先"评价指数

二级指标	指标权重	指标值（年）				三级指标	指标权重	指标值（年）			
		2018	2019	2020	2021			2018	2019	2020	2021
生态工程与建设	0.112	0.230	0.248	0.224	0.277	水利、环境和公共设施管理固定资产投资增速	0.053	0.112	0.130	0.106	0.159
						国土绿化任务完成率	0.059	0.118	0.118	0.118	0.118

续表

二级指标	指标权重	指标值（年）				三级指标	指标权重	指标值（年）			
		2018	2019	2020	2021			2018	2019	2020	2021
资源保护	0.138	0.283	0.414	0.358	0.322	草原综合植被覆盖度	0.071	0.142	0.213	0.203	0.188
						治理退化草原面积	0.067	0.141	0.201	0.155	0.134
环境保护	0.135	0.347	0.306	0.276	0.274	城镇污水处理率	0.048	0.144	0.119	0.102	0.096
						重要及一般江河湖泊水功能区水质达标率	0.058	0.116	0.116	0.116	0.116
						空气质量优良天数比例	0.029	0.087	0.071	0.058	0.062
能源利用效率	0.086	0.215	0.185	0.184	0.254	单位生产总值能源消耗	0.043	0.129	0.089	0.086	0.125
						清洁能源发电量占比	0.043	0.086	0.096	0.098	0.129

（一）生态工程与建设持续推进

2018—2021年生态工程与建设得分依次为0.230、0.248、0.224、0.277，分数整体呈提升态势，2020年出现小幅降低后于2021年显著回升，2021年较2018年提升20.4%。生态工程与建设指标下包含两项三级指标，国土绿化任务完成率指标一直保持100%，水利、环境和公共设施管理固定资产投资增速稳步增长，可见玉树州在生态建设方面一直保持较大的投入力度。

（二）资源保护成效显著

从二级指标得分情况来看，权重最高的"资源保护"指标得分分别为0.283、0.414、0.358、0.322，分数整体呈提升趋势，2021年较2018年提升13.8%。资源保护指标对应草原综合植被覆盖度、治理退化草原面积两项三级指标，其中草原综合植被覆盖度指标逐年上升，可见草原植被恢复与治理成效显著，治理退化草原面积指标受退化草原面积存量影响，2020年、2021年出现小幅下降。

（三）能源利用效率不断提升

能源利用效率指标权重占比最低，该指标2018—2021年指标得分分别为0.215、0.185、0.184、0.254，整体保持平稳，2019年、2020年出现小幅波动，2021年指标显著提升。能源利用效率包含单位生产总值能源消耗、清洁能源发电量占比两项指标，其中，清洁能源发电量占比稳步提升，可见玉树州清洁能源发展步伐加快，单位生产总值能源消耗指标为逆向指标，指标值越低得分越高，玉树州该指标基本保持平稳，2019年与2020年出现小幅下降，说明玉树州产业体系仍存在偏粗偏短等问题，亟待推进产业集约化发展。

二、玉树州生态保护优先的主要措施与成效

"一优两高"战略实施以来，玉树州生态文明建设和生态环境保护工作严格落实习近平总书记的重大要求，始终以"绿色感恩，生态报国"思想统领工作全局，以改善环境质量为核心，着力抓好环境基础设施建设和生态环境保护项目，努力解决影响人民群众和三江源地区的突出生态环境问题，生态环境保护工作取得了阶段性成效。

（一）生态环境保护制度体系不断完善，体制改革成绩凸显

先后制定并印发了《玉树州生态环境保护"党政同责""一岗双责"责任制》《玉树州生态文明建设目标评价考核办法》等文件，层层签订生态环境综合整治目标责任书和环境保护目标责任书，确保责任落实到人。制定了《玉树州生态文明建设目标评价考核办法》，以定量考核评价生态环境保护目标完成情况。狠抓三江源国家公园体制试点"天字号"工程，组建成立了三江源国有自然资源资产管理分局，从根本上解决政出多门、职能交叉、职责分割的管理体制弊端，圆满完成三江源国家公园体制试点工作任务。

（二）不断加大污染防治力度，生态环境质量得到稳步改善

玉树州不断加大污染防治力度，及时发布大气、水、土壤污染防治方案，环境治理进程明显加快。扎实开展燃煤锅炉整治、黄标车淘汰、建筑工地及道路扬尘治理等一系列有效措施，玉树市结古镇环境空气质量长期保持全国监测城市前列，是全省唯一的PM2.5达标城市。2018—2021年，空气质量优良天数比例分别为97.99、99.1、100、99.7，见图10-1。玉树州6个市县城

市所在地集中式饮用水水源水质达标率100%，地表水水质达标率100%，大江大河干流水质整体稳步改善，确保了"一江清水源源不断向东流"。建成玉树州各市县污水处理厂污染源监控体系，实行24小时在线监控，在线联通率达100%。玉树州医疗废物集中处置中心疫情期间安全高效运行，实现了全州医疗废物的安全无害化处置。

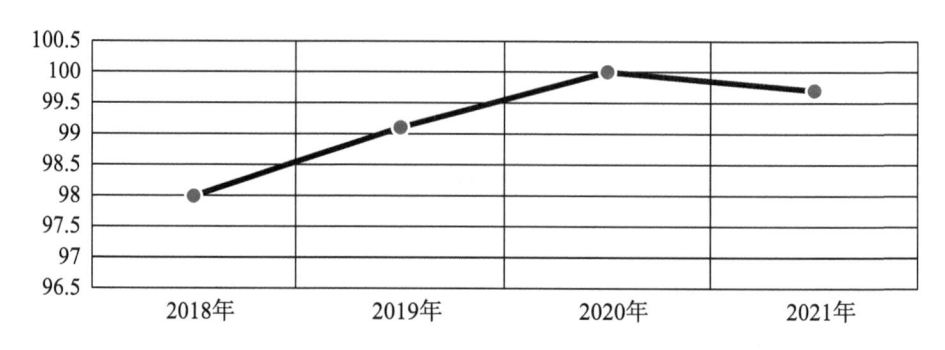

图10-1 2018—2021年玉树州空气质量优良天数比例

（三）执法监管力度持续加压，生态环境治理迈上新台阶

扎实推进中央环保督察反馈问题整改。制订《玉树州中央生态环境保护督察反馈意见整改方案》，列出问题清单，明确整改时限、措施和要求，严格按要求按时限推进两轮中央环境保护督察反馈问题整改，目前第一轮问题基本整改完成，第二轮反馈问题正在扎实有序推进。曲麻莱县大场二期修复工作正在实施，投资3309万元；积极争取长江经济带生态保护修复奖励资金5.77亿元，用于实施长江流域生态治理。

在玉树州范围内扎实开展了中央环保督察问题整改、自然保护区"绿盾行动"以及针对河道排污口整治、屠宰、燃煤锅炉、涉危等行业专项清理整治行动，三江源地区城乡环境面貌焕然一新，生态环境持续保持稳步向好发展。为推动环境质量持续改善，实现州、县、乡、村四级网格化监管的"全覆盖"，结合玉树实际，将寺院作为社会单位列入网格化监管的四级网格，环境监管工作取得较好成效。实现青海省"生态之窗"资源共享，扎实开展玉树"江源之窗"远程观测平台建设，随时掌握全州重点生态敏感区的最新动态和状况。随着生态损害赔偿制度改革的实施和三江源生态法庭建设的挂牌成立，玉树地区生态环境损害赔偿制度体系得到进一步加强，行政执法与刑事司法衔接更加顺畅。

（四）宣传力度不断加大，全民生态环境保护意识全面提升

依托世界环境日、世界地球日等纪念活动，进一步加强生态环境保护宣传。成功发行了《山清水秀三江源》系列宣传产品、按期发行《生态玉树》半年期刊；扎实开展环保"六进"活动、定期开展污染企业和环保设施公众开放活动；创新方式，拓宽渠道，通过环境教育基地、环保门户网站、玉树环保微信、微博矩阵以及移动大屏宣传车等宣传措施广泛开展生态文明建设和环境保护工作。成功创建省级生态示范村21个、绿色学校7所、绿色社区1个、省级环境教育基地2个，成为践行绿色发展、建设生态文明的重要示范。州生态环境局挂牌宣教和信息科并安排两名周转事业编制，进一步夯实了宣传教育和信息化智慧建设基础。与此同时，三江源水源地被评为第二届"中国好水"；玉树市正式被全国爱国卫生运动委员会命名为"国家卫生城市"；玉树可可西里获准列入《世界遗产名录》，成为中国第51处世界遗产，等等，"筑牢国家生态安全屏障，打造三江源头生态名片"成为玉树地区干部群众的普遍共识。

（五）强化土地供应，优先保障生态建设用地

按照"管住总量、严控增量、盘活存量"原则，优先统筹安排生态产业重点项目建设用地指标，优先保障项目用地，优先支持未利用地开发等土地利用政策，极力保障生态文明建设项目用地。近年来累计获省州政府审批报件28宗，面积6.22万亩；累计供应土地34宗地，供地总面积为5.53万亩，收缴出让金3957.04万元。其中划拨17宗，面积5.45万亩；协议出让12宗，面积0.06万亩，收缴土地出让金3488.64万元；挂牌出让5宗，面积0.02万亩，收缴出让金额为468.4万元。

（六）实行生态环境恢复治理，生态红线评估调整进展有序

中央环保督察反馈问题中涉及玉树退出自然保护区矿业权36宗，矿业权人投入治理资金3734.15万元，已全部完成矿区地质环境恢复治理任务。

2015—2019年，先后投入资金8010万元，对曲麻莱县白地沟、大场两处砂金过采区17673亩，全面完成了覆坑平整及植草复绿工作。

生态保护红线评估调整工作事关生态文明建设和经济社会发展空间，玉树州牢固树立并严格践行"绿水青山就是金山银山"的理念，认真贯彻落实党中央、国务院有关决策部署，紧紧围绕巩固提升水源涵养和生物多样性诸多功能，认真开展了玉树州生态保护红线评估调整工作。根据州政府"应划尽划，应调尽调"的要求，将格拉丹东、雅拉达泽、大江大河流域等重点地区列入了生态保护红线内，并将乡镇、村民、居民点及交通、水利、文化旅游、农牧等省州县重点建设项目用地从生态红线及自然保护地内调出。

三、玉树州生态保护优先面临的主要问题与挑战

"一优两高"战略实施以来，玉树州青藏高原生态屏障区生态保护和修护重大工程实施成效显著，生态文明制度体系不断完善，但是由于玉树州生态环境综合治理资金存在较大缺口、环境保护工作体制机制尚需进一步理顺等问题的存在，生态保护责任落实任务重、难度大，生态环境精细化管理水平亟待提升。

（一）生态建设项目带动能力不足，生态综合治理能力有待提升

由于玉树州大部分地区位于三江源自然保护区，而且受青海省人民政府办公厅《关于印发青海省国家重点生态功能区产业准入负面清单的通知》相关规定的开采限制，砂石料场的选址比较困难，特别是玉树市、称多县、囊谦县的精准扶贫易地搬迁、乡村道路等建设项目距目前设置的石料场较远，不仅加大了砂石料的运输成本，而且存在较大的运输安全隐患。

目前生态环境治理主要依靠生态项目实施，自我治理能力，特别是综合治理能力十分有限。虽然通过各种渠道积极申请专项资金对玉树州历史遗留砂金过采区开展了矿区地质环境恢复治理，但由于历史遗留的矿区点多、面广，州、县两级政府财力十分困难，无能力对历史遗留矿区的地质环境进行恢复治理。

（二）环境执法机构不足，体制有待进一步理顺

因各市县无环境执法机构，玉树州生态环境执法及污染源监管工作由州生态环境综合行政执法支队完成，覆盖面广、工作任务量大，加之无环境执法监管工作经费，严重制约着环境执法及监管工作全面落实和推进。随着生态环境监管职责的进一步增加，生态环境执法监管队伍的人员力量、硬件配备、能力素质等难以完全满足当前越来越繁重的监管工作，亟须加大人力物力投入，提升生态环境精细化管理水平。

杂多县、治多县和曲麻莱县原环境保护部门划转到三江源国家公园管理局，因管理体制机制变化，环境保护职责隶属不明确，导致环境监管工作落实不到位、滞后，州属监管范围与三江源国家公园管理局存在环境监管工作职责不明确、机构未理顺问题。

（三）林草项目储备不足，大规模国土绿化建设用地难以保障

近年来，通过开展《国土绿化三年提速行动》及《国土绿化巩固提升三年行动计划》，全州各地适宜植树的宜林地及荒山实现造林绿化全覆盖，处于基本饱和状态，因此，今后难以保障大规模开展国土绿化、造林建设用地。

因地理位置偏僻，立地条件不佳，施工环境恶劣等原因，导致项目建设成本非常高。国家现行林草各类项目资金投资标准对玉树州而言，完成建设任务实现绩效评估要求难度非常大，导致玉树州各地对项目建设积极性不高，项目储备略显不足。

（四）环境保护基础设施建设依然薄弱，环境监测能力有待提升

生态环境保护工作专业技术性强，特别在环境监测、监察、信息化建设等方面对环保专业和技术要求非常高，而目前玉树州现有人员专业水平较低，专业技术人员非常缺乏。机构改革后各县人员略有增加但同青海其他市州相比，呈现人员编制少、专业技术人员紧缺、县级环境监测站检测设备落后等现状，环境监测无法有效发挥作用。此外，玉树州各市县污水处理厂虽然已建成，但因污水管网不配套、处理规模小、运行成本高等因素制约，污水处理厂高效运行存在较多困难。

第三节 玉树州高质量发展指标评价与分析

"一优两高"战略实施以来,玉树州立足农牧业、面向农牧区、服务农牧民,以调结构、夯基础为重点,以争项目、增投入为基础,以抓生态、创品牌为手段,走出了一条小块农业区为大牧业服务,规模经营与品牌效益兼得,第一、第二、第三产业产适度融合发展的具有高原特色与玉树特点的生态农牧业发展之路,农牧区基础设施不断完善,农牧业发展势头稳中向好。

一、玉树州高质量发展指数评价

2018—2021年玉树州高质量发展指标基本保持了稳定发展态势,如表10-3所示,虽然2021年较2018年下降11.3%,但经济发展成效明显,内生动力持续增强,农牧业发展势头良好,增加值持续提高。

表10-3 玉树州"高质量发展"评价指数

二级指标	指标权重	指标值(年)				三级指标	指标权重	指标值(年)			
		2018	2019	2020	2021			2018	2019	2020	2021
产业发展	0.122	0.142	0.116	0.122	0.123	有机认证生产加工企业数	0.032	0.064	0.064	0.064	0.064
						民族手工业销售收入	0.035	0.105	0.105	0.105	0.105
						文化旅游产业营业收入	0.029	0.116	0.116	0.116	0.116
						农牧业增加值增长率	0.026	0.078	0.052	0.058	0.059
经济发展	0.108	0.239	0.193	0.235	0.215	固定资产投资增长率	0.018	0.044	0.036	0.048	0.054
						社会消费品零售总额增长率	0.021	0.043	0.044	0.063	0.042
						争取和使用对口援青资金额	0.041	0.123	0.085	0.082	0.089
						年度旅游业收入增长率	0.014	0.029	0.028	0.042	0.030
						农牧业科技园产值增幅	0.014	0.043	0.042	0.056	0.044

（一）农牧业生产逐步提升

产业发展指标 2019 年较 2018 年出现小幅回落，指数下降 18.3%，2019—2021 年得分依次为 0.116、0.122、0.123，呈现稳步提升态势，2021 年较 2019 年提升 6%。产业发展指标包括四项三级指标，从玉树州统计的指标来看，虽然有机认证加工企业数一直未见突破，但农牧业增加值增长率指数从 2019 年之后稳步增长，发展势头良好，说明玉树州农牧业生产安全有序。

（二）经济发展平稳有序

经济发展指标包含固定资产投资增长率、社会消费品零售总额增长率、争取和使用对口援青资金额、年度旅游业收入增长率、农牧业科技园产值增幅五项三级指标，其中，权重占比最高的争取和使用对口援青资金额在 2019 年出现小幅下降后基本保持稳定，社会消费品零售总额增长率指标 2020 年出现小幅上升，其余三年基本保持稳定，波动不大。固定资产投资增长率基本保持增长态势，2021 年较 2018 年增长 22.7%。2018—2020 年年度旅游业收入增长率稳步提升，2020 年较 2018 年提升 44.8%，2021 年受新冠疫情影响，该指标出现小幅下降，降低 28.6%。

二、玉树州高质量发展的主要措施与成效

"一优两高"战略实施以来，玉树州立足农牧业、面向农牧区、服务农牧民，以调结构、夯基础为重点，以争项目、增投入为基础，以抓生态、创品牌为手段，以重示范、强推广为先导，以强作风、抓落实为保障，产业发展取得了良好成效。

（一）以新型合作组织为支撑，生态畜牧业发展态势良好

经过多年的摸索实践，村级生态畜牧业合作社从无到有、从弱到强，在生态环境改善、经营方式转变、组织化程度提高、增收渠道拓宽方面发挥了较好作用，入社群众得到了实惠，尝到了甜头，探索出了"大户制、联户制、代牧制、股份制"等科学可行的生态畜牧业合作社发展模式。2021 年，全州共组建村级生态畜牧业合作社 207 个，入社牧户 40939 户，劳动力 10.3 万人，

牲畜82.34万头/只/匹，整合草场1.24亿亩。其中36个生态畜牧业合作社完成股份制改造，草场、牲畜和劳力"三要素"整合率分别达82%、91%、77%，效益逐年显现，近两年合作社分红资金达到5000万元，呈递增趋势。省级示范社34个，占生态畜牧业合作社总数的16.42%；州级示范社36个，占生态畜牧业合作社总数的17.39%。2021年重点打造的"666"工程内的六个示范社，已形成资产折股量化、牲畜划区轮牧、畜群按类分组、劳力技能分工、统一集约经营、收益按股分红的发展模式，"三要素"整合率分别达到98.03%、88.15%、86.41%，引领带动全州合作社整体建设水平，已成为示范样板。

（二）立足特色资源，积极培育生态畜牧业发展的支柱产业

玉树州作为全省牦牛产业发展的主战场、主阵地，按照省委、省政府"牦牛之都、藏羊之府"的战略定位，认真落实乡村振兴战略"产业兴旺"总要求，着力在牦牛产业规模化、标准化、品牌化上下功夫。主抓野血牦牛的品种选育，建立了7个种畜场、20个繁育基地，培育了40户野牦牛示范户，累计推广野血牦牛优良公种2万多头，覆盖全州所有合作社、辐射省内外良种基地。以曲麻莱县打造全省种源第一县为重点，正在实施牦牛提纯复壮工程，推进"玉树牦牛"本品种选育。投入北京对口支援资金2800万元，以曲麻莱县曲麻河乡昂拉村为主建设了"五位一体"为重点的牛羊生态暖棚等配套设施的10个千头玉树野血牦牛核心群。成功举办了七届牦牛文化节、牦牛产业高峰论坛及优良种公牛评比活动。玉树牦牛被农业农村部等9部委认定为中国特色农产品优势区、"中国农产品百强标志性品牌"，被列为青海农产品区域公用品牌，玉树牦牛和扎什加羊被列入国家家畜遗传资源名录，玉树牦牛、扎什加羊品牌影响力不断扩大。在首届中国（玉树）牦牛产业大会上，中国肉类协会授予玉树州"中国牦牛之都"称号，举行了"世界牦牛之都"申请仪式，发布首届世界牦牛可持续发展《玉树宣言》。玉树牦牛肉收入相当可观，基本实现了优质优价，成为精准脱贫的希望产业、绿色产业和命脉产业。

(三) 以绿色有机为引领，建立品牌带动机制

着力打造玉树牦牛区域公用品牌，开展玉树牦牛、扎什加羊品牌高端企划工作，充分挖掘地域资源优势，加大"三品一标"认证力度，顺利取得了"玉树牦牛""扎什加羊"等5个农产品地理标志登记证书，"玉树州牧原肉业有限公司""玉树州称多高原牦牛畜产品有限责任公司"等四家企业取得了22个绿色食品标志使用证书，曲麻莱县叶格乡、治多县治渠乡、称多县清水河镇进行了有机畜牧业基地认证，取得了9个有机基地认证证书，累计认证有机畜牧业基地1346.4万亩，认证有机牛羊16.94万头/只。在此基础上，2022年按照绿色有机农畜产品输出地主供区建设目标要求，开展了以玉树市、治多县、曲麻莱县全域有机畜牧业基地认证工作，认证面积达到7900万亩以上。玉树州第九届玉树牦牛节暨优良种公牛评比大会如期在治多县举办，对评比中获奖的玉树牦牛，共发放奖励资金39万元。在良种品牌推介会竞拍现场，荣获一等奖的曲麻莱县红旗村野血牦牛3301号以18万元价格成功竞拍，突破了全省优良种公牛成交价格，充分展示出玉树牦牛"人无我有、人有我优、人优我特"的牦牛良种品牌影响力和知名度。全州农畜产品加工开发合作社及龙头企业共有44家。其中：省级农牧业产业化龙头企业8家，完成州级农牧业产业化龙头企业认定10家，产业化已形成初步胚胎。解决"无标无品"问题，做大做强牦牛藏羊种源、牛羊肉、乳制品、黑青稞、牛羊绒5个区域公用品牌和三江源冬虫夏草、首农玉树供应链牦牛肉、阿米雪乳制品、喜旋牛绒黑帐篷、三江圣源黑青稞系列5个企业品牌，开发打造2个牦牛肉系列、1个牛羊绒系列、2个黑青稞系列、2个乳制品农畜产品品牌。

(四) 以农促牧，农牧业发展形成良性循环

按照试点先行、分布推广的原则，以生态畜牧业合作社和屠宰加工企业为主体，全面实施称多县牦牛藏羊原产地可追溯示范工程，目前已完成平台整体功能建设。认真开展"三品一标"认证工作，全面启动实行食用农产品合格证制度，农产品合格率达100%，2018—2021年，农牧业增加值增长率分别为2.9%、5.1%、4.6%、4.5%，见图10-2。

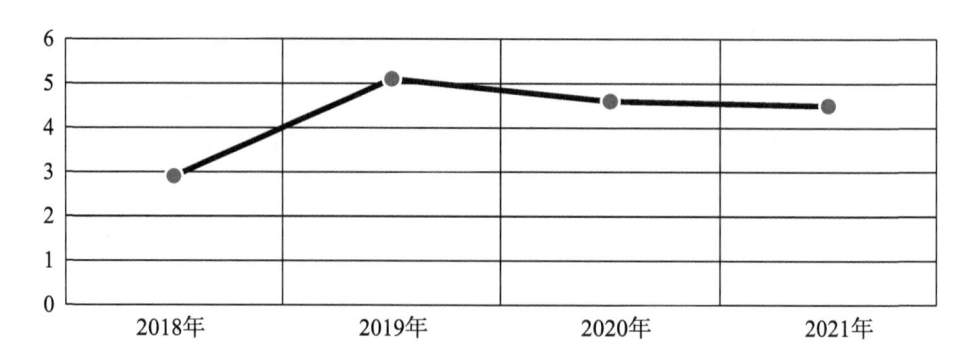

图 10-2　2018—2021 年玉树州农牧业增加值增长率%

坚持"农牧互补、为养而种"的原则，充分利用撂荒地、农歇地、坡耕地，宜粮则粮，宜草则草，在玉树市、称多县、囊谦县的农业乡镇和适宜种草的合作社，加大"粮改饲"力度，着力推进粮饲统筹、种养加一体化发展，在优质饲草种植区推进种养循环农牧业试点，推广种养结合、草畜联动循环发展模式。全州饲草料种植 29.11 万亩，实施人工草地种植 11 万亩，完成集中连片种植 3.5 万亩，鲜草总产达 30.28 万吨，年调购颗粒饲料能力达 8000 吨以上。在巩固 11 万亩饲草料种植规模的基础上，建成"粮改饲"生产基地，为扩大牦牛藏羊高效养殖规模和抵御自然灾害能力奠定了基础。

（五）挖掘和整合科技要素，科技支撑明显提高

一是开展科技特派员工作站、科技小院建设，配套实施"三区"人才支持计划，投资 228 万元，选派了科技特派员 114 名，建立了 11 个科技特派员工作站，为企业的产品研发提供了技术支撑。首批申报了 8 个科研专项。二是实施"人才兴农"工程，聚焦绿色有机农畜产品输出地主供区建设，加强人才引进工作，聘请 8 名省内外专家参与牦牛育种、牦牛产品研发等技术课题研究。三是开展农牧民及农技人员培训，总任务 700 名，总投资 220.5 万元。四是科技创新平台建设工作取得实质性进展。玉树州大学生和有志青年创新创业氛围浓厚，科技孵化作用显现，天上玉树青年创业园和囊谦青年创业园分别被省科技厅认定为科技众创空间，哎玛虎电子科技有限公司被认定为省级科技型企业、高新技术企业，填补了玉树州的空白。

(六）以项目建设为抓手，农牧业产业园逐步成形

玉树市积极开展综合产业创业物流园项目建设，计划投资23882万元，建筑面积为49000平方米。主要建设内容包括特色产业加工车间、蔬菜及农副产品集散中心、建材产品集散区、仓储、物流区、综合楼、沿街商业+住宿。截至目前，支付资金完成30%、工程量完成50%。称多县在歇武镇牧业村投入1200万元，建设了三江源玉树牦牛生态畜牧业示范基地；治多县依托县域产业园建设，利用省级龙头企业"阿米雪"的销售渠道及品牌效应，带动畜牧业实现产业化发展。

(七）文旅项目建设加快，文化旅游融合发展水平提升

"一优两高"战略实施以来，玉树文旅紧紧依托丰厚的自然资源、浓郁的民族文化资源和固有的历史人文资源，突出区位优势，以产业化经营为主线，不断完善旅游基础设施和配套服务设施。采取多种形式，加大招商引资力度，扩宽融资渠道，多方面筹集资金加快文旅项目建设。依托玉树特色文化为亮点，推出一系列节庆活动，通过举办玉树传统赛马节暨格萨尔艺术节和水文化艺术节、大美青海江源玉树生态文化旅游节国际漂流赛事、中华水塔万人徒步越野赛、三江源冰沙嘛呢活动、卓木齐糌粑祈福节暨康巴服饰旅游文化活动、中国青海玉树第三极马帮中国自驾大会、中国青海玉树重返三江源途乐中国自驾大会、尕觉沃文化旅游节、蕃巴秀时装周及中国藏模大赛玉树分赛、"魅力中国城"城市展演活动等文化旅游宣传推介活动，"三江之源 圣洁玉树"生态文化旅游品牌知名度和美誉度得到国内外游客的高度认同，前来玉树旅游、考察的国内外游客逐年递增。

(八）统筹谋划文旅发展方向，文化旅游产业知名度不断扩大

始终遵循把玉树地域特有的本原文化作为旅游发展的核心价值这一基本原则，对文化旅游产业融合发展进行系统思考、顶层设计、总体规划，实现发展理念、发展定位、发展思路、发展目标新提升。积极编制《玉树州黄河文化保护传承弘扬专项规划》《玉树州争创生态旅游示范州重点项目建设计划》及《玉树州文体旅广重大建设项目库》等一批重点文化旅游项目规划，

为玉树州文化旅游产业的持续健康发展奠定基础。构建起玉树州文化旅游发展产业"12345"的布局框架①，从而实现城市、乡村、生态产业、文化、旅游诸多功能的相互融合。在不断摸索和实践中，"12345"产业布局已基本成熟，成为带动玉树旅游业发展的重要支柱，以"12345"产业布局为载体，开发打造出7条深度自驾旅游线路②。

主动参与北京、上海、昆明国际旅游交易会等各类旅游宣传推介活动，利用网络、电视等宣传媒体，多渠道宣传玉树独特的旅游资源和地域文化。进一步创新宣传营销方式，重点推出新寨嘉那嘛呢石经城、勒巴沟文成公主庙、杂多昂赛地质公园、囊谦尕尔寺等实物景点资源。同时，向外推介唐蕃古道、藏族康巴文化、格萨尔王王妃珠姆故里、玉树赛马文化、格萨尔文化及水文化等历史人文资源，提高外界的关注度和知名度。

三、玉树州高质量发展存在的问题

从产业布局看，玉树州初步形成了全州"一盘棋""一县一品牌"的整体格局，但是从产业现状看，仍然存在产业附加值低、规模效益低等问题，高质量发展任重道远。

（一）产业结构偏粗偏短，产业链有待进一步延伸

农牧产品为初级产品，中高端产品少，农畜产品精深加工能力不足，未形成良好的、有效的、长久的产业链，亟须向规模化、产业化、品牌化、链条化方向转变。农牧区集体产权制度改革仍处在探索阶段，承包地块面积不准等问题不同程度存在，统一规范的土地流转机制尚未建立，导致草场使用权流转规模较小，适度规模经营占比不高，加大了转变发展方式的难度。由

---

① 即：一核：环结古新玉树旅游圈；两环：省内大环线（最美自驾214国道）、州内大环线（环三江源国家公园）；三带：黄河源寻根溯源带、长江源寻根溯源带、澜沧江源寻根溯源带；四廊道：康巴风情穿越之旅、藏地十大圣山穿越之旅、唐蕃古道穿越之旅、科考可可西里穿越之旅；五个重要目的地：沿通天河古村落探秘、达那寺生态观光区、澜沧江尕尔寺生态人文景区、昂赛丹霞地质公园、长江马蹄风景区。

② 即：黄河寻根溯源之旅、长江寻根溯源之旅、澜沧江寻根溯源之旅、唐蕃古道寻迹之旅、康巴风情文化之旅、可可西里探秘之旅、藏地十大圣山穿越之旅。

于畜牧业产业投资周期长、回报慢，自然风险、技术风险、市场风险较大，加之冷链运输成本高以及当地习俗等原因，引进的龙头企业因养殖业投资成本高、周期长、见效慢，不愿意全过程参与产业引进的龙头企业主要集中在乳制品和肉制品加工业。从事养殖业的农牧户受传统观念约束和长期游牧习俗的影响以及技术层面的限制，仅局限于不计成本的养殖，固化在养殖业的短链条上，满足于不计成本核算的"蝇头小利"，安于现状、"小富即安"，参与第二、第三产业的主动性、积极性不高。虽然在养殖方面接受暖季放牧、冷季舍饲的养殖方式，但传统的游牧方式还没有从根本上改变。养殖业、加工业、销售服务业之间联系不紧密，融合发展受限。

（二）新型经营主体发育缓慢，抗风险能力较低

产业化龙头企业与农牧民的利益联结机制还不够紧密，农牧民专业合作组织的凝聚力、吸引力、服务能力和规范程度有待提升，农牧业生产经营小而分散，小农与大农并存、专业与兼业并存的格局长期存在，家庭小生产和社会大市场的矛盾难以改观。农牧业基础设施建设投入不足，短板明显，产业发展层次不高，同质化严重，养殖技术落后，劳动力素质整体不高，牧业生产科技含量低，畜群结构不合理，产业化、集约化发展水平较低。州内注册的企业基本上以家庭作坊式的小微企业为主，自主创新能力薄弱，品牌意识淡薄，缺乏发展规划和人才技术支撑，绝大部分产品处于"原生态"自产自销低端产品状态，生产的产品无法拿到行业准入手续，形成不了商品，生产周期短，抗风险能力较弱，市场开拓能力和竞争能力不强。

（三）旅游业发展要素支撑不足，服务供给能力较弱

玉树是全国唯一景区无门票，且免费开放的地区，发展生态旅游存在管理不严等问题。很多旅游景区缺乏完善的基础设施和公共服务，或缺乏明晰的管理规范。且旅游景区管委会多挂靠于各市县文体旅游广电局，普遍存在无景区运营管理相关经费、内在动力较弱、文旅基础设施滞后等问题。

目前玉树生态文化旅游在"吃、住、行、游、购、娱"六个基本要素方面还处于自发状态。一是与"购和娱"相关的产业总量不大，规模较小，结

构单一；二是与"吃和住"相关的星级酒店、旅行社、旅游企业、从业人员等指标与周边州县相比不占优势；三是与"行和游"相关，通往重点景区的主要干道虽已基本形成，但在重要项目建设、后续投入的加大和景区细节的完善上还需加强，特别是景区接待能力严重不足的问题亟须尽快解决。乡级旅游交通存在短板，路途品级低，客运车辆班次少，旅游专线缺乏，车辆停放难，缺乏农副产品、旅游商品买卖场合，文艺性设备少，在客源构架上形成局限性。旅游区域电力配套及通信配套不足，存在安全隐患。

（四）项目招商引资困难，缺乏推进合力

玉树州现有景区发展建设资金来源单一，主要依靠政府财政投入对景区基础设施进行建设，导致在发展建设上增加政府的财政压力，资金投入不稳定、不充足，造成景区设施建设投入跟不上，基础设施建设不完善，公共服务水平不足等问题。

部门联动性不强，政策支撑不到位，资源整合力度不够。由于旅游业在吃、住、行、游、购、娱等各方面需求面广，供给综合性强，涉及文化、交通、市场监管、卫生、公安、商业等各个部门，导致旅游行业管理范围难以确定。存在部分部门工作主动性不够、联动性不强，部分工作没有真正形成合力去推动。同时，政策支撑不到位，全州出台支持文化旅游产业发展的政策不足，特别是缺乏政策导向和资金支持，旅游项目建设滞后、旅游智能化与标准化建设程度不高。应加强高位统筹，科学合理整合部门资源，实现"多规合一"，将资源最大化转为经济效益。

第四节 玉树州高品质生活指标评价与分析

"一优两高"战略实施以来，玉树州经济社会实现了重大跨越，基础设施建设日新月异、人居环境持续改善、民生事业不断推进、社会治理能力继续提升，全州各族群众的获得感、幸福感、安全感明显增强。

第十章 玉树州实施"一优两高"战略评价研究

一、玉树州高品质生活指数评价

从玉树州高品质生活指数结果来看，总体呈现医疗卫生水平提高明显、社会保障水平稳步提升等基本特征，受新冠疫情影响，就业等指标出现不同程度的下降，但居民人均可支配收入增长率、户籍人口城镇化率以及义务教育巩固率等指标均呈现稳步提升的态势，玉树州各项社会事业实现长足发展，公共服务水平不断提升，民生保障制度趋于完善。

表10-4 玉树州"高品质生活"评价指数

二级指标	指标权重	指标值（年） 2018	2019	2020	2021	三级指标	指标权重	指标值（年） 2018	2019	2020	2021
收入及消费水平	0.044	0.115	0.088	0.127	0.118	居民人均可支配收入增长率	0.026	0.066	0.078	0.052	0.066
						人均文化事业费支出	0.018	0.046	0.054	0.049	0.047
居住状况	0.051	0.050	0.055	0.055	0.056	户籍人口城镇化率	0.025	0.050	0.055	0.055	0.056
						棚户区改造工程完成数	0.026	0.104	0.083	0.082	0.078
社会保障水平	0.047	0.048	0.061	0.066	0.072	城乡居民基本养老保险参保率	0.024	0.048	0.061	0.066	0.072
						城乡居民基本医疗保险参保率	0.023	0.092	0.086	0.082	0.069
医疗卫生水平	0.074	0.192	0.212	0.196	0.172	每千人拥有执业（助理）医师数	0.024	0.048	0.053	0.067	0.072
						每千人拥有床位数	0.026	0.072	0.070	0.057	0.078
						婴儿死亡率	0.024	0.048	0.072	0.065	0.072
教育就业	0.084	0.252	0.195	0.192	0.173	义务教育巩固率	0.023	0.046	0.048	0.050	0.069
						高中阶段毛入学率	0.019	0.038	0.040	0.052	0.056
						城镇登记失业率	0.015	0.045	0.034	0.037	0.030
						城镇新增就业人数	0.027	0.081	0.054	0.067	0.059

（一）基础教育优质均衡发展

教育就业指标权重达到0.084，如表10-4所示，该指标2018—2021年波动较小，但整体呈现缓慢下降趋势，2021年较2018年下降31%，可见玉树州教育就业方面还有较大压力。教育就业下设义务教育巩固率、高中阶段毛入学率、城镇登记失业率、城镇新增就业人数四个三级指标，权重最高的城镇新增就业人数指标 2019 年较 2018 年出现明显下降，下降比例为 33%，2020 年较上年回升 24%，2021 年再次出现下降，总体来看，城镇新增就业人数指标呈下降趋势，2021 年较 2018 年降低 27.1%；义务教育巩固率指标权重同样较高，2018—2021 年稳步提升，增长 50%，高中阶段毛入学率指标 2021 年较 2018 年增长 47.4%，与此同时城镇登记失业率指标 2021 年较 2018 年降低 33.3%，可见玉树州在扩大就业方面的任务仍然艰巨。

（二）医疗资源配置不断优化

医疗卫生水平指标权重仅次于教育就业指标，权重值为 0.074，指标值 2021 年较 2018 年提升 10.4%，从该指标下设的三级指标指数来看，每千人拥有执业（助理）医师数指标提升水平较为显著，2021 年较 2018 年提升 50%，每千人拥有床位数指标 2021 年较 2018 年提升 8%，婴儿死亡率指标出现反弹，2021 年较 2018 年上升 50%。

（三）城镇化建设与社会保障水平显著提升

居住状况指标权重为 0.051，是高品质生活下较重要的一项二级指标，该指数 2018—2020 年基本保持稳定，从三级指标户籍人口城镇化率来看，2021 年较 2018 年提升 12%，可见玉树州城镇化水平在农牧区户籍人口城镇化率提升困难的情况下仍然取得突出成效。社会保障水平指标指数结果 2021 年较 2018 年提升 50%，城乡居民基本养老保险参保率稳步提升。

（四）居民可支配收入不断增加

居民收入及消费水平指标 2021 年较 2018 年提升 2.6%，居民人均可支配收入增长率指标 2019 年较 2018 年提升 18.2%，2020 年显著下降后 2021 年恢复至 2018 年同等水平，从居民人均可支配收入增长率和人均文化事业费支出指标的指数情况来看，支出指标与收入指标的走向基本一致，说明居民精神文化消费需求不断增加，但受收入的制约较为明显。

二、玉树州高品质生活主要举措与成效

"一优两高"战略实施以来，玉树州加强农村基础设施和公共服务体系建设，水电路、住房、文化、卫生等设施得到大幅改善，农牧区人居环境整治成效显著，农牧民生活质量实现跨越式提升。

（一）多措并举，各级教育实现长足发展

1. 学前教育实现跨越式发展。为补齐全州学前教育欠账多，发展水平低的短板，2016年初玉树州召开全州学前教育发展大会，制定印发了《关于加快发展学前教育的意见》《玉树州学前教育三年规则（2016—2018年）》和《玉树州厅级领导联点建设幼儿园的实施方案》。累计投入资金3.09亿元用于学前教育项目建设，投入1.21亿元购买岗位增加至1427个。着力构建以普惠性资源为主体的幼儿园办园体系，推动幼儿课程游戏化、生活化，学前三年毛入园率不断提升。

2. 义务教育逐步实现均衡发展。为解决"城镇挤，乡村弱"的问题，积极推动牧区小规模学校和乡镇寄宿制学校建设，完善控辍保学常态化工作机制，持之以恒开展控辍保学工作。制定了《关于进一步加强义务教育阶段控辍保学工作的通知》《玉树州控辍保学工作七项措施》等一系列政策措施，建立了全面精准的控辍保学"大数据库"。积极推行"五包"责任制、督查服务、互联网+控辍保学等工作机制，集中力量开展大督查、大宣传、大劝返。截至2021年，共劝回辍学生8926人，劝返率达到了100%，完成了全省的近30%，义务教育巩固率达到95.5%。

3. 职业教育实现稳步发展。作为全州职业教育的支撑，州职业技术学校主动对接社会经济，定位市场需求，共设23个专业，其中学前教育、护理、计算机信息技术和生态环境保护4个专业列为省级示范专业，建有学前教育、酒店管理、财经管理、生态保护、汽修等10个现代化实训基地。学校结合地区实际和职业发展趋势，深化改革、深挖潜力，与北京、江苏、重庆、山东、辽宁等职业教育发达省市的13所高职院校建立了交流合作关系，2016—2019年中职毕业生单招升学率平均达到95%以上。

4. 普通高中迈入优质普及道路。大力开展异地办学，让广大农牧民子女和精准扶贫户子女接受异地优质教育资源，是提高教育扶贫质量的重要抓手。近年来，玉树州异地办班取得了明显的成效，异地就读的高考生均取得优异成绩。2021 年，玉树州 10 所异地高中承办学校 1308 人参加高考，比 2021 年 1333 人减少 25 人，本科上线人数 641 人，比 2021 年 511 人增加 130 人，比 2020 年 473 人增加 168 人，比 2019 年 414 人增加 227 人，是玉树异地高中班多年来连续大幅度攀升的基础上又一次取得的优异成绩，为玉树高考本科上线千人目标作出了重要贡献。

（二）结合州情实际，以改革推动教育内涵发展

1. 异地办学成效显著。为满足群众对优质高中教育资源的期望，解决州内高中教育资源不足的问题，玉树州坚持办好本地高中和异地办学两条腿走路的方式，异地办学成果从"学生学业成绩明显提高、民族团结意识明显增强"两个方面凸显。推进中小幼一体化德育体系建设，积极协调开发建设一批主题鲜明、特色突出的爱国主义教育基地、学生实践基地和营地。加快校园文化建设，打造了积极健康有特色的玉树校园文化。

2. 教师队伍建设稳步推进。目前全州共有教职工 6627 人，其中专任教师 5297 人，在编专任教师占在编教职工总数的 95.7%。坚持把师德师风建设作为第一要务，积极推行教师绩效工资，有力地提高了教师从业的积极性。为进一步提高教师队伍素质，按照学科建设需求，实施专业教师队伍系统化培养工程，通过"省级主导、州级补充、多元培养"的公费师范生培养导向，自 2017 年起投入资金 110 万元在青海师范大学和青海民族大学培养了 310 名州级公费师范生，培养 97 名省级公费师范生。

（三）卫生健康布局合理，事业投入不断增加

玉树州现有各级医疗卫生机构 86 所。其中：综合医院 7 所，藏医院 6 所，卫生监督机构 7 所，疾控机构 7 所，妇幼保健和计划生育服务机构 7 所，采供血机构 1 所，精神病专科医院 1 所，乡镇卫生院及社区卫生服务机构 50 个。村卫生室 258 个。新增各类医疗卫生机构 16 家，新增专科 9 个、新增人员

526 名。2019 年全州各级卫生健康机构，共有编制 1812 名，现有从业人员 2924 人，其中，高、中级职称 691 人，占卫生人员总量的 27.87%，各类医疗机构拥有床位总数 2930 张，每千人拥有床位数由 2.45 张增长 7.15 张，见图 10-3；所有医疗卫生重建项目投入运行，医疗设施增加 77%；充分利用北京市和省内外医疗机构对口支援平台，采取"请进来、送出去"的方式，培养了一批急需紧缺型、骨干型、实用性人才，累计培训 1300 余人次。

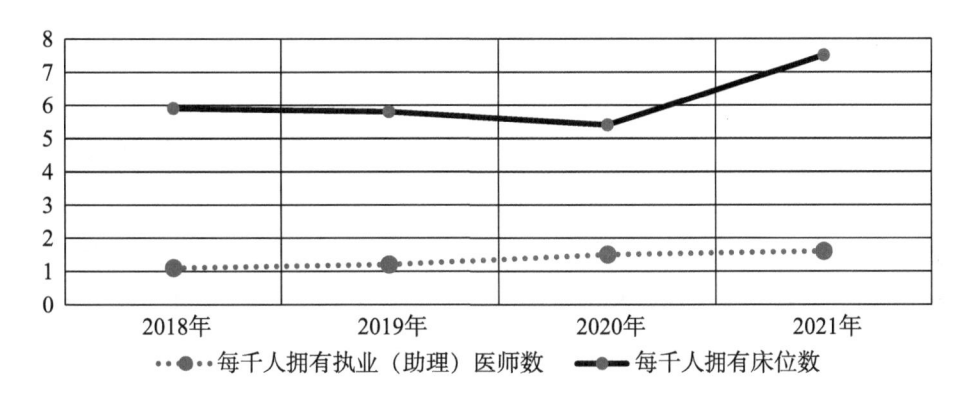

图 10-3　2018—2021 年玉树州医疗资源变动情况

各级医疗机构诊疗人次比医改前增长 67.12%，病床使用率提高 65%，基本药物价格平均下降 45%，村医补助增长 1.6 倍；分级诊疗、总额付费、总会计师制度等改革全面推进，"一站式结算"和"先住院后结算"服务模式全面开展，住院实际报销比达到 85% 以上；持续推行药品"两票制"、基本药物零差率销售等制度及惠民政策；全州县域内就诊率平均在 92% 以上；深入推进紧密型医共体建设，玉树市成为全国 400 个县域医共体建设试点县。全面推行"家庭医生签约服务"，积极开展基层优质服务基层行活动，获得国家级"群众最满意基层卫生院"11 家，公共卫生项目实施率达到 100%。通过引入北京管理团队、专家团队方式，进一步提高基层医疗机构的医疗服务能力和管理水平，带动区域内医疗整体水平的提升。同时建立专家团队分级义诊机制，引导优势医疗资源下沉，组织北京、辽宁等省内外专家团队深入农村牧区，开展义诊巡诊活动，服务群众超过 10 万人次。

（四）重大疾病控制成效显著，民族医药卫生事业蓬勃发展

制订了《玉树州包虫病防治行动计划（2016—2020年）》《玉树州犬只管理办法》《玉树州牲畜屠宰管理办法》等文件，全州包虫病防治工作成效明显，人群患病率显著下降，所有包虫病患者得到免费医疗救治和规范管理。玉树州连续多年保持无人感染鼠疫，继续保持无脊髓灰质炎状态，甲乙类传染病发病率逐年下降，下降率为8.42%。加强交通检疫，每年7—10月称多县清水河开展鼠疫交通检疫站，严防疫情远距离传播，同时与西藏昌都市甘肃甘南州、四川阿坝州、甘孜州、青海果洛州、云南迪庆州不断完善以鼠疫为主的重大疾病联防联控机制。

深入贯彻实施中医药法、中医药发展战略规划纲要和全省中藏医药发展大会精神，加快推进藏医院事业发展。邀请省内外从事藏医药专家，在称多县举办玉树州首届藏医药传承与发展论坛，为藏医药传承与发展奠定了坚实的基础。"水银洗炼"佐塔炮制工作圆满收官，继承和发展了藏药生产的关键之技。州藏医院治未病中心正式开诊运营，进一步发挥了藏医药在预防保健方面的特色优势，全州所有乡镇卫生院均建有藏医馆，75%的村卫生室能够提供藏医服务。

（五）城镇空间布局基本形成，美丽城镇建设稳步推进

"一优两高"战略实施以来，玉树州城镇化建设发展已经形成空间结构为"一主一副、四个区域中心、多节点"的城镇发展格局，全面提升玉树市的全州区域性中心城市地位，有效推动州域次中心城市发展，加快了县城和重点镇发展。全州城市县城建成区面积达到26.9平方公里，户籍人口城镇化率由2018年的16.96%上升至2021年的17.18%，见图10-4。实施称多县清水河镇、称文镇、扎多镇、玉树市下拉秀镇4个美丽城镇建设。美丽城镇建设，推进了城镇公共设施、基础设施配套的完善，提高了城镇及乡村居民的生活水平及生活质量。

自"一优两高"战略实施以来，城镇供水、排水、污水处理、生活垃圾无害化处理、集中供热等设施建设步伐持续加快，管理水平不断提高。共建

成运营供水厂 9 座，净化水厂 1 座，投资额 48037 万元；集中供热点 53 个、投资额 53250.53 万元；污水处理厂 7 座，扩建 1 座，投资 56680 万元；城乡垃圾处理及填埋场 15 座，投资 19837 万元。截至 2021 年全州污水处理率达 85.18%，垃圾无害化处理率达 98.29%。

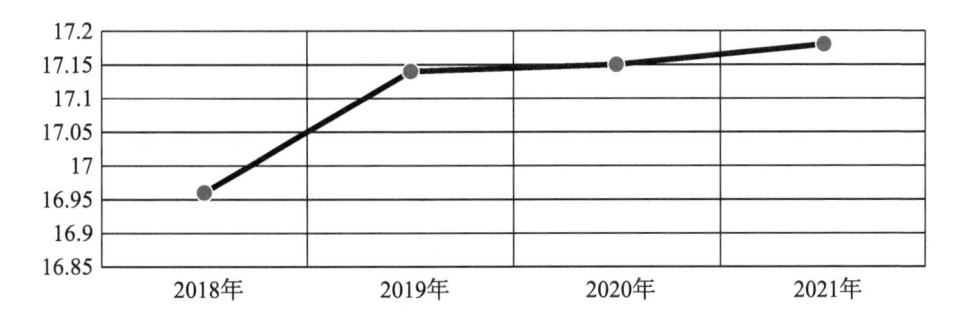

图 10－4　2018—2021 年玉树州户籍人口城镇化率%

美丽城镇与高原美丽乡村建设成效显著"一优两高"战略实施以来，全州共实施高原美丽乡村 38 个，总投资 12540 万元。美丽城镇与美丽乡村工作的开展，加快了城镇与乡村建设整治步伐，推进了城镇与乡村的公共设施、基础设施配套的完善，提高了城镇及乡村居民的生活水平及生活质量。

（六）深化服务保障，救助力度进一步强化

组织构建政府主导、社会参与、制度健全、政策衔接、兜底有力的综合救助格局。进一步建立完善分层分类、城乡统筹的社会救助体系，2022 年累计下拨困难群众基本生活补助资金 5.8 亿元。近五年，累计发放困难群众基本生活补助资金 19.32 亿元，年均增幅超过 10%。低保、特困、孤儿等补助资金支付及时，基本实现按月发放。2022 年城乡低保、特困等困难群众基本生活每月最高补助标准分别达到 708 元和 1050 元，较 2018 年分别提高 12.06% 和 8.34%。新增特困供养人员护理补助费，每人每年最高补助标准达到 1.02 万元，"老有所依、老有所养"的养老服务工作目标得到有效落实。特困人员认定范围实现扩面，未成年人年龄从 16 周岁延长至 18 周岁，认定无劳动能力老年人从 60 周岁以下调至 55 周岁以上。低收入家庭中重度残疾人、重病患者等完全或部分丧失劳动能力且无法依靠产业就业帮扶脱贫的人员，按"单人保"形式纳入低保，两项政策共新增保障对象346名。因重大意外事件、重大疾病或遭遇其他突发性事件，导致基本生活陷入严重困难的家庭和个人，采取"一事一议"方式进一步加大救助额度及次数，州临时救助单次单户最高发放救助资金15.4万元，困难群众抵御重大疾病、灾害风险能力大幅提升。社会救助改革事项稳步推进。

（七）优化就业环境，青年就业创业积极性提升

"一优两高"战略实施以来，玉树州青年就业创业人数共计过万，自主经营有一定资质和规模的且创业者年龄在40岁以下的共计629家企业，其中女性创业者占比30%，发展前景良好且成熟的企业至少能够带动100人以上的就业，实际对就业青年开设的工资在2000—4000元不等，对个别有专业领域的开支的工资会在8000—10000元不等。创业领域不断衍生，在如今信息来源广、自我学习驱动力更强、选择更多、生活节奏更快的趋势下，青年在就业观念上减少了传统的束缚，受传统社会评价及必须考公、考事业单位等观念的影响趋向慢慢减弱，新兴产业和现代服务业成为当下青年的主要创业领域。目前，玉树州青年创业领域涵盖生态畜牧业、民族传统手工业、民族服饰、美业、电子科技、摄影、餐饮以及自媒体共八大行业。年龄结构也从"80后""90后"逐步过渡到"00后"群体。美团玉树分公司截至2022年解决了112人的就业岗位，按照风险共担、年底依据比例分红的方式开设工资。利用互联网进行藏文信息技术处理，哎玛虎科技有限公司从传统硬件开发向互联网软件开放转型，带动本地青年20余名青年就业，同时培养了本地青年专业技术型人才。治多县多彩乡达生村索布茶叶水源保护青年志愿者服务队将生态理念植根于创业初衷，成立志愿队伍，解决当地牧民的就业压力。卓巴仓将牧区藏式建筑与现代元素相结合设计的初衷，因地制宜建设民宿，并就返乡大学生技能创业进行培养。曲麻莱县创业青年创立的卡哇坚畜牧业合作社，打破了以往牧民靠天养畜的理念和方式，以草定畜、种植饲草料、建立网络销售平台等科学养畜的手段，逐渐让80%的贫困户有了属于自己的股份，带动秋智乡布甫村120人实现脱贫。

三、玉树州创造高品质生活面临的主要问题与短板

"一优两高"战略实施以来，玉树州各项社会事业发展取得显著成效，基本公共服务水平不断提升，但是由于玉树州地处牧区，农牧民居住方式比较复杂，信息不对称问题比较突出，玉树州创造高品质生活还存在一些短板，农牧民群众的获得感、幸福感、安全感有待进一步提升。

（一）异地办学规模缩减，本地教育资源承接能力有限

一是异地办学政策收紧。一些内地省市和办班学校出于维持当地高中阶段普职比、缓解本地高中资源紧张的压力、化解工作风险等方面因素考虑，不时叫停或减少招生计划，开始大幅度缩减省外异地办学规模。辽宁省教育厅去年已开始停办沈阳市翔宇中学玉树班每年300人招生计划。"十四五"后期，玉树北京班将逐步缩减玉树北京班招生计划至停办玉树北京班。二是省异地办学几千名高中生不纳入玉树州高中生计划内，扣减玉树州高中学生数，严重影响州高中教师的编制。三是在外省市就读的玉树州异地高中生90%以上是农牧民子女，虽然能享受三江源异地办学奖补政策和政府补助，但是自己也要承担一定的费用，农牧民群众家庭经济负担较重。

（二）保障要素供给有限，就业创业后续发展存在制约

一是就业政策宣传力度有待加大。惠民政策宣传缺乏多样性，深入企业、乡镇和群众中开展政策宣传的力度不够，在确保各项就业优惠政策落到实处、见到实效方面还需加强。二是玉树州就业结构性矛盾依然突出，尤其是高校毕业生总量持续增加，就业压力不断加大。三是人力资源市场和信息化建设滞后，就业供求信息传递的现代化、网络化程度低，各乡镇尚未建立基层服务平台，供求信息发布、招聘活动组织、跟踪协调服务难以落实，公共就业服务机构在促进高校毕业生就业及农牧民就业的服务功能尚未得到较好发挥，特别是疫情期间暴露出的就业创业工作机制不健全、信息不能共享等问题依然突出。

（三）地方财政能力有限，低保救助标准偏低

低保等救助补助标准偏低。一是高海拔地区低保补助标准偏低。玉树州

平均海拔在4200米左右，气候环境恶劣、远离中心城市，特别是牧区交通不便，为适应恶劣的环境，居民主要以高脂肪、高蛋白的肉类和奶制品等为主，居民消费水平较高，加之医疗、教育成本远大于低海拔地区，但补助标准基本一致。二是农村低保补助标准偏低。玉树州城市低保标准为708元/月，农村低保标准为473元/月，差距为1.5倍。从居住地看，玉树州约60%以上的农村低保户均居住在县府所在乡镇人民政府（街道办事处），实际与城镇居民消费水平相一致。三是落实地方配套资金困难。州经济总量较小、财力投入有限，困难群众基本生活补助资金远达不到应配套资金数。如2021年省级落实困难群众基本生活补助资金5.69亿元，按规定应落实20%的地方配套资金约1.14亿元，实际落实资金0.7亿元，且资金主要来源于历年困难群众基本生活补助资金滚存结余资金。

（四）医疗专业人才匮乏，医疗服务水平提升难

一是基层卫生服务能力薄弱，服务质量总体不高。二是医疗卫生人才不足，高端人才缺乏，基层人才"引进难、留不住"问题依然存在。三是公共卫生服务和应急处置能力不强，重大传染病、慢性非传染性疾病防控体系和精神卫生等服务体系存在短板。四是医共体建设、分级诊疗、公立医院薪酬制度改革等需加快推进。五是智慧医疗建设滞后，信息互联互通不够，信息应用不充分等。六是民族医院事业传承创新发展不足。

（五）基础设施建设更新维护成本较大，城乡建设推进难

一是城镇基础设施建设更新维护成本较大。灾后重建后非灾区与灾区、新城区与老旧城区城镇基础设施建设差距明显，非灾区建设与旧城改造任务艰巨，但由于地方财力有限，投入资金缺乏来源，融资渠道单一，城镇基础设施建设任务艰巨。二是城镇管理的法规建设仍有待加强。虽然目前有关城镇管理运行的相关法规建设工作已经取得了一定的成绩，形成了一定的体系，但是离完备还有一定的差距；同时原有的一些地方性城镇管理法规的规定和处罚力度与目前需要还有差距，需要进一步修缮、规范。三是垃圾填埋场、污水处理厂规范运营与目标任务有差距。各市县垃圾填埋场和污水处理厂目

前已加大了整改力度，但是各县垃圾处理、污水处理，运营管理经验严重不足，专业技术人员紧缺，完全达到规范运营还有难度。

第五节　玉树州持续深入推进"一优两高"战略的对策建议

为更好地践行建设"健康现代幸福新玉树"的重大要求，持续巩固和提升脱贫攻坚成果，严格落实"四个不摘"，坚决守住不发生规模性返贫的底线，围绕"一优两高"发展主题，以生态保护优先理念统领经济社会发展全局，通过培育新动能、形成发展新优势，破解玉树州发展不平衡、不充分问题，推动形成引领和支撑玉树州经济发展的新模式。

一、系统保护雪山冰川和河湖湿地，促进资源保护恢复

加强对典型雪山、冰川、冻土动态监测，及时发出预警。完善河湖岸线保护利用，实施河湖管护范围划定，严格水生态空间管护，加强对可可西里湖、库赛湖、霍通诺尔湖、叶鲁苏湖等重要湖泊，隆宝滩、依然措、多尔改措、库赛湖、卓乃湖国家级重要湿地，及德曲源、巴塘河等国家湿地公园保护。在大型雪山群、冰川、重要湿地和湖泊附近设置警示牌、围栏防护和巡查站点，严控人为扰动。推进退牧退耕还湿，因地制宜开展生态补水，修复水生生物栖息地。以自然河湖水系为基础，在有条件的地方实施河湖水系连通工程，促进河湖生态良性循环。在城镇和人口密集区的河段，恢复河岸植被，建设生态护岸，整治河道环境，重塑健康弯曲的自然河岸线。维持河湖生态流量，开展通天河、沱沱河、楚玛尔河等河段水生态环境保护与综合治理，推进水土保持、河（湖）滨岸保护带修建、河岸植被恢复、生态护岸建设、河道环境整治、水禽栖息地恢复等工程，确保江河干流多年平均径流量保持稳定、出省断面水质长期保持在Ⅰ类，生态环境质量整体向好。

严格实行草原生态空间用途管控，采取严格环境准入、用途准入、审批管理和修复提升等手段，加强草原保护，减少人类活动对草原的扰动。积极

落实新一轮草原生态保护补助奖励政策，动态调整草原补奖机制。充分考虑野生动物增多带来的新挑战，推进草地用半留半，减轻天然草场承载压力。采取适度封育、草地改良、人工草地建植等综合治理措施，推进中度以上退化草地综合治理。实施封山育林、退化林修复、中幼林抚育、森林质量提升等治理工程，加大森林资源培育力度，持续增加森林蓄积量，确保森林生态功能持续恢复。继续实施天然林保护、长江流域防护林、国家重点公益林等专项生态修复工程，推进以玉树市为重点的绿水青山工程，打造国土绿化升级版。

二、强化联防联控，推进生态保护支撑体系建设

强化联防联控和网格化管理，巩固提升优良天数质量。推进绿色交通和绿色出行，强化移动源污染治理，加强排放不达标机动车监管，大力淘汰老旧车辆，推广使用新能源汽车，推进城市公共交通、环卫、物流等领域更新清洁能源车辆，实现县城以上城市公共交通全部使用清洁能源车辆。强化油品质量抽检管控，全面实现"油路车"统筹治理。推动绿色施工管理模式，加强建筑工地、道路运输等扬尘、渣土防治，实现县城及以上机械化清扫率达到50%。抓好重点行业污染治理，持续推进企业排放达标管理。加快推进"煤改电、煤改气"，大力实施清洁供暖，加快推进其他区域以电能替代为主的清洁供暖改造。

推进智慧生态建设，健全完善"天空地"一体化生态监测监管体系，全面提升生态系统全要素和生态环境工程监测水平。加强森林草原火灾预防和应急处置，提升基层管护站点建设水平，完善相关基础设施。实施生态气象保障重点工程，增强气象监测预测能力及对生态保护和修复的服务能力开展珍稀濒危野生动植物资源本底调查，准确掌握空间分布。

三、增强废弃物资源化无害化处理能力，培育城市绿色发展模式

健全城市生活垃圾分类，完善生活垃圾处理和固体废物处置收费标准，健全城镇生活垃圾处理收费和分类减量化激励机制，建立全链条垃圾收运体

系。积极推进玉树市生活垃圾焚烧发电厂建设，推进餐厨、建筑、医疗垃圾处理设施建设，全面实现全域无垃圾，在玉树市建设城市餐厨废弃物集中处理中心；加大医疗废弃物集中处置水平，补齐医疗卫生机构医疗垃圾收集设施短板，建设医疗废物集中转运点及处置中心，严格执行医疗垃圾收集及转运处理标准，县乡村三级医疗垃圾收集后，转运至州级统一进行无害化处理，实现医疗废物集中处置全覆盖。

以解决农牧区处理垃圾难为目标，实现垃圾收集、转运、处理全过程管理。补齐垃圾处理设施短板，配置标注民族语言文字的家庭便携式垃圾"四分"半收集容器，逐步覆盖到户，布局建设一批生活垃圾处理设施项目，推广生活垃圾高温热解处理试点经验，提升生活垃圾无害化处理率，完善生活垃圾处理设施建设、运营和管理体系，探索实行相邻县共建共享垃圾焚烧发电处理设施，对暂不具备焚烧处理能力、人口相对集中、场地条件允许的城镇，合理规划建设符合标准的生活垃圾填埋场。探索建立垃圾处理服务按量按效付费机制，开展小型垃圾焚烧设施试点，在县城生活垃圾填埋场配套建设小型焚烧设施，有效延长填埋场使用年限，逐步提高建制镇生活垃圾收转运能力并向周边农村延伸。科学布局建设县级小型餐厨废弃物集中处理厂，鼓励餐厨垃圾与其他有机可降解垃圾联合处理，加强局部土壤污染综合治理。

四、以绿色有机农畜产品输出地为引领，全力打造"牦牛供给地"

建立健全牧业行政村合作经济组织或引进企业等多种方式，对草场、牲畜等生产要素要进行优化重组，建立新型牧场，建设畜禽标准化养殖基地，推广运用"资源变资产、资产变资金、资金变股金、牧业变产业、牧民变股东、社员变职员"六变模式，积极推动生态畜牧业专业合作社股份制改造，实现专业化分工、规模化联动生产，重点提高生态畜牧业股份制合作社的质量，全面建成草地畜牧业生产经营机制，推广健康养殖方式，重点发展以牛羊肉、乳制品、毛绒制品、饲草料等特色产业为主的草畜联动生态畜牧业，全面提高优质绿色生态产品供给能力。

维护好草地有机环境标准要求，在巩固已有有机畜牧业生产基地的基础上，在全州范围内选择条件比较成熟的乡镇、村社推进畜牧业有机基地认证工作，辐射带动全州的有机农畜产品生产基地建设，全力打造绿色有机农畜产品示范省"牦牛供给地"。建立有机畜种、养殖、防控、经营管理、检测、加工、储存等标准化生产体系，不断完善有机畜牧业生产技术规程，质量标准和质量检测体系。科学建立玉树牦牛繁育、养殖、加工、供销国际标准体系。竭力高标准打造"玉树牦牛"中国特色农产品优势区，塑造高原牦牛"金名片"，着力打造"中国牦牛看青海、青海牦牛看玉树"的品牌效应，充实牦牛之都内涵，拓展牦牛之都外延，宣传牦牛之都文化。打造全国最重要的野血牦牛种质资源库、有机牦牛养殖基地、有机牦牛肉生产基地、优良品种核心养殖和保护发展区、牦牛文化和产品展示的窗口。

五、加强农畜产品品牌建设，提高"园区经济"发展能力

着力推进品牌兴农行动，围绕"生态、有机、绿色"建立全州农牧业品牌建设目录，定期发布农畜产品品牌目录，积极开展农畜产品品牌评选活动，优化品牌标识，开展农产品以绿色食品、有机农产品和农产品地理标志为主要类型的认证登记体系，推进农畜产品有机认证步伐，高水准打造具有地域特色的"野血牦牛""扎什加羊"种畜品牌，推进"玉树牦牛""扎什加羊""玉树芫根""玉树黑青稞""玉树蕨麻"等区域公用品牌建设及农牧业文化遗产建设工作，借助青洽会、农交会等渠道，并充分利用"互联网+"，整合电商平台、物流、商贸流通企业，构建农畜产品线上线下互动融合的营销模式，强化品牌市场营销，进一步拓展产品销售渠道。

建立以州级产业园区为中心的产业园区体系，带动各市县产业园建设发展，优化布局农畜产品加工基地、民族手工艺加工基地、集散中心、物流配送中心、冷链仓储配送中心和展销中心，借助和引进大型企业集团，积极打造生产、加工、销售全产业链融合发展载体。以玉树绿色产业园为龙头，加快建设称多县省级生态畜牧业"三江源·玉树牦牛"产业园、治多县现代农牧业产业园、曲麻莱县现代农牧业产业园、囊谦县黑青稞产业园，提升州级园区经济，优化整合县级园区经济，完善产业园区功能，补齐特色农畜产品

深加工短板，引导第二、第三产业向产业园聚集，融合发展。以园区为平台，以阿米雪、巴颜喀拉、羊羔花等本地龙头企业为带动，提升牦牛肉、乳制品、青稞制品精深加工和综合利用开发能力，加大牦牛肉干、酸奶、曲拉、酥油、奶粉、芫根饮料、芫根果脯、青稞炒面、青稞啤酒、饼干、方便面等"小而精"特色产业发展能力，形成"以州为中心，一县一园多品"农牧产业集群。加快建设以物流、农贸加工、民族手工业等为主的全州经济产业园区，形成各县一个产业园区、重点乡镇一个产业基地的发展布局。

六、实施绿色兴农行动，培育壮大新型经营主体

加快实施绿色兴农行动，积极推广养殖合作社畜禽养殖废弃物资源化利用技术，探索建立秸秆收储运体系和综合利用长效机制，构建农田废旧地膜回收利用体系，建立农药等农资产品包装废弃物回收和集中处理体系，开展农用地土壤污染状况详查，研究制定牧草地环境质量标准，推进投入品减量化、生产清洁化、废弃物资源化、产业模式生态化，坚持绿色发展，倡导绿色生产，促进农牧业生产和生态环境保护协调发展。

以转变生产经营方式为目标，培育发展专业大户。以适度规模化经营为主体，着力培育家庭牧场及职业牧工，解决畜牧业生产力矛盾、调整好劳动力结构。以产业特色为依托，规范提升牧民专业合作社，引导发展农牧业专业合作社联合社，基本消除"空壳社"。以打造品牌为核心，重点扶持一批规模化、专业化的合作社和龙头企业。树起一批以加工、储运、营销为一体的企业集群，打造农畜产品专业市场，形成完整的产业链条。创新现代经营体制机制，推进畜牧业活度规模经营，开展土地流转规范化管理，进一步引导土地承包经营权流转，提升农牧业规模化经营水平。开展多元化合作经营，建立与牧户"利益共享、风险共担"的利益联结机制，强化经营主体市场拓展能力，创新畜牧业产业化经营机制。

七、打造特色旅游精品线路，增强文化旅游产业竞争力

依托三江源、可可西里等世界级旅游资源，提高"一带一路"旅游国际

化水平，充分挖掘生态、民俗等文化，串联玉树与西藏、四川等地旅游线路及文旅活动，推动大区域、大流域旅游循环联动发展，积极共建"青藏高原""大九寨沟"等生态旅游圈建设，积极共建黄河上游文化旅游带建设，深度融入全省"一环五区两廊"生态旅游发展布局，打造丝绸之路上独具魅力的国际生态旅游目的地。

重点打造环结古镇旅游区、可可西里生态旅游区、玉珠峰景区、勒巴沟、称多尕朵觉悟神山旅游区、隆宝滩生态旅游区、尕尔寺大峡谷生态旅游区、昂赛国家地质公园、新寨嘉那嘛呢石经城旅游景区、巴塘草原风情旅游区、珠母王妃温泉休闲旅游区、嘉塘草原旅游文化产业园、达那河谷景区。高标准建设好玉树市全域旅游示范区，积极创建玉树市、囊谦县、曲麻莱县、治多县 23 个特色文化旅游体验点，升级打造小苏莽乡、尕朵乡、拉布乡、毛庄乡、扎青乡、查旦乡、索加乡、多彩乡、曲麻河乡、麻多乡 10 个生态文化旅游特色乡镇。重点推介以三江源国家公园为主体的集生态保护、科学研究、科普教育、休闲观光为一体精品特色旅游线路。培育休闲旅游。依托特色古村寨、自然生态林场，推广游牧行休闲旅游模式，实施休闲农业和乡村旅游精品工程，打造一批设施完备、功能多样、特色突出、主题鲜明的休闲观光园区、乡村民宿、农牧体验、康养基地等。

提升旅游基础配套设施，大力实施旅游"六要素"保障提升工程，构建吃住行游购娱旅游产业链，建设游客集散中心、风景道、慢行系统、交通驿站、观景平台、集装箱自驾营地等设施。完善旅游交通指引、景区指引标识、自驾车旅游告示牌等标识系统。建设智慧旅游交通服务平台，推广使用旅游交通电子地图，加快建设玉树智慧旅游服务系统，建设在线旅游集散服务平台，推进"互联网+智慧景区"，在重点景区实现免费 Wi-Fi、智能导游、电子讲解、在线预订、信息推送等功能全覆盖。

八、突出重点群体就业帮扶，继续优化就业创业环境

聚焦未就业高校毕业生、农牧区劳动力、就业困难人员、登记失业人员等群体，强化政策落实，精准提供服务，实施跟踪帮扶，加强兜底保障，促

进就业创业。一要强化政策落实。积极落实鼓励企业吸纳就业、劳动者自主创业或灵活就业、技能培训等政策,优化奖补资金申领程序压缩经办审核时限,加速推动政策落实。落实好就业创业服务补助政策,鼓励各类人力资源服务机构积极开展职业介绍活动,加强劳务经纪人队伍建设,壮大组织带领转移就业规模。同时,要落实好阶段性降低失业、工伤保险费率政策,调整优化失业保险稳岗返还政策,支持参保企业特别是中小微企业稳定就业岗位。二要精准提供服务。扎实做好未就业高校毕业生、各类失业人员实名管理服务,详细了解未就业及失业原因、技能水平、就业意愿和培训需求,精准提供职业介绍、职业指导服务,按需推介就业创业政策和职业培训项目。对有就业意愿的未就业高校毕业生、各类失业人员按规定办理失业登记,符合条件的登记失业人员及时办理就业困难人员认定。三要实施跟踪帮扶。对登记失业人员每月至少提供1次职业介绍或职业指导等服务,依托"金保工程"信息系统逐人逐条实时录入服务情况及结果。同时,通过信息比对或工作人员实地走访、电话调查等方式,对登记失业人员每月至少进行1次跟踪调查,了解劳动者就业失业情况。四要加强兜底保障。为参保失业人员,快速发放失业保险待遇。对就业困难人员实施分类帮扶,通过市场难以实现就业的,按规定通过公益性岗位进行安置,确保零就业家庭动态"清零"。对无法就业导致基本生活出现困难的失业人员,积极推荐民政部门申请社会救助。

九、持续推进医疗卫生事业发展,提升农牧区群众健康保障

依托玉树州藏医院制剂中心,着力提升中藏医科研水平,全力打造"玉树藏药"品牌;完善中藏医药"七位一体"运行机制,实施藏医药传承与创新人才工程,推进中藏医治未病健康工程。完成省、州、县"名优藏医"遴选,组建名医专家工作室;全州乡镇卫生院、村卫生室藏医均得到规范化培训、逐步取得相应的从医资质。突出重点、持续推进重大疾病防控工作。实施新一轮包虫病、鼠疫等地方病防治行动,落实艾滋病、梅毒、乙肝、重症精神病、慢性病综合防治措施。聚力结核病控制,全面推行疾病预防控制机构结核病督导管理责任制;结核病定点医院首诊医院责任制、首诊医生责任

制；基层医疗卫生机构结核病人随访、管理责任制；规范管理治疗所有发现的肺结核病人，坚决遏制肺结核病高发态势。

积极推进老年健康服务和医养结合工作，构建"预防、医疗、照护"三位一体的老年健康服务模式。全面贯彻党中央国务院和省委省政府关于优化生育政策促进人口长期均衡发展的决策部署，积极推动三孩生育政策及配套支持措施落地，支持社会力量开展普惠托育服务，持续做好3岁以下婴幼儿照护服务工作，按期完成千人托位数分年度指标任务。全面提升妇女儿童健康保障。推进新一轮妇女儿童发展纲要卫生健康领域各项工作，提高妇女儿童健康水平。推进妇幼急救专科联盟建设取得新突破；组织实施新一轮"艾梅乙"防治规划，扎实做好孕产妇管理、0—6岁儿童健康管理、"两癌"筛查等基本公共卫生服务。

十、加强党对教育的全面领导，推进教育优质均衡发展

坚持立德树人根本原则，坚持五育并举，坚持将德育融入教育教学各环节、全过程，加强和改进思想政治课建设，改进德育方式方法，开展喜闻乐见、入脑入心的德育活动，持续深入推进"两纯净""三爱""四爱三有"教育，强化中小学生法治教育、公民意识教育。突出生态文明教育，把"扎扎实实推进生态环境保护"的重大要求落实到学校德育工作中。推进中小幼一体化德育体系建设，积极协调开发建设一批主题鲜明、特色突出的爱国主义教育基地、学生社会实践基地和营地。实施学校体育固本行动，推进体育教学改革。加强学校美育教育，培养中小学师生审美能力，全面加强学校劳动，大力弘扬劳动精神，做好国防教育，充分发挥国防教育的综合育人功能，在课堂教育教学中坚持国防教育的思想性、知识性和趣味性有机结合。加快校园文化建设，打造积极健康有特色的玉树校园文化。

不断改善中等职业学校基本办学条件，提高中等职业教育发展水平。做好中等职业教育布局规划，以量力而行的原则，适当扩大中等职业学校数量。鼓励行业企业和个人创办民办中等职业学校。培育经济高质量发展人才，鼓励做优职业技能培训中心，系统培训广大新型职业农牧民，更好地服务乡村振兴。

第十一章　果洛州实施"一优两高"战略评价研究

"一优两高"战略实施以来,果洛州以"保护好青海生态环境是'国之大者'"的重大要求为引领,主动融入省委省政府生态文明高地建设部署,以"源头责任"和"干流担当",坚决守住三江源绿水青山和黄河安澜,自觉当好"中华水塔"守护人。果洛州始终坚持"生态保护优先"理念,依托区域优势和特色资源禀赋,在保护中发展、在发展中保护,科学界定"一主导一支撑"的产业发展布局,大力推进第一、第二、第三产业融合发展,不断拓宽产业链条,产业成效不断显现,广大农牧民群众在不同的产业链条上获得更多、更广的收益。大力促进基本公共服务均等化发展,教育、医疗、社会服务与治理水平逐步提高,人民群众的幸福感、满足感、安全感不断提升。

本章以果洛州"一优两高"战略的实施进程为评价对象,以2018—2021年为评价时期。课题组通过四年间果洛州"一优两高"战略实施过程中对各项指标进行评价的基础上,结合定量与定性相结合的方法,对果洛州坚持生态保护优先,推动经济高质量发展和人民群众高品质生活进行了分析,并结合调研,对果洛州全面贯彻落实"一优两高"战略部署中存在的问题和困难进行了梳理,并提出了相应的对策建议。

第一节　果洛州"一优两高"战略实施情况的总体评价

"一优两高"战略实施以来,果洛州坚持在生态文明建设上主动融入国家战略,在特色产业发展上不断推进优势互补,在保障民生上精准施策,着力解决人民群众最关心最直接最现实的利益问题，紧抓新时代推进西部大开发、黄河流域生态保护和高质量发展战略深入实施等契机，推动生态保护建设由"区域"发力变"全域"使劲，构建生态安全大屏障，推介"区域循环"特色经济圈、旅游圈、产品圈、销售圈，促进资源共享、优势互补、融合发展，促进义务教育优质均衡发展，深化医药卫生体制改革，扩大社保提标面，推动农牧民群众就业增收，"一优两高"战略实施取得显著成效。总体来看，果洛州"一优两高"战略实施指标呈现稳中有升的发展态势，在2018—2021年四年间，最高值为2019年的2.549，2020年、2021年小幅回落，指标值下降至2.394。整体来看，指标总值从2018年的2.167上升至2021年的2.394，提升比例为10.5%，如表11-1所示。

表11-1 果洛州"一优两高"战略实施评价指数

一级指标	指标权重	指标值			
		2018年	2019年	2020年	2021年
生态保护优先	0.468	0.972	1.152	1.163	1.091
高质量发展	0.228	0.510	0.627	0.635	0.633
高品质生活	0.304	0.685	0.770	0.718	0.670

生态保护优先方面，2018—2021年，果洛州生态优先指数分别为0.972、1.152、1.163、1.091，如表11-1所示。可见"一优两高"战略提出以来，果洛州生态保护建设工程开展有序，生态修复和绿水蓝天保护成效显著，生态保护与经济发展的关系进一步理顺。

高质量发展方面，2018—2021年，果洛州经济高质量发展指数分别为0.510、0.627、0.635、0.633，如表11-1所示。可见果洛州聚焦高质量发展、资源禀赋、产业特色和乡村振兴，发挥发展优势，区域协调发展程度显著提升。

高品质生活方面，2018—2021年，果洛州人民群众高品质生活指数分别为0.685、0.770、0.718、0.670，如表11-1所示。受新冠疫情因素影响，果洛州新增就业人数指标有所下降，登记失业率略有提升，影响了高品质生活指标变动方向。从医疗卫生等指数来看，果洛州教育资源布局不断优化，医疗服务水平明显提升，基本公共服务均等化水平不断提高。

第十一章 果洛州实施"一优两高"战略评价研究

第二节 果洛州生态保护优先指标评价与分析

"一优两高"战略实施以来,果洛州坚持把生态文明理念融入经济社会发展全过程,完善生态文明制度建设,强化激励约束机制,大力宣传和深入推进绿色低碳循环的生产生活方式,坚持产业集聚发展,土地集约高效利用,废弃物、污染物集中处理,资源节约、环境保护和生态修复并进,实现生态效益与经济效益的良性互动。

一、果洛州生态保护优先指数评价

"一优两高"战略实施以来,2018—2021 年,生态保护优先指标指数总体呈现稳中有升的发展态势。从二级指标得分情况来看,权重最高的"资源保护"指标得分分别为 0.276、0.372、0.382、0.353,分数整体呈提升趋势,2021 年较 2018 年提升 27.9%,如表 11-2 所示。

表 11-2 果洛州"生态保护优先"评价指数

二级指标	指标权重	指标值(年)				三级指标	指标权重	指标值(年)			
		2018	2019	2020	2021			2018	2019	2020	2021
生态工程与建设	0.112	0.254	0.277	0.261	0.224	水利、环境和公共设施管理固定资产投资增速	0.053	0.136	0.159	0.143	0.106
						国土绿化任务完成率	0.059	0.118	0.118	0.118	0.118
资源保护	0.138	0.276	0.372	0.382	0.353	草原综合植被覆盖度	0.071	0.142	0.171	0.185	0.213
						治理退化草原面积	0.067	0.134	0.201	0.197	0.140
环境保护	0.135	0.270	0.322	0.329	0.342	城镇污水处理率	0.048	0.096	0.125	0.126	0.144
						重要及一般江河湖泊水功能区水质达标率	0.058	0.116	0.116	0.116	0.116
						空气质量优良天数比例	0.029	0.058	0.081	0.087	0.082
能源利用效率	0.086	0.172	0.181	0.191	0.172	单位生产总值能源消耗	0.043	0.043	0.062	0.086	0.086
						清洁能源发电量占比	0.043	0.129	0.119	0.105	0.086

（一）资源环境保护水平逐步提高

2018—2021年环境保护指标得分依次为0.270、0.322、0.329、0.342，分数稳步提升，2021年较2018年提升26.27%。环境保护指标下包含三项三级指标，其中，城镇污水处理率逐年平稳上升；重要及一般江河湖泊水功能区水质达标率自2018年以来一直为100%达标；空气质量优良天数比例指标2019年、2020年连续两年上升后，2021年出现回落。资源保护指标对应草原综合植被覆盖度、治理退化草原面积两项三级指标，其中草原综合植被覆盖度指标逐年上升，可见草原植被恢复与治理成效显著，治理退化草原面积指标受退化草原面积存量影响，2020年、2021年出现小幅下降。

（二）国土绿化任务完成能力显著增强

生态工程与建设指标2018—2021年得分分别为0.254、0.277、0.261、0.224，整体呈回落发展态势。生态工程与建设指标包含水利、环境和公共设施管理固定资产投资增速、国土绿化任务完成率两项指标，其中，国土绿化任务完成率指标四年完成情况均为100%，受地方财政现实情况及生态工程建设项目建设周期长、难度大，水利和环境基础设施选址困难等因素的影响，2021年水利、环境和公共设施管理固定资产投资增速指标略有下降。

（三）能源利用效率明显提升

能源利用效率指标权重占比最低，该指标2018—2021年指标得分分别为0.172、0.181、0.191、0.172，整体保持平稳，波动幅度较小。能源利用效率包含单位生产总值能源消耗、清洁能源发电量占比两项指标，其中，单位生产总值能源消耗指标为逆向指标，指标值越低得分越高，可见果洛州能耗降低成效显著，清洁能源发电量占比指标基本平稳，波动幅度较小。

二、果洛州生态保护优先主要举措与成效

"一优两高"战略实施以来，果洛州正确处理保护与发展关系，主动融入生态修复和绿水蓝天保护中，还原了果洛山清水秀、地绿天蓝的自然生态，确保"一江清水向东流"。

（一）生态建设投入加大，生态治理成效不断凸显

果洛州在深入推进三江源生态保护和建设工程的同时，水利部门实施长江、黄河源区预防保护工程二期、三期项目。主动对接融入省委省政府"国家公园示范省"建设，制定《果洛州全面加强自然保护区管理的实施意见》，进一步规范园区管委会办事流程和服务管理行为，扎实做好生态保护和公共设施、基础设施、服务设施建设等，探索了"政治引领、统一管理、源头治理、系统保护、共建共享"的成功路径。持续加强国家公园生态保护建设与修复治理，通过多年努力，扎陵湖、鄂陵湖湖泊面积分别增大74.6平方公里和117.4平方公里，湿地面积增加104平方公里，汇水面积1000平方米以上湖泊数量由原来的4077个增加到5496个，"千湖之县"再现湖泊星罗棋布、波光粼粼的美景，生态环境质量明显改善。严格落实"河湖长制""林草长制"，坚守耕地保护红线，一批打基础、利长远、具有本地特色的改革举措逐步推广实施。加大立法、执法力度，制订了《果洛州生态环境损害赔偿制度改革实施方案》《果洛州草地生态治理修复管理办法》，形成严格的生态损害者赔偿、受益者付费、保护者得益的运行机制。落实新一轮草原生态保护补助奖励政策，建立多元化生态补偿机制，全州10717名生态管护员年均增收2.16万元，46.5亿草补资金和20.1亿林补资金惠及牧民，核心地区全面禁牧，重点地区限牧、轮牧，自然生态得到休养恢复，牧民放下牧鞭吃上生态饭，从传统放牧员成为生态管护员和建设者，积极投入黑土滩（坡）治理、种草植树、环境卫生整治，躬行"生态报国、感恩奋进"的实践。

（二）科技赋能生态建设，草原治理实现新突破

饲草种植、鼠虫害防治、草地退化治理、25坡度以上黑土山综合治理等科学技术成果在全州得到广泛应用，建成草地资源管理"一张图"动态监测体系，梳理出"有害生物防控、土壤改良、本地牧草良种繁育、补播种草、围栏管护"的经验。"一优两高"战略实施以来，组织实施投资32亿元的三江源生态保护建设、退牧还草、重度退化草场治理、天然林保护等重点生态工程，治理黑土滩（坡）及退化草地改良490万亩、林草有害生物防控4072

万亩、湿地保护176.5万亩、沙漠化土地防治5.69万亩，669万亩天然林和836万亩公益林依法得到保护。作为省级黑土滩（坡）治理经验典范，达日县成功举办全省草原生态保护与修复治理现场观摩会。2018—2021年，果洛州草原综合植被覆盖度由60.87%增至62%，累计治理退化草原面积3229.58万亩，草原治理成果显著，见图11-1。

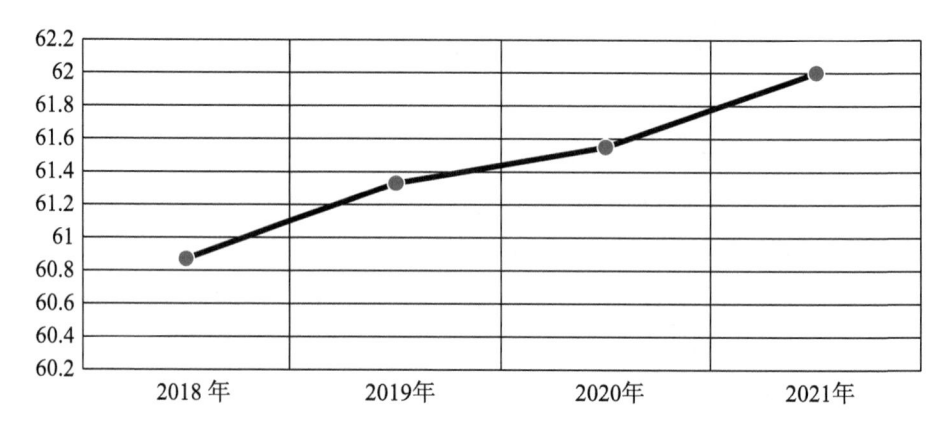

图11-1 2018—2021年果洛州草原综合植被覆盖度

（三）水利管理趋于完善，生态治理效果逐步凸显

"一优两高"战略实施以来，果洛州水利管理逐步完善，水资源统一管理取得实质性进展，水利行政审查审批制度逐步趋于规范化，水土保持方案审批制度落地执行，水资源论证制度及水利执法逐步迈上正轨，最严格的水资源管理制度逐步得以落实。在水利管理和生态环境部门的不断努力下，果洛州主要江河湖泊水功能区水质达标率、城镇主要供水水源地水质达标率持续保持稳定，8个重要水功能区和1个一般水功能区水质达标率均为100%，全州县级以上集中式饮用水源水质达标率均为100%。

果洛地区由于受特殊气候、地理环境制约，生态环境脆弱性特征显著，境内部分地区鼠害泛滥，植被覆盖度保持困难，同时还存在草原退化、水土流失等生态问题，生态建设与水土流失防治压力突出。果洛州结合环保督察、河湖长制等工作，加大生态环境监管力度，整治乱采乱挖现象，加强水土流失治理，保持生态环境平衡，强化监督执法，坚持保护与合理开发并举，水土流失现象初步得到遏制，局部地区生态环境明显好转，生态效益初步显现。

（四）节能降耗稳步推进，能源结构不断优化

果洛电力装机容量9.5万千瓦，均为可再生能源发电。可再生能源发电装机和发电量占比为100%，其中非水可再生能源装机规模和发电量占比达到36%和25.5%。在水电方面，开展了黄河源水电站拆除及河道治理方案，启动了电站拆除工作，促进了黄河上游生态环境保护。茨哈至羊曲河段取得生态环境部出具的环境影响回顾性评价审查意见。玛尔挡水电站目前正在建设。建设小水电站7座，容量为6.2万千瓦，占水能资源理论蕴藏量（354万千瓦）的1.75%。光伏发电方面，光伏建设成效显著，新增装机容量3.4万千瓦，开展了高原低风速风机实证试验，进行了果洛州分散式风电发展规划，实施光伏扶贫项目33.5兆瓦，其中玛多县4.4兆瓦扶贫光伏电源基地全面完工并投入运行，其余五县光伏电源集中建设基地顺利开工，玛多县格尔木10兆瓦飞地光伏项目建设完成。在天然气使用方面，完成果洛州天然气利用专项规划，各县天然气利用工程正在筹划建设中，果洛州能源输运和储备取得突破进展。

积极担当三江源生态保护与建设主体责任，把果洛建成三江源生态保护修复示范区、三江源人与自然和谐共生先行区和三江源大自然保护展示区。能源供给以绿色发展为基调，保障形式稳固。能源消费总量稳中有升，能源利用效率和用能水平提高，第一产业、第三产业和居民消费量保持稳定，第二产业消费量持续下降。能源消费总量的上升主要来源于终端能源消费中第三产业能源消费量的上升，并占据各类能源消费的主导地位。

（五）强力推进环境整治，污染问题得到有效治理

果洛州以开展"三江源清洁工程""美丽家园"行动、农村环境连片整治、"厕所革命"和"全域无垃圾行动"为主要抓手，城乡环境污染问题得到有效整治，城镇集中式饮用水源地水质达标率与地表水水质达标率连续稳定在100%，城镇空气质量优良天数比例持续提升，2018—2021年，果洛州城镇污水处理率由79.25%增长至88.43%，见图11-2，生态环境质量处于全国同类城市前列。

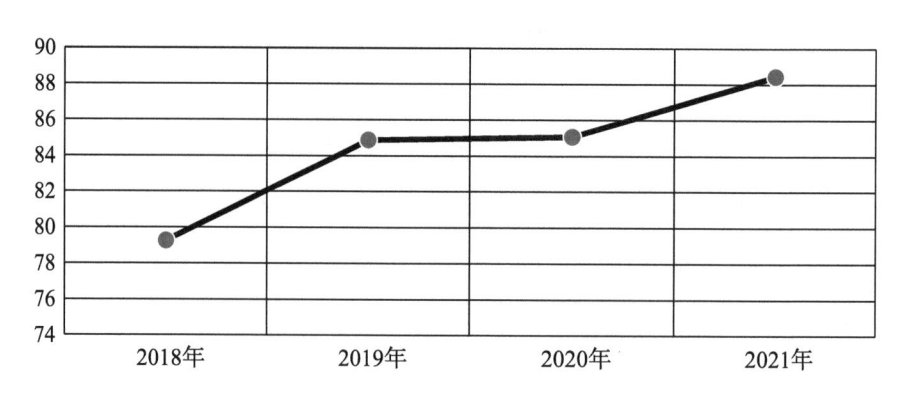

图 11-2　2018—2021 年果洛州城镇污水处理率

"一优两高"战略实施以来，果洛州谋划重点减排项目，化学需氧量累计减排 155 吨，氨氮累计减排 21 吨，二氧化硫累计减排 685 吨，氮氧化物累计减排 104 吨。对境内黄河流域进行全方位系统治理，落实水污染防治专项资金 4.24 亿元，实施玛多县黄河源生态修复及水源涵养能力提升、达日县黄河干流德昂乡段河岸缓冲带生态保护与修复、甘德县污水处理厂尾水水质净化、甘德县西柯曲生态缓冲带保护修复、久治县沙曲河流域水环境治理与生态恢复、久治县尼格曲河流域水污染治理水生态保护与修复、玛沁县格曲河流域水环境综合治理等 7 个项目。全州年出境水量达到 143 亿立方米，黄河出境水质始终保持在 Ⅰ 类，14 个国、省控监测断面水质优良率 100%，7 个集中式饮用水水源地水质达标率 100%。不断强化城乡垃圾、污水处理，玛沁县和玛多县生活垃圾填埋场完成无害化处理整改工作；甘德、达日、班玛、久治县生活垃圾填埋场正在进行生活垃圾无害化处理整改工作；投资 5782 万元的班玛县及玛沁县优云乡，甘德县上贡麻乡，达日县德昂乡、桑日麻乡等 5 个乡镇垃圾填埋场建设项目前期工作进展顺利。玛沁县拉加镇污水处理厂项目已完成工程量的 65%，计划年内完工并投入使用。高标准推进"厕所革命"，按照省州"厕所革命"三年行动计划要求，在全面完成续建工程的基础上，积极筹措资金 6105.6 万元，新建、改建厕所 3975 座，目前已开工建设 874 座，开工率 22%。

（六）持续扩大清洁能源供暖覆盖面，生态建设成果进一步巩固

积极争取国家"蓝天保卫战"等项目资金和省级配套资金，分阶段实施

清洁取暖工程，计划总投资8.3亿元，涉及360.57万平方米清洁取暖建设任务，玛多县建成全省首个清洁能源供暖示范县。玛多县将原有陈旧、低效、严重污染环境的燃烧锅炉改为固体蓄热式锅炉和高碳分子发热油电锅炉，电功率合计34.64兆瓦，为37.8万平方米提供清洁采暖，同时，玛多县黄河乡、扎陵湖乡清洁供暖项目已启动建设，2021年竣工投运，基本可解决县城及乡镇政府所在地相对集中地区清洁供暖问题。玛沁县建成5台4兆瓦的固体蓄热电锅炉，满足17.8万平方米清洁供暖任务，在建拉加镇清洁供暖项目，合计电功率35兆瓦。班玛县建成集中供暖2期、3期、4期、5期固体蓄热电锅炉房，合计电功率35兆瓦。达日县建成学校、居民区、商旅产业园清洁供暖项目，合计电功率14兆瓦。

（七）强化地方性法规和制度建设，现代化环境治理体系逐渐形成

坚持问题导向，不断建立健全生态环境保护长效机制，建立完善山水林田湖草沙冰治理体系，制定出台《果洛州州级国家机关有关部门生态环境保护责任清单》，积极构建齐抓共管的生态环境保护工作大格局。严格落实"河湖长制""林草长制"，坚守耕地保护红线，一批打基础、利长远、具有本地特色的改革举措逐步推广实施。一是建立了青藏川滇甘交界地区生态环境保护协同发展合作机制，共促边界地区生态环境可持续发展。探索实践"专业化法律监督+修复性司法实践+社会化综合治理"生态检察模式，建立"3+2"生态环境保护司法协作机制和黄河上游（青海段）生态环境与资源保护跨区域检察协作机制，加强行业监管部门协同联动，严厉打击生态环境违法行为。二是推进主体功能区红线，自然资源确权登记工作，进一步形成归属清晰、权责明确、监管有效的自然资源资产产权制度。三是强力推进生态环境改革，探索实施"三线一单"分区管控，建立了空间布局约束、污染物排放管控、环境风险防控及资源开发效率的管控体系。制订了《果洛州黄河流域入河排污口排查整治工作方案》，采取"卫星遥感+人工核查"方式，对境内黄河干流两侧所有向黄河排污口进行排查，并充分运用排查结果积极开展整治工作。

三、果洛州生态保护优先面临的主要问题与挑战

"一优两高"战略实施以来,生态保护政策支持和资金投入不断加强,果洛州生态保护与建设取得突出成效,但由于果洛州生态基础脆弱,保护治理周期长,建设投入成本高,统筹保护与发展、保护与民生的工作依然任重道远。

(一)生态建设任重道远,保护发展面临挑战

果洛州全境位于三江源国家自然保护区范围,生态保护责任重大。保护生态要采取的减畜、禁牧、禁采矿、限开发等措施,一定程度上会影响州域第一、第二产业发展。生态保护是一个长期工程,在生态补偿、产业优化升级等体制机制尚未完善的情况下,生态保护与生产发展的矛盾依然比较突出,并仍将长期存在一段时间。

长期以来,草地、林地等自然资源以及畜牧业生产是果洛农牧民维持生计的重要手段,但随着近年来生态建设的需要,生态保护与经济发展之间的矛盾日渐突出。一方面畜牧业赖以生存的草地生态面积不断压缩,现有草场生产力难以满足生态有机畜牧业发展需求,仍需通过减畜、轮牧,甚至禁牧等方式来达到保护环境、发展生产的目的;另一方面区域生态环境容量低,广大牧民只能通过禁牧补助、生态公益林补偿等方式增加收入。严格的生态保护使传统生产方式、产业形态受到很大冲击,如何妥善处理好利用自然资源改善民生与承担历史使命履行保护生态职责的关系,加快生产方式转变,取得生态保护与开发利用的双赢已成为当前乃至长远面临的重要挑战。

(二)自然条件恶劣,防洪排涝体系急需完善

一是水土流失和山洪灾害严重。果洛州处高海拔地区,气候寒冷,季节性冻土较多,每到夏季表层土壤常发生冻融现象,水土流失严重。每逢暴雨植被稀疏的地表径流急剧汇集,从而造成山洪,导致大量泥沙淤积水库及河道,容易引起滑坡、泥石流等地质灾害,给城乡居民及各类基础设施造成较大的灾害损失。二是城镇防洪排涝体系急需完善。果洛州流域面积大于3000

平方公里的河流有 7 条，流域面积在 200—3000 平方公里的河流有 19 条，流域面积在 200 平方公里以下的河流有 100 余条。大部分有防洪需求的河道没有进行治理，已治理的河段存在防洪标准较低、治理河段长度不足等问题。部分县城排水系统建设比较薄弱，每年汛期都会造成积水涝灾。

（三）水生态保护与修复任务艰巨，牧区饮水工程有待提升

随着城镇化进程与基础设施建设的不断加快，污水排放量加大，现有污水处理能力不足，局部河流水环境质量存在恶化风险。牧区生活垃圾处理不到位，时有垃圾入河现象，面源污染未得到有效遏制，对河流水质造成影响。河道两岸植被存在破坏情况，水土流失逐步加剧，对水生态环境构成严重威胁。

牧区饮水集中供水水源少，大部分依靠分散式供水工程，存在供水保证率低的问题，缺少集中式供水，且水厂水质净化和消毒设施欠缺，供水水质安全存在隐患，牧区集中供水入户率低，牧民群众吃水不便利。

（四）电网供给能力有限，能源结构有待进一步改善

果洛州 330 千伏网架为单回链式供电，供电能力及可靠性较差，部分乡镇电网建设较弱。果洛州需新建或改造的清洁取暖面积较大，加之青海 2022 年之前不属于中央财政支持清洁取暖试点地区，且地方财政能力十分有限，故无法筹措清洁取暖所需资金。同时，电取暖、空气源热泵及太阳能取暖等清洁取暖方式较常规取暖方式运行成本分别高出 23%、40%、63%，居民收入较低，对清洁取暖成本上升的承受能力有限。全州现有大电网部分覆盖村庄 18 个、离网光伏村 11 个，共涉及 1701 户农牧民，均属于集中或分散式光伏供电用户，由于牧户地处边远、居住分散，遇到供电故障，维修与保养很难及时跟进，供电既不可靠，也不稳定，90% 以上的光伏用户不能正常用电，无法满足广大牧民群众日益增长的生活需求。

果洛州能源消费构成主要是煤炭、石油制品、电力，且煤炭、石油制品全部从外地调入，运输成本高。生活用能主要为牛粪、秸秆等，用能形式单一，一次性清洁能源消费比例仍然不高，呈下降趋势。小水电规模较小，汛、

枯供电矛盾仍然很突出，光伏发电开发较慢、规模较小，风能、地热、生物质能等可再生能源的利用尚在论证、勘测阶段，天然气管网完成专项规划，尚未实施，前期工作推进缓慢。近年来，省委省政府高度重视果洛地区的通电问题，安排大量资金解决了果洛州6县及部分乡镇、村的供电问题。剩余未覆盖电网的乡镇、村、寺院由于地处边远、居住分散、施工条件差，成为电网建设的最大瓶颈，加之地方政府财政拮据，投资能力有限，严重影响了可再生能源清洁供暖工程的实施进度。

第三节　果洛州高质量发展指标评价与分析

"一优两高"战略实施以来，果洛州坚持将绿色发展理念融入经济社会发展的各个环节，通过青洽会、生态博览会、清食展等展会平台谋项目、抓推介、强责任、提服务、促衔接，培育壮大特色产业领域优势企业和龙头企业，高质量发展取得长足进步。

一、果洛州高质量发展指数评价

"一优两高"战略实施以来，2018—2021年果洛州高质量发展指标指数分别为0.510、0.627、0.635、0.633，如表11-3所示，发展态势稳中有升，2021年较2018年提升24.1%，在生态旅游融合、清洁能源发展、农畜产品输出等方面提升明显，经济发展的内生动力持续增强。

表11-3　果洛州"高质量发展"评价指数

二级指标	指标权重	指标值（年）				三级指标	指标权重	指标值（年）			
		2018	2019	2020	2021			2018	2019	2020	2021
产业发展	0.122	0.260	0.316	0.361	0.313	有机认证生产加工企业数	0.032	0.064	0.096	0.096	0.080
						民族手工业销售收入	0.035	0.070	0.074	0.100	0.105
						文化旅游产业营业收入	0.029	0.058	0.076	0.087	0.076
						农牧业增加值增长率	0.026	0.068	0.071	0.078	0.052

续表

二级指标	指标权重	指标值（年）				三级指标	指标权重	指标值（年）			
		2018	2019	2020	2021			2018	2019	2020	2021
经济发展	0.108	0.250	0.310	0.274	0.320	固定资产投资增长率	0.018	0.036	0.051	0.040	0.054
						社会消费品零售总额增长率	0.021	0.062	0.059	0.042	0.063
						争取和使用对口援青资金额	0.041	0.082	0.119	0.123	0.123
						年度旅游业收入增长率	0.014	0.028	0.041	0.041	0.042
						农牧业科技园产值增幅	0.014	0.042	0.041	0.028	0.038

（一）产业发展内生动力逐步涌现

产业发展指标2018—2021年得分依次为0.260、0.316、0.361、0.313，前三年显著提升，2021年出现小幅回落，2021年较2018年提升20.4%。产业发展指标包括四项三级指标，其中，指标权重最高的民族手工业销售收入指标2018—2021年得分稳步提升，指数值由2018年的0.070提升至2021年的0.105，提升50%；有机认证加工企业数权重排第二位，2018—2021年整体呈提升态势，2021年较2018年提升25%，2019年、2020年提升水平较高，2021年出现小幅回落；文化旅游产业营业收入指标权重排第三位，2021年较2018年指数提升31%，2018—2020年稳步提升，2021年略有降低。农牧业增加值增长率指标2018—2021年基本保持稳定，指数得分水平整体不高，呈现先增长后回落的发展态势，2021年较2018年降低23.5%。

（二）投资与旅游业带动经济发展作用明显

经济发展指标包含固定资产投资增长率、社会消费品零售总额增长率、争取和使用对口援青资金额、年度旅游业收入增长率、农牧业科技园产值增幅五项三级指标，其中，权重占比最高的争取和使用对口援青资金额逐年稳步增长，2021年较2018年增长50%；社会消费品零售总额增长率指标4年出现小幅波动，2021年较2018年提升1.6个百分点；固定资产投资增长率基本保持增长态势，2021年较2018年增长50%；年度旅游业收入增长率稳步提升，2021年较2018年提升50%；农牧业科技园产值增幅指标波动较为明显，2020年出现明显下降，2021年小幅回升，2021年较2018年指数降低9.5个百分点。

二、果洛州高质量发展主要举措与成效

"一优两高"战略实施以来，果洛州始终坚持畜牧业基础地位不动摇，积极推进农牧业产业结构调整，以农牧民专业合作组织为依托，着力发展规模化、专业化、集约化、产业化农牧业经济，争取落实省级支农资金、上海援青资金，整合相关项目投资，加大地方财政投入力度，生态农牧业产业化经济发展迅速。

（一）以产业基地建设为抓手，推进高原生态农牧产业升级

紧紧围绕保护生态绿色发展这一主题，加快农牧业产业转型升级，以农牧业产业化基地建设为抓手，大力推进高原生态农牧产业，积极实施高原生态农牧业产业化"六项工程"，生态农牧业产业化发展取得显著成效。2020年，全州44个乡镇中，31个乡镇均已实施了高原生态农牧业产业化项目，建成以合作社为平台的肉牛肉羊养殖、奶牛养殖、野血牦牛种畜基地、饲草基地、大黄种植等产业化基地，乡镇层面产业覆盖率已达70%，合作社层面产业覆盖率达到2.5%。州政府整合各类资金达5440万元，在26个村社实施特色农牧业产业化项目26个，并结合农村综合改革，不断加大草原、牲畜整合力度，使农牧民经济组织化程度和民主管理水平得到明显提升，有效提高了农牧业产业经济效益，进一步夯实了果洛特色的生态农牧业产业化发展基础。

在此基础上，以县域经济为重点，坚持转方向、调结构、创品牌、促增长，特色优势产业培育和发展步伐明显加快。不断强化饲放管理、动物防疫、抗灾保畜、森林草原防火等常规工作。2021年建成藏羊养殖基地36处，规模达4.35万头；奶牛养殖基地121处，规模达10.79万只；肉牛养殖基地4处，规模达2660头；优良牦牛种畜基地7处，规模达4170头；中藏药材基地5处、规模达6000亩；养猪基地1处；饲草基地32处，规模达8.1万亩；犏牛

繁育基地3处，蔬菜种植基地4处，乡村覆盖面达100%。新建3个千头牦牛和1个千只藏羊养殖基地，甘德县、达日县分别打造联合社1处；粮食作物播种面积5601亩，同比增长9.3%。2021年，存栏各类牲畜1345568头/只，出栏各类牲畜144404头只，肉产量11947吨，牛奶产量18692.83吨；第一产业完成投资14597万元，同比增长3.38%。农牧产业的生产基础进一步夯实。

（二）品牌带动发展，特色资源和民族手工业发展势头良好

积极实施品牌战略，立足草场、牲畜资源，从源头上打造有机产品品牌，"久治牦牛""甘德牦牛""玛多藏羊""果洛大黄""果洛蕨麻"获得农业农村部地理标志认证，甘德县67万公顷草场和久治县22种藏牦牛产品分别获得农业农村部有机基地和产品转化认证。同时，通过政策引导和资金扶持，大力培育生态农牧业产业化龙头企业，"5369""金草原""雪域珍宝""格桑花"和"玛尔洛"等一批农畜产品加工企业不断壮大，逐步形成产品特色优势。累计注册商标220个，"玛尔洛乳品"和"5369牦牛肉"荣膺青海省著名商标称号，班玛藏雪茶、"珍宝牌"奶酪等产品获省级金奖，辐射带动作用凸显。继续加大企业扶持力度，一批农畜产品中藏药材、矿泉水、藏雪茶、黑青稞酒、民族服装手工艺等特色产业项目顺利推进，年产值突破亿元，产业发展平台初具规模，2021年果洛州民族手工业销售收入由2018年的552万元提升至711.7万元，提升28.8%，见图11-3。果洛州三江源有机产业园及园区企业创业孵化基地和就业实训基地建成投用，各县产业园区建设全面推进，以玛沁电子商务示范县为龙头的电商普及发展势头强劲，电子商务进农村综合示范县实现全覆盖。

（三）多措并举，农牧业示范园区取得新突破

果洛州农牧业生态科技示范园位于玛沁县大武镇格桑喜多开发区东侧，占地面积39亩，已建成连栋节能日光温室18座，水、电、路等配套设施及集餐饮娱乐为一体的休闲场所1处，半地下智能综合温室1座。主要承担本地区种植业引领示范作用和生态移民及农牧民群众的培训任务。园区成功引进油桃、草莓、辣椒、黄瓜、西兰花、莴笋等多种果蔬，引进新型高保温节

能温室建造技术、自动卷帘技术、微滴灌喷灌技术、发酵床生猪育肥技术等，已形成年产 210 余吨新鲜果蔬，产值达 50 余万元的规模。每年开展温棚蔬菜种植技术及蔬菜病虫害防治咨询、农牧业技术培训班，累计免费培训农牧民 2400 人（次）。无偿发放蔬菜栽培技术、管理技术、病虫害防治技术、半地下冬暖式高保温温棚建造技术等科普资料 12500 余份。每年在 4、5 月组织大武地区的中小学生参观园区，观看油桃开花、各类蔬菜生长情景，为青少年朋友开展科普，累计接待中小学生参观约 3800 人（次），牧民、干部职工约 12300 人（次）。园内每年生产的新鲜蔬菜都可常年供应市场，为调剂市场、平抑物价发挥了一定的作用。

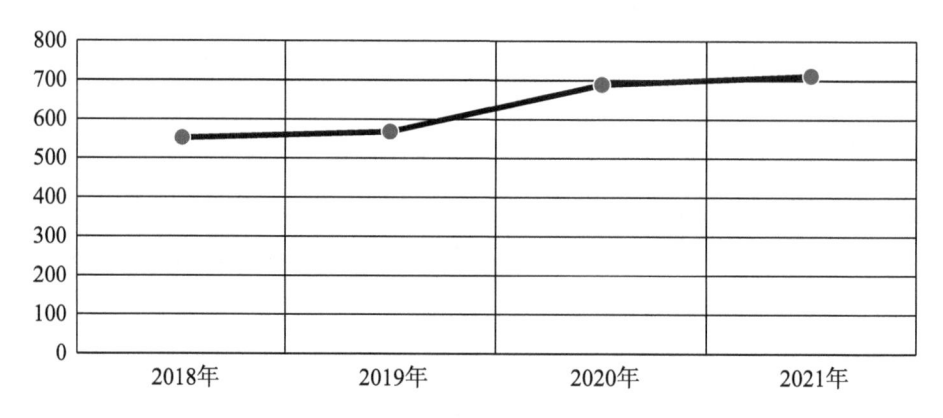

图 11-3 2018—2021 年果洛州民族手工业销售收入（万元）

（四）打造文化品牌，提升文化旅游影响力

制订出台了《果洛州节庆文化旅游活动方案》，明确了州县主办节庆活动。一是依托果洛丰富的自然、人文、文化、体育等资源，积极打造果洛州玛域格萨尔文化旅游节、玛沁县阿尼玛卿雪山文化旅游活动、达日县格萨尔狮龙宫殿文化旅游节、甘德县德尔文格萨尔史诗文化旅游节、久治县年保玉则文化旅游节、玛多县黄河源文化旅游节、班玛县古村藏家风情文化旅游节等大型文化旅游节庆活动，推动了文化与旅游的融合。二是挂牌成立了阿尼玛卿青少年艺术团、年保玉则艺术团和格萨尔史诗童声合唱团、格萨尔民间艺术团，加大了格萨尔文化宣传力度，提升了果洛文化影响力。三是依托斑马线红军沟红色文化资源，建立红色文化纪念馆人文景点，修缮保护红军纪念碑，红军沟被省委宣传部批准为青海省爱国主义教育基地。在达日县修建了果洛和平解放纪念碑，进一步拓展了红色旅游的内涵。2018—2021年，文化旅游产业营业收入由1987.25万元提升至2233.38万元，增长12.39个百分点，见图11-4。

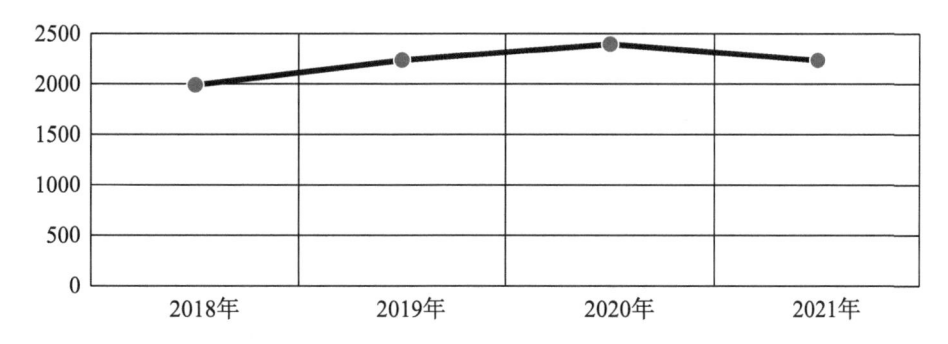

图11-4　2018—2021年果洛州文化旅游产业营业收入（万元）

（五）培育特色产业，加快文化旅游融合发展

积极创建岭域格萨尔文化传媒公司、果洛州格萨尔"艺人之家"等文化企业团体发展，积极开发生产特色鲜明、品种多样、满足不同群体需求的旅游纪念品、生产生活用品、土特产和绿色食品等，重点开发皮革制品、牛羊毛编织品、服装饰品、黑陶、唐卡等民族手工艺品，进一步延伸文化旅游产业链。扶持皮革工艺、石刻、德昂洒智书法、木雕、面具、毛纺织品等文化旅游商品研发，组团参加上海国际手造博览会和成都国际非物质文化遗产节等大型文化旅游交流活动，果洛州特色非遗手工艺品广泛受到业界关注。制订出台了《上海大学传统工艺驻果洛工作站方案》，设立了上海大学驻青海果洛传统工艺工作站，为果洛州传统工艺的传承、产品研发、提高品质搭建平台。

一是精心打造生态旅游线。推出"高原生态廊道穿越之旅""母亲河感恩溯源之旅""红色文化感悟之旅""格萨尔文化探秘之旅"四条精品旅游线，链接青甘川四条出境旅游线路，不断拓展青藏高原生态观光游、民俗风情体验游、户外探险自驾游等新业态、新产品，以景造势，吸引游客到果洛消费，增加旅游收入。二是生态旅游线路体系建设的基础基本完善。围绕三江源国家公园黄河源园区、长征国家文化公园、班玛红军沟、马可河原始森林、格萨尔狮龙宫殿、德尔文史村等重点景区，按照打造国际生态旅游目的地的标准和要求，推进生态环境保护治理、旅游服务设施建设、交通服务设施建设、旅游要素设施建设等强基础、补短板工程，夯实生态旅游业发展基础。配套完善旅游发展水、电、路、讯、网、游客栈道、观景台、特色观景通道等基础设施建设，加快游客接待中心、停车场、酒店、购物、演艺、景区标识系统等配套服务设施建设，生态旅游发展的基础设施和公共服务设施基本得到开放景区全覆盖。2021年，果洛州年度旅游业收入增长率为27%，较2018年提升68.61个百分点，见图11-5。

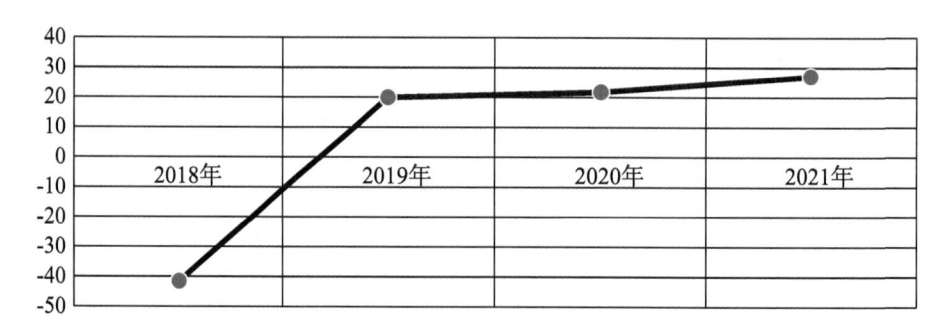

图11-5 2018—2021年果洛州年度旅游业收入增长率%

三、果洛州高质量发展存在的问题

长期以来，由于果洛州地处偏远，基础设施薄弱等原因，农牧业科技推广、动物疫病防控、防灾减灾、产品流通、饲草料供应等支撑体系不够健全，服务功能不够完善，保障能力弱，一定程度上制约着农牧业产业化发展和农畜产品市场竞争力的提升，牲畜商品率、出栏率等均低于全省平均水平，高质量发展水平还有较大的提升空间。

（一）财政资金支持能力较弱，研发投入强度不足

州、县财政科技投入不足，财政科技资金投入基数低，绝对额小。企业研发投入绝对额小，占企业销售额比重较小。社会投资不够，缺乏金融、投资机构、社会资金、资本市场支持研发活动的投融资机制。果洛州经济社会发展水平相对滞后，且地处三江源保护区，地方公共财政预算收入少，增收渠道窄、财政自给率低。在做好"三保"工作的前提下，刚性支出大，地方财政投入生态保护、产业发展等方面的资金十分有限。

农牧业科技研发创新能力不强，科学养畜、科学种植饲草等实用新技术推广速度慢、见效差；农牧业科研、教育、推广、培训未能相互衔接形成有效合力，新技术、新品种引进推广不能很好地适应农牧业科技创新的需要，农牧业科技支撑能力不强，造成新技术、新品种引进乏力，农畜产品科技含量不高，农牧业在市场竞争格局中仍处在产业链的中低端，农牧业科技贡献率不高。

（二）人才严重匮乏，优势资源集聚步伐缓慢

现有科技人员90%集中在科研院所和医院、学校等事业单位，作为技术创新主体的企业不到10%。科技创新平台建设发展缓慢。因受财政资金的限制，州县两级政府对研发平台、科技成果转化平台建设缺乏实质性支持。创新主体总量偏低，企业科技创新主体地位尚未真正确立。农牧业科技人才数量不足，乡镇基层农牧业技术人员严重缺乏，专业技术队伍结构不合理，质量有待提高，经费没有保障，设施设备配置不足，服务能力弱化。如畜牧科研所、各级草原站等农牧业科研服务机构未能发挥应有作用。同时随着工业化、城镇化、信息化加快推进，从事农牧业的劳动力结构发生变化，农牧区大量有文化的青壮年劳动力外出务工，农牧区劳动力老龄化、妇女多、低文化现象突出，农牧区生产一线的实用型人才"青黄不接"，加之农牧区基层干部队伍年龄结构老化问题严重，与果洛州特色农牧业高质量发展的要求极不适应，农牧业农牧区人才缺乏成为制约全州农牧业稳定发展的瓶颈。

缺乏激励创新主体培育的普惠性政策。亟须出台支持培育高新技术企业、科技型企业、科技企业孵化器、产业技术创新联盟等的普惠性政策。缺乏扶持科技创新平台建设的实质性政策。全州科技工作基础薄弱，缺乏扶持创新平台发展的政策环境，政策制定处于空白状态，成为州科技创新的弱项和短板。缺乏促进科技成果转移转化的扶持政策。全州科技成果产业化程度较低，

成果的质量和转化率均不高，成为制约果洛创新驱动发展的重要因素，亟须出台促进产学研用协同发展的重磅政策。

（三）农牧业经营机制不畅，转变发展方式难度大

农牧区集体产权制度改革仍处在探索阶段，承包地块面积不准等问题不同程度存在，统一规范的土地流转机制尚未建立，导致草场使用权流转规模较小，适度规模经营占比不高，加大了转变发展方式的难度。产业化龙头企业与农牧民的利益联结机制还不够紧密，农牧民专业合作组织的凝聚力、吸引力、服务能力和规范程度有待提升，农牧业生产经营小而分散，小农与大农并存、专业与兼业并存的格局长期存在，家庭小生产和社会大市场的矛盾难以改观。农牧业基础设施建设投入不足，短板明显，产业发展层次不高，同质化严重，养殖技术落后，劳动力素质整体不高，牧业生产科技含量低，畜群结构不合理，产业化、集约化发展水平较低。

（四）传统生产观念根深蒂固，农牧业生产发展受约束

受传统思想观念影响，农牧区相当一部分牧民依然保留着传统的生产经营理念，防灾减灾意识差，惜售现象普遍存在，使牧户家中冬季活畜存量大，不但延长了牲畜饲养周期，增加了饲养成本，而且在遭遇雪灾等自然灾害时，易遭受损失。同时，由于受宗教文化影响，禁止宰杀牲畜，使牧户不能充分获得畜产品加工增值效益，收入偏低。另外，生产过程中缺少必要的投入也是造成畜产品附加值低、牧民收入低的原因之一。

农牧户生产方式小而散，种养水平低，乡村产业发展缺融合、缺链条，农畜产品缺精深加工、缺科技支撑，合作社发展规模不大、质量不高。果洛州有国家级龙头企业1个，省级龙头企业2个，州级龙头企业7个，但规模小、产量低，普遍没有建立现代企业制度，缺乏高标准、高质量、高品质的思想意识，产业链条断档，合作社与企业的利益链不健全，存在各自为政、不顾全局、不顾长远的问题，制约了本土企业向规模化、特色化龙头企业转变。

（五）文化旅游发展缓慢，融入市场步伐亟待提升

果洛州现有文化旅游基础设施建设滞后，服务功能较弱，旅游接待服务

设施严重不足，现有的宾馆餐饮服务质量低，规范性欠缺，不具备接待国际旅游团队的基本条件，社会力量参与旅游市场经营意识淡薄，尚未形成浓厚氛围。文化旅游宣传力度有待加大，由于地方财政支撑能力十分有限，文化旅游业长期以来存在投入资金不足，宣传力度有限的问题，制约了旅游业的外向发展，在青海打造"国际生态旅游目的地"的背景下，果洛州作为文化、生态旅游资源集中度较高地区，亟待提升旅游接待和承载能力。旅游资源开发利用水平较低，文化创意产业发展进展缓慢。果洛州旅游资源丰富但规模景区较少，与全国、全省旅游景区相比规模小、看点少、较零散，尚未形成优质、成熟的旅游项目，游客逗留时间短。独具地方特色的格萨尔说唱、民族歌舞演艺等旅游资源尚未得到充分开发，受众人群有限，缺乏吸引力。

第四节 果洛州高品质生活指标评价与分析

"一优两高"战略实施以来，果洛州倾力关注民生事业，致力于创造高品质生活，全力保障民生服务需求，深化以人民为中心的发展思想，全州各族群众的获得感、幸福感、安全感更加充实。

一、果洛州高品质生活指数评价

果洛州高品质生活指数结果总体呈现收入及消费水平稳步提升、医疗卫生水平提高明显、户籍人口城镇化率显著增长等基本特征，受新冠疫情影响，人均可支配收入、就业等指标出现不同程度的下降，但消费水平未见明显下降，说明果洛州基本公共服务均等化步伐不断前进，人民生活总体呈现向好发展态势。

表11-4 果洛州"高品质生活"评价指数

二级指标	指标权重	指标值（年）				三级指标	指标权重	指标值（年）			
		2018	2019	2020	2021			2018	2019	2020	2021
收入及消费水平	0.044	0.114	0.127	0.104	0.118	居民人均可支配收入增长率	0.026	0.078	0.076	0.052	0.064
						人均文化事业费支出	0.018	0.036	0.050	0.052	0.054

续表

二级指标	指标权重	指标值（年）				三级指标	指标权重	指标值（年）			
		2018	2019	2020	2021			2018	2019	2020	2021
居住状况	0.051	0.106	0.128	0.115	0.078	户籍人口城镇化率	0.025	0.054	0.050	0.053	0.075
						棚户区改造工程完成数	0.026	0.052	0.078	0.061	0.003
社会保障水平	0.047	0.094	0.118	0.097	0.095	城乡居民基本养老保险参保率	0.024	0.048	0.072	0.051	0.049
						城乡居民基本医疗保险参保率	0.023	0.046	0.046	0.046	0.046
医疗卫生水平	0.074	0.172	0.196	0.205	0.198	每千人拥有执业（助理）医师数	0.024	0.048	0.056	0.071	0.072
						每千人拥有床位数	0.026	0.052	0.078	0.078	0.078
						婴儿死亡率	0.024	0.072	0.062	0.056	0.048
教育就业	0.084	0.199	0.201	0.197	0.181	义务教育巩固率	0.023	0.046	0.058	0.068	0.069
						高中阶段毛入学率	0.019	0.057	0.047	0.040	0.038
						城镇登记失业率	0.015	0.015	0.030	0.024	0.020
						城镇新增就业人数	0.027	0.081	0.066	0.065	0.054

（一）义务教育均衡发展成效显著

如表 11-4 所示，教育就业指标权重达到 0.084，该指标 2018—2021 年波动较小，但整体呈现缓慢下降趋势，2021 年较 2018 年下降 9%，可见果洛州教育就业方面还有较大压力。教育就业下设义务教育巩固率、高中阶段毛入学率、城镇登记失业率、城镇新增就业人数四个三级指标，权重最高的城镇新增就业人数指标长期呈现下降趋势，2021 年较 2018 年降低 33.3%；义务教育巩固率指标权重同样较高，2018—2021 年稳步提升，增长 50%，高中阶段毛入学率指标 2021 年较 2018 年降低 33.3%，与此同时城镇登记失业率指标 2021 年较 2018 年增长 33.3%，可见果洛州在提升劳动力受教育水平，扩大就业方面的任务仍然艰巨。

（二）医疗资源配置不断优化

医疗卫生水平指标权重仅次于教育就业指标，权重值为 0.074，指标值

2021年较2018年提升15.1%，从该指标下设的三级指标指数来看，每千人拥有执业（助理）医师数指标提升水平较为显著，2021年较2018年提升50%，婴儿死亡率指标出现下降，2021年较2018年下降33.3%。

（三）城镇化建设取得长足发展

居住状况指标权重为0.051，是高品质生活下较重要的一项二级指标，但由于棚户区改造工程完成数指标的缺失，导致2021年指数值出现明显下降，该指数2018年至2020年基本保持稳定，从三级指标户籍人口城镇化率来看，2021年较2018年提升38.9%，可见果洛州城镇化建设取得长足进步。

（四）精神文化消费需求不断增加

居民收入及消费水平指标2021年较2018年提升3.5%，从居民人均可支配收入增长率和人均文化事业费支出指标的指数情况来看，可支配收入增长率指标2018—2021年整体呈平滑下降趋势，2020年下降幅度较大，2021年略有提升，人均文化事业费支出2018—2021年稳步增长，说明居民精神文化消费需求不断增加。

二、果洛州高品质生活主要举措与成效

"一优两高"战略实施以来，果洛州充分利用脱贫攻坚和乡村振兴有利载体，加强农村基础设施和公共服务体系建设，水电路、住房、文化、卫生等设施得到大幅改善，农牧区人居环境整治成效显著，农牧民生活质量实现跨越式提升。

（一）医疗服务结合本地实际，四大疾病综合防治攻坚取得长足进步

"一优两高"战略实施以来，果洛州在继续推进以往各种宣传方式的基础上，将四大疾病综合防治教材列入各县中小学课程及州、县委党校各级各类干部培训的课程计划。各县结合实际把疾病防治歌曲和健康操普及到各级、各类中小学校，通过宣传教育，改变农牧民和学生的卫生习惯，人群和中小学生对四大疾病防治知识知晓率达到95%以上。

1. 加大投入，保障普查与救治工作

充分利用帮扶单位资源和平台，整合州内医疗技术力量，组建包虫病普

查队伍，达到"县不漏乡、乡不漏村、村不漏户、户不漏人"的工作要求，做到全州覆盖、不留盲区，累计筛查包虫病88823人，对符合手术指征的199名包虫病患者进行了手术救助治疗，州人民医院首次独立完成肝脏泡型包虫外囊剥脱术，对1987名符合药物治疗的患者给予免费药物治疗，提升了包虫病临床治疗水平。

2. 强化犬只登记管理和动物防疫检疫

2018—2020年，全州共登记管理家犬33692只，订制犬佩戴项圈6484条，已佩戴项圈647条，佩戴率达到19.2%；全州共投喂既喹酮51万片，完成犬驱虫28.805万条（次）；全州新生羔羊全部进行羊棘球蚴（包虫）病基因工程疫苗免疫，调运疫苗38万毫升，免疫新生羔羊3.621万只；完成羔羊棘球蚴抗体血清检测200份、犬粪包虫抗原检测240份，免疫效果均达到23.3%以上。

3. 加强草原鼠害防治和水源地建设

结合三江源生态环境保护与建设工程的实施，重点加大包虫病高发地区、牧民定居点等鼠害防治力度，完成1920万亩草原鼠害防治项目工作，并分区域、持续性加强鼠虫害定点监测预报工作。

（二）全力巩固扶贫成果，科技扶贫工作迈上新台阶

为推进全州农牧业生产经营信息化，在青海省科技厅的组织下，协助省内外专家实施试点合作社的智慧畜牧业平台建设项目。投资435.2万元为100户示范户发放贴息小额贷款，各县给予配套，仅一年收益19.7万元。全力推动6个扶贫产业园和到户产业等增点扩面、提质增效，持续推进生态养殖、冷链食品和民族手工艺品加工、商贸宾馆和餐饮服务等扶贫主导产业。积极引导扶贫龙头企业和扶贫专业合作社加快推进产品提档升级，提升产品质量和市场竞争力，确保脱贫户得到发展，实现有稳定的、可持续的收入来源。玛多县推行"党支部＋合作社＋牧户"发展藏系牛羊特色养殖业，以村集体经济入股分红的形式，实现村集体和牧民群众"双收益"。甘德县岗龙乡党支部将"从农牧民单一的种植养殖生态看护向生态生产生活良性循环的转变"作为农牧业转型发展的新指向、新要求，"岗龙做法"为牧区生态畜牧业发展

提供了具有较强推广性的新思路。推进贫困乡村美化亮化工程建设，全州74个贫困村共投入资金2.22亿元，建成光伏电站2座33.5兆瓦，16724名农牧民从光伏扶贫中获益，村均年收益约44.38万元，持续收益20年以上。

2021年果洛州五县（玛沁县、甘德县、达日县、班玛县、久治县）利用63个贫困村集体经济资金6300万元（每村100万元），全额投入果洛州29.1兆瓦光伏电站。2021年共计产生收益资金778.29万元，每村收益12.35万元。玛多县4.4兆瓦光伏扶贫项目，累计上网电量为1894.998万千瓦时。产生效益资金收益588.87万元，11个村1664名建档立卡户分享收益，每村受益53.53万元。

（三）大力推进乡村振兴，农牧民居住条件改善工程进展迅速

实施农牧民居住条件改善工程。为进一步提升改善工程的针对性和完成质量，住建部门根据改造户居住条件现状进行的评估调查，同时征求农牧户需求意见并对必要性和可行性评估建议进行工程测量，其中包括改造户住房外墙、太阳能暖廊、水冲式厕所、污水管道及化粪池、屋顶保温防水、外立面粉刷、老旧房屋及残垣断壁拆除、庭院美化绿化及院墙整治等多个方面进行详细评估作为可实施项目。根据省级户均补助1.5万元作为奖补资金，县级配套每户不少于0.5万元，每户最高奖补资金不得高于2.5万元的资金补助标准，政府给予一定比例的奖补。

2018—2020年，共实施城镇棚户区改造1986套，其中2018年645套，2019年810套，2020年531套。2018—2019年共完成老旧小区改造2156套，其中2019年869套，2020年245套，总投资达3234万元。

因地制宜，循序渐进，切实改善农牧区人居环境，继续推进以农牧区住房、村庄环境综合整治和基础设施、公共服务设施建设为重点，以建设宜居村庄为导向的高原美丽乡村建设，建设农牧民宜居宜业的美好家园。2018—2020年高原美丽乡村建设28个村，总投资达约2亿元。

（四）优化教育资源配置，教育均衡发展不断提升

相继实施了学前教育三年行动计划、义务教育全面改薄工程、涉藏地区

项目、义务教育项目、教育现代化推进工程、"三区三州"教育脱贫攻坚项目、上海援建等项目，先后新建和改扩建各级各类学校67所，新增校舍27.43万平方米。异地办学规模不断扩大，积极争取资金1.2亿元，在省会西宁建成果洛中学。六县义务教育发展基本均衡工作全部通过国家级评估认定，全州适龄儿童入学率98.35%，初中阶段入学率96.8%，高中阶段入学率80.23%，学前教育入学率76.69%。

把巩固提升义务教育均衡发展作为当前工作的"重中之重"，加强教育工作领导责任制。深入推进义务教育薄弱环节和能力提升工程，2021—2022年累计安排实施各类教育建设项目共183项，总投资达17785万元。持续做好义务教育基本均衡发展复查监测工作，对班玛县等进行重点监测督促整改并将班玛县布局调整列入省级规划集中力量实施。优质均衡具体创建时间为2027年玛多县、2028年久治县和玛沁县、2029年达日县、2031年班玛县、2033年甘德县。进一步规范学籍管理、课程设置、"五项管理""双减"等教育行为，注重内涵发展，提升办学特色，减轻学生课业负担，规范办学行为。

在教育事业发展保障方面，州政府每年从对口援青资金中协调落实500万元用于州县两级教师培训。在全面落实15年教育资助政策的基础上，州政府为农牧民子女和城镇困难家庭子女就读高中学生，统筹解决生均年2400元的生活补助和生均年300元的公用经费，各县政府统筹解决农牧民子女和城镇困难家庭子女生均年2000元的学前免费教育补助资金。努力以《加快果洛教育高质量发展的意见》为政策指引，找准教育硬措施落实在本校的落脚点和切入点，用足用活用好政策支持，努力以学校办学条件的稳步提升助力形成果洛教育高质量发展的新格局。积极对接州委宣传部联系省级主流媒体，面向社会各界大张旗鼓宣传教育发展成就及未来发展蓝图，全力提振教育事业发展信心，为推进果洛教育高质量发展营造人人参与、人人关心的浓厚社会氛围。积极主动同财政、人社等部门沟通协调，推动全州第八次教育大会既定资金及职称晋升、柔性用编等工作有序推进，着力形成"1+1+10"教育硬措施落地落实的强大工作合力。准确掌握贫困学生读高校情况及家庭经济状况，分类确定资助标准，确保助学资金发挥最大效能，帮助贫困学生顺利完成学业。

（五）强化基本公共卫生服务，医疗卫生服务能力稳步提升

以"健康青海2030"行动计划为引领，继续巩固推进医疗卫生建设，整合投资27311万元，着力实施州县乡村医疗卫生机构标准化建设和远程医疗信息化工程等基础设施项目，全州医疗卫生机构和设施日趋完善，服务能力进一步提升。深入推进医疗卫生体制改革，州县公立医院改革、医联体建设、"一站式"服务等重点改革任务顺利推进，全州11所公立医院和45个乡镇卫生院均已实现"两票制"，药品"零差价"制度有序推行，重点人群家庭医生签约服务覆盖率95.23%，履约率91%，2021年果洛州每千人拥有执业（助理）医师数1.75人，较2018年增长19.86%，2021年每千人拥有床位数5.16张，较2018年增长7.5个百分点，见图11-6、图11-7，长期困扰牧民群众"看病贵、看病难、看病远"的问题得到有效解决。

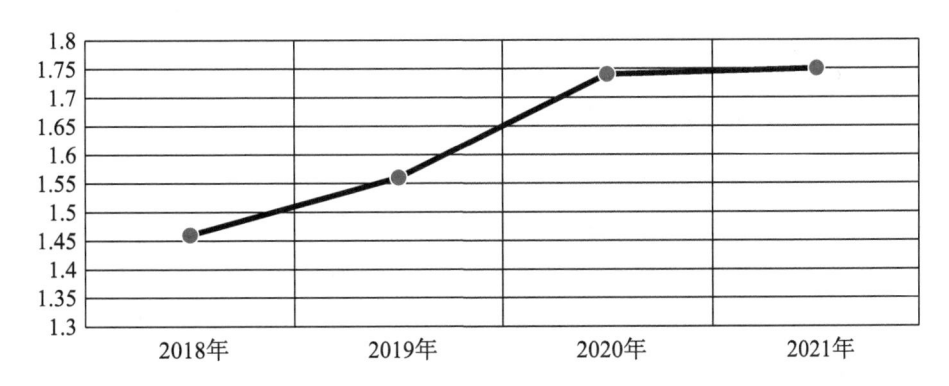

图11-6 2018—2021年果洛州每千人拥有执业（助理）医师数（人）

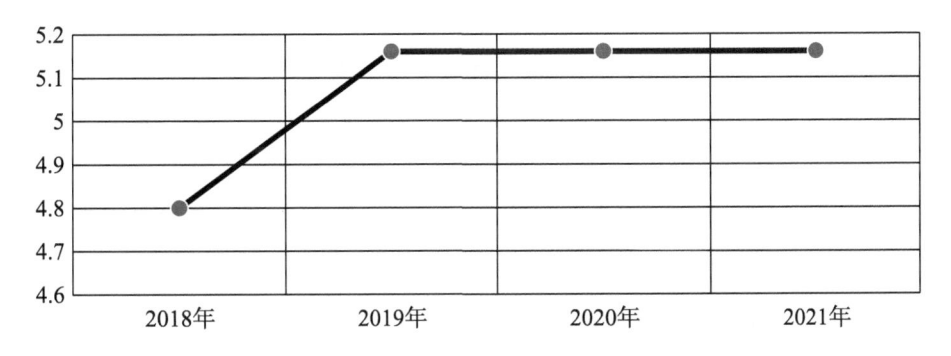

图11-7 2018—2021年果洛州每千人拥有床位数（张）

在中央预算项目和上海对口帮扶的大力支持下，2019年和2020年，果洛州分别投入1027万元和2272万元，搭建果洛智慧健康云平台，实现了州县乡三级医疗机构远程医疗信息系统基本覆盖。协调上海市卫健委、上海市疾控中心、北京清华长庚医院、北京联谊基金会积极开展帮扶捐助，期间接受各类捐助设施设备价值745万元。截至2021年，智慧医疗云平台影像中心已实现影像服务总量超1.2万次，总服务量超2万次，超声服务总量9000余次。

加强中藏医重点专科建设，积极推进公立藏医院综合改革，打造药浴科为省重点专科，继续加大医药古籍收集整理，发掘力度，推广23种传统藏医疗法和腰椎牵引等13种常规外治疗法，进一步提升藏医服务能力。投入144万元完成州藏医院制剂室的升级改造，联合达日县藏医院组织78名技术人员开展了实地药材鉴别技能培训，组织55名县乡藏医院专业技术人员开展制剂、诊疗等专业技术培训。

（六）就业增收成效明显，各项社会事业发展有序

一是加大对各类企业吸纳就业困难人员、高校毕业生就业的社会保险补贴和企业吸纳一次性奖励政策宣传力度，利用微信公众号等媒体向社会发布"青海省公共就业创业服务线上办理操作指南"，动员州内各类企业在线填报"网络招聘用工信息采集表"征集用工岗位，把城镇登记失业率控制在3.5%以内。二是实施高校毕业生就业促进、创业引领、基层成长、就业见习等计划，精心做好实名制调查和跟踪帮扶，积极向省人社厅争取"三支一扶"招募计划名额260名。确保离校未就业高校毕业生年末就业率达到88.3%以上。三是实施贫困劳动力转移就业计划，对全州范围内企业、个体工商户等用人单位"送政策、送补贴"，激励用人单位吸纳贫困劳动力。统筹做好退役军人、残疾人等就业困难人员帮扶，确保城镇"零就业家庭"动态清零。四是积极开展各类招聘活动。打造"招聘不停歇、就业服务不打烊"不断强化基本公共就业服务，结合稳就业"四送"专项行动，持续举办形式多样的公共就业服务专项活动，进一步畅通求职创业服务渠道，提升重点群体差异化、精准化服务水平，举办了"就业援助月""春风行动""民营企业招聘月"

"残疾人就业帮扶"等招聘会 39 场次，共组织 229 家用工单位进场招聘，收集各类用工信息 1312 条，提供就业岗位 1886 余个，达成就业意向 390 人次。五是因地制宜做好农牧民技能培训就业。紧紧围绕州情实际，突出特色、注重培训，组织城乡劳动力开展岗前和职业能力提高等培训，参加培训人数达到 7156 人。六是大力加强上海对口援青地区协作，建立健全有组织劳务协作机制。加强与输入地精准对接，并及时向输入地提供信息，为本地有外出就业意愿的贫困人员通过劳务输出拓宽就业渠道。

三、果洛州创造高品质生活面临的主要问题与短板

果洛州基本公共服务均等化程度不高，社会事业发展起步较晚，居民居住方式复杂，信息通畅程度较低等因素严重制约了果洛州创造高品质生活的步伐，距离满足推进各族群众生活品质持续提高的要求还有一定差距。

（一）教育资源存在缺口，配套设施建设不完善

果洛州自然条件艰苦，社会发育程度低，农牧民居住分散，受教育程度低，大部分学校为乡镇寄宿制学校，交通不便，通信落后，信息闭塞，义务教育仍然存在许多短板。一是师资队伍总量不足。国家在 2013 年核定果洛州师资编制 2104 人，2018 年根据青南支教计划果洛州划拨 44 名编制，实有编制 2060 名，教师编制远远不能满足实际教学需求。目前全州在园幼儿 10212 名，在编教师仅 45 名，多数都是临聘人员，按照青海省学前师生比标配测算，应配备教师 680 名，缺编 636 名。教育教学活动加之控辍保学、劝返学生，教师数量缺编严重，特别是音体美、信息技术等专业教师及职业教育双师型教师严重不足。二是教学辅助设施不配套。虽然果洛州六县到 2018 年底全部通过国家义务教育发展基本均衡验收，但随着控辍保学工作的推进，在校学生数量猛增，教师队伍不断壮大，原有数量已不能满足需求，尤其是乡级幼儿园、村级幼儿园的教师住宿困难。教师住房建设关注度较低，致使教师住房既缺又差，供暖、供水、供电及生活设施和教学设施不配套，不能满足师生生活的实际需求。

（二）医疗专业人才匮乏，医疗服务水平提升难

医疗专业人才匮乏，补充难度大，工作人员专业素质提升空间较大。由于果洛州地广人稀，气候恶劣，生存条件艰苦以及基层医务人员待遇不高等原因，基层医疗机构存在招人难、留人难的两难局面，阻碍了果洛州医疗卫生水平的提高。一是地理分布公平性差。果洛州区域面积大，地广人稀，牧业地区人口分布极为分散，卫生服务半径显著高于青海东部城镇密集区，卫生人力资源地理分布呈现较强的不合理性。由于我国卫生服务评价方式采用以每千人口资源拥有量相关指标对不同地区进行测算分配，未能兼顾资源配置的地理区位因素和空间平衡性，导致以城镇为代表的人口密集地区与以农村牧区为代表的地广人稀地区在卫生资源的分布上呈现较大的差异。二是人才流失现象严重。涉藏地区基层生活艰苦，工作待遇不高，缺乏激励机制，乡镇卫生院专业技术人员具备工作经验和一定的工作能力后优先考虑离开基层卫生服务岗位，造成人员流动性大，数量不足的恶性循环。人员缺乏的情况下，先进的医疗设备不能正常发挥作用，在部分涉藏地区基层医疗机构出现闲置设备的现象，整体弱化了医疗卫生服务能力。

（三）基础设施建设推动难，居民就业创业抵御风险能力弱

基础设施条件、人才和科技支撑能力不足，一定程度上降低了居民就业创业的积极性，制约居民收入提升。总体来看，果洛州低收入居民就业产业以生态畜牧业为主，然而生态畜牧业的基础设施条件仍然处于低水平状态，与生态畜牧业密切关联的畜疫防治、饲草料保障、畜产品保鲜等各项服务体系还不健全，已建成的合作社养殖基地抵御自然灾害的能力还很弱，缺乏相应的配套设施；各类涉农技术培训普及面不广、规模不大，目前还无法满足农牧民和合作社在生态畜牧业养殖、生产和财务、销售等环节的知识需求，导致农牧民群众对科技的接受、运用能力仍然较差；合作社管理不规范，缺乏能人带动，"能工巧匠"培育、发掘力度不足，管理层普遍缺乏策划设计、生产技术、财务成本核算、营销管理方面的人才，合作社管理层中，理事长、管理员、财务人员大部分是两委班子人员，懂管理、会经营、头脑活、思路

广的新型人才十分稀缺。

（四）劳动力素质偏低，供求总量和结构性矛盾比较突出

果洛州农牧区富余劳动力总量虽然比较充足，但大多技能较低，又缺乏专业特长，导致一部分劳动者的素质不适应现代企业用工要求，部分企业难以招到合适的、有一定技术专长的员工，导致结构性矛盾十分突出。一是文化专业素质偏低。大部分农牧区富余劳动力文化程度较低，对科技知识接受能力不强，很难掌握有技术含量的劳动技能。多数农牧民只能在劳动密集行业从事体力型工作，生活条件恶劣，大部分农牧民转移劳动力人员未经过正规专业培训，只能够从事简单的低技能的体力劳动，薪资普遍较低。多数农民工法律意识薄弱，难以运用法律武器维护自身权益。二是思想观念陈旧。部分富余劳动力小农思想十分严重，认为"金窝银窝不如自己的草窝"，满足于眼前的土地既得利益，不愿意外出务工。特别是牧区的富余劳动力居住偏远、分散，导致获取务工信息的渠道不畅，加之汉语表达能力和生活习惯与城镇居民有差异，很大程度上限制了农牧民外出务工。存在"家乡观念"和"饱腹即安"的思想，缺乏一路不成另择路或先就业再择业的开拓性和灵活性。随着高校毕业生数量逐年上增，行政事业单位编制饱和，但大多数高校毕业生仍以考公为唯一就业意愿，认为政府工作"有面子"，企业工作没前途。部分脱贫劳动力和边缘易返贫劳动力因常年依靠各类政策补给和产业分红收入，已形成宁可拮据度日，不愿务工增收的惰性思维。

第五节　果洛州持续深入推进"一优两高"战略的对策建议

随着国家生态文明、乡村振兴、新一轮西部大开发、新型城镇化建设等一系列重大战略的逐步实施，国家对西部地区的政策倾斜和财政支持进一步加大。果洛州集西部高原生态地区、贫困地区、民族地区为一体，可以充分抓住和用好这些政策红利，为生态保护利用、产业转型升级、基础设施改善、

新型城镇化建设、项目资金争取等方面带来新机遇，提供新动力，实现"换道超车"。

一、坚持生态优先，推进绿色发展

把生态文明理念融入经济社会发展的各方面、全过程，完善生态文明制度建设，强化激励约束机制，大力宣传和深入推进绿色低碳循环的生产生活方式，坚持产业集聚发展，土地集约高效利用，废弃物、污染物集中处理，资源节约、环境保护和生态修复并进，实现经济效益与生态效益良性互动，推动形成人与自然和谐发展的新形态。从保障国家生态安全战略出发，推进农牧业资源开发利用与生态环境保护紧密结合，形成资源有序利用、生态有效保护的长效机制。加大农田改造和建设力度，努力提高农田生产条件和生产能力，在有条件的地区大力推广节水灌溉、地膜覆盖、水肥一体、深耕深松等技术，构建高效节水农业技术体系。注重农作物秸秆和种养业废弃物资源化循环利用，大力发展农牧结合、产加配套、粮饲兼顾、种养循环的生态循环农牧业，推动生产小循环和产业大循环良性互动。坚持走生态农牧、绿色发展路子，利用"双减双增"促进种植业提质增效，推进生态畜牧业提档升级，确保农牧业连年增产增收。

二、持续优化能源结构，增强能源的自我发展能力

全面贯彻落实国家清洁能源示范省和国家能源革命综合试点省战略，加快发展清洁能源，形成以分布式太阳能、分散式风力、水力发电为主导的能源生产体系，不断壮大清洁能源规模，优化能源结构。合理控制全州煤炭、石油的输入量，减少全州化石能源消费总量，积极推动能源结构优化调整，降低化石能源消费占比，提高清洁能源占一次能源消费比重。夯实电网、管网、供应点等能源基础设施基础，加快清洁供暖、绿色节能建筑、绿色交通等体系建设，不断提升能源清洁高效利用水平，补齐民生能源短板。统筹考虑各地区光照条件、土地资源条件，坚持安全可靠的原则，进行光资源优化配置，结合供电地区经济发展状况及果洛平价光伏基地能源资源前期工作进

展情况，合理布局，分步实施，充分利用果洛州丰富的太阳能资源，积极推动全州太阳能多元化利用。在保护生态环境、妥善安置移民和减少草地淹没的前提下，以保障能源供给和优化能源结构为出发点，统筹兼顾发电、防洪、灌溉、供水及生态等功能，按照"梯级、综合、滚动"的要求科学部署、有序开发，加快发展境内黄河干流水能源开发。

三、强化骨架电网结构，扩大农牧区电网覆盖面

根据地区发展定位、经济水平、人口密度确定建设标准和投资力度，优先解决县城、人口密集乡镇供电能力和供电可靠性，重点解决美丽乡村、美丽城镇、各级政府对口帮扶村镇、农牧区的供电能力问题。做好无电地区通电工作，防治结合解决农牧区低电压问题。争取有条件的一般乡镇和相对集中的村通电网，大力实施无电地区电力建设，着力解决偏远、散居农牧民用电问题。积极拓宽电力使用领域，优先使用可再生能源电力，同步推进电气化、城镇化、工业化和信息化建设。完善城乡区域电网建设，大幅提升电力普遍服务水平，缩小城乡生活用电差距。加快实施终端用能的电能替代，扩大电能替代范围和规模，积极推动清洁电力在城乡供电、供热和农牧业生产、建筑用能、交通运输中的应用。鼓励有条件的产业园区有效利用分布式光伏发电。加快推广电动汽车和新能源汽车充电桩、配套电网等基础设施。

四、坚持项目带动，推动产业发展实现跨越

始终把发展放在首位，坚持投资带动、项目带动，动员全州各方力量争取项目、争取投资，加速提高果洛州发展步伐，加快提升果洛州综合实力，不断增强经济增长内生动力，实现果洛州跨越式发展。筹果洛各区域协调发展，发挥各县比较优势，推动错位式、差异化发展，形成协调互补、高质量发展的区域科技布局。加快科技创新资源向高原现代科技生态园聚集，建设创新平台，推进产学研合作、技术创新、成果转化，引领产业升级。推进班玛县大黄、虫草、黄芩、贝母、秦充、羌活、蕨麻等中藏药材的种植，并引进繁育新药材，加大大黄、黑青稞的种植面积和产业化；继续进行牦牛产业

追溯体系建设，打造"农畜产品一条街"，发展信息化建设和农村电商平台；激发"众创空间""星创空间"的创新创业活力，推进企业孵化；培育新兴产业，有条件地引进和培育新能源、新材料、环保节能产业。

推进玛沁县特色产业孵化园提档升级，以孵化培育民族特色小微企业为重点，依托玛沁格萨尔文化和独特的高原特色资源优势，继续推进农牧业生产和加工、新产品研发等功能有机融合，依托电商平台，实现产品线上线下同步销售，带动农牧民增收，为脱贫攻坚提供坚强的产业支撑。推进玛沁县、班玛县蔬菜生产基地建设，适当扩大蔬菜生产面积，提升本地蔬菜占全州蔬菜供应量的比重。推进玛多县和玛沁县白藏羊繁育基地。利用现代农牧业产业园区、高原牦牛产业园区高标准打造西部有机饲草、高效养殖生产功能区，加快推进绿色有机农畜产品示范县创建步伐，打造青南地区现代农牧业引领区；发展"玛多牦牛""玛沁藏羊"品牌，加快建设园区检验检测中心、冷链物流中心，发展饲料产业和奶制品产业。推进久治、甘德、达日三县的野血牦牛繁育基地和班玛的犏牛繁育基地建设和提升。壮大牦牛和犏牛产业，发展有机肥产业，加大蒙民族医药研发和畜产品研发，包括利用动物副产品开发生物制剂、保健制剂，并培育市场，扩大销售；加大"野血牦牛"的品牌培育和良种繁育，促进生态有机畜产品的加工，发展文化旅游，弘扬马背文化；加快创新驱动和人才培养，促进高效养殖和大数据平台建设。

五、坚持园区带动，提升农牧产品附加值

在高原现代科技生态园的基础上，立足园区科技优势和区位优势，夯实产业发展基础，推动园区企业技术装备、基础设施、冷链体系和加工生产线改造升级，提升巩固草地生态畜牧业"岗龙"模式，高标准建设牦牛、藏羊标准化高效养殖基地，不断完善畜牧业设施条件，建立活畜交易、屠宰加工、追溯系统、冷链销售及储备等为一体的有机牛羊全产业链。加快野血牦牛、犏牛畜种保种繁育基地建设，促进标准化规模化养殖。扶持培育一批经济效益好、辐射带动强的龙头企业，推进第一、第二、第三产业融合进程，筑牢绿色发展的根基。严守质量安全底线，严把质量安全关口。借助大数据平台，

建成一套可视可查，全方位、立体式可追溯生态检测体系，率先在全省实现牦牛藏羊原产地可追溯。加快推动无公害、绿色、有机农畜产品和地理标志"三品一标"基地建设和产品认证，打造品牌，做大做强"野血牦牛"和"白藏羊"金字招牌。强化科技智力支撑，加强农牧科技人才培养，精准开展实用型畜牧人才的培养，继续加强与省内外科研单位的交流合作，引进先进的生产技术和科研成果，提高农业科技园区的科技含量。加大畜产品研发，提高牛羊肉以及饲草等产品附加值，鼓励龙头企业进行科技创新和产品研发，支持科技转化。

六、立足特色资源，树立青海绿色有机农畜产品品牌

以发展现代畜牧业为主线，以畜牧增效和农牧民增收为目标，以科技创新为动力，推广"岗龙"模式，发展壮大牦牛藏羊产业，打造"野血牦牛"和"白藏羊"等品牌，提升牦牛藏羊产业整体水平。完善绿色有机农牧业发展标准体系、动植物疫病监测及预警防控体系，积极引领全州农畜业绿色发展。突出牦牛、藏羊、青稞、饲草、蔬菜、中藏药材等特色产业，建设绿色食品原料标准化生产基地和有机农业示范基地，认证绿色食品、有机农产品和地理标志农畜产品，打造特色农牧业品牌，巩固提升班玛县中藏药材种植基地，发展规模化、标准化和带动力强的绿色有机中藏药材种植，扶持一批中藏药材专业合作社和龙头企业。

大力发展牦牛藏羊肉精细化分割、精深加工、产品研发和冷链物流等，推动牦牛藏羊产业振兴，发展提档升级，发展绒毛加工扩大销售，着力拓宽产业链、提升价值链。加强牦牛乳制品综合利用和深度加工，提升以有机牦牛鲜奶、有机酸牦牛奶、功能性奶制品为主要产品的奶业加工综合效益。充分利用农业园区发展民族制药产业的契机，加大研发力度，提高优质中藏药材生产加工能力。依托重点牦牛、藏羊屠宰加工企业，强化州县信息与省级对接，建设牦牛藏羊可追溯州、县级管理平台，实现牦牛藏羊养殖、屠宰、加工、销售全产业链信息可追溯。建立健全高品质有机牦牛藏羊产销可对接、信息可查询、源头可追溯、生产消费互信互认机制。

七、立足格萨尔文化艺术，推进科技文化旅游融合发展

立足果州洛独特的区位优势和悠久的文化底蕴，进一步深入实施创新驱动发展战略，挖掘特色文化与科技创新要素的潜力，解决文化与科技领域融合难题，促进科技产业链和文化创新链有机衔接，积极拓展科技文化重点应用场景，扎实推进科技文化融合发展。

果洛州是中国格萨尔文化之乡和研究基地。全州共有非遗项目226项、格萨尔风物遗迹名录132处、旅游景点70多处。挖掘果洛特色文化，提供多样化的文化产品和服务体验。在文化产业链，主要实现文化资源数据统计，制定标准规范，重点实现文化资源分类与标识、数字化采集与管理、跨集群通信与数据迁移等关键核心技术，对共性数据资源进行统一梳理，分析科技融合的接口，推进文化产业上、中、下游全产业链与创新链的资源整合，加强公共数据开放共享和服务平台的可用性和易用性，以海量、优质的数据资源供应，促进优质IP生成和产业化运营，全面激发文化产业创新创意活力。在创新链上，梳理科技和文化投入、产业化主体、创新平台和科技文化人才等要素，科学布局和规范投资，培育壮大文化产业和创新主体，搭建合作平台和创新平台，培养优秀的科技文化人才，促进科技文化产业的发展壮大。通过文化科技应用，不断推进科技馆、博物馆、纪念馆、图书馆、文化馆等公共文化服务机构文创产品打造和智慧场馆建设，推动公共文化服务走向文化消费市场。

八、拓宽人才引进渠道，加强人才队伍建设

依托青海省"科技援青""博士服务团"等政策，瞄准果洛州产业发展技术瓶颈，重点引进一批拥有关键技术的项目带头人、技术领军人才和团队。鼓励采用短期聘用、人才兼职、技术引进、合作开发及技术承包、项目招标、技术指导、技术入股等柔性方式引才，进一步畅通科技引才引智"绿色通道"。推动上海、北京、甘肃、西安、西宁等地人才、信息及大型仪器设备等创新资源与果洛对接共享，打造线上线下相结合的综合性科技

创新服务平台。制定实施更积极、更开放、更有效的人才引进政策，采取项目式、兼职式、候鸟式、联盟式、咨询式等方式开展面向全国的"人才+产业+项目"引才活动，加快引进急需紧缺高层次人才和团队项目，通过项目引才、兼职引才、飞地用才、顾问指导、挂职引进、退休特聘等灵活方式，集聚一批急需紧缺的高层次人才，为新果洛建设提供更有力的人才支撑。

构建完善质量高、效率优、创新强、体制活、协调性好的全州区域创新体系。加大州县科技人员合作力度，进一步推进州县科技创新平台建设，加强州内跨县域规划协调，建设错位竞争、差异化发展的创新平台体系。优化完善科技创新工作目标任务考核，建立既符合州县产业发展和科技工作实际，又有利于激励州县高水平推进高质量发展的科技创新目标考核机制。实施基层科技创新能力提升工程，加大基层人才培养力度，加强"三区人才"、科技特派员对县乡基层人才的培养和产业的帮扶。鼓励优秀科技干部到基层创业，建立科技特派员的激励机制，鼓励科技特派员与农牧民结成利益共同体，有效提升科技特派员基层创新创业能力，促进区域经济的可持续健康发展。

九、持续开放发展，加强跨区域科技创新合作交流

以面向全国、辐射青藏高原为重点，联合国内科技力量开展产业技术重大项目联合攻关等，开创国内跨区域合作交流新局面。充分发挥科技援青、四省涉藏地区协调发展等机制，加大科技交流力度，促进新技术、新成果在果洛州转化转移，借力科技创新合作打造协同创新共同体。加大果洛州与北京、上海、西安、兰州、拉萨等城市的合作交流，大力开展科技项目对接、科技成果交易、科技园区共建等活动。拓展思维、创新理念，整合利用发达地区的人才、资金、技术、信息等资源，顶层设计技术成果转化基地、产业研究院等重大创新平台性科技合作项目，增强自身科技创新实力，推进果洛的"科技创新飞地"建设。

继续深化巩固上海·果洛"职教联盟"模式，进一步加大上海中职学校

招录学生规模，并通过"3+2"路径，提高果洛籍学生的学历层次。加大衔接力度，建立上海·果洛"义教联盟"，加大上海对果洛州义务阶段教育帮扶工作力度。继续大力推进"果洛智慧教育大数据云平台"项目，争取纳入"国家智慧教育示范区"名录。

参考文献

书籍类：

[1]《党的二十大报告辅导读本》编写组．党的二十大报告辅导读本［M］．人民出版社．2022．

[2] 中共中央宣传部．习近平新时代中国特色社会主义思想三十讲［M］．学习出版社．2018．

[3]《党的十九大报告辅导读本》编写组．党的十九大报告辅导读本［M］．人民出版社．2017．

[4] 习近平．决胜全面建成小康社会 夺取新时代中国特色社会主义伟大胜利［M］．人民出版社．2017．

[5] 习近平．习近平谈治国理政［M］．外文出版社．2017．

[6] 中共青海省委党校课题组．"一优两高"战略的海晏实践研究［M］．青海人民出版社．2020．

[7] 周芳．西藏农业绿色发展指数构建与提升对策研究［M］．东南大学出版社．2021．

[8] 秦书生．马克思主义视野下的绿色发展理念解析［M］．南京大学出版社．2020．

[9] 黄贤金．长江经济带资源环境与绿色发展［M］．南京大学出版社．2020．

[10] 吴进红．绿色发展与产业结构变迁［M］．南京大学出版社．2019．

[11] 揭筱纹，邱璐，苏蓉佳，陈艳．新型城镇化进程与制造业绿色发展［M］．四川大学出版社．2017．

[12] 萨缪尔森，诺德豪斯．经济学［M］．华夏出版社．1999．

报刊类：

[1] 孙发平．"一优两高"战略的理论改革贡献与实践价值［N］．青海日报，2018 - 09 -

03（10）.

［2］崔治忠. "一优两高"开辟了对青海省情认识的新境界［N］. 青海日报，2019-03-18（011）.

［3］梅尖参. "一优两高"：马克思主义时代化的青海实践［N］. 青海日报，2018-10-08（010）.

［4］中国光大银行西宁分行. 聚焦青海特色 助推"四地"建设 金融支持青海"一优两高"发展战略再启征程［N］. 青海日报，2021-11-17（010）.

［5］吴玲娜. 科技人才为"一优两高"战略提供智力支撑［N］. 青海日报，2020-07-21（004）.

［6］以创造高品质生活为引领发力"大民生"［J］. 山西日报，2020-1-20（09）.

［7］孙发平. "一优两高"改革开放四十年来青海发展理论的最新创新性成果［N］. 青海日报，2019-02-25（10）.

［8］姜萍萍，程宏毅. 实现绿色生态驱动高质量发展，以高质量发展助推高水平保护［N］. 人民日报，2016-08-25（01）.

［9］奋力推进"一优两高"赢得更加美好未来［N］. 青海日报，2020-08-25（001）.

［10］本报评论员. 奋力推进"一优两高"赢得更加美好未来［N］. 青海日报，2020-08-25（001）.

［11］吴玲娜. 科技人才为"一优两高"战略提供智力支撑［N］. 青海日报，2020-07-21（004）.

［12］西宁市统计局. 西宁市第四次全国经济普查领导小组办公室：西宁市第四次全国经济普查公报［N］. 西宁晚报，2020-08-14.

［13］陈曦. 感恩奋进 拼搏赶超 开创湟中高质量发展新局面［N］. 青海日报，2022-08-25.

［14］陶成君. 文旅融合展新彩［N］. 海东日报，2022-01-06.

［15］陶成君，何冰沁. 项目为王 助推文旅产业大发展［N］. 海东日报，2022-06-21.

［16］张璐，周晓华. 文旅相融 浪海东韵味更浓［N］. 海东日报，2022-10-17.

论文类：

［1］张三元. 论美好生活的价值逻辑与实践指引［J］. 马克思主义研究，2018（05）.

［2］金碚. 关于"高质量发展"的经济学研究［J］. 中国工业经济，2018（04）.

[3] 任保平，文丰安．新时代中国高质量发展的判断标准、决定因素与实现途径［J］．改革，2018（04）．

[4] 马洪波．走向生态文明新时代 开创"一优两高"新局面［J］．青海党的生活，2018（09）．

[5] 赵晓红．以系统观念助力青海"一优两高"品质提升［J］．青海党的生活，2022（09）：14-15．

[6] 杨宝花，王晶．"一优两高"战略下民族地区经济转型发展研究［J］．中国市场，2022（25）：28-30．

[7] 吴英杞．"一优两高"战略下青海省建设国家清洁能源示范省路径研究［J］．现代盐化工，2022，49（02）：90-92．

[8] 王玉邦．"一优两高"战略下推进格尔木市新型城镇化发展的策略思考［J］．柴达木开发研究，2022（01）：15-20．

[9] 李婧梅．"一优两高"背景下青海"生态保护优先"体制机制浅议［J］．青海环境，2021，31（02）：67-70．

[10] 杨皓然．"一优两高"战略引领下青海固定资产投资转型发展研究［J］．青海社会科学，2021（02）：117-123．

[11] 张春海，李金睿．"一优两高"战略下青海民族地区职业教育体系定向研究［J］．青海师范大学学报（社会科学版），2021，43（02）：155-164．

[12] 张壮，赵红艳．"一优两高"战略推动青海实现新发展［J］．青海党的生活，2021（02）：34-35．

[13] 赵红艳，张壮．关于"一优两高"战略内涵的几点哲学思考［J］．青海党的生活，2020（04）：42-43．

[14] 赵永祥．青海解放70年经济社会发展战略演进及启示［J］．攀登，2020，39（01）：3-14．

[15] 高俊发．"一优两高"战略下青海民营经济发展研究［D］．青海大学，2021．

[16] 屈小娥，马黄龙，王晓芳．省域经济高质量发展水平综合评价［J］．统计与决策，2022，38（16）：98-103．

[17] 薛生海，娄仲俊．深化"四个转变"思想 实现"一优两高"战略［J］．青海师范大学学报（哲学社会科学版），2019，41（02）：40-45．

[18] 张利涛．青海"一优两高"发展战略的逻辑理路［J］．攀登，2019，38（01）：

87-92.

[19] 张艳. "一优两高"视域下青海生态文明建设路径研究 [J]. 边疆经济与文化, 2019 (01): 35-37.

[20] 张志强, 徐中民, 程国栋. 生态足迹的概念及计算模型 [J]. 生态经济, 2000 (10): 8-10.

[21] 孙发平, 李军海, 刘成明. 青海湖区生态足迹评价及对可持续发展的启示 [J]. 青海社会科学, 2008 (01): 68-74.

[22] 杨晓阳. 基于生态足迹分析的青海湟水河流域可持续发展能力研究 [D]. 西北大学, 2008.

[23] 付伟. 青藏高原地区资源可持续利用初步研究 [D]. 兰州大学, 2014.

[24] 刘晓星. 基于三维生态足迹的中国自然资本利用研究 [D]. 辽宁师范大学, 2019.

[25] 苏文亮, 李文龙, 朱亚莉, 蔡栋, 余翠, 许静, 魏巍. 基于能值生态足迹模型的青海地区可持续发展评估 [J]. 草业科学, 2019, 36 (05): 1445-1456.

[26] 杨屹, 樊明东. 中国丝绸之路经济带沿线省份生态足迹时空差异及公平性分析 [J]. 生态学报, 2019, 39 (14): 5040-5050.

[27] 于天宇, 李桂花. 习近平生态生产力思想论析 [J]. 学习与探索, 2016 (06): 77-84.

[28] 黄润秋. 坚持"两山论"和绿色发展理念谋划"十三五"生态保护工作任务 [J]. 中国生态文明, 2016 (04): 6-15.

[29] 马玉琴. 改革开放以来青海省民生建设的成就与基本经验 [J]. 攀登, 2019 (04).

[30] 孙蕾. 西北地区社区养老出现的问题及解决对策——以青海省西宁市为例 [J]. 劳动保障世界, 2018 (06).

[31] 青海省教育厅高等教育处. 同心同行70载改革创新铸辉煌——青海高等教育改革发展与成就 [J]. 青海教育, 2019 (11).

[32] 江时强, 陈凯, 张大川. 以"一优两高"战略 描绘三江源壮美画卷 青海落实习近平总书记全国两会重要讲话精神纪实 [J]. 中国民族, 2019 (03): 20-21.

[33] 蔡萍, 刘璐. 以产业结构优化推动青海新旧动能转换——基于"一优两高"战略视角 [J]. 攀登, 2018, 37 (06): 88-92.

[34] 高仁杰, 范立柱. 助力黄河流域生态保护和高质量发展——西宁市水利专项规划总体布局解读 [J]. 广东水利水电, 2022 (12): 58.

[35] 刘薇薇. 西宁市经济社会发展的问题及对策 [J]. 投资与创业, 2022 (20): 3.

[36] 贾海发, 邵磊, 刘成奎, 薛霁雯. 西宁市房地产投资与城市经济耦合协调发展测度 [J]. 现代城市研究, 2019 (03): 116.

[37] 王建良. 对发展西宁市文化产业的几点思考. 今日财富, 2020 (07): 200.

[38] 李一凰, 陈学舟. 西宁市生物医药产业发展研究 [J]. 青海科技, 2022 (06): 6.

[39] 韩福财, 王娜, 张得发. 浅析海东市平安区 2018—2020 年环境空气质量变化趋势 [J]. 青海环境, 2021 (04): 157.

[40] 莫延科. 平安区 2019 年气候特点及气象灾害影响分析 [J]. 农家参谋, 2020 (21): 130.

[41] 周衍涛, 杨金潭, 刘莉. 生态文明视域下高原美丽城镇风貌规划研究——以青海省海东市乐都区高店镇为例 [J]. 金陵科技学院学报, 2021 (04): 6.

[42] 张宏霞. 青海省海东市平安区环境空气质量状况变化分析及对策 [J]. 青海环境, 2021 (03): 139.

文件及内部资料类：

[1] 青海省生态环境厅. 2021 年青海生态环境状况公报 [R], 2022.

[2] 青海省生态环境厅. 2020 年青海生态环境状况公报 [R], 2021.

[3] 青海省生态环境厅. 2019 年青海生态环境状况公报 [R], 2020.

[4] 青海省生态环境厅. 2018 年青海生态环境状况公报 [R], 2019.

[5] 2018—2022 年青海省及各市州政府工作报告.

[6] 青海省国民经济和社会发展第十四个五年规划和二〇三五年远景目标纲要, 青海省人民政府. 2021 年 2 月.

[7] 西宁市国民经济和社会发展第十四个五年规划和二〇三五年远景目标纲要, 西宁市人民政府. 2021 年 2 月.

[8] 西宁市"十四五"城市环境卫生基础设施建设规划, 西宁市人民政府. 2021 年 2 月.

[9] 海东市国民经济和社会发展第十四个五年规划和二〇三五年远景目标纲要, 海东市人民政府. 2021 年 2 月.

[10] 海东市大数据发展规划（2021—2025 年）, 海东市人民政府. 2021 年 2 月.

[11] 海西州国民经济和社会发展第十四个五年规划和二〇三五年远景目标纲要, 海西州人民政府. 2021 年 2 月.

[12] 海西州柴达木循环经济试验区"十四五"循环经济发展规划,海西州人民政府.2022年5月.

[13] 海西州清洁能源产业发展"十四五"规划,海西州人民政府.2022年7月.

[14] 海南州国民经济和社会发展第十四个五年规划和二〇三五年远景目标纲要,海南州发改委.2021年3月.

[15] 海南州财政"十四五"发展规划(2021—2025年),海南州人民政府办公室.2021年1月.

[16] 海南藏族自治州新型城镇化规划(2021—2035年),海南州发改委.2021年1月.

[17] 海南州"十四五"农牧特色产业发展规划,海南州人民政府办公室.2022年1月.

[18] 海北州国民经济和社会发展第十四个五年规划和二〇三五年远景目标纲要,海北藏族自治州人民政府,2021年4月.

[19] 2018—2022年《青海省海北藏族自治州政府工作报告》,海北藏族自治州人民政府.

[20] 海北州"十四五"卫生健康事业发展规划(2021—2025年),海北州卫生健康委员会.2022年2月.

[21] 海北州"十四五"文体旅游广电规划,海北州文体旅游广电局.2021年11月.

[22] 海北州"十四五"水安全保障规划,海北州水利局.2021年11月.

[23] 海北州生态文明建设规划(2020—2025年),海北州生态环境局.2021年6月.

[24] 海北州"十四五"推进农业农村现代化规划,海州农牧和科技局.2021年4月.

[25] 海北州"十四五"教育事业发展规划,海北州教育局.2022年6月.

[26] 海北州"十四五"工业和信息化发展规划,海北州工业商务和信息化局.2021年9月.

[27] 海北州"十四五"城乡发展规划(2021—2025年),海北州住房和城乡建设局.2021年6月.

[28] "十三五"时期海北州经济发展综述,海北州统计学会.2021年4月.

[29] 黄南州国民经济和社会发展第十四个五年规划和二〇三五年远景目标纲要,黄南州人民政府.2021年2月.

[30] 玉树州国民经济和社会发展第十四个五年规划和二〇三五年远景目标纲要,玉树州人民政府.2021年2月.

[31] 果洛州国民经济和社会发展第十四个五年规划和二〇三五年远景目标纲要,果洛州人民政府.2021年2月.

[32] 黄南藏族自治州国民经济和社会发展第十四个五年规划和二〇三五年远景目标纲要，黄南藏族自治州人民政府，2021年3月.

[33] 黄南州贯彻落实《一优两高若干意见》的行动计划，中共黄南州委 黄南州人民政府，2018年11月.

[34] 黄南州"十四五"城乡住房发展规划，黄南藏族自治州人民政府，2021年12月.

[35] 黄南州率先创建全省绿色有机农畜产品示范州三年行动方案，黄南藏族自治州人民政府，2020年5月.

[36] 黄南州"十四五"生态环境保护规划，黄南藏族自治州人民政府，2022年6月.

[37] 黄南州"十四五"推进农牧业农牧区现代化规划，黄南藏族自治州人民政府，2021年12月.

[38] 2018—2022年《青海省黄南藏族自治州政府工作报告》，黄南藏族自治州人民政府.

[39] 黄南州人社系统"十四五"时期全面深化改革重点任务，黄南州人力资源和社会保障局，2021年4月.

[40] 全面落实"六富"要求 奋力打造共同富裕黄南样板，中共黄南州委政策研究室（调研通讯）2021年7月12日，第6期（总第194期）.

电子文献类：

1. 2018—2021年西宁市国民经济和社会发展统计公报，青海省统计局，http：//tjj. qinghai. gov. cn.

2. 青海省统计局、青海省发展和改革委员会、青海省生态环境厅、中共青海省委组织部：2021年、2022年《青海省各市州生态文明建设年度评价结果公报》，青海省统计局，http：//tjj. qinghai. gov. cn.

3. 【聚焦党代会】中国共产党黄南藏族自治州第十三次代表大会隆重召开［EB/OL］. 黄南新闻网，https：//www. qhhnnews. com/hnyw/lddt/2021 - 08 - 05/11365. html，2021 - 08 - 05/2022 - 12 - 07.

4. 关于《黄南藏族自治州文体旅游广电发展"十四五"规划》的政策解读［EB/OL］. 黄南藏族自治州人民政府网，http：//www. huangnan. gov. cn/html/contents/23/7439. html，2022 - 04 - 27/2022 - 12 - 07.

5. 2018—2021年海东市国民经济和社会发展统计公报，青海省统计局，http：//tjj. qinghai. gov. cn.

后　　记

2018年7月，青海省委十三届四次全会通过的《关于坚持生态保护优先推动高质量发展创造高品质生活的若干意见》，作出了坚持生态保护优先、推动高质量发展、创造高品质生活的战略部署（以下简称"一优两高"战略）。这是青海全面贯彻习近平新时代中国特色社会主义思想，科学把握发展趋势、发挥绿色生态优势、推进现代化建设作出的重大战略抉择，对全面建设富裕文明和谐美丽新青海具有深远且重大的指导作用。

按照"一优两高"战略的内涵要求来考察和评估青海的发展成绩与存在的矛盾及问题是青海省社科理论研究面临的重大课题。2019年，为客观、准确地评价全省"一优两高"战略实施情况，进一步扎实推进"一优两高"战略稳步实施，青海省社会科学院课题组成功申请立项青海省社科规划2019年重点项目《青海省"一优两高"战略指标体系构建与评价研究》，通过构建青海省"一优两高"战略评价指标体系，采取定性与定量相结合的研究方法，梳理了青海省"一优两高"战略实施的总体进程、基本情况、主要成效、困难与不足，对全省实施"一优两高"战略进程进行了全方位评价与研究，并提出了进一步加快推进"一优两高"战略的对策建议。

全省八个市州是"一优两高"战略实施进程中的重要组成部分，为全面了解各市州战略实施进程与差异，2020年课题组以前期研究成果为基础，又成功申请立项了青海省社科规划2020年重点项目《青海各市州实施"一优两高"战略系列评价报告》，将各市州作为评价对象，既考虑各地共性发展条件，也突出个性发展需求，有针对性地构建了相互联系又各自独立的八套指标体系，量化评价了"一优两高"战略实施成效，提出了进一步加快推进的

后　记

重点内容与方向路径。

本书是课题组成员在完成两次省级社科规划重点课题工作的基础上，将研究成果深度融合，全面系统评价全省"一优两高"战略实施情况的一部研究著作，也是从整体上客观把握青海"一优两高"战略实施进程的一项重要学术研究成果。

本书的评价研究工作前后历时三年，主要分三个阶段进行。

第一阶段：收集资料、确立评价指标体系。一是学习、分析、归类近年来理论界、学术界对青海经济社会发展战略的各类研究成果。二是查找和梳理党的十八大以来有关经济发展战略评价方法的理论文献和青海"一优两高"战略相关研究成果中的理论观点和学术方法。三是收集全省及各市州文件资料，查阅相关统计年鉴、统计公报、部门官网，获取有关数据。四是课题组充分讨论，综合分析研判，确定评价方法，构建青海省"一优两高"战略评价指标体系。在此基础上，结合全省八个市州经济社会发展重点与方向，借鉴参考全省指标体系，制定八套针对性强、相对独立的评价指标体系，完善评价流程。

第二阶段：实地调研走访，掌握第一手资料。课题组先后赴青海省西宁市及城北区、城西区、城东区、城中区、大通县、湟源县、湟中县；海东市及乐都区、平安区、化隆县；海南州及共和县、贵德县；黄南州及同仁县、尖扎县；海西州及德令哈市、格尔木市、乌兰县、都兰县；海北州及海晏县、祁连县；玉树州及玉树市、治多县、称多县、杂多县；果洛州及玛沁县、玛多县、久治县等地进行实地调研，考察全省及各市州"一优两高"战略实施进程，现场搜集基础资料，增强感性认识。调研过程中，课题组主动会同当地发改、生态、科技、人社、农牧、教育、统计、财税、金融、行政服务中心和产业、创业园区等部门，分层次分行业召开座谈会，与政府部门干部、企业代表、居民群众等主体进行深度交流讨论，征求不同层面社会群体对"一优两高"战略实施的看法、满意度、意见和建议，为撰写书稿获取了大量的现实素材与基础数据。

第三阶段：撰写文稿，修改完善。通过扎实梳理文献资料与深入调研，课题组各成员分工撰写报告。2022年，在完成书稿的初稿基础上，课题组又通过电话调研、书面调研的方式补充调研，征求了相关单位的意见建议，集体讨论十余次，对书稿反复进行修改完善，结合新形势、新要求更新完成相关数据与内容，最终形成了呈献给读者的这部著作。

在课题研究撰写过程中，青海省社科联常务副主席河生花同志、中共青海省委党校副校长马洪波教授、青海省社科联社科规划办主任蒲永彪同志等，对课题研究给予了大力支持与指导，为顺利开展课题研究做了许多帮助和协调工作。该成果能够顺利完成并出版，与他们的鼓励与关心密不可分，在此，我们表示衷心的感谢。

在调研过程中，我们还得到了青海省有关省直单位、有关市州县各级党委、地方政府以及政研室等单位与领导的大力配合及帮助，再次致以诚挚的谢意。

"一优两高"战略评价内容广泛，覆盖面广，涵盖了生态保护、经济发展、人民生活的方方面面，不仅涉及政府、市场主体、人民群众各个层面，而且直接关联政府部门的各个层级，是一项复杂系统的工程。本书作为课题组集体研究的成果，虽然在评价体系、评价路径、评价结论与主要观点等方面有一定的创新性和亮点，但仍存在许多不足之处，希望有关部门、研究人员以及广大读者给予赐教指正。

作　者

2023年11月